우리 고대 국가
위치를 찾다
〈제8권〉

우리 고대 국가 위치를 찾다 〈제8권〉

초판 1쇄 인쇄 2023년 7월 20일
초판 1쇄 발행 2023년 7월 25일

지은이 전우성
펴낸이 金泰奉
펴낸곳 한솜미디어
등 록 제5-213호

편 집 김태일, 김수정
마케팅 김명준

주 소 (우 05044) 서울시 광진구 아차산로 413(구의동 243-22)
전 화 (02)454-0492(代)
팩 스 (02)454-0493
이메일 hansom@hansom.co.kr
홈페이지 www.hansom.co.kr

ISBN 978-89-5959-579 2 (03900)

*책값은 표지에 표시되어 있습니다.
*잘못 만들어진 책은 구입하신 서점에서 친절하게 바꿔드립니다.

우리 고대 국가 위치를 찾다

⟨제8권⟩

전우성 지음

주류 강단 사학계의 '젊은 역사학자 모임'의
(『욕망 너머의 한국 고대사』 비판&반론&올바른 비정)

한국&중국 정사 기록에 의하여 왜곡과 날조로 뒤엉킨
주류 강단사학의 식민사학을 파헤치다.

한솜미디어

| 목 차 |

⟨1권⟩--

[이 글을 쓰는 이유]_16

• 해방 후 한반도에서의 역사학 갈래_19
• 현재 주류 강단 사학계가 표방하는 실증주의 역사관의 실체_23
• 우리나라 주류 강단 사학계가 일제 실증주의 역사학을 추종하고 있다는 증거_30
• 우리나라 역사 인식의 문제_43

Ⅰ. "고조선 역사 어떻게 볼 것인가(기경량)" 글을 반박하여 비판한다_64

[소위 고조선 전문가 논문과 역사 논리를 비판한다]_84
1) 『관자』 사료 이용과 해석을 비판한다_92
2) 『전국책(戰國策)』 사료 이용과 해석을 비판한다_98
3) 『산해경(山海經)』 사료 이용과 해석을 비판한다_107
   ■ 습수에 대하여_123
   ■ 산수에 대하여_125
   ■ 열수에 대하여_126
4) 『사기(史記)』 사료 이용과 해석을 비판한다_141
   ■ 요수(하)에 대하여_151
   ■ 요동 개념 변화에 대하여_151
   ■ 『후한서』「군국지」 연5군 및 한2군의 거리 수치 조작에 대하여_207
      − 백랑수가 소위 연5군 및 한2군에 대한 주류 강단 사학계의 비정을 부정한다._207
      − 소요수가 역시 소위 연5군 및 한2군에 대한 주류 강단 사학계의 비정

을 부정한다._212
　　- 사서기록상 소위 한4군의 위치에 있다는 요수, 백랑수, 압록수가
　　　흐르는 곳은 하북성이다._213
　　- 중국사서는 후대로 올수록 우리 역사를 동쪽으로 조작하여 이동시킨
　　　채 왜곡하였다._232
　■ 요수와 관련된 사항(대요수, 소요수, 압록수, 안평현) 왜곡에 대하여_234
　■ 중국사서 주석(『사기』 삼가주석)에 대하여_316
　■ 양평에 대하여_336
　■ 영주에 대하여_360
　■ 연·진장성에 대하여_364
　■ 연나라 위치에 대하여_366
　■ 연장성, 연5군에 대하여_384
　■ 고조선 이동설의 허구_385
　　1) 불확실한 기록을 후대의 '춘추필법'에 의하여 과대포장한 채
　　　확실한 것으로 하였다._389
　　2) 다른 여러 가지 증거에 의하여도 연나라 진개의 고조선 공략
　　　1,000리 내지는 2,000리 사실은 신빙성이 없다._399
(1) 현재 중국과 우리나라 학계에서 강대국으로 비정하는 연나라는
　　약소국이었다._399
(2) 같은 기사를 다른 열전에도 쓴 것은 둘 중 한 기사는 허위일
　　가능성이 높다._403
(3) 설사 연의 진개 조선 공략이 사실일지라도 이내 고조선이 탈환
　　하였다._407
(4) 중국사서상의 기록에 의하더라도 연의 동호 내지는 조선 침략
　　과 연5군, 연장성 설치는 신빙성이 없다._415
(5) 유적, 유물에 의하더라도 식민사관의 '고조선 이동설'은 허구이
　　며 식민사관의 변형물이다._420

· 인용 사료 목록_434 / 참고 자료 목록_448
· 지도 목록_453 / 도표 목록_455

〈2권〉--
■ 요동군에 대하여_16
■ 요서군에 대하여_27
■ 임유관(현, 궁, 임삭궁)에 대하여_31
■ 마수산(책)에 대하여_63
■ 마읍산에 대하여_76

(1) 고조선_85

(2) 고구려_87
■ 중국사서 해석상 유념할 사항에 대하여_88
- 신뢰성 부족
- 왜곡과 혼란에 빠지지 않을 사전 인식 필요, 사서와의 교차검증 필요
- 사전 인식과 교차검증 결과 우리 민족 활동 지역은 산동성 확인
■ 고구려와 관련된 중요한 사항에 대하여_100
    ① 고구려 관련 천리와 요동 개념 인식 제고_100
    ② 고구려와 현토군과의 관련성_102
    ③ 고구려 발상지 졸본 지역_103
    ④ 낙랑 개념에 따른 위치 비정_111
    ⑤ 말갈의 위치에 따른 비정_111
■ '『삼국사기』 초기 기록 불신론'에 대하여_148

(3) 백제_172
■ 백제의 요서 진출에 대하여_263
■ 양직공도에 대하여_292
■ 임나에 대하여_303
■ 백제의 도읍 두 성에 대하여_309

(4) 신라_355

■ 한반도 신라를 입증하는 경주 고분과 유물에 대하여_402
■ 탁수, 탁록의 왜곡에 대하여_416
■ 삼한에 대하여_427

· 인용 사료 목록_457 / 참고 자료 목록_473
· 지도 목록_476 / 도표 목록_479

〈3권〉

■ 중국사서 기록상 바다[海] 기록에 대하여_16
■ 신라 진흥왕 순수비에 대하여_38
■ 백제 무령왕릉에 대하여_41
■ 신라의 길림성 영역에 대하여_50
■ 신라와 고려의 하북성 영역에 대하여_60
■ 신라 9주 설치 기록 조작에 대하여_72
■ 삭주에 대하여_83

(5) 낙랑_91
■ 예와 옥저에 대하여_120
■ 예와 예맥에 대하여_134
■ 개마대산, 단단대령, 영동 7현에 대하여_183
■ 죽령과 남옥저에 대하여_214

(6) 말갈_250
■ 서여진, 동여진, 생여진, 숙여진에 대하여_321
■ 『고구려-발해인 칭기스 칸 1·2』 비판_361
■ 평주에 대하여_363
■ 패서도, 패강에 대하여_378
■ 거란의 위치에 대하여_422

· 인용 사료 목록_435 / 참고 자료 목록_451
· 지도 목록_454 / 도표 목록_456

〈4권〉--
- 하슬라, 니하, 우산성에 대하여_16
- 말갈 관련 중국사서 기록 비판_50

(7) 왜_62
- 독산성에 대하여_89
- 구천에 대하여_103
- 상곡군에 대하여_112
- 어양군에 대하여_128
- 우북평군에 대하여_130
- 현토군에 대하여_134
- 주류 강단 사학계의 현재 어설픈 시도에 대하여_153
- 『삼국사기』 평양성 기록상 패수 오류 비정에 대하여_170
- 낙랑군에 대하여_204
- 대방(군)에 대하여_209
- 낙랑군 교치설에 대하여_242
- 중국의 우리 민족 역사왜곡 비판_256
- 고구려 천리장성의 조작에 대하여_271
- 칠중성에 대하여_290
- 온달과 온달의 활동 지역에 대하여_362
- 아차성, 아단성에 대하여_396
- 나당전쟁의 위치에 대하여_406
- 묘청의 반란 지역 서경에 대하여_447

· 인용 사료 목록_459 / 참고 자료 목록_474
· 지도 목록_477 / 도표 목록_480

〈5권〉--
- 중국사서 왜곡 기록에 대하여_16
- 『삼국사기』의 올바른 해석 방법에 대하여_56
- 안동도호부의 실체_61
- 고려 천리장성의 조작에 대하여_92

- [1] 서해 압록강 도출 근거 두 가지 : 1)인주 2)의주_105
- [2] 천리장성 동쪽 끝 동해안 도련포 도출 근거 한 가지_161
- 신라의 서쪽 국경인 호로하와 칠중성에 대하여_178
- 호로하에 대하여_181
- 패강에 대하여_192
- 소위 통일신라의 영역 - 발해와의 국경_248
- 신라의 동쪽 경계인 철관성에 대하여_250
- 압록강에 대하여_256
- 이병도가 비정한 통일신라의 동쪽 경계 철관성에 대하여_273
- 책성에 대하여_300
- 고구려, 백제, 신라의 위치 관련 사서기록의 해석 일례에 대하여_331
- 발해에 대하여_352
- 궁예의 활동 지역에 대하여_401
- 발해가 당나라를 공격한 등주에 대하여_423

· 인용 사료 목록_433 / 참고 자료 목록_450
· 지도 목록_453 / 도표 목록_456

〈6권〉------------------------------------

- 유주에 대하여_16
- 『신당서』「가탐도리기」에 대한 바른 재해석에 대하여_49
- 산동성 하슬라 지역에서 활동한 후삼국에 대하여_57
- 거란에 대하여_97
- 요택에 대하여_104
- 발해 5경에 대하여_121
- 고려의 영역에 대하여_132
- 고려 윤관의 동북 9성에 대하여_160
- 고려 서희의 강동 6주(8성)에 대하여(1)_170
- 의무려산에 대하여_217

- 고죽국에 대하여_229
- 노룡현과 창려현에 대하여_263
- 백랑수에 대하여_277
- 비여현에 대하여_294
- 용성과 선비족에 대하여(1)_303
- 소위 서희의 강동 6주(8성) 위치에 대하여(2)_333

(1) 흥화진_333
- 살수에 대하여_368

(2) 용주와 통주_425
(3) 철주_436

· 인용 사료 목록_439 / 참고 자료 목록_456
· 지도 목록_459 / 도표 목록_462

〈7권〉―――――――――――――――――――――
- 안시성에 대하여_16

(4) 귀주_27
(5) 곽주_33
(6) 장흥진_35
(7) 귀화진_36
(8) 안의진_38
(9) 맹주_38
- 쌍성총관부, 동녕부, 자비령, 철령에 대하여_49
- 레지선, 당빌선, 본느선에 대하여_71
- 고려 지방행정 조직 '5도 양계'에 대하여_90
- 진장성에 대하여_102
- 갈석산에 대하여_137
- 패수에 대하여_197
- 서안평에 대하여_231
- 중국 '만성한묘'에 대하여_256

■ 『구당서』및 『신당서』「고구려전」의 올바른 해석에 대하여_327

5) 『위략』 사료 이용과 해석을 비판한다_363
6) 『염철론』「벌공편」과 『사기』「흉노열전」 사료 이용과 해석을 비판한다_373
7) 『삼국유사』「고조선조」 사료 이용과 해석을 비판한다_382
8) 젊은 역사학자 모임 일원의 『염철론』「벌공편」 사료 이용과 해석을 비판한다_392
9) 『삼국지』〈위서〉「동이전」 및 『위략』과 『사기』「흉노열전」 그리고 『삼국유사』 사료 이용과 해석을 비판한다_395
  (1) 동호에 대한 정의 그리고 '고조선 이동설'을 비판한다._395
  (2) 소위 연 5군(진 5군)의 위치 및 양평에 대한 주장을 비판한다._400

10) 고조선 유적, 유물에 대한 왜곡된 해석을 비판한다_405
  (1) '고조선 이동설'은 낙랑군 평양설을 유지하기 위한 식민사학의 왜곡된 변형물이다._405
  (2) 초기 고조선 중심지는 대능하 지역 내지는 요하 일대라는 설정은 잘못이다._407
  (3) 고조선 지표 유물에 대한 해석이 잘못되었다._409

11) 고조선과 한나라의 전쟁 기사 해석을 비판한다_419
  (1) 고조선이 패한 전쟁 기사를 이유 없이 장황하게 나열하였다._419
  (2) 조한전쟁 당시 고조선의 위치 문제_421
    ① 전쟁 시작 이유_421
    ② 전쟁 시작 및 경과 그리고 결과_422

12) 결론에 대한 비판_434

II. "낙랑군은 한반도에 없었다?(기경량)"를 반박하여 비판한다_446

1. 낙랑군 위치에 대한 왜곡된 주장_447

   1) 기자조선의 실체_454
      · 인용 사료 목록_467 / 참고 자료 목록_482
      · 지도 목록_485 / 도표 목록_488

⟨8권⟩--
   ■ 우리 민족 고대 국가 수도 평양에 대하여_16
   ■ 한산주, 한주 한반도 왜곡 비정에 대하여_44

   2) 한사군의 실체_89

2. 실학자들도 식민 사학자?_103
3. 사이비 역사가의 엉터리 '1차 사료' 활용_119
4. 진짜 '당대 사료'가 증언하는 낙랑군 위치_127
5. 낙랑군 이동과 교치_170
   ■ 낙랑군 고조선 주민 자치설에 대하여_196

6. '스모킹 건' 평양 지역 낙랑군 유적과 유물_201
7. 열린 접근이 필요한 낙랑군_230

III. "광개토왕비 발견과 한·중·일 역사전쟁(안정준)"을 반박하여 비판한다_239

1. 고구려 초기 도읍지 및 위치 그리고 천도 사실_243
   ■ 졸본성에 대하여_249
   ■ 고구려 수도 천도 사실에 대하여_402

· 인용 사료 목록_427 / 참고 자료 목록_442
· 지도 목록_445 / 도표 목록_448

〈9권〉--
■ 국내성에 대하여
■ 환도성에 대하여
■ 평양성에 대하여
■ 부여에 대하여
■ 선비에 대하여(2)](고구려와의 관계)
■ 부여의 약수에 대하여
■ 동부여의 위치에 대하여

2. 광개토대왕 비문 재해석

 1) 신묘년조 해석
 2) 전체 비문 재해석

■ 고구려 시조에 대하여
■ 고구려 시조 출처에 대하여
■ 비려에 대하여
■ 부산에 대하여
■ 신묘년조에 대하여
■ 치양, 주양에 대하여
■ 양평도에 대하여
■ 관미성에 대하여
■ 백제 한성 함락과 관련한 사실에 의하여 그 위치를 조명하면
■ 광개토대왕 비문상의 아리수와 서서상의 욱리하, 사성에 대하여
■ 광개토대왕 비문상의 아리수에 대하여
■ 하평양(남평양)에 대하여
■ 고구려 하북성 평주 지역 도읍 시기에 대하여
■ 백제의 남한 지방 옮김에 대하여

〈10권〉--

- 백제의 천도지이자 남쪽 경계였던 웅진(웅천)에 대하여
- 백제 성왕 죽음 장소인 관산성에 대하여
- 백제 도읍에 대한 고고학적 측면에 대하여
- 나당연합군의 백제 공격에 대하여
- 바다를 통한 당나라의 백제 공격에 대하여
- 당나라 소정방 출발지 성산에 대하여
- 제1차 도착지인 덕물도에 대하여
- 제2차 도착지인 웅진구와 백강에 대하여
- 백제 항복 주체에 대하여
- 임나가라에 대하여
- 임나일본부의 왜의 외교 사절설 논리의 근거 비판
- 대가야 설정의 허구성에 대하여

  [대가야의 존속여부]
  [대가야의 멸망 사실 허구]

- 왜의 외교 사절설 실체 비판

  [안라의 한반도 가야 비정 근거]
  [외교 사절 역할에 대하여]

- 『일본서기』 신뢰성에 대하여
- 고대 시기 한반도와 일본열도의 상황에 대하여
- 왜가 침입한 대방계에 대하여
- 407년 광개토대왕의 기병 5만에 의한 공격에 대하여
- 가야와 포상팔국에 대하여
- 가라의 기록에 대한 고찰

[맺는 말]

우리 고대 국가 위치를 찾다

■ 젊은 역사학자들을 학문적으로 비판한다.
(『욕망 너머의 한국 고대사』 비판&반론&올바른 비정)

한국&중국 정사 기록에 의하여 왜곡과 날조로 뒤엉킨
주류 강단사학의 식민사학을 파헤치다.
오랜 기간 이어져 온 논란 사항 정립
(고조선 및 삼국의 위치, 연진장성, 패수, 낙랑, 평양 등)
고구려, 통일신라, 고려 영역 재정립/
고구려 및 고려 천리장성 조작 확인

[우리 민족 고대 국가 수도 평양에 대하여]

위와 같은 기록이 후대의 조작임을 알 수 있는 것은 이와 같은 당나라 시기의 『당서』상의 기록과 이를 그대로 인용한

【사료52】『삼국사기(三國史記)』「잡지 지리」'고구려' '평양성과 장안성'

국내(國內)로 도읍하여 425년이 지나 장수왕(長壽王) 15년(427년)에 평양(平壤)으로 도읍을 옮겼다. 156년이 지나 평원왕(平原王) 28년(586년)에 장안성(長安城)으로 도읍을 옮겼으며, 83년이 지나 보장왕(寶臧王) 27년(668년)에 멸망하였다. 옛 사람들의 기록에 시조 주몽왕(朱蒙王)으로부터 보장왕(寶臧王)에 이르기까지의 역년(歷年)은 틀림이 없고 상세한 것이 이와 같다. 그러나 혹은 이르기를 "고국원왕(故國原王) 13년(343년)에 (왕이) 평양 동황성(東黃城)으로 이거하였는데, 성은 지금[고려] 서경(西京)의 동쪽 목멱산(木覓山) 가운데 있다"라 하니, 옳고 틀림을 알 수 없다. 평양성(平壤城)은 지금[고려]의 서경(西京)과 같으며, 그리고 패수(浿水)는 곧 대동강(大同江)이다. 어찌 이를 알 수 있는가? 《당서(唐書)》에서 이르기를 "평양성(平壤城)은 한(漢)의 낙랑군(樂浪郡)으로 산굽이를 따라 외성을 둘렀고, 남으로 패수(浿水)가 근처에 있다."라 하였으며, 또한 《지(志)》에서 이르기를 "등주(登州)서 동북으로 바닷길을 가서, 남으로 해안에 연하여, 패강(浿江) 입구의 초도(椒島)를 지나면, 신라의 서북에 닿을 수 있다."라 하였다. 또한 수양제(隋煬帝)의 동방 정벌 조서에서 이르기를 "창해(滄海) 방면 군대는 선박이 천 리에 달하는데, 높직한 돛은 번개같이 나아가고, 커다란 군함은 구름처럼 날아 패강(浿江)을 횡단하여 멀리 평양(平壤)에 이르렀다."라 하였으니, 이렇게 말하는 것으로써 지금[고려]의 대동강(大同江)이 패수(浿水)인 것은 명백하며, 곧 서경(西京)이 평양(平壤)이었던 것 또한 가히 알 수 있다. 《당서(唐書)》에서 이르기를 "평양성(平壤城)은 또 장안(長安)이라고 불렀다."라 하였고, 그리고 고기(古記)에서 이르기를 "평

양(平壤)으로부터 장안(長安)으로 옮겼다"라 하였으니, 곧 두 성이 동일한 것인지 아닌지, 서로 멀리 떨어져 있었는지 가까웠는지에 대해서는 곧 알 수가 없다.

【사료180】『삼국유사』 제1 기이(紀異第一) 고조선(古朝鮮) 왕검조선(王儉朝鮮)

『위서(魏書)』에는 이러한 말이 있다.
"지금부터 2천여 년 전에 단군왕검(壇君王儉)이 있어서, 아사달(阿斯達)[『산해경(山海經)』에서는 무엽산(無葉山)이라 하였고 또 백악(白岳)이라고도 하였는데 백주(白州)에 있다. 혹은 개성(開城) 동쪽에 있다고 하였으니, 지금의 백악궁(白岳宮)이 이것이다.]에 도읍을 세우고 나라를 열어 조선이라 하였으니, 바로 중국 요(堯)임금과 같은 시기였다."
『단군고기(檀君古記)』에는 이러한 말이 있다.
"옛날 환인(桓因)[제석(帝釋)을 말한다.]의 서자 환웅(桓雄)이 있었는데, 종종 하늘 아래 세상에 뜻을 두고 인간 세상을 탐내었다. 아버지가 자식의 뜻을 알고 삼위태백(三危太伯)을 내려다보니 인간 세상을 널리 이롭게 할 만하였다. 그래서 천부인(天符印) 세 개를 주고 내려가서 인간 세상을 다스리게 하였다.
왕검은 요임금이 즉위한 지 50년인 경인년[요임금의 즉위 원년은 무진년(기원전 2333)이므로 50년은 정사년이지 경인년이 아니다. 아마도 사실이 아닌 듯하다.]에 평양성(平壤城)[지금의 서경(西京)이다.]에 도읍하고 비로소 국호를 '조선(朝鮮)'이라 하였다. 이후 백악산(白岳山) 아사달(阿斯達)로 도읍을 옮겼다. 이곳을 궁홀산(弓忽山)[방홀산(方忽山)으로 된 것도 있다.]이라고도 하고 금미달(今彌達)이라고도 한다. 이곳에서 1500년 동안 나라를 다스렸다.
주(周)나라 무왕(武王)이 왕위에 오른 기묘년에 기자(箕子)를 조선에 봉하였다. 그래서 단군은 장당경(藏唐京)으로 옮겼다가 후에 아사달로 돌아와 숨어서 산신이 되었으니, 나이가 1908세였다."
당(唐)나라 「배구전(裵矩傳)」에는 이러한 말이 있다.
"고려(高麗)는 본래 고죽국(孤竹國)[지금의 해주(海州)이다.]이었는데 주(周)나라가 기자를 봉하여 조선이라 하였다. 한(漢)나라는 이를 나누어서 3

군을 설치하고 현도(玄菟)·낙랑(樂浪)·대방(帶方)[북대방(北帶方)이다.]이라 불렀다."
『통전(通典)』도 이 말과 같다.[『한서(漢書)』에는 진번(眞番)·임둔(臨屯)·낙랑·현도의 4군이라 하였는데, 지금 3군이라 하고 또 이름도 다르니 어째서일까?]

우리나라 기록들이 분명히 한반도 평양으로 비정하고 있지 않다. 비록 왜곡되어 하북성에서 요령성 요양으로 옮기었지만 적어도 한반도는 아니다. 물론 이 기록을 주류 강단 사학계는 왜곡 해석하여 한반도 평양으로 비정하고 있지만 당시 서경 및 여기에 있었던 대동강은 한반도의 평양이 아닌 요령성 요양이다. 이러한 사실을 알 수 있는 것은

【사료480】『조선왕조실록』태조실록 1권, 태조 1년 8월 11일 경신 2번째 기사 1392년 (임신)

조선의 단군(檀君)은 동방(東方)에서 처음으로 천명(天命)을 받은 임금이고, 기자(箕子)는 처음으로 교화(敎化)를 일으킨 임금이오니, 평양부(平壤府)로 하여금 때에 따라 제사를 드리게 할 것입니다.

【사료481】『조선왕조실록』태종실록 14권, 태종 7년 10월 9일 기축 1번째기사 1407년 (정해)

평양(平壤)은 단군(檀君)과 기자(箕子)가 도읍을 세운 뒤로 서북지방(西北地方)의 본영(本營)이 되었고, 또 토관(土官)을 설치하고 '서도(西都)'라 이름하여, 그 이름이 중국에까지 알려졌습니다.

【사료482】『조선왕조실록』태종실록 23권, 태종 12년 6월 6일 기미 2번째기사 1412년 (임진)

예조에서 계청(啓請)하기를, "춘추(春秋)로 사신을 보내어 단군(檀君)·기자(箕子)의 묘에 제사드리게 하소서." 하니, 그대로 따랐다.

【사료483】『조선왕조실록』세종실록 29권, 세종 7년 9월 25일 신유 4번째기사 1425년 (을사)

(평양)기자 사당에 기자와 단군을 같이 모시는데 단군 사당을 별도로 세우고 신위를 남향하여 제사하게 하다.

【사료484】『조선왕조실록』세종실록 35권, 세종 9년 3월 13일 신축 1번째기사 1427년

정사를 보았다. 예조 판서 신상(申商)이 계하기를, "삼국(三國)의 시조(始祖)의 묘(廟)를 세우는데 마땅히 그 도읍한 데에 세울 것이니, 신라는 경주(慶州)이겠고, 백제는 전주(全州)이겠으나, 고구려는 그 도읍한 곳을 알지 못하겠습니다." 하였다. 임금이 말하기를, "상고해 보면 알기가 어렵지 않을 것이다. 비록 도읍한 데에 세우지는 못하더라도 각기 그 나라에 세운다면 될 것이다." 하였다. 이조 판서 허조(許稠)가 계하기를, "제사 지내는 것은 공을 보답하는 것입니다. 우리 왕조(王朝)의 전장(典章)·문물(文物)은 신라의 제도를 증감(增減)하였으니, 다만 신라 시조에게 제사 지내는 것이 어떻겠습니까." 하니, 임금이 말하기를, "삼국이 정립(鼎立) 대치(對峙)하여 서로 막상막하(莫上莫下)였으니, 이것을 버리고 저것만 취할 수는 없다." 하였다.

【사료485】『조선왕조실록』세종실록 37권, 세종 9년 8월 21일 병자 3번째기사 1427년

예조에 전지하기를, "단군(檀君)과 기자(箕子)의 묘제(廟制)를 다시 의논하고, 신라·고구려·백제의 시조(始祖)에게 묘를 세워 치제(致祭)하는 일을 모두 고제(古制)에 상고하여 상세하게 정하여 아뢰라." 하였다.

【사료486】『조선왕조실록』세종실록 40권, 세종 10년 6월 14일 을미 5번째기사 1428년

유관이 단군이 도읍한 곳을 찾아내어 의혹을 없애주기를 상서하여 청하다 하니, 보류(保留)하여 두라고 명하였다.

【사료487】『조선왕조실록』세종실록 44권, 세종 11년 5월 7일 임자 4번째기사 1429년

호조에서 충청도 감사의 관문(關文)에 의거하여 계하기를, "이제 하교(下敎)를 받자와 백제 시조(始祖)의 묘우(廟宇)를 이미 직산현(稷山縣)에 세웠으니, 청하건대 평양부(平壤府)의 기자전(箕子殿)에 따라 본 고을의 노비(奴婢) 각 2인을 정하여 이를 지키게 하소서." 하니, 그대로 따랐다.

【사료488】『조선왕조실록』세종실록 45권, 세종 11년 7월 4일 무신 6번째기사 1429년

예조에서 아뢰기를, "신라·고구려·백제의 시조(始祖)에 대해서는 이미 사당을 세웠으니, 청하건대 사전(祀典)에 기재(記載)하고 치제(致祭)하소서." 하니, 그대로 따랐다.

【사료489】『조선왕조실록』세종실록 51권, 세종 13년 1월 10일 을해 5번째기사 1431년

호조에서 아뢰기를, "충청도의 백제(百濟) 시조(始祖)와, 경상도의 신라(新羅) 시조(始祖)와, 평안도의 고구려(高句麗) 시조(始祖)의 제전(祭田)을 각기 2결(結)씩 급여하시기를 청합니다." 하니, 그대로 따랐다.

【사료490】『조선왕조실록』세종실록 75권, 세종 18년 12월 26일 정해 4번째기사 1436년

> 전 판한성부사 유사눌이 단군의 사당을 평양에 건립하는 것이 그릇되었음을 아뢰다.

고려시대에 평양에 설치하였다는 기자사당을 조선시대의 영역인 지금의 압록강 북쪽에서부터 그 이남 및 지금의 평양에서 찾지를 못한다. 특히 조선 세종 시에는 『조선왕조실록(朝鮮王朝實錄)』상에 삼국의 시조 묘를 세움에 있어 고구려의 도읍지를 알지 못한다고 예조판서 신상이 고하자 세종은 비록 도읍한 곳에 세우지 못하더라도 그 나라에 세우면 된다고 하였으니 조선시대 세종 때까지도 고구려의 수도가 평양이라는 인식이 없었음을 나타내고 있다. 이것은 고려시대에 기자사당을 세운 평양이 한반도 평양이 아니라는 사실을 강력히 입증해 준다.

> 한반도 평양은 고조선이나 고구려 평양성이었던 사실이 없다.
> 고려시대 기자 도입과 조선시대 이후 지리지상의 기록 이후에 비정되었다.
> 중국사서와 『삼국사기』는 적어도 요령성 요양으로 왜곡하였다.

하지만 단종 2년, 1454년에 편찬된 『세종실록지리지』 '평양부조'를 보면 고려로부터 내려온 삼조선설을 계승하는 한편 지금의 평양이 단군이 도읍한 평양이고 여기에 기자가 동래하여 기자조선을 세우고 후에 위만이 여기에 왕험성을 세웠다고 하였다. 그리고 중국사서인 『한서』를 인용하여 현토와 낙랑이 기자를 봉한 곳이라고 하였고, 『당서』를 인용하는 등 장수왕의 평양 천도지가 당시의 평양(부)인 것으로 기록하여 모든 중국사서상의 평양 기록을 드디어 당시 평양에 비정하였다.

【사료448】『조선왕조실록』세종실록154권, 지리지 평안도

◆ 평안도(平安道)

본래 조선의 옛 땅이다. 삼국(三國) 시대에는 고구려의 소유(所有)이었는데, 보장왕(寶藏王) 27년 무진【당나라 고종(高宗) 총장(摠章) 원년】에 신라 문무왕(文武王)이 당나라 장수 이적(李勣)과 더불어 이를 멸(滅)하고 드디어 그 땅을 병합하였다. 효공왕(孝恭王) 9년 을축【당나라 애제(哀帝) 천우(天祐) 2년】에 궁예(弓裔)가 철원(鐵原)에 웅거하여 스스로 후고려왕(後高麗王)이라 일컫고 패서(浿西) 13진(鎭)으로 분정(分定)하였는데, 고려에서도 그대로 따라 패서도(浿西道), 또는 북계(北界)라고 칭하였다. 숙종(肅宗) 7년 임오【송나라 건중정국(建中靖國) 2년】에 서북면(西北面)이라 칭하고, 고려 말에 황주목(黃州牧)·안악군(安岳郡)·철화현(鐵和縣)·장명진(長命鎭)을 내속(來屬)시켰다가, 홍무(洪武) 무진년에 다시 서해도(西海道)에 붙이었다. 본조 태종(太宗) 13년 계사에 평안도(平安道)로 고치고, 16년 병신에 영길도(永吉道)·갑산군(甲山郡)·서면(西面)·여연(閭延) 등의 땅이 본도(本道)와의 거리가 너무 멀므로, 소훈두(小薰頭) 이서(以西)를 떼어 여연군(閭延郡)으로 삼고 내속(來屬)시켰다.

동쪽으로 함길도 고원(高原)에, 서쪽으로 바다에, 남쪽으로 황해도 황주(黃州)에, 북쪽으로 압록강(鴨綠江)에 이르는데, 동서(東西)가 323리, 남북(南北)이 423리이다.

관할[所管]은 유수(留守)가 1, 대도호부(大都護府)가 1, 목(牧)이 3, 도호부(都護府)가 5, 군(郡)이 21, 현(縣)이 14이다.

명산(名山)은 대성산(大城山)【평양(平壤)】·묵방산(墨方山)【개천(价川)】·묘향산(妙香山)【희천(熙川)】·천마산(天磨山)【정녕(定寧)】·천성산(天聖山)【은산(殷山)】·향적산(香積山)【태천(泰川)】이다.

대천(大川)은 대동강(大同江)이니, 곧 옛 패강(浿江)이다.【《문헌통고(文獻通

考)》에 이르기를, "평양성(平壤城) 동북쪽에 노양산(魯陽山)이 있고, 노성(魯城)이 그 위에 있으며, 서남쪽 20리에 위산(葦山)이 있는데, 남쪽으로 패수(浿水)에 임(臨)한다."고 하였다.】 또 왕성강(王城江)은【중사(中祀)에 실리어 있다.】 그 근원이 둘이 있으니, 그 하나는 희천군(熙川郡) 가막동(加莫洞)에서 시작하여 묘향산(妙香山) 동쪽을 둘러서 덕천(德川)·개천(价川)·순천(順川)·은산(殷山)·성천(成川)·자산(慈山)을 지나 강동(江東)에 이르고, 그 하나는 양덕현(陽德縣) 북쪽 문음산(文音山)에서 시작하여 곡산(谷山)·수안(遂安)·상원(祥原)·삼등(三登)을 지나 강동(江東)에 이르러서, 두 갈래의 물이 합류(合流)하여 평양부(平壤府) 지경으로 들어가서 성(城) 동쪽을 안고 흘러 대동강(大同江)이 되고, 9리를 더 가서 마둔진(亇屯津)이 되었으니, 옛 이름은 구진익수(九津溺水)이다.【소사(小祀)에 실리어 있다.】 모두 배가 있어서 사람을 건네준다. 강서(江西)를 지나 용강현(龍岡縣) 남쪽에 이르러 바다로 들어간다. 청천강(淸川江)은 안주(安州)에 있는데, 살수(薩水)라고도 한다.【곧 수나라 장수[隋將] 우문 술(宇文述) 등이 패(敗)한 곳이다.】 그 근원은 희천군(熙川郡) 옛 영원진(寧遠鎭)으로부터 나와서 강계(江界) 적유현(狄踰峴)의 물과 합하여, 희천군 동쪽 묘향산을 둘러서 영변(寧邊) 동쪽을 지나, 주성(州城) 북쪽에 이르러 청천강이 되고, 안융(安戎)324) 노근강(老斤江)을 지나 바다로 들어간다.【소사(小祀)에 실리어 있다.】 박천강(博川江)은 박천(博川)에 있는데, 옛 이름은 대녕강(大寧江)이다. 그 근원은 삭주(朔州) 천마산(天磨山)으로부터 나와서 태천(泰川)·운산(雲山)·영변(寧邊)을 지나, 군(郡) 옛성[古城] 서쪽에 이르러 박천강이 되어 안주강(安州江) 하류로 들어간다. 압록강은 의주(義州) 서쪽에 있는데, 옛 이름은 청하(靑河), 또는 용만(龍灣)이라고도 한다. 그 근원은 백두산(白頭山)으로부터 나와서 수백여 리를 흘러 함길도 갑산군(甲山郡)을 지나고, 여연(閭延)·강계(江界)·이산(理山)을 거쳐서 독로강(禿魯江) 물과 합하여, 벽동(碧潼)·창성(昌城)·소삭주(小朔州)를 지나, 주(州)의 성(城) 서쪽에 이르러 압록강이 되고, 암림곶(暗林串)을 지나 바다로 들어간다.【중사(中祀)에 실리어 있다. 신(臣)이 상고하건대,《문헌통고(文獻通考)》에 이르기를, "한(漢)나라가 일어나자 멀리 지키기가 어려우므로, 다시 요동(遼東) 고새(故塞)를 수축하였는데, 패수(浿水)에 이르러 경계를 삼았다." 하였고, 또 이르기를, "위만(衛滿)이 패수를 건너 조선왕(朝鮮王) 준(準)을 격파(擊破)하였다." 하였으며, 또 상고하건대, 김부식(金富軾)이 말하기를, "《당서(唐書)》에 이르기를, 낙랑군(樂浪郡)은 산의 둘레를 따라 성바퀴를 삼았는데, 남쪽으로 패수 가에 임하였다." 하고, 또 이르기를, "등주(登州)에서 동북쪽으로 해행(海行)하여 남쪽으로 바닷가를 끼고 패강(浿江) 어귀의 초도(椒島)를 지나서 신라(新羅)의 서북(西北)을 얻었다." 하였고, 또 수(隋) 양제(煬帝)의 동정 조서(東征詔書)에 말하기를, "창해(滄海)를 배로 천리(千里)를 가서 패강을 가로 질러가면 평양에 이른다." 하였으니, 이것으로 말하면, 지금의 대동강이 패수가 됨이 명백하다. 그런데《문헌통고》에 패수로 경계를 삼았다는 것은 압록강을 가리키어 패수라 한 듯하니, 대개 전해 듣기를 잘못한 것이다.】

그러면 고려시대에 기자사당을 설치한 평양이 어디인지 확인해 보도록 한다. 물론 고려시대 이전 즉 고구려시대에는 모든 사서기록에 있듯이 위만조선의 평양에 낙랑군이 들어섰고 이곳 평주 지방에 고구려가 도읍하여 드디어 위만조선 평양, 낙랑군, 고구려 평양, 기자 동래지가 연결되었다. 이곳이 하북성 평주 지역임은 이미 앞에서 여러 자료를 비롯한 다음의 자료에서 충분히 입증하였다.

【사료29】『요사』「지리지」

2. 동경도(東京道)
1)동경요양부(東京遼陽府)

한나라 말기에 공손탁(公孫度)이 점거하여 아들 공손강(公孫康)을 거쳐 손자 공손연(公孫淵)은 스스로 연왕(燕王)을 자칭하고 소원(紹漢)이라는 연호를 사용하였다. 위(魏)나라가 멸망시켰다. 진(晉)나라가 고려(高麗 ; 고구려)를 함락시켰고, 나중에는 모용수(慕容垂)에게 귀속하였다. 아들 보(寶)는 고구려왕 안(安 ; 광개토왕)을 평주목(平州牧)에 임명하여 거주케 하였다. 원위(元魏 ; 북위) 태무제(太武帝)가 그들이 거주하는 평양성(平壤城)에 사신을 보냈으니, 요(遼)나라 동경(東京)이 바로 이곳이다. 당(唐)나라 고종(高宗)이 고구려를 평정하고 여기에 안동도호부(安東都護府)를 설치하였지만, 나중에 발해(渤海)의 대씨(大氏)가 차지하였다.

지금은 고려시대 평양에 대하여 살펴보고자 한다. 물론 앞에서 인용하여 살펴본 『삼국사기』와 『삼국유사』상의 평양 기록은 다음 기록인 『고려사』「지리지」상의 기록과 같이

【사료54】『고려사』 지 권제12 지리3 「북계」

연혁
서경유수관(西京留守官) 평양부(平壤府)는 본래 3조선(三朝鮮)의 옛 도읍이다. 당요(唐堯) 무진(戊辰)년에 신인(神人)이 단목(檀木) 아래로 내려오니 국인(國人)이 그를 임금으로 옹립하고, 평양(平壤)을 도읍으로 삼아 단군(檀君)이라 부르니 이것이 전조선(前朝鮮)이 되었다. 주(周)나라 무왕(武王)이 상(商)나라를 정벌하고 기자(箕子)를 조선에 봉(封)했으니, 이것이 후조선(後朝鮮)이 되었다. 41대 후손 준(準)에 이르러 연(燕)나라 사람 위만(衛滿)이 무리 1,000여 명을 모아 망명해 와서 준(準)의 땅을 빼앗아 왕험성(王險城)【험(險)은 검(儉)으로도 쓰고, 곧 평양이다.】을 도읍으로 하니, 이것이 위만조선(衛滿朝鮮)이 되었다. 그의 손자 우거(右渠)가 황제의 명령을 받들지 않자, 한(漢)나라 무제(武帝)가 원봉(元封) 2년(B.C. 109)에 장수를 보내어 토벌하고 사군(四郡)을 정하면서 왕험을 낙랑군(樂浪郡)으로 하였다. 고구려 장수왕 15년(427)에 국내성(國內城)에서 옮겨 이곳을 도읍으로 삼았다. 보장왕 27년(668)에 신라 문무왕이 당(唐)나라와 함께 협공하여 멸망시키니 그 땅은 결국 신라에 편입되었다.

태조 원년(918)에 평양이 황폐하다 하여 염주(鹽州)·배주(白州)·황주(黃州)·해주(海州)·봉주(鳳州)의 백성들을 옮겨 그곳을 채워 대도호부(大都護府)로 삼았다. 얼마 되지 않아 서경(西京)이 되었다. 광종 11년(960)에 서도(西都)라 고쳐 불렀다. 성종 14년(995)에 서경유수(西京留守)라 불렀다.

목종 원년(998)에 또 호경(鎬京)이라 고쳤다. 문종 16년(1062)에 다시 서경유수관(西京留守官)으로 불렀다가 경기(京畿) 4도(四道)를 설치하였다. 숙종 7년(1102)에는 문반(文班)·무반(武班) 및 5부(五部)를 두었다. 인종 13년(1135)에 서경의 승려 묘청(妙淸)과 유참(柳旵), 분사시랑(分司侍郞) 조광(趙匡) 등이 반란을 일으키니, 병사를 보내어 절령도(岊嶺道)를 끊었다. 이때에 원수(元帥) 김부식(金富軾) 등에 명하여 삼군(三軍)을 거느리고 토벌하게 하여 평정하였다. 〈이때에〉 유수(留守)·감군(監軍)·분사어사(分司御史) 이외의 모든 관반(官班)은 없앴다가, 얼마 후에 경기 4도를 삭제하고 6현(縣)을 두었다. 원종 10년(1269)에 서북면병마사영(西北面兵馬使營)의 기관(記官) 최탄(崔坦)·삼화현(三和縣)의 교위(校尉) 이연령 등이 반란을 일으켜 유수(留守)를 죽이고 배반하여 서경과 여러 성(城)을 바쳐 몽고(蒙古)에 귀부하였다. 몽고는 서경을 동녕부(東寧府)라 하고 관리를 두어 자비령(慈悲嶺)을 경계로 삼았다. 충렬왕 16년(1290)에 원(元)나라에 귀부하였던 서경과 여러 성(城)을 마침내 다시 서경유수관으로 하였다. 공민왕 18년(1369)에 만호부(萬戶府)를 설치하였다. 뒤에 평양부(平壤府)라 고쳤다.

대동강(大同江)이 있다【곧 패강(浿江)으로, 또 왕성강(王城江)이라 부른다. 강의 하류는 구진익수(九津溺水)가 된다.】. 대성산(大城山)이 있다【구룡산(九龍山) 혹은 노양산(魯陽山)이라고도 한다. 『문헌통고(文獻通考)』에 평양성(平壤城) 동북쪽에 노양산이 있다고 하는데, 곧 이곳을 일컫는다. 산 정상에 연못 3개가 있다.】. 옛 성(城) 터가 2개 있다【하나는 기자(箕子) 때에 쌓은 것으로, 성안을 정전제(井田制)를 써서 구획하였다. 하나는 고려 성종 때에 쌓았다.】. 기자묘(箕子墓)가 있다【부성(府城) 북쪽 토산(土山) 위에 있다.】. 동명왕묘(東明王墓)가 있다【부(府)의 동남쪽 중화현(中和縣) 경계의 용산(龍山)에 있으며, 민간에서는 진주묘(珍珠墓)라고 부른다. 또 인리방(仁里坊)에 사우(祠宇)가 있는데, 고려 때에 어압(御押)을 내려 제사를 지내게 했으며, 초하루와 보름에 담당 관리에게 명하여 제사를 지내게 하였다. 고을 사람들은 지금까지 일이 있으면 자주 소원을 빈다. 세상에 전하기를 동명성제(東明聖帝)의 사당이라 한다.】. 을밀대(乙密臺)가 있다【대(臺)는 금수산(錦繡山) 정상에 있으며, 대(臺)의 아래층의 절벽 가까이에 영명사(永明寺)가 있는데, 곧 동명왕의 구제궁(九梯宮)이다. 안에 기린굴(麒麟窟)이 있고 굴의 남쪽이 백은탄(白銀灘)이다.〈이곳에〉조수(潮水)에 따라 출몰하는 바위가 있는데, 조천석(朝天石)이라 부른다.}. 속현(屬縣)이 4개이다.

분명히 현재의 요령성 요양을 가리키고 있다. 하지만 여기에서 유의할 사항은 이 자료 안에서도 세 군데의 평양이 존재한다는 사실이다. 즉 연혁 첫머리의 기록상의 삼조선의 수도였던 평양은 당연히 ①하북성 평양을 가리키는 것이다. 이곳은 고구려가 나중에 장수왕 시기에 천도한 곳이다. 그리고 고려 태조 원년(918)의 황폐하다는 평양은 고구려의 첫 번째 도읍지였던 ②산동성 졸본성으로 일명 남평양이자 하평양인 옛 평양이다. 이곳 인근에서 고려 태조 왕건이 활동하였다. 그리고 세 번째 평양이 나중에 서경이 된 지금의 ③요령성 요양의 평양이다. 이곳은 고구려가 나당연합군에 공격을 당하는 고구려 말기에 하북성에서 옮긴 평양이다. 이는 원래의 하북성 평주 지방의 고구려 평양에서 요령성 요양으로 옮겼다는 다음의 기록에서 확인할 수 있다. 위의『고려사』「지리지」연혁 기록은 위치 설명을 각각 하지 않고 나중의 자리의 서경인 평양이 앞의 두 개의 평양의 결과인 것으로 설명함으로써 결국 나중의 자리인 서경 평양이 원래의 두 개의 평양 자리인 것으로 왜곡 해석하는 결과를 낳게 하였다.

【사료28】『원사』「지리지」요양등처행중서성 동녕로

동녕로(東寧路). 본래 고구려(高句驪) 평양성(平壤城)으로 또한 장안성(長安城)이라고도 하였다. 한(漢)이 조선(朝鮮)을 멸하고 낙랑(樂浪)·현토군(玄菟郡)을 설치하였는데, 이것이 낙랑 지역이었다. 진(晉) 의희(義熙) 연간 후반에 그 왕 고련(高璉)이 처음으로 평양성(平壤城)에 머물렀다[居]. 당(唐)이 고려(高麗)를 정벌할 때 평양(平壤)을 공략하여 그 나라가 동쪽으로 옮겨 압록수(鴨綠水)의 동남쪽 1,000여 리 되는 데에 있었는데, 평양의 옛터가

> 아니었다. 왕건(王建)에 이르러 평양이 서경(西京)이 되었다. 원(元) 지원(至元) 6년(1269)에 이연령(李延齡)·최탄(崔坦)·현원열(玄元烈) 등이 부주현진(府州縣鎭) 60개 성(城)을 가지고 와서 귀부하였다. 〈지원〉 8년(1271)에 서경을 고쳐 동녕부(東寧府)라고 하였다.

앞에서 첫 번째 하북성 평양과 두 번째 산동성 평양 그리고 세 번째 요령성 요양 평양에 대하여 충분히 설명하였는데 여기서는 이들이 고려시대에 활동사항으로 확인되는 『고려사』 기록을 구체적으로 살펴보고자 한다.

> 【사료491】『고려사』 권1 세가 권제1 태조(太祖) 원년 9월 918년 9월 26일 (음) 병신(丙申)
>
> 백성들을 평양으로 이주시키도록 지시하다
>
> 병신. 여러 신하들에게 유시(諭示)하기를, "평양(平壤)은 옛 도읍으로 황폐한 지 비록 오래지만 터는 그대로 남아 있다. 그러나 가시덤불이 무성해 번인(蕃人)이 그 사이를 사냥하느라 옮겨 다니고 이로 인하여 변경 고을을 침략하니 그 피해가 매우 크다. 마땅히 백성을 이주시켜 그곳을 실하게 하여 변방을 튼튼하게 함으로써 백세(百世)의 이익이 되도록 해야 한다."라고 말하였다. 드디어 〈평양을〉 대도호(大都護)로 삼고 사촌동생[堂弟] 왕식렴(王式廉)과 광평시랑(廣評侍郎) 열평(列評)을 보내어 수비하게 하였다.

이곳은 고려 태조 당시 황폐하다는 평양이다. 이곳은 이후의 평양인 한반도 평양이나 요령성 요양이나 이전의 하북성 평양이 절대 아니다. 이는 당시 고려 태조가 활동한 지역에 의한다. 이에 대하여도 앞에서 확인하였지만

【사료362】『삼국사기(三國史記)』권 제12 신라본기 제12 효공왕(孝恭王) 二年秋七月

궁예가 송악군에 도읍하다 (898년 07월(음))

가을 7월에 궁예(弓裔)가 패서도(浿西道)와 한산주(漢山州) 관내의 30여 개 성을 취하고, 드디어 송악군(松岳郡)에 도읍하였다.

【사료364】『삼국사기(三國史記)』권 제12 신라본기 제12 효공왕(孝恭王) 七年

궁예가 철원으로 도읍을 옮기려고 하다 (903년 (음))

7년(903년)에 궁예가 도읍을 옮기고자 철원(鐵圓)과 부양(斧壤)으로 가 산수(山水)를 둘러보았다.

【사료492】『삼국사기(三國史記)』권 제12 신라본기 제12 경명왕(景明王) 三年

태조가 도읍을 송악군으로 옮기다 (919년 (음))

우리 태조께서 도읍을 송악군(松岳郡)으로 옮겼다.

【사료491】『고려사』권1 세가 권제1 태조(太祖) 원년 9월 918년 9월 26일 (음) 병신(丙申)

백성들을 평양으로 이주시키도록 지시하다

병신. 여러 신하들에게 유시(諭示)하기를, "평양(平壤)은 옛 도읍으로 황폐한 지 비록 오래지만 터는 그대로 남아 있다. 그러나 가시덤불이 무성해 번인(蕃人)이 그 사이를 사냥하느라 옮겨 다니고 이로 인하여 변경 고을을 침략하니 그 피해가 매우 크다. 마땅히 백성을 이주시켜 그곳을 실하게 하여 변방을 튼튼하게 함으로써 백세(百世)의 이익이 되도록 해야 한다."라고 말하였다. 드디어 〈평양을〉 대도호(大都護)로 삼고 사촌 동생[堂弟] 왕식렴(王式廉)과 광평시랑(廣評侍郞) 열평(列評)을 보내어 수비하게 하였다.

【사료493】『고려사』권1 세가 권제1 태조(太祖) 2년 1월 919년 1월 미상(음)

도읍을 정한 후 궁궐을 짓고 관아를 설치했으며 행정구역을 획정하다

〈기묘〉 2년(919) 봄 정월 송악(松嶽)의 남쪽에 도읍을 정하고 ~

【사료191】『삼국사기(三國史記)』권 제12 신라본기 제12 경명왕(景明王) 五年春二月

견권이 말갈족을 물리치다 (921년 02월(음))

2월에 말갈(靺鞨)의 별부(別部)인 달고(達姑) 사람들이 북쪽 변경에 와서 도적질을 하였다. 이때 태조의 장수인 견권(堅權)이 삭주(朔州)를 지키다가 기병을 이끌고 공격하여 크게 격파하여, 말 한 필도 돌아가지 못하였다. 왕이 기뻐하여 사신과 편지를 보내 태조에게 사례하였다.

【사료494】『고려사』권1 세가 권제1 태조(太祖) 10년 12월 927년 12월 미상(음)

견훤이 화친을 요구하는 편지를 보내오다

12월 견훤이 왕에게 글을 보내 말하기를,
"지난번에 신라(新羅)의 국상(國相) 김웅렴(金雄廉) 등이 장차 족하(足下)를 왕경(王京)으로 불러들이려 한 것은 작은 자라가 큰 자라의 소리에 호응하는 것[鼈應黿聲]과 같은데, 이는 메추라기가 송골매의 날개를 쪼고자 달려드는 것[鷃披隼翼]과 같아 반드시 생령(生靈)을 도탄(塗炭)에 빠지게 하고 사직(社稷)을 폐허로 만들 수 있는 행위였습니다. 이로써 내가 먼저

〈동진(東晉) 때 흉노에 대한 북벌을 감행하여 황하 이남을 회복한〉 조적(祖逖)의 사례와 같이 채찍을 잡고[先著祖鞭], 〈진(陳) 정복에 앞장선 수(隋) 장수〉 한금호(韓擒虎)가 홀로 부월(斧鉞)을 휘두르는 것[獨揮韓鉞]같이, 〈신라의〉 백관에게 밝은 햇빛과 같이 〈정의롭게 행동한다는〉 맹서(盟誓)를 받고, 6부(六部)에는 의로운 기풍을 유시(諭示)하였습니다. 뜻하지 않게 간신은 숨거나 도망쳐버리고 임금이 죽는 변고가 생겼고, 결국 경명왕(景明王)의 외사촌 동생(表弟)이며 헌강왕(憲康王)의 외손자를 받들어 왕위에 오르도록 권하였습니다. 위태로운 나라를 다시 세우고 없어진 임금을 있게 한 것은 이에 있습니다. 족하께서는 〈내가 알린〉 충고를 자세히 보지도 않고 떠도는 말만 듣고서 온갖 수단을 써서 틈을 엿보다가 여러 방면에서 우리에게 쳐들어와 어지럽혔습니다. 하지만 아직 내 말의 머리도 보지 못하고 내 소의 털 하나도 뽑을 수 없었습니다. 초겨울에는 도두(都頭) 색상(索湘)이 성산(星山)의 진(陣) 아래에서 손이 묶인 듯이 패배했고, 같은 달에 좌상(左相) 김락(金樂)이 미리사(美利寺) 앞에서 해골을 볕에 쪼이게 되었습니다. 죽거나 포획한 자가 많았으며 쫓아가 잡은 자도 적지 않으니 강약이 이와 같다면 승부는 알 만합니다. 내가 바라는 것은 평양(平壤)의 누각에 활을 걸고 패강(浿江)의 물을 말에게 먹이는 것입니다. 그러나 지난달 7일에 오월국(吳越國)의 사신 반상서(班尙書)가 와서 왕의 조지(詔旨)를 전하였는데, '경(卿)과 고려(高麗)는 오랫동안 소통하고 좋아하면서 함께 이웃으로 맹약(盟約)을 맺은 것으로 안다. 근래 두 인질이 다 죽음으로 인하여 드디어 화친하였던 옛 관계를 잃고 서로 국경을 침범하여 전쟁이 그치지 않는다. 이제 사신을 보내어 경의 나라에 가게 하고 또 고려에는 글을 보내니, 마땅히 서로 화친하여 길이 평화를 아름답게 누리도록 하라.'라고 하였습니다. 나는 의리를 돈독히 하고 〈신라〉왕을 존중하며, 또한 큰 나라를 섬기는 마음이 깊으므로 그 조유(詔諭)를 듣고서 곧 지시를 따르고자 합니다. 다만 걱정되는 것은 족하께서 싸움을 그만두고자 해도 그만둘 수 없고, 곤란한 상황 때문에 오히려 싸우려 하려는 것입니다. 지금 조서를 베껴 보내드리니 마음을 두어 자세히 살펴보시기 바랍니다. 또한 교활한 토끼와 날랜 사냥개가 번갈아 이기는 것[狡獝迭傋]도 끝내 반드시 남의 놀림거리가 될 것이며, 조개와 도요새가 서로 맞버티는 것[蚌鷸相持]도 웃음거리가 될 것입니다. 마땅

> 히 길을 잃어버리고 돌아갈 수 없게 되는 일[迷復]을 경계로 삼아 후회를 스스로에게 남기지 않아야 할 것입니다."
> 라고 하였다.

이곳 패서도와 한산주는 당연히 백제의 영역이었던 곳이고, 철원, 부양, 송악은 산동성 신라가 건국된 남옥저 땅의 서쪽이자 산동성 백제의 동쪽에 위치하였던 지역이다.

> 【사료495】『고려사』권2 세가 권제2 태조(太祖) 16년 3월 933년 3월 5일 (음) 신사(辛巳)
>
> 후당에서 왕을 책봉하는 조서를 내리다
>
> 〈계사〉 16년(933) 봄 3월 신사 후당(後唐)에서 왕경(王瓊)과 양소업(楊昭業)을 보내 왕을 책봉하였다. 조서에 이르기를,
> "왕이라는 것은 하늘을 본받아 온 백성을 기르고 땅을 본떠 천하[八紘]를 편안하게 하는 존재이니, 성실히 큰 중용(中庸)의 도를 지켜 온 천하에 드러나지 않은 곳이 없다. 북두성은 바르므로 뭇 별이 다 그리로 향하고, 큰 바다는 넓으므로 온 골짜기가 모두 그리로 흘러간다. 그런 까닭에 하늘과 땅 사이의 인간 세상에 살면서 해가 내리비추는 곳을 다 살피며, 도를 넓히고 덕을 닦으며 자신을 공손히 하여 마음을 비워야 한다. 진심으로 귀부(歸附)한 사람은 돌보아 왕의 백성으로 삼고, 향화(嚮化)한 사람에게는 풍교(風敎)를 입혀야 한다. 그러므로 봉작하는 명을 거행하고 표창하는 글을 계고하는 것이니, 이는 예로부터 내려오는 것이며 감히 빠뜨려서는 안 된다. 그대는 차지한 땅을 평양(平壤)이라 일컬었으며 군사를 장악하고 재능도 겸비하였다. 오족(五族)의 강한 우두머리를 통합하고 삼한(三韓)의 비옥한 땅을 지배하여, 〈혼란한 판국을〉 진정시키는 데 힘쓰고 〈상국의〉 성명(聲明)을 받들고자 뜻하였으니 이에 상례[彝彛]를 따라 은총의 예를 더한다.
> 아! 그대 권지고려국왕사(權知高麗國王事) 왕건(王建)은 자질이 웅대하고 용

맹하며 지혜는 기략[機鈐]에 통달하였고, 변방에서 으뜸으로 빼어나게 태어났고 장대한 포부를 가지고 드러내었다. 산하(山河)가 내려준 바, 터전이 지극히 풍요하다. 주몽(朱蒙)이 건국한 상서로움을 계승하여 저들의 왕이 되고, 기자(箕子)가 번국(蕃國)을 이룬 자취를 밟아서 은혜와 조화를 펼치고 있다. 풍속이 두텁고 글을 알기에 능히 예의로 이끌 수 있으며, 기풍이 용감하고 무예를 숭상하므로 위엄으로 정중히 할 수 있다. 봉토가 이에 고요하고 편안해졌고 백성은 이로써 온전히 모이게 되었으며, 그리하여 다시 이와 입술같이 긴밀해지고 피부와 터럭같이 돈독해지게 되었다. 교활한 오랑캐가 재앙을 일으키는 데 분노하고, 이웃 나라를 걱정하여 근심에서 구원하였다. 또한 진심으로 순종하며 절의를 붙잡고 충성을 바치면서, 인덕(仁德)으로 백성을 오래 살게 하는 것을 사모하여 시절을 평안히 하고, 경륜과 도덕[文思]을 본받아 운수(運數)를 어루만졌다. 깊은 바다를 건너고 험한 길을 넘어와 예물을 나르고 보배를 바쳤으며, 자기 사업을 보고하는 절차를 이행하여 근왕(勤王)의 업적을 잘 드러내었다. 무릇 지극한 정성을 넓히면 풍성한 보답을 누리는 것이 떳떳한 도리이고, 실제 봉작을 정하여 열국(列國)을 드러내는 것이 큰 예절일 것이다. 공로가 지극하므로 나는 아낄 것이 없다.

이제 정사(正使) 태복경(太僕卿) 왕경(王瓊)과 부사(副使) 대부소경 겸 통사사인(大府少卿 兼 通事舍人) 양소업(楊昭業) 등을 보내 부절(符節)을 가지고 예를 갖추어 그대를 고려국왕으로 책봉하는 명을 내린다.

아! 선한 일을 하면 하늘이 상서로움을 내리고, 바른 도리를 지키면 신(神)이 복을 주는 법이다. 무기는 위태로울 때 신중히 사용하고 통일된 제도[文軌]는 원대한 계책의 바탕이 되니, 길이 후당(後唐)의 신하가 되어 대대로 왕의 작위를 누리라. 이제 그 지위를 내리니 그대는 공경히 받으라."
라고 하였다.

후당(923~936년)은 당(唐, 618~907년)나라 이후 오대십국시대(오대) 후량(後梁, 907~923년)에 이은 나라이다. 중국 측과 이를 그대로 수용하는 우리 주류 강단 사학계에서는 이 후당의 지배영역을 하남, 산동, 산서, 하북, 섬서, 감숙 등에 이른 것으로 하고 있다. 그리고 하북성 이후

33

요령성과 길림성 등 고려 북방 경계로 비정하는 한반도 내의 서쪽 압록강과 동쪽 함흥 영흥만 이북 지방은 거란의 요나라(916~1125년)의 영역으로 설정하고 있다. 하지만 고려와 요나라는 하북성에서 당시 압록강이었던 지금의 호타하를 두고 남북으로 접경하고 있는 한편 또한 요령성에서는 지금의 요하를 두고 동서로 접경하는 등 두 군데에서 국경을 마주하고 있었으므로 후당이 하북성 전체와 산동성 전체를 차지한 것으로 하거나 거란의 요나라가 하북성 전체를 차지한 것으로 하는 것은 역사 조작이다.

> 고려와 요나라는 하북성에서 당시 압록강이었던
> 지금의 호타하를 두고 남북으로 접경하고 있는 한편,
> 또한 요령성에서는 지금의 요하를 두고 동서로 접경하는 등
> 두 군데에서 국경을 마주하고 있었다.

원래의 산동성에서의 백제 영역과 신라의 영역 그리고 하북성에서의 고구려 영역이었으나 발해(699~926년)로 넘어갔다가, 이후 요나라가 차지한 하북성 압록강인 호타하 이북 지방을 제외한 호타하 이남 지방은 나당연합군에 의한 고구려 멸망 후 신라가 차지하였다가 고려에 그대로 물려주어 고려가 여기에 천리관성 및 소위 강동 6주(8성)를 설치하여 요나라와 대치하고 있었다. 이러한 과정 바로 직전 즉 신라 말기 고려 건국 과정 사이에 궁예와 왕건 그리고 견훤이 활동하던 지역이 바로 이 신라가 나당연합군에 의한 백제 멸망 이후 차지한 백제의 땅과 산동성 신라의 영역에서 이루어졌다.

> 하북성 압록강인 호타하 이남 지방은 나당연합군에 의한 고구려 멸망 이후 신라가 차지하였다가 고려에 그대로 물려주어 고려가 여기에 천리관성 및 소위 강동 6주(8성)를 설치하여 요나라와 대치하고 있었다. 이러한 과정 바로 직전 즉 신라 말기 고려 건국 과정 사이에 궁예와 왕건 그리고 견훤이 활동하던 지역이 바로 이 신라가 나당연합군에 의한 백제 멸망 이후 차지한 백제의 땅과 산동성 신라 영역에서 이루어졌다.

이곳 산동성에서의 평양은 근초고왕이 고구려 고국원왕을 전사하게 한 곳으로 평양이라고 기록하였지만 당시 고구려 평양성은 하북성에 있었고, 이 평양은 남평양으로 예전의 고구려 첫 도읍지 졸본성이다. 이 평양성 즉 남평양으로 졸본성 기록은 이후 백제가 475년 고구려 장수왕에게 백제 개로왕 시기에 빼앗겼던 한성 지방을 되찾기 위하여 551년 신라와 백제가 연합하여 고구려를 공격하여 탈환한 기록에서 확인되고 있다.

【사료312】『삼국사기(三國史記)』卷第四 新羅本紀 第四 진흥왕(眞興王) 12년

고구려를 침공하여 10군을 빼앗다 (551년 (음))

〔12년(551)〕 왕이 거칠부(居柒夫) 등에게 명하여 고구려를 침공하게 하였는데, 승리한 기세를 타서 10군(郡)을 빼앗았다.

【사료313】『삼국사기(三國史記)』卷第十九 高句麗本紀 第七 양원왕(陽原王) 七年

신라가 10성을 빼앗다 (551년 (음))

신라가 공격해 와서 10성을 빼앗았다.

【사료208】『삼국사기(三國史記)』卷第四十四 列傳 第四 거칠부(居柒夫)

고구려 10군을 점령하다 (551년 (음))

[진흥대왕] 12년 신미(辛未, 551)에 왕이 거칠부 및 대각찬(大角湌) 구진(仇珍), 각찬(角湌) 비태(比台), 잡찬(迊湌) 탐지(耽知), 잡찬 비서(非西), 파진찬(波珍湌) 노부(奴夫), 파진찬 서력부(西力夫), 대아찬(大阿湌) 비차부(比次夫), 아찬(阿湌) 미진부(未珍夫) 등 여덟 장군에게 백제와 더불어 고구려를 침공하도록 명령을 내렸다. 백제 사람들이 먼저 평양(平壤)을 공격하여 깨뜨렸다. 거칠부 등은 승리를 틈타서 죽령 바깥, 고현(高峴) 이내의 10군을 빼앗았다.

【사료316】『일본서기(日本書紀)』권 19 天國排開廣庭天皇 欽明天皇 12년 (0551년(음))

百濟 聖明王이 高麗에게 빼앗긴 故地를 회복함 (551년 (음))

이해 백제 聖明王이 몸소 군사 및 두 나라의 병사를 거느리고 두 나라는 新羅·任那를 말한다. 高麗를 정벌하여 漢城의 땅을 차지하였다. 또 진군하여 平壤을 토벌하였는데, 무릇 옛 땅 6군을 회복하였다.

『삼국사기』기록상 「신라본기」및 「고구려본기」에는 기록되어 있지만 영토 재탈환 당사자인 백제의 기록인 「백제본기」에는 일체 기록되지 않았을뿐더러, 백제가 평양성을 공격하였다는 기록은 「본기」에는 기록되지 않고 신라 「거칠부 열전」과 『일본서기』에만 기록되어 있다. 이로써 신라가 고구려에 빼앗긴 남옥저 죽령 지방을 되찾은 사실이 확인되고 있다. 이러한 사실로 인하여 신라와 백제가 연합한 이유는 백제가 예전에 빼앗긴 한성 지방을 되찾은 것과 이 한성 지방에 대한 자세한 사항을 은닉 조작하기 위함이 아닌가 판단된다. 위와 같은 사실과 이미 확인한 근초고왕 시기의 평양성 공격이『삼국사기』「본기」

및 「열전」 기록상으로는 평양으로 기록되어 확인되지 않았지만 당시 삼국의 위치 및 다음의 『삼국사기』「지리지」 및 『삼국유사』 기록에 의하여

【사료314】『삼국사기(三國史記)』卷第三十七 雜志 第六 지리(地理)四 백제(百濟)

《고전기(古典記)》를 살피건대 동명왕의 셋째 아들인 온조가 전한 홍가 3년 계묘년에 졸본부여(卒本扶餘)에서 위례성(慰禮城)에 이르러 도읍을 정하고 왕이라 칭하였다. 389년이 지나 13세 근초고왕에 이르러 고구려 남평양(註 247)을 취하고 한성에 도읍했다.(取高句麗南平壤, 都漢城.) 105년이 지나 22세 문주왕이 도읍을 웅천으로 옮겼다. 63년이 지나고 26세 성왕이 도읍을 소부리로 옮기고 국호를 남부여로 하였다. 31세 의자왕에 이름에 122년이 지나고 당 현경(顯慶) 5년에 이르러 의자왕 재위 20년 때에 신라 유신(金庾信)과 당(唐)의 소정방(蘇定方)이 함께 토벌해 평정하였다.

註 247
지금의 서울특별시 강북 중심 지역이다(정구복 외,《역주 삼국사기》 4 주석편(하), 한국정신문화연구원, 1997, 375쪽).

【사료315】『삼국유사』卷 第二 제2 기이(紀異第二) 남부여(南扶餘) 전백제(前百濟)

≪고전기(古典記)≫를 살펴보면 이러하다.

"동명왕(東明王)의 셋째 아들 온조는 전한 홍가 3년 계유(서기전 18년)에 졸본부여로부터 위례성(慰禮城)에 이르러 도읍을 세우고 왕이라고 칭하였다. 14년 병진(丙辰)에 도읍을 한산(漢山) (지금의 광주(廣州))으로 옮겨 389년을 지냈으며, 13대 근초고왕(近肖古王) 때인 함안(咸安) 원년(371년)에 이르러 고구려의 남평양(南平壤)을 빼앗아 도읍을 북한성(北漢城) (지금의 양주(楊州))으

> 로 옮겨 105년을 지냈다. 22대 문주왕(文周王)이 즉위하여 원휘(元徽) 3년 을묘(475년)에는 도읍을 웅천(熊川) (지금의 공주(公州))으로 옮겨 63년을 지내고, 26대 성왕(聖王) 때에 도읍을 소부리(所夫里)로 옮기고 나라 이름을 남부여(南扶餘)라 하여 31대 의자왕(義慈王)에 이르기까지 120년을 지냈다.

하북성 평양이 아니라 되찾고자 하여 되찾은 백제의 한성 지역과 신라의 산동성 남옥저 죽령 지방과 이웃한 고구려 첫 도읍지인 졸본성인 남평양인 것으로 명확히 파악된다. 따라서 고려시대에 태조 왕건이 언급한 황폐한 평양성은 당시 왕건의 활동 지역과 위의 남평양 기록들에 의하여 이곳 졸본성이자 남평양이자 평양성으로 기록된 곳임을 알 수 있다. 이곳이 고려시대 언급된 두 번째 평양이다. 당시 후당이 고려가 이 산동성을 차지한 것을 인정하는 와중에 이 평양성을 거론하였다. 이 시기 하북성 평양은 거란의 요나라가 차지하고 있었다. 그리고 견훤이 이르기를 평양과 패강을 연계시킨 것은 원래 패강은 신라의 패강으로 이는 백제의 패수이자 패하이고 고구려 졸본성 남쪽의 패수와 동일한 하천이다. 따라서 견훤이 언급한 평양 장소는 신라의 산동성 패강과 연결된 고구려 첫 도읍지 졸본성이다. 또한 이 남평양인 산동성 고구려 졸본성을 취하고 도읍을 옮긴 곳이 한성 내지는 북한성이라고 한 것에 의하여 전통적인 백제의 도읍인 한성(북한성)이 한반도 한강 이남이 아니라 남평양인 산동성 고구려 졸본성과 같이 산동성임을 확인할 수 있다.

고려시대 고려 사서에서 세 번째 언급된 평양은

> 【사료450】『고려사』 권3 세가 권제3 성종(成宗) 9년 9월 990년 9월 7일 (음) 기묘(己卯)
>
> 왕이 서경을 순시한다는 교서를 내리다

기묘 교서(敎書)를 내려 말하기를,
"우리 태조(太祖)께서는 기회에 부응하여 세상에 내려와서 큰 덕으로 사람을 대하시니, 모든 고을이 내조(來朝)하여 삼한(三韓)이 편안해졌다. 존귀한 자리에서 남면(南面)하면서 서경(西京)을 처음 설치하고, 종실(宗室)의 친족을 보내 요충지를 지키게 하였으며 직무를 나누어 맡김으로써 각자 권한을 가지도록 하였다. 매년 봄과 가을을 맞아 직접 재계(齋戒)하고 제사를 지냈으며, 오랑캐를 막아 국경을 굳건히 하고자 하여 웅도(雄都) 평양(平壤)에 의지하여 우리 조종(祖宗)의 패업(霸業)을 공고히 하셨다. 그 후 성자(聖子)와 신손(神孫)들께서 서로 이음으로써 사직(社稷)이 편안해지니 혹은 전의 발자취에 기대어 〈그를〉 따라가기도 하였고 혹은 근신(近臣)에게 명하여 떠나보냈으니, 때가 닥치면 왕명(王命)으로 결정하니 역대의 풍속이 달랐다. 내가 그릇되이 부족한 재주로 외람되게 일찍이 〈선왕(先王)께서〉 돌아보고 의탁한 것을 이어받았으니, 선왕 때의 성대한 덕화를 생각하면 매번 간절한 마음으로 따르려 하고 지나간 날의 굉장한 계획을 듣자면 마치 얼굴을 맞대고 가르침을 받는 듯하다. 이제 하늘과 사람이 같이 경사를 누리고 원근(遠近)이 다 편안하며, 모든 농사꾼이 풍년을 함께 축하하고 곡식들도 모두 잘 여무는 데 올랐으니 10월을 택하여 요성(遼城)을 찾아가 조상들의 옛 규범을 행하고 나라의 새로운 법령을 펴고자 한다. 〈이번 행행(行幸)은〉 다만 관문(關門)과 산하(山河)의 형세를 살필 뿐 아니라 장차 아울러 백성의 안위(安危)를 알아보고 지방 관리의 숫자를 덜거나 더하며 산천(山川)에 올리는 제사를 깎거나 정하려는 것이다. 그 행차(行次)의 의장(儀仗)과 모시고 따르는 관료, 식사[御膳]와 악관(樂官)은 모두 마땅히 줄이고 덜어내며 서도유수관(西都留守官)과 연로(沿路)에 있는 주현(州縣)의 수령(首領) 및 여러 진(鎭)의 지휘관은 잠시라도 임소(任所)를 떠나지 말도록 하라. 〈이번 행차를〉 검소하게 하라는 나의 가르침을 받들어 그대들의 번화(繁華)한 풍습을 경계하도록 하라."라고 하였다.

위만조선 평양이자 고구려 장수왕 천도지인 평양에 빗대 원래의 이곳에서 옮긴 채 요령성 요양으로 비정되어 기록된 요령성 요양 즉 당시 고려 서경이다. 이곳은 요성이 있고 서도유수관이 기록된 것으로 요령성 요양이 분명하다. 이러한 연유로 말미암아 당시 고려 서경이 원래의 고조선 도읍지로 기자가 동래한 곳으로 비정되게 된 연유이다.

> **【사료496】**『고려사』 권71 지 권제25 악2(樂 二) 속악 서경
>
> 서경(西京)
>
> 「서경(西京)」. 고조선(古朝鮮)은 바로 기자(箕子)가 책봉되었던 땅이다. 그 백성들이 예양(禮讓)을 익혀서 임금과 부모와 어른을 공경하는 의리를 알아 이 노래를 지었다. 그 뜻은 어진 사랑으로 베푼 은혜가 충만하게 펼쳐져 초목(草木)에까지 미치게 하면 비록 꺾이고 썩은 버들가지라도 살아나고자 하는 의지가 있다는 것이다.

> **【사료449】**『고려사』 권16 세가 권제16 인종(仁宗) 12년 2월 1134년 2월 29일(음) 기유(己酉)
>
> 대동강 뱃놀이 도중 큰 바람이 일어 급히 환궁하다
>
> 기유왕의 어가(御駕)가 대동강(大同江)에 이르러 용선(龍船)을 타고 호종(扈從)한 재추(宰樞)와 시신(侍臣) 및 서경유수관(西京留守官)에게 잔치를 베풀었다. 이때 갑자기 북풍이 일어나 배 위에 설치한 장막과 그릇 따위가 모두 흔들리고 날씨가 크게 추워져서 왕이 급히 일어나 옷을 갈아입고 어가를 재촉하여 궁궐로 들어갔다.

여기서의 서경유수관이 있는 곳은 지금의 한반도 평양이 아니라 요령성 요양 내지는 인근의 당시 평양으로 인식한 곳이다. 여기에 대동강이 있었다. 물론 그동안 주류 강단 사학계는 고려의 서경을 지금의 평양으로 비정하여 왔다. 하지만 최근의 비주류 강단 사학계인 인하대

학교 '고조선 연구소'의 연구 결과 및 그동안 지속되어 온 재야 민족사학계의 연구 성과에 의하고, 사료상의 기록을 있는 그대로 제대로 해석한 결과에 의하면 고려시대 서경은 한반도의 평양이 아니라 요령성 요양 인근이라는 것이 명백한 사실로 확인되었다. 이는 무수한 자료에서 확인할 수 있다. 여기서의 대동강은 나중에 왜곡되어 옮겨진 한반도 평양의 대동강이 아니라 요령성 요양인 평양에 있었던 대동강이다. 이 대동강과 평양이 한반도로 옮겨졌다. 이리하여 결국 이러한 사항을 모두 종합하여 ①위만조선 평양이자 기자조선 동래지, 고구려 도읍 천도지인 하북성 평양, ②고구려 첫 도읍지인 졸본성으로 사서기록상 평양성으로 기록된 당시 고구려 산동성 남평양, ③이들 위치에서 요령성 요양으로 옮겨진 당시 서경인 평양성이 ①②의 것으로 기록된 것이 바로『고려사』「지리지」상의 연혁 기록이다.

【사료54】『고려사』지 권제12 지리3 「북계」

연혁

서경유수관(西京留守官) 평양부(平壤府)는 본래 3조선(三朝鮮)의 옛 도읍이다. 당요(唐堯) 무진(戊辰)년에 신인(神人)이 단목(檀木) 아래로 내려오니 국인(國人)이 그를 임금으로 옹립하고, 평양(平壤)을 도읍으로 삼아 단군(檀君)이라 부르니 이것이 전조선(前朝鮮)이 되었다. 주(周)나라 무왕(武王)이 상(商)나라를 정벌하고 기자(箕子)를 조선에 봉(封)했으니, 이것이 후조선(後朝鮮)이 되었다. 41대 후손 준(準)에 이르러 연(燕)나라 사람 위만(衛滿)이 무리 1,000여 명을 모아 망명해 와서 준(準)의 땅을 빼앗아 왕험성(王險城)【험(險)은 검(儉)으로도 쓰고, 곧 평양이다.】을 도읍으로 하니, 이것이 위만조선(衛滿朝鮮)이 되었다. 그의 손자 우거(右渠)가 황제의 명령을 받들지 않자, 한(漢)나라 무제(武帝)가 원봉(元封) 2년(B.C. 109)에 장수를 보내어 토벌하고 사군(四郡)을 정하면서 왕험을 낙랑군(樂浪郡)으로 하였다. 고구려 장수왕 15년(427)에 국내성(國內城)에서 옮겨 이곳을 도읍으로 삼았다. 보장왕 27년(668)에 신라 문무왕이 당(唐)나라와 함께 협공하여 멸망시키니 그 땅은 결국 신라에 편입되었다.

태조 원년(918)에 평양이 황폐하다 하여 염주(鹽州)·배주(白州)·황주(黃州)·해주(海州)·봉주(鳳州)의 백성들을 옮겨 그곳을 채워 대도호부(大都護府)로 삼았다. 얼마 되지 않아 서경(西京)이 되었다. 광종 11년(960)에 서도(西都)라 고쳐 불렀다. 성종 14년(995)에 서경유수(西京留守)라 불렀다. 목종 원년(998)에 또 호경(鎬京)이라 고쳤다. 문종 16년(1062)에 다시 서경유수관(西京留守官)으로 불렀다가 경기(京畿) 4도(四道)를 설치하였다. 숙종 7년(1102)에는 문반(文班)·무반(武班) 및 5부(五部)를 두었다. 인종 13년(1135)에 서경의 승려 묘청(妙淸)과 유참(柳旵), 분사시랑(分司侍郞) 조광(趙匡) 등이 반란을 일으키니, 병사를 보내어 절령도(岊嶺道)를 끊었다. 이때에 원수(元帥) 김부식(金富軾) 등에 명하여 삼군(三軍)을 거느리고 토벌하게 하여 평정하였다. <이때에> 유수(留守)·감군(監軍)·분사어사(分司御史) 이외의 모든 관반(官班)은 없앴다가, 얼마 후에 경기 4도를 삭제하고 6현(縣)을 두었다. 원종 10년(1269)에 서북면병마사영(西北面兵馬使營)의 기관(記官) 최탄(崔坦)·삼화현(三和縣)의 교위(校尉) 이연령 등이 반란을 일으켜 유수(留守)를 죽이고 배반하여 서경과 여러 성(城)을 바쳐 몽고(蒙古)에 귀부하였다. 몽고는 서경을 동녕부(東寧府)라 하고 관리를 두어 자비령(慈悲嶺)을 경계로 삼았다. 충렬왕 16년(1290)에 원(元)나라에 귀부하였던 서경과 여러 성(城)을 마침내 다시 서경유수관으로 하였다. 공민왕 18년(1369)에 만호부(萬戶府)를 설치하였다. 뒤에 평양부(平壤府)라 고쳤다.

대동강(大同江)이 있다{곧 패강(浿江)으로, 또 왕성강(王城江)이라 부른다. 강의 하류는 구진익수(九津溺水)가 된다.}. 대성산(大城山)이 있다{구룡산(九龍山) 혹은 노양산(魯陽山)이라고도 한다. 『문헌통고(文獻通考)』에 평양성(平壤城) 동북쪽에 노양산이 있다고 하는데, 곧 이곳을 일컫는다. 산 정상에 연못 3개가 있다.}. 옛 성(城) 터가 2개 있다{하나는 기자(箕子) 때에 쌓은 것으로, 성안을 정전제(井田制)를 써서 구획하였다. 하나는 고려 성종 때에 쌓았다.}. 기자묘(箕子墓)가 있다{부성(府城) 북쪽 토산(土山) 위에 있다.}. 동명왕묘(東明王墓)가 있다{부(府)의 동남쪽 중화현(中和縣) 경계의 용산(龍山)에 있으며, 민간에서는 진주묘(珍珠墓)라고 부른다. 또 인리방(仁里坊)에 사우

> (祠宇)가 있는데, 고려 때에 어압(御押)을 내려 제사를 지내게 했으며, 초하루와 보름에 담당 관리에게 명하여 제사를 지내게 하였다. 고을 사람들은 지금까지 일이 있으면 자주 소원을 빈다. 세상에 전하기를 동명성제(東明聖帝)의 사당이라 한다.】. 을밀대(乙密臺)가 있다【대(臺)는 금수산(錦繡山) 정상에 있으며, 대(臺)의 아래층의 절벽 가까이에 영명사(永明寺)가 있는데, 곧 동명왕의 구제궁(九梯宮)이다. 안에 기린굴(麒麟窟)이 있고 굴의 남쪽이 백은탄(白銀灘)이다. 〈이곳에〉 조수(潮水)에 따라 출몰하는 바위가 있는데, 조천석(朝天石)이라 부른다.】. 속현(屬縣)이 4개이다.

이 같은 기록은 이전의 고려시대 기록상에【사료52】『삼국사기(三國史記)』「잡지 지리」'고구려' '평양성과 장안성',【사료180】『삼국유사』제1 기이(紀異第一) 고조선(古朝鮮) 왕검조선(王儉朝鮮) 평양 기록과 같이 고려시대에 있어 처음의 위치에서 당시 고려의 서경인 요령성 요양으로 나중에 옮겨진 당시의 역사 인식을 반영한 나중의 평양을 기록하고 있는 것과 그 궤를 같이하고 있다. 하지만 이를 주류 강단 사학계에서는 '한반도 낙랑군 평양설' 논리에 맞추고자 이 기록상의 모든 것 즉 대동강, 고려 서경, 패강, 기자묘, 자비령, 평양 등을 모두 한반도 평양에 비정하고 있다. 이는 명백한 역사 조작이다. 당시 서경은 분명히 요령성 요양에 있었고 대동강 역시 이곳에 있었다. 이러한 위치 이동 조작 기록은 『삼국사기』 및 『고려사』「지리지」 여러 사항에서 확인되고 있다. 이에 관련하여서는 본 필자가 앞에서 하슬라주, 하서주, 명주 사항과 삭주, 우수주, 수약주, 춘주 사항과 관련한 한반도 왜곡 비정에 대하여 [삭주에 대하여]에서 설명한 바와 같이 여기서는 백제의 지역이었던 한성 지역인 한산주 내지는 한주의 한반도 왜곡 비정에 대하여 살펴보고자 한다.

[한산주, 한주 한반도 왜곡 비정에 대하여]

【사료188】『삼국사기(三國史記)』卷第九 新羅本紀 第九 경덕왕(景德王) 十六年冬十二月

9주의 이름을 고치고 군현을 소속시키다 (757년 12월(음))

~ 한산주(漢山州)를 한주(漢州)로 고치고 1주 1소경 27군 46현을 거느리게 했다. 수약주(水若州)를 삭주(朔州)로 고치고 1주 1소경 11군 27현을 거느리게 했다. ~ 하서주(河西州)를 명주(溟州)로 고치고 1주 9군 25현을 거느리게 했다. ~

『삼국사기』는 한산주를 한주로 고쳤다고 하였다. 이 한산주는 이전의 고구려 땅이라고 하였다.

【사료186】『삼국사기(三國史記)』卷第三十四 雜志 第三지리(地理)一 신라(新羅)

이전 고구려 지역의 3주

이전의 고구려 남쪽 영토 내에도 3주를 설치하였다. 서쪽 제일 첫 번째가 한주(漢州), 그 다음 동쪽을 삭주(朔州), 그 다음 동쪽을 명주(溟州)라고 하였다.

그리하여 이 한주는 이후 신라 9주 5소경상의 평안남도, 황해도, 서울, 경기 충청북도를 그 관할로 한 것으로 비정되었고, 이는 다시 고려시대의 5도 양계상의 경기도, 서울, 충청남북도를 그 관할로 하는 양광도로 비정되어 한반도로 비정되었다. 하지만 사료기록상 757

년 고구려 한산주를 한주로 바꾼 이후에도 계속하여 이전 한산주 기록은 (통일)신라 기록에서 확인되고 있다.

> 789년 01월 (음) 한산주의 기근을 진휼하다
> 790년 05월 (음) 한산주와 웅천주의 기근을 진휼하다
> 794년 07월 (음) 한산주에서 흰 까마귀를 바치다
> 799년 08월 (음) 한산주에서 흰 까마귀를 바치다
> 816년 (음) 한산주 당은현에서 돌이 100여 보를 움직이다

그리고 원래 한산주이던 한주이던 한성, 한수, 한산, 한강은 백제 초기 도읍지로 계속 백제와 관련이 있지 고구려 지역이 절대 아니다. 이는 근초고왕 시기에도 마찬가지이다.

> 온조왕 1년 BC18 한산(漢山), 한수(漢水)
> 온조왕 2년 BC17 말갈 북쪽 경계
> 온조왕 3년 BC16 말갈 북쪽 경계 침범
> 온조왕 4년 BC15 낙랑 사신 파견 우호 닦음
> 온조왕 8년 BC11 말갈 위례성 포위
> 온조왕 8년 BC11 마수성, 병산책, 낙랑태수 항의
> 온조왕 10년 BC9 말갈 북쪽 경계 노략질
> 온조왕 11년 BC8 낙랑이 말갈을 시켜 병산책 습격
> 온조왕 11년 BC8 독산책, 구천책 세워 낙랑으로 통하는 길 막음
> 온조왕 13년 BC6 왕이 신하에게 말함 "동쪽 낙랑, 북쪽 말갈 불안 천도 의지 표명
> 온조왕 13년 BC6 한수(漢水) 남쪽 천도 계획, 한산(漢山) 아래 목책 세우고 위례성 민호 옮김
> 온조왕 13년 BC6 마한 도읍 천도 통보. 북쪽 패하, 남쪽 웅천, 서쪽 바다, 동쪽 주양
> 온조왕 14년 BC5 도읍 천도
> 온조왕 14년 BC5 한강(漢江) 서북쪽 성을 쌓고 한성(漢城)의 백성을 살게 함

> 온조왕 17년 BC2 낙랑 쳐들어와 위례성 불태움
> 온조왕 18년 BC1 말갈 갑작스레 습격해 옴
> 온조왕 18년 BC1 낙랑의 우두산성 습격차 구곡에 이르렀으나 돌아옴
> 온조왕 22년 AD4 사냥하다가 말갈과 싸움
> 온조왕 25년 AD7 한성(漢城)의 민가에서 머리 하나 몸 둘 소를 낳음
> 온조왕 27년 AD9 백성들 한산(漢山) 북쪽으로 옮김, 마한 멸망
> 온조왕 37년 AD19 한수(漢水) 동북쪽 흉년 들어, 패수(浿水)와 대수(帶水) 사이 텅 빔
> 온조왕 40년 AD22 말갈이 술천성 쳐들어옴
> 온조왕 40년 AD22 말갈이 부현성 습격
> 온조왕 41년 AD23 한수(漢水) 동북쪽 사람 징발 위례성 수리
> 온조왕 43년 AD25 남옥저 구파해 부양으로 와 귀순, 한산(漢山) 서쪽에 안치
> 온조왕 46년 AD28 온조왕 돌아가심

【사료497】『삼국사기(三國史記)』 권 제24 백제본기 제2 근초고왕(近肖古王) 26년

도읍을 한산으로 옮기다 (371년 (음))

〔26년(371)〕 도읍을 한산(漢山)으로 옮겼다.

    물론 한때 475년 고구려 장수왕이 백제 개로왕 시기에 이 한성 지역을 빼앗은 이후 551년 신라와 백제가 연합하여 고구려를 공격하여 다시 탈환한 후 신라가 차지하기 전까지는 고구려의 영역이었다. 물론 551년 백제 탈환 이후 553년 신라가 가로채기 전까지는 다시 백제의 영역이었다가 553년 이후에는 신라의 영역이었다가 그리고 655년 이번에는 백제가 고구려와 연합하여 빼앗아 신라의 조공 길을 막은 이후 신라가 소위 통일하기 전까지는 백제의 땅이었다. 따라서 소위 신라가 통일할 당시에 이곳이 고구려 땅이었다는 기록은 사실 무근인 허위이다. 그리

고 이곳 백제 한성 지역은 물론 한산주, 한주를 한반도 경기도 지방은 물론 『삼국사기』 및 『고려사』 「지리지」상의 기록과 같이 한반도로 왜곡시킨 바를 그대로 따라 이곳으로 비정하는 주류 강단 사학계의 비정은 수많은 사항에서 오류로 발견되는 사항이다. 이는 먼저 백제의 한성 지역은 한주, 한산주 지역으로 백제 초기 이 백제의 북쪽에는 말갈이 그 동쪽으로는 낙랑(국)이 그리고 동쪽으로는 그 남쪽에 왜가 육지로 접해 있는 신라가 있는 곳이다. 이곳은 한반도일 수가 절대 없다.

그리고 주류 강단 사학계는 나당연합군에 의한 백제 침략 시 당나라 소정방 군단이 바다를 통하여 인천시 앞바다의 덕적도에 기항하였다가 남쪽 백강 기벌포로 내려온 것으로 하고 있지만 앞에서 지적한 대로 이 당시에는 이미 5년 전인 655년에 주류 강단 사학계의 비정대로라면 이곳 한성 및 한주, 한산주 서쪽 바다인 인천 앞바다는 백제가 차지하여 신라는 당나라에 조공도 할 수 없이 봉쇄되어 있었던 곳이다.

【사료213】『삼국사기(三國史記)』 권 제5 신라본기 제5 태종(太宗) 무열왕(武烈王) 2년

고구려가 북쪽의 변경을 침략하다 (655년 (음))

〔2년(655)〕 고구려가 백제와 말갈과 더불어 군사를 연합하여 우리의 북쪽 변경을 침략하여 33성을 탈취하였다. 왕이 당나라에 사신을 보내 구원을 요청하였다.

【사료310】『삼국사기(三國史記)』 권 제22 고구려본기 제10 보장왕(寶藏王) 十四年春一月

신라의 33성을 빼앗다 (655년 01월(음))

14년(655) 봄 정월. 이에 앞서 우리가 백제·말갈과 더불어 신라의 북쪽

변경을 침범하여 33성을 빼앗았다. 신라왕 김춘추(金春秋)가 당에 사신을 보내 구원을 청하였다.

【사료311】『삼국사기(三國史記)』권 제28 백제본기 제6 의자왕(義慈王) 十五年秋八月

고구려, 말갈과 함께 신라의 성을 공격하여 함락시키다 (655년 08월(음))

8월에 왕이 고구려, 말갈과 함께 신라의 30여 성을 공격하여 함락시켰다. 신라 왕 김춘추가 당나라에 사신을 보내 표문을 올려 "백제, 고구려, 말갈 등이 우리의 북쪽 국경에 침입하여 30여 성을 함락시켰다."고 하였다.

【사료99】『신당서(新唐書)』東夷列傳 百濟

○ 이듬해에(642) 高[句]麗와 連和하여 新羅를 쳐서 40여城을 탈취하고, 군사를 보내어 수비하였다. 또 棠項城을 탈취하여 [新羅의] 朝貢길을 막고자 하였다. 新羅가 다급함을 알려오자, 太宗은 司農丞 相里玄奬에게 詔書를 주어 보내어 화해하라고 설득하였다. 太宗이 새로 高[句]麗를 토벌한다는 소문을 듣고 그 틈을 타 新羅의 일곱城을 탈취하였다. 얼마 후 또 십여城을 빼앗고, 그로 인하여 조공하지 않았다. (40+7+10=57성)

그런 곳에 수많은 함선이 무사히 올 수는 없다. 이외에도 수많은 사례가 있으나 이미 제시하여 입증하였으므로 생략하지만 이곳은 주류 강단 사학계가 비정하는 한반도일 수가 없다. 따라서 이를 기록과 사실과 맞지 않게 한반도로 조정하여 비정한 채 기록한 『삼국사기』 및 『고려사』 「지리지」는 오류가 분명하거나 왜곡인 것이 사실이며 이를 그대로 따르는 주류 강단 사학계의 비정 또한 문제이다. 『삼국사기』 「지리지」상의 문제점은 단 한 가지에서도 그대로 드러난다.

> 【사료185】『삼국사기(三國史記)』卷第三十四 雜志 第三지리(地理)一 신라(新羅) 이전 백제
>
> 이전 백제 지역의 3주
>
> 이전의 백제(百濟) 영토 내에 3주를 설치하였다. 백제의 옛 궁성 북쪽 웅진구(熊津口)를 웅주(熊州)라 하고, 그 다음 서남쪽을 전주(全州), 그 다음 남쪽을 무주(武州)라고 하였다.

신라가 소위 통일하는 시기의 백제 지역이 한성, 한산주를 제외한 그 남쪽의 웅주, 전주, 무주만이라는 기록 자체에서 그 오류나 왜곡성이 드러난다. 당시 백제는 이뿐만 아니라 분명히 한성 지역인 한산주를 가지고 있었다. 이러한 『삼국사기』 「지리지」상의 왜곡 조작 사항은 『삼국유사』에도 이어지는데

> 【사료315】『삼국유사』卷 第二 제2 기이(紀異第二) 남부여(南扶餘) 전백제(前百濟)
>
> ≪고전기(古典記)≫를 살펴보면 이러하다.
>
> "동명왕(東明王)의 셋째 아들 온조는 전한 홍가 3년 계유(서기전18년)에 졸본부여로부터 위례성(慰禮城)에 이르러 도읍을 세우고 왕이라고 칭하였다. 14년 병진(丙辰)에 도읍을 한산(漢山) (지금의 광주(廣州))으로 옮겨 389년을 지냈으며, 13대 근초고왕(近肖古王) 때인 함안(咸安) 원년(371년)에 이르러 고구려의 남평양(南平壤)을 빼앗아 도읍을 북한성(北漢城) (지금의 양주(楊州))으로 옮겨 105년을 지냈다. 22대 문주왕(文周王)이 즉위하여 원휘(元徽) 3년 을묘(475년)에는 도읍을 웅천(熊川) (지금의 공주(公州))으로 옮겨 63년을 지내고, 26대 성왕(聖王) 때에 도읍을 소부리(所夫里)로 옮기고 나라 이름을 남부여(南扶餘)라 하여 31대 의자왕(義慈王)에 이르기까지 120년을 지냈다.

이 원 기록에 지금의 지역 명을 부기로 넣은 것은 후대의 조작임이 분명하다. 그러나 일부 오류는 있으나 한산 지역과 졸본성의 남평양 기록 그리고 한산 지역과 같은 북한성 기록은 이 지역이 『삼국사기』 「지리지」상의 조작 기록인 고구려 땅이라는 기록과는 달리 이곳이 백제 지역임을 알려주고 있다. 하지만 『삼국사기』 「지리지」상의 왜곡 사항은 그대로 『고려사』 「지리지」에서도 이어져

【사료498】『고려사』지 권제10지리1(地理 一) 양광도 남경유수관 양주

연혁

남경유수관(南京留守官) 양주(楊州)는 본래 고구려(高句麗)의 북한산군(北漢山郡)【남평양성(南平壤城)이라고도 한다.】으로, 백제(百濟)의 근초고왕(近肖古王)이 차지하였다. 〈근초고왕〉 25년(370)에 남한산(南漢山)에서 〈이곳으로〉 도읍을 옮겼다. 개로왕(蓋鹵王) 20년(474)에 이르러, 고구려 자비왕(慈悲王)이 쳐들어와서 한성(漢城)을 포위하자 개로왕이 〈성을〉 나와 도망하다가 고구려 군사에게 살해되었다. 그 해, 아들 문주왕(文周王)이 웅진(熊津)으로 도읍을 옮겼다. 뒤에 신라(新羅) 진흥왕(眞興王) 15년(554)에, 〈왕이〉 북한산성(北漢山城)으로 와서 국경[封疆]을 정하였다. 〈진흥왕〉 17년(556)에 북한산주(北漢山州)를 창설하고, 군주(軍主)를 두었다. 경덕왕(景德王) 14년(755)에 한양군(漢陽郡)으로 고쳤다. 고려(高麗) 초에 또 양주(楊州)로 고쳤다. 성종(成宗) 14년(995)에 처음 10도(道)를 정하고 12주 절도사(節度使)를 두면서 〈양주를〉 좌신책군(左神策軍)이라 부르고, 해주(海州)와 함께 좌우(左右)의 이보(二輔)로 삼아서 관내도(關內道)에 소속시켰다. 현종(顯宗) 3년(1012)에 이보(二輔)와 12절도(節度)를 폐지하고 안무사(安撫使)로 고쳤다. 〈현종〉 9년(1018)에 지주사(知州事)로 강등하였다. 문종(文宗) 21년(1067)에 승격시켜 남경유수관(南京留守官)이 되었는데, 근처 고을의 백성을 이주시켜 채웠다. 숙종(肅宗) 원년(1096)에 위위승동정(衛尉丞同正) 김위제(金謂磾)가 『도선밀기(道詵密記)』에 의거하여 남경(南京)으로 천도할 것을 요청하면서 양주에 목멱양(木覓壤)이 있어 도성을 세울 만하다고 말하였다. 〈그

> 러자〉 일자(日者) 문상(文象)도 맞장구를 쳤다. 〈숙종〉 4년(1099) 가을에 왕이 직접 행차하여 지세를 살펴보고서, 평장사(平章事) 최사추(崔思諏)와 지주사(知奏事) 윤관(尹瓘)에게 명하여 공사를 감독하게 하였고 5년 만에 완성되자, 왕이 마침내 직접 행차하여 살펴보았다. 충렬왕(忠烈王) 34년(1308)에 한양부(漢陽府)로 고쳤다. 별호(別號)는 광릉(廣陵)【성종[成廟] 때 정하였다.】이다. 삼각산(三角山)【신라에서는 부아악(負兒嶽)이라 불렀다.】, 한강(漢江)【곧 사평도(沙平渡)이다.】, 양진(楊津)【신라 때의 북독(北瀆)인 한산하(漢山河)로서, 중사(中祀)에 올라 있었다.】이 있다. 속군(屬郡)이 3개, 속현(屬縣)이 6개이다. 관할하는 도호부(都護府)가 1개, 지사군(知事郡)이 2개, 현령관(縣令官)이 1개이다.

오류투성이의 기록이 되었고 이러한 오류 기록에 의하여 드디어 백제의 한성 지역인 한산주가 한반도 서울 지방에 비정하게 되었다. 그 오류를 지적하자면 ①북한산군이 고구려라고 하였지만 북한산군은 분명 백제 지역이다. ②이 북한산군을 남평양성이라고도 한다고 하였다. 남평양은 분명히 백제의 한성인 북한산군의 북쪽인 산동성 고구려 도읍지인 졸본성인데 이를 북한산군으로 한 것은 오류이다. ③근초고왕이 이곳(북한산군, 남평양성)을 차지한 후 원래의 남한산에서 이곳으로 도읍을 옮기었다는 것은 명백히 역사적 오류이다. 앞에서 확인한 대로 근초고왕은 이곳 남평양인 졸본성을 공격하여 고구려 고국원왕을 전사하게 한 후,

> 【사료497】『삼국사기(三國史記)』권 제24 백제본기 제2 근초고왕(近肖古王) 26년
>
> 도읍을 한산으로 옮기다 (371년 (음))
> 〔26년(371)〕 도읍을 한산(漢山)으로 옮겼다.

백제 시조 온조왕이 도읍한 곳으로 다시 옮김으로써 원래의 백제 지역에서 천도한 것이지 고구려 지역을 차지한 후 여기에 옮긴 것은 절대 아니다. ④기록상 신라 진흥왕이 이곳을 차지한 후 북한산주를 창설한 이후 계속 신라 땅이었다가 소위 통일 후 경덕왕 때 한양군으로 고치고 고려 초에 양주로 고친 것으로 되어 있으나, 이곳은 551년 백제가 신라와 연합하여 고구려로부터 빼앗은 것을 553년 신라 진흥왕이 탈취한 이후인 655년 백제와 고구려가 연합하여 이곳을 다시 차지함으로써 조공길이 막힌 곳이다. 따라서 백제의 땅이 되었다가 신라 땅이 되어 고려로 넘어간 것이다. 더군다나 경덕왕 때 한양군으로 된 것이 아니라 한주를 한산주로 이때 바꾼 것이다. 이와 같은 수많은 오류 기록과 같이 조작하여 하북성 지역을 한반도로 옮겼다.

> 백제의 초기 도읍지인 한성, 한산, 한수, 한강은 모두 같은 지역으로 산동성에 있었던 것을 한반도로 왜곡하여 이동시켰다.

이러한 조작 사항은 앞에서 확인한 대로 궁예 왕건이 활동한 지역인 패서도와 한산주는 위의 고려 양광도와는 다른 북계에 별도로 있음으로써 『고려사』「지리지」상 고려의 5도 양계 직제상 이중적으로 있게 되는 치명적인 오류가 된다.

【사료54】『고려사』지 권제12 지리3 「북계」

연혁
북계(北界)는 본래 조선(朝鮮)의 옛 땅이다. 삼국시대에 고구려가 소유하였다. 보장왕 27년(668)에 신라 문무왕이 당(唐)나라 장수 이적(李勣)과 함께 협공하여 멸망시키고 그 땅을 병합하였다. 효공왕 9년(905)에 궁예(弓裔)가 철원(鐵圓)을 근거지로 삼아 후고려왕(後高麗王)이라 자칭하며 나누

> 어서 패서(浿西) 13진(鎭)을 정하였다. 성종 14년(995)에 전국을 나누어 10도(道)를 만들 때에 서경(西京)의 소관(所管)으로 하여 패서도(浿西道)라 하였다. 뒤에 북계(北界)라 불렀다. 숙종 7년(1102)에 또 서북면(西北面)이라 불렀고, 뒤에 황주(黃州)·안악(安岳)·철화(鐵和)·장명진(長命鎭)을 내속(來屬)시켰다. 우왕 14년(1388)에 다시 서해도(西海道)에 소속시켰다. 관할하는 경(京)이 1개, 대도호부(大都護府)가 1개, 방어군(防禦郡)이 25개, 진(鎭)이 12개, 현(縣)이 10개이다. 〈고려〉 중엽 이후로 설치한 부(府)가 2개, 군(郡)이 1개이다.

따라서 이는 한산주를 한반도로 비정하기 위한 조작 기록으로 볼 수밖에 없다. 이러한 어설프고 치명적인 오류에 의한 한반도 비정 사항은 모든 하북성 기록이 전부 해당된다. 이러한 왜곡 조작에 의하여 기자조선 동래 지역을 평양으로 비정함에 따라 이 평양 즉 ①위만조선 평양이자 기자조선 동래지, 고구려 도읍 천도지인 하북성 평양, ②고구려 첫 도읍지인 졸본성으로 사서기록상 평양성으로 기록된 당시 고구려 산동성 남평양, ③이들 위치에서 요령성 요양으로 옮겨진 당시 서경인 평양성이 한반도 평양으로 조작된다. 이러한 사실은 충분히 확인할 수 있는 것인데도 자신들을 비판하는 상대방을 유사, 사이비 학자라고 비난하는 전문가들이 모르고 모든 평양을 한반도로 비정하는 것은 있을 수 없다. 이상으로 고려시대 기록상의 평양에 대하여 살펴보았다.

『삼국사기』는 단군 기록을 의도적으로 삭제한 후 신라 건국으로부터 역사서를 시작하였다. 『삼국유사』는 『삼국사기』와 달리 여기서 삭제한 단군을 다시 살려서 단군으로부터 역사가 시작한 것으로 하였다. 하지만 '기자 동래설'을 받아들여 단군을 이은 것이 기자인 것으로 역사 인식을 가졌다. 이러한 역사학 체계는 이후 이어져서 이승휴의 『제왕운기』에서는 '삼조선설' 즉 '전조선(단군조선)-후조선(기자조선)-

위만조선'의 계승의식이 체계화되어 조선시대 정도전의 『조선경국전』을 비롯하여 이후 『동국사략』, 『동국통감』, 『삼국사절요』, 『동국문헌비고』 등의 모든 사서에서 기자조선의 내용을 싣고 '삼조선설'이 확고해졌다. 그러나 기자에 대한 인식과 실제는 엇박자를 나타내고 있었다. 특히 조선 세종 시에는 『조선왕조실록(朝鮮王朝實錄)』상에 삼국의 시조 묘를 세움에 있어 고구려의 도읍지를 알지 못한다고 예조판서 신상이 고하자 세종은 비록 도읍한 곳에 세우지 못하더라도 그 나라에 세우면 된다고 하였으니 조선시대 세종 때까지도 고구려의 수도가 평양이라는 인식이 없었음을 나타내고 있다.

하지만 단종 2년, 1454년에 편찬된 『세종실록지리지』 '평양부조'를 보면 고려로부터 내려온 삼조선설을 계승하는 한편, 지금의 평양이 단군이 도읍한 평양이고 여기에 기자가 동래하여 기자조선을 세우고 후에 위만이 여기에 왕험성을 세웠다고 하였다. 그리고 중국사서인 『한서』를 인용하여 현토와 낙랑이 기자를 봉한 곳이라고 하였고, 『당서』를 인용하는 등 장수왕의 평양 천도지가 당시의 평양(부)인 것으로 기록하여 모든 중국사서상의 평양 기록을 당시 평양에 비정하였다. 이러한 역사 서술 체계는 문종 원년인 1451년에 편찬된 『고려사 지리지』에도 그대로 이어졌다. 이로부터 모든 역사 인식이 이러한 『세종실록지리지』 '평양부조'를 계승 발전시켰다. 그리하여 이후 『동국여지승람』 '평양부조' 및 『신증동국여지승람』도 같은 내용으로 실었다. 하지만 이러한 기록은 『세종실록』상에 기록된 평양을 찾는 기사와 배치된다. 이러한 혼돈되거나 억지로 한반도로 비정하는 역사 인식은 『삼국사기』와 『삼국유사』도 마찬가지이다.

1) **【사료52】『삼국사기(三國史記)』「잡지 지리」 '고구려' '평양성과 장안성'**

옛 사람들의 기록에 시조 주몽왕(朱蒙王)으로부터 보장왕(寶臧王)에 이르기까지의 역년(歷年)은 틀림이 없고 상세한 것이 이와 같다. 그러나 혹은 이르기를 "고국원왕(故國原王) 13년(343년)에 (왕이) 평양 동황성(東黃城)으로 이거하였는데, 성은 지금[고려] 서경(西京)의 동쪽 목멱산(木覓山) 가운데 있다"라 하니, 옳고 틀림을 알 수 없다.

2) 평양성(平壤城)은 지금[고려]의 서경(西京)과 같으며, 그리고 패수(浿水)는 곧 대동강(大同江)이다. ~ 당서 인용/신당서 지리지 가탐도리기 및 수양제 동방 정벌 조서 인용 : 지금[고려]의 대동강(大同江)이 패수(浿水)인 것은 명백하며, 곧 서경(西京)이 평양(平壤)이었던 것 또한 가히 알 수 있다. ~ 당서 인용/곧 두 성이 동일한 것인지 아닌지, 서로 멀리 떨어져 있었는지 가까웠는지에 대해서는 곧 알 수가 없다.

3) **【사료499】『삼국사기(三國史記)』권 제37 잡지 제6 지리(地理)四 고구려(高句麗) '국내성'**

주몽(朱蒙)이 흘승골성(紇升骨城)에 도읍을 세움으로부터 40년이 지나 유류왕(孺留王) 22년(3년)에 도읍을 국내성(國內城) (혹은 이르길 위나암성(尉那巖城)이라고도 하고 혹은 불이성(不而城)이라고도 한다.)으로 옮겼다. 《한서(漢書)》를 살펴보건대 낙랑군(樂浪郡)에 속한 현으로 불이(不而)가 있고, 또 총장(總章) 2년(669년)에 영국공(英國公) 이적(李勣)이 칙명을 받들어 고구려의 모든 성에 도독부와 주·현을 설치하였는데, 목록(目錄)에서 이르길, "압록(鴨綠) 이북에서 이미 항복한 성이 열 하나인데, 그중 하나가 국내성(國內城)이며, 평양(平壤)으로부터 이 성에 이르기까지 17개의 역(驛)이 있었다."라 하였으니, 곧 이 성 역시 북조(北朝) 경내에 있었으나, 다만 그곳이 어느 곳인지를 알 수 없을 뿐이다.

【사료51】『삼국사기(三國史記)』「잡지 지리」'고구려' '고구려 초기 도읍 홀승골성과 졸본'

고기(古記)에서 이르기를 "주몽(朱蒙)이 부여(扶餘)로부터 난을 피해 도망하여 졸본(卒本)에 이르렀다."라 하였으니, 곧 홀승골성(紇升骨城)과 졸본(卒本)은 같은 한 곳이다. 《한서지(漢書志)》에서 이르기를 "요동군(遼東郡)은 낙양(洛陽)에서 3천6백 리 떨어져 있으며, 속한 현으로서 무려(無慮)가 있다."고 했다. 곧 《주례(周禮)》에서 보이는 북진(北鎭)의 의무려산(醫巫閭山)이며, 대요(大遼) 때에 그 아래에 의주(醫州)를 설치하였다. [또 한서지에] "현도군(玄菟郡)은 낙양(洛陽)에서 동북으로 4천 리 떨어져 있고, 속한 현이 셋이며, 고구려가 그중 하나이다."라 하였으니, 곧 이른바 주몽이 도읍한 곳이라고 말하는 홀승골성(紇升骨城)과 졸본(卒本)은 아마도 한(漢)의 현도군(玄菟郡)의 경계이고, 대요국(大遼國) 동경(東京)의 서쪽이며, 《한지(漢志)》에 이른바 현도(玄菟)의 속현 고구려(高句麗)가 이것일 것이다. 옛날 대요(大遼)가 멸망하지 않았을 때에 요(遼)의 황제가 연경(燕京)에 있었으니, 곧 우리의 조빙하는 사신들이 동경(東京)을 지나 요수(遼水)를 건너 하루 이틀에 의주(醫州)에 이르러, 연계(燕薊)로 향하였음으로 고로 그렇다는 것을 알 수 있다.

5) **【사료41】**『삼국유사』卷 第一 제1 기이(紀異第一) 고구려(高句麗)

고구려(高句麗)

고구려는 곧 졸본부여이다. 더러는 말하기를 "지금의 화주(和州) 또는 성주(成州)이다."라고들 하나 모두 잘못이다. 졸본주는 요동 지역에 있다.

이에 [주]몽은 오이(烏伊) 등 세 사람과 동무가 되어 엄수(淹水) (지금은 어딘지 자세하지 않다.)까지 와서 ~ 그는 졸본주 (현토군의 지역이다.)까지 와서 드디어 여기에 도읍을 하였다.

6) 【사료151】『삼국유사』권 제1 제1 기이(紀異第一) 낙랑국(樂浪國)

낙랑국(樂浪國)

~ (이상의 여러 글에 의하면 낙랑은 곧 평양성이란 말이 옳을 듯하다. 혹은 낙랑은 중두산(中頭山) 아래 말갈의 경계라고 한다. 살수는 오늘의 대동강(大同江)이니 어느 것이 옳은지 자세하지 않다.) ~

7) 【사료180】『삼국유사』제1 기이(紀異第一) 고조선(古朝鮮) 왕검조선(王儉朝鮮)

~ 평양성(平壤城)[지금의 서경(西京)이다.]에 도읍하고 비로소 국호를 '조선(朝鮮)'이라 하였다. ~

이상 두 사서의 기록을 살펴보면 분명 중국 역사서를 절대적으로 참고하고 그것을 인용하여 사서를 편찬하였다. 그런데 분명히 중국 사서상의 고구려 수도 평양과 단군조선의 평양 그리고 낙랑군의 평양에 대하여는 한반도의 평양 그리고 그 활동무대에 대하여는 분명히 한반도 내지는 압록강 인근이 아닌 것으로 기록되어 있다. 더군다나 원문은 거리 수치나 방향 등 일부 기록을 제외한 나머지는 하북성의 고구려를 기록하고 있다. 그래서 이를 그대로 전하면서도 이와 상반되는 중국사서들 즉 하북성에서의 기록을 요령성으로 옮겨놓은 기록 사이에서 혼돈스러워하였다. 더군다나 당시의 역사 인식이 유교 사대주의에 의하여 한반도로 비정하는 흐름이 있었다.

그럼에도 불구하고 『삼국사기』는 고구려의 활동무대를 요령성 요양으로 비정하였다. 물론 『삼국유사』의 경우 원본에 덧붙인 주석에서 한반도 지명으로 비정하였지만 원본은 분명히 요동 지방임을 나타내고 있어 덧붙인 주석의 후대 조작 의혹이 있다. 이러한 혼란 속에 원본은 하북성인데 이 원본에 대한 후대의 주석은 요령성으로 그리고 당시의 역사 인식은 한반도로 인식하고 있었다. 그런데도 요령성으로 비정하다 보니 도대체 알 수 없다고 실토하였다. 실제로 모든 역사가 하북성에서 이루어진 것을 요령성으로 옮기다 보니 제대로 위치를 파악할 수 없는 것으로 되어버렸다. 그래서 실제로 솔직히 잘 모르겠노라고 아니면 혼돈된다고 실토하였다.

『삼국사기』 기록은 중국사서의 산동성 및 하북성 위치 기록을 인용하여 그대로 기록하면서도 왜곡된 인식에 의하여 요령성 요양으로 비정하면서 혼란을 겪었다.

그래서 실제로『삼국사기』【사료85】『삼국사기(三國史記)』권 제37 잡지 제6 지리(地理)四 백제(百濟) 편에 소위 삼국에 대하여 "삼국의 이름만 있고 그 위치가 상세치 않은 곳"에 엄표수(淹㴲水) (혹은 개사수(蓋斯水)라고도 이른다.)가 기록되어 있다. 이렇게 모른다고 하는 곳으로 359개나 된다. 이 중 우산성(牛山城), 독산성(獨山城)의 경우 이중으로 기록되어 있고, 마수산(馬首山), 마수성(馬首城)과 독산(禿山), 독산책(禿山柵)의 경우에는 같은 지명으로 보이는데도 다르게 표시한 것이 있어 일부 숫자의 변동이 있을 수 있다. 하지만 현재 완벽하게 한반도 지명으로 되어 있는 것으로 부산(釜山)이 있는가 하면, 중요한 지명으로 역사서로 정확한 비정이 있어야 당연한 위례성(慰禮城), 비류수(沸流水), 살수(薩水) 등에 대하여 알 수 없다는 것은 이 역사서의 문제점이기도 하지만 한편 이들의 위치가 한반도가 아님을 시사하고 있는 것으로 볼 수 있다. 한반도 안이라면 알 수 있었을 텐데 한반도 안에 비정할 수 없으니 알 수 없다고 하였을 개연성이 크다.

그렇다면 이 목록에 나오는 지명은 전부는 아니지만 한반도 안에 위치한 지명이 아닐 가능성이 많은 것들이다. 앞에서 확인하였듯이 이것은 전부는 아니지만 일부 소위 삼국시대 초기 기록상에 말갈과 같이 나오는 지명의 대부분인 위례성, 청목(곡), 병산책, 부현(성), 마수성, 마수산, 병산책, 우곡성, 장령(성), 사도성, 적현성, 호명성, 고목성 그리고 이중적으로 기재되어 있는 우산성 등은 전부 "삼국의 이름만 있고 그 위치가 상세치 않은 곳" 목록에 있다. 이 중에서 마수산(마수성), 우산성, 독산성에 대하여는 말갈과 관련하여 앞에서 설명하였다.

특히 마수산(마수성)은 앞에서 확인하였듯이 『삼국사기』 초기 기록에서 마수책으로 기록되어 있는 것과 함께 말갈과도 관계가 있는 한편 고구려의 수당전쟁 시 기록에도 나오고 있는데, 중국사서상 『한서』 「지리지」상에

【사료22】 『한서』 「지리지」 1. 유주

⑦ 요서군(遼西郡)
4) 유성현(柳城縣), 마수산(馬首山)이 현의 서남쪽에 있다.

요서군 유성현에 있다고 기록되어 있다. 이 요서군 유성현은 비여현이요 창려현이자 노룡현 위치인 것으로 여기에는 갈석산이 있는 지역이다. 이곳은 현재 하북성 석가장시 정정현이다. 갈석산이 있는 이곳을 다른 곳에 비정할 수는 없다. 하지만 주류 강단 사학계는 이곳 유성(현)을 요령성 조양으로 비정하고 있다. 중국의 전통적인 '춘추필법'에 의하여 동쪽으로 왜곡 비정한 것을 따르고 있다. 이곳에는 갈석산이 없다. 요수도 없고, 마자수도 없다. 진장성도 없다. 한편 이러한 주류 강단 사학계의 논리를 비판하면서도 비주류 강단 사학계와 일부 재야 민족 사학계는 갈석산과 함께 노룡현을 지금의 하북성 진황도시 난하 부근으로 옮겨 비정하고 있다. 이에 대하여도 앞에서 자세히 비판하였지만 이는 또 다른 왜곡이다.

마수산은 이곳 마자수이자 압록수인 지금의 호타하 인근에 있었다. 고구려의 수당전쟁 시 기록상 공격 루트상 요수로 혼돈되어 기록되기도 한 압록수인 호타하 인근에 있어서 요수를 건너 군대가 주둔하였다는 이 마수산은 말갈과 함께 소위 삼국시대 초기 기록상에 등장한다. 이러한 사실은 소위 삼국의 초기 활동 지역이 한반도가 아니고 하북성이라는 것을 입증하는 것이고, 고구려의 수당전쟁 지역도 요령성 요하 인근이나 한반도가 아니라 하북성이라는 것을 입증하고 있다. 이는 다시 고구려 및 삼국의 위치가 한반도가 아니라 하북성이라는 것을 입증하며, 이는 다시 고조선과 연5군 그리고 소위 한사군, 한이군의 위치가 요령성이나 한반도가 아님을 입증한다. 이러한 증거 사항은 단지 마수산만이 아니라 수많은 사항 즉 우산성, 니하, 하슬라, 죽령, 아단성, 아차성, 남옥저, 패강, 한성, 한산, 한강 등이 증명하고 있다. 이는 당연히 『삼국사기』상의 초기 기록은 당연히 한반도가 아닌 중국대륙 하북성에서 일어난 활동을 기록하고 있다. 이는 『삼국사기』가 말갈은 물론 낙랑국, 낙랑군, 현토군 등 한사군과의 관계, 왜와의 관계 등이 입증하고 있으며 이는 중국사서가 증거하고 있기도 하다.

 이러한 것에 대한 『삼국사기』의 간접 증거 자료가 바로 이 말갈과의 관계에서 나타난 지명이 "삼국의 이름만 있고 그 위치가 상세치 않은 곳" 목록에 있다. 그런데도 이를 전부 한반도에 비정하는 주류 강단 사학계의 논리는 당연히 임나일본부와 관련된 지명을 한반도 가야 지방에 비정하는 바와 그 맥락이 같다. 이에 대하여는 나중에 자세히 입증하여 설명하도록 하겠다. 하지만 본 필자가 연구한 바에 의하면 이것은 두 사서만이 한정된 것이 아니다. 모든 중국사서가 역사를 잘못 비정한 먼젓번의 역사서를 참고하다 보니 혼돈되거나 아니면 억지로 왜곡하다 보니 엉망이다. 즉 하북성에 있던 지명과 역사적 사실을 요령성으로 옮겨 기록하다 보니 고의이든 실수이든 아니면 원래 혼돈된 사서를 참고하였든지 혼란을 겪는다. 이러한 것을 고의이든 실수이든 이것을 참조하여 사실을 기록하다 보니 혼란되고 잘못되었다. 중국사서의 경우 원래의 1차 사료만이 그 위치 규명이 제대로 되어 있고 당나라 이후의 역사서는 전부 이 위치를 '춘추필법'에 의하여 옮긴 위치로 변경하여 역사서를 서술하다 보니 문제가 발생하였다. 물론 중국사서의 경우 원래의 1차 사료 역시 '춘추필법'에 의하여 한민족의 역사를 포함한 동이의 역사를 중국 한민족의 역사로 바꾼 것이나 자기 입장에 의하여 쓴 것은 당연하다.

그리고 중국 본토를 제외한 만주 지방 즉 요동 지방에 대한 이후의 역사는 이곳을 지배한 고구려 및 발해 그리고 이후의 요나라 및 금나라 그리고 청나라에 의한 역사서가 당연히 제대로 쓰인 역사서로 평가받아야 함에도 고구려 및 발해의 경우 물론 『삼국사기』와 『삼국유사』 일부가 전해지지만 중국사서의 영향을 더 많이 받아서 쓰였는데 당시의 역사서가 존재하지 않는다. 또한 요나라 및 금나라 그리고 청나라에 의한 역사서는 소위 '춘추필법'에 의하여 쓰이지 않은 관계로 중국에서 제대로 취급하여 주지 않는다. 물론 중국 정사로 24사가 취급받고 있고 그 안에는 『요사』나 『금사』도 있지만 그 내용을 외면하고 있다. 하지만 고조선, 부여, 고구려, 발해 등 우리 민족 국가의 무대인 만주 역사가 쓰인 역사서가 중국인의 입장에 의하여 쓰이지 않는다고 중국은 외면하기 때문에 오히려 우리는 더욱더 이 역사서를 중히 여겨 우리 역사에 도입해야 함에도 불구하고 고려 및 조선시대 유학자들 및 실학자에 의하여 그들이 생각하는 바에 의한 소중한 소중화 사대주의 사상에 의하여 중국에 부화뇌동하여 이들 역사서를 배척하였다. 더욱이 일제 강점기에는 더욱 그러했을 것이면, 이제라도 이를 중히 여겨 일제 식민 사학자들이 왜곡하여 놓은 우리 역사를 복원하는 데 사용하여야 한다. 그런데도 중국과 고려 및 조선시대 유학자들 및 실학자 그리고 일제 식민사학들과 더불어 현재 주류 강단 사학계에서도 이를 배척하고 있는 것은 한심한 일이다. 따라서 앞으로는 『요사』나 『금사』 그리고 『원사』 그리고 『만주원류고』, 『사고전서』를 적극적으로 참고하여 우리 역사에 도입하여야 한다.

　이와 같은 고려 및 조선 초기의 유교에 의한 소중화 사대주의 역사 인식은 조선 중기 이후 성리학이 발전하자 더욱 심해졌다. 즉 퇴계 이황은 우리 조선은 기자로부터 문명이 시작되었다고 하였다. 조선 시대 관리인 윤두수는 기자 관련 중국 문헌을 모은 『기자지』를 편찬하였으며, 율곡 이이는 이것도 부족하다 하여 『기자실기』를 지어 중국 사신이 경탄을 금치 못한다고 찬사를 들은 바 있다. 특히 율곡 이이의 경우 그의 『율곡전서』에서 "우리나라는 기자의 망극한 은혜를 입었으니, 그의 업적에 대해 집집마다 칭송하고 사람마다 익혀야 함이 마땅하다."까지 하였다. 한백겸은 이에서 더 나아가 기자의 토지제도를 경전제로 상상한 『기자고』를 저술하여 기자에 대한 칭송이 극에 달하였다. 사실 앞에서 인용한 중국사서의 홍법구주와 팔조금법은 고조선시대의 역사를 기재한 『환단고기』상에는 고조선의 정책 및 형법으로 되어 있는 것을 처음의 기록에는 없다가 나중의 사서에 가필하여 자기들 것으로 한 바 있다.

　그러나 우리는 이에 뒤질세라 한백겸의 경우 마찬가지로 고조선의 토지제도로 『환단고기』상에 나와 있는 정전제를 바꾸어 경전제를 기자가 도입하여 우리 조선을 이롭게 한 것으로 그리기까지 하였다. 이와 같은 추세는 부모의 나라이자 중화문명의 본산지로 여기던 명나라가 오랑캐인 청나라에 멸망당한 후 심해지고 이러한 전통은 실학자들 및 구한말에까지 이르렀다. 실학자로서 존경받고 있는 정약용마저도 우리나라 역사의 시작인 단군을 부인하고 기자로부터 시작한 것으로 하는가 하면 우리나라 역사가 중국 및 만주에서 이루어진 것으로 기록하고 있는 『요사』를 특히 부정하여 우리 조상국의 역사적 활동을 한반도로 고착시키는 역사 인식의 한계를 보여주었다. 비록 다른 열린 사상이 있었지만 역사 인식에 있어서는 어릴 적부터 주자학이 뿌리 깊게 자리 잡고 있어 이에서 벗어나기 어려운 한계점이 있었던 것이다. 그리하여 패수를 압록강 내지는 대동강으로 비정하는 역사적 한계를 나타내고 있다. 이 같은 역사 인식은 이후 척화와 항왜로 유명한 최익현의 경우에도 우리 땅을 기자를 봉한 강산으로 명나라 태조 주원장의 땅이며 기자가 오면서 도가 왔다는 인식을 드러내기까지 하였다.

> 율곡 이이의 역사관은 지독한 유교 성리학에 의한 소중화 사대주의였다. 다산 정약용의 역사관도 유학에 의한 소중화 한반도 고착 사상이었다.

하지만 기자의 경우 앞에서 설명한 대로 연나라 진개의 고조선 침입 사실과 나중에 설명할 한사군의 설치 사실과 마찬가지로 전형적인 중국의 '춘추필법'에 의한 역사 왜곡이자 조작이다. 처음의 이 사실을 기록한 1차 사료에는 단지 조선으로 도망갔다거나 조선후로 봉하였으나 일방적인 행위로밖에 기록하지 않았던 것을 나중의 기록들은 여기에 가공의 사실들을 덧붙여 놓은 허구의 기록들이다. 하지만 문제는 이러한 가공의 흔적이 역력한 것들을 우리 선조들이 모두 받아들이면서 더욱더 사실화되고 구체화된 채 결국은 한반도로 고착되었.

이 기자는 단순한 이 사실의 왜곡 자체만이 아니라 이것으로 인하여 한반도 평양이 기자의 평양 그리고 나아가 낙랑의 평양이 되어 '낙랑군 평양설'이 탄생하는 모태가 되었다. 더군다나 더 놀라운 사실은 여러 사서를 연계하여 검토하면 이러한 것을 충분히 파악할 수 있어 그 실체가 드러나는데도 현재 우리 강단 사학계는 이를 그대로 유지한 채 이에 대한 비판을 비학문적으로 비난하고 있다. 먼저 역사 전개의 기본 원칙 두 가지 중 먼저 첫 번째인 (1) 사료상으로는 앞에서 설명한 대로 여러 사료가 갈수록 중국 위주로 구체화되고 덧붙여졌다. 또한 『환단고기』상의 『단군세기』상 '기자는 하남성 서화에 살면서 은둔 생활을 하였다.'고 하였다. 그리고 『사기』「송미자세가」에서 『사기색은』「주석」은 '두예는 양국(梁國) 몽현에 기자의 무덤이 있다고 하였다.'고 하였다.

양국(梁國) 몽현은 현재 하남성 상구현과 조현의 경계지역으로 이곳에 아직도 기자의 무덤이 있다고 하였다. 실제 이 기자 묘의 간판에는 "중국에는 조선을 통치했다는 사료는 없으나 한국 역사자료와 학자들의 주장에 의하면 기자가 조선을 통치했다."고 되어 있다고 한다. 조선시대 실학자인 이규경은 그의 저서 『오주연문장전산고』에서 "중국에만 기자묘가 세 군데 있는데 어떻게 평양에 기자묘가 있는가?"라고 따졌다.

중국사서인 『대명일통지』에는 "평양성이 압록강의 동쪽에 있는데, 일명 왕험성이라고도 하며, 바로 기자(箕子)의 옛 나라로, 성 바깥에 기자묘(箕子墓)가 있다. 한나라 때에는 낙랑군의 치소였으며, 진(晉)나라 의희(義熙) 연간 이후로는 고구려왕 고련(高璉)이 비로소 이 성에 거주하였다. 그 뒤에는 서경(西京)이라고 불렀으며, 원(元)나라 때에는 동녕로(東寧路)가 되었다."고 되어 있다.

> 중국 및 중국사서는 고조선과 낙랑군의 경우와 같이 기자조선을 한반도와 연관시킨 사실이 전혀 없다. 고려 및 조선시대 유학자들이 스스로 소중화 사대주의에 의하여 한반도로 끌어들였다.

이때의 평양성은 압록강 즉 지금의 요하 동쪽에 있던 요양을 가리키는 것으로 이 역시 '춘추필법'에 의한 것이지만 압록강 및 그 위치로 보아 한반도의 평양은 아니다. 우리나라 역사는 중국의 '춘추필법'에 의하여 이동된 것을 다시 고려 및 조선의 유학자들의 사대 소중화 사상으로 한반도로 들어와 일제 식민 사학자들에 의하여 완성된 후 주류 강단 사학자들이 이어받아 사력을 다해 유지하고 있다. 하지만 놀라운 사실이 있다.

현재 주류 강단 사학계는 놀랍게도 기자조선을 제외하고는 다른 것은 중국의 '춘추필법'을 따르고 있다. 즉 다른 것은 물론 기자와 관련하여 형성된 고조선, 위만조선, 낙랑군, 고구려 평양설은 절대적으로 따르고 있으나 '기자조선설'이나 '기자동래설'은 따르지 않고 있다. 이것이 주류 강단 사학계가 일제 식민사학을 추종한다는 절대적인 증거가 된다. 따라서 현재 주류 강단 사학계는 일제 식민사학을 추종한다는 비난을 받기에 충분하고 이것 때문에 사실이 입증된다. 즉 일제 식민 사학자들은 다른 모든 우리나라 역사 인식은 실증주의 역사학에 의하여 중국의 '춘추필법'에 의하여 기록된 당나라 이후의 역사서에 기록된 그대로 따르는 것을 역사 전개 논리로 삼았다. 원래 중국사서상에 기자가 기록된 사서는 살펴보았기에 이제는 그 위치를 전하는 사서를 중국사서 지리지에서 살펴보고 중국사서의 기자의 위치 인식에 대하여 고찰해 보기로 한다. 위의 중국사서 외에 지리지상에는 다음과 같이

【사료22】『한서』「지리지」1. 유주

⑩낙랑군(樂浪郡)
1) 조선현(朝鮮縣), [2]

[2] 應劭曰武王封箕子於朝鮮. 응초(應劭)가 말하기를 무왕(武王)이 기자(箕子)를 조선(朝鮮)에 봉했다고 했다.

【사료13】『진서』「지리지」,
1. 평주
③ 낙랑군
1) 조선현(朝鮮縣), 주(周)가 기자(箕子)를 봉한 땅이다.

낙랑군 조선현과 같이 나타나고 있다. '갈석산'에서의 위치 이동과 관련하여 살펴본 대로 이 조선현은 원래 두 번째 요수이자 패수인 지금의 대사하 인근의 낙랑군 소속 조선현 이곳으로 당시의 사서 편찬자들은 인식하였다. 그러다가 『위서』「지형지」상에 기록되어 있듯이 낙랑군 조선현 사람들을 비여로 옮겨 조선현에 소속하게 하여 북평군으로 하였다.

【사료60】『위서』「지형지, 남영주/영주」

5. 영주(營州)
④ 낙랑군(樂浪郡)
낙랑군(樂浪郡), 전한(前漢) 무제(武帝)가 설치하였고 두 한(漢)과 진(晉)에서 낙랑(樂浪)이라 했으며 후에 고쳤다가 폐하였다. 정광(正光) 말년에 다시 설치하였다. 련성(連城)에서 다스린다.
다스리는 현은 2개이고 가구수는 219이고 인구수는 1008명이다.

1) 영락현(永洛縣), 정광(正光) 말년에 설치하였다. 조산(鳥山)이 있다.
2) 대방현(帶方縣), 두 한(漢)에 속했고 진(晉)에서는 대방군(帶方郡)에 속했으며 후에 폐하였다가 정광(正光) 말년에 다시 속하였다.

6. 평주(平州)

② 북평군(北平郡)

요서군(遼西郡), 진(秦)에서 설치하였다.

다스리는 현은 3개이고 가구수는 537이며 인구수는 1905명이다.

1) 조선현(朝鮮縣), 두 한(漢)과 진(晉)에서는 낙랑(樂浪)에 속했으며 후에 폐하였다. 연화(延和) 원년에 조선(朝鮮) 사람을 비여(肥如)로 옮겨 다시 설치하여 속하게 하였다.
2) 신창현(新昌縣), 전한(前漢)에서 탁군(涿郡)에 속하였고 후한(後漢)과 진(晉)에서는 요동군(遼東郡)에 속하였다가 후에 속하였다. 로룡산(盧龍山)이 있다.

이 비여는 앞에서 자세히 설명하였듯이 그러나 그 위치는 그대로이다. 이 비여는

【사료10】『후한서(後漢書)』「군국지」 1. 유주

⑦ 요서군(遼西郡)

요서군(遼西郡), 진(秦)에서 설치하였다. 낙양(雒陽)에서 동북쪽으로 3300리 떨어져 있다. 성은 5개이고, 가구수는 1,4150이며, 인구수는 8,1714명이다.

1) 양락현(陽樂縣).
2) 해양현(海陽縣).
3) 영지현(令支縣), 고죽성(孤竹城)이 있다.[1]
4) 비여현(肥如縣).
5) 임유현(臨渝縣).[2]

[1] 伯夷叔齊本國. 백이(伯夷)와 숙제(叔齊)의 본국이다.

> [2] 山海經曰…碣石之山, 編 水出焉, 其上有玉, 其下有青碧. 水經曰…
> 在縣南. 郭璞曰…或曰在右北平驪城縣海邊山也. 山海經(산해경)에서 말하
> 기를 '碣石山(갈석산)이 있는데 編水(편수, 망수網水, 승수繩水)가 나오며, 갈석
> 산 위에는 옥이 많고 갈석산 아래에는 푸른 碧(벽)이 많다'고 했다. 수경
> 주에서 말하기를 '(갈석산은) 현(縣) 남쪽에 있다'고 하였다. 郭璞(곽박)은
> 말하기를 '혹 우북평군 驪城縣(려성현) 해변 산에 있다고 한다'고 했다.

이 기록에 의하여 고죽성이 있다는 영지현과 함께 평주와 노룡현 그리고 창려현을 지금의 난하 인근의 진황도시로 비정하게 만들었다. 하지만 비여는 노룡의 명칭이 지금의 진황도시에 옮겨놓아 이곳으로 왜곡되었으나 위의 『수서』「지리지」상 노룡현은 변함없이 유성현과 마찬가지로 지금의 하북성 석가장시 정정현 위치인 바, 이 사서에 기록된 대로 이 노룡현은 『수서』「지리지」상에 처음 나타난 지명으로 원래 유성현과 마찬가지로 지금의 정정현인 비여현으로 원래 신창현과 조선현에서 조선현을 없애고 신창현으로 그리고 다시 요서군의 해양현을 없애고 비여현으로 편입시켰다가 노룡현으로 이름을 바꾼 후 북평군을 설치하여 이 소속으로 하였다.

따라서 결국 노룡현의 요서군 비여현이다. 또한 비여현은 『한서』 「지리지」, 『후한서』「지리지」, 『진서』「지리지」상에는 모두 같은 유주 소속의 요서군 관할이었다가, 『위서』「지형지」상에는 원래 갈석이 있었던 요서군 임유현 지역과 고죽성이 있었던 영지현으로 하여 평주 요서군 소속 비여현으로 있었다. 한편 이때 원래 한나라 및 사마씨 진나라 시기에 낙랑군에 속했던 조선현 사람들을 원래 비여현으로 옮긴 후 다시 조선현을 설치하여 이를 북평군에 두었다. 이를 수나라 시기에는 위나라 시기의 요서군과 북평군을 합친 다음 요서군의 비여현은 없애고 여기서의 해양현과 북평군의 조선현과 신창현을 가지고 결국 위의 노룡현에 대한 설명대로 북평군 노룡현으로 하였다.

한편 이 시기에 요서군은 앞 시기인『위서』「지형지」상 창려군 소속 용성현이었던 유성현만을 가지고 있었다. 이 과정에서 노룡현의 원조인 비여현에 낙랑군 조선현 사람을 비여에 옮겨 비여현을 설치하였고 이 비여현이 노룡현이 되었다. 이 노룡현이 현재 창려현 그리고 갈석산과 함께 하북성 난하 인근의 진황도시에 실제 지명 명칭이 옮겨져 기자조선, 고죽국, 갈석산이 이곳으로 비정되어 결국 낙랑군 등 모든 성을 주류 강단 사학계의 '낙랑군 평양설'이라는 식민사학 논리를 비판하는 일부 비주류 강단 사학계나 일부 재야 민족 사학계에서는 이곳으로 비정하고 있지만 이는 또 다른 역사왜곡이다. 이러한 노룡현에 대하여 요나라 때인『요사』「지리지」상에는,

【사료29】『요사』「지리지」

남경도
남경석진부(南京析津府)

남경석진부는 원래 옛날 기주(冀州)의 땅이다. 고양(高陽)씨는 유릉(幽陵)이라고 하였고 도당(陶唐)씨는 유도(幽都)라고 하였으며 우순(虞舜)씨는 이를 쪼개어 유주(幽州)라고 하였다. 상국(商)에서는 유주를 기주에 병합하였고 주국(周)에서는 병주(幷)를 나누어 유주로 하였다. 직방(職方)에서 말하기를 동북쪽은 유주인데 진산(鎭山)은 의무려(醫巫閭)이고,

평주 요흥군(平州 遼興軍)

평주(平州), 요흥군(遼興軍), 上, 節度. 상국(商)에서는 고죽국(孤竹國)이었고 춘추(春秋)시대에는 산융국(山戎國)이었으며 진국(秦)에서는 요서군과 우북평군의 땅이었는데 한국(漢)에서는 이를 따랐다. 한국(漢) 말기에 공손도(公孫度)가 점거하였는데 아들 공손강과 손자 공손연에 이르러 위(魏)로 편입되었다. 수(隋) 개황(開皇) 년간에 평주(平州)로 고치었고, 대업(大業) 초기에 다시 군으로 삼았다. 당(唐) 무덕(武德) 초기에 주로 고치었고, 천보(天

寶) 원년에 또한 북평군(北平郡)으로 하였다가 후당(後唐)에서는 다시 평주(平州)로 삼았다. 태조(太祖) 천찬(天贊) 2년에 이곳을 취하여 정주(定州)의 포로들로 이 땅에 섞이어 살게 하였다. 주는 2개이고 현은 3개이다.

1)노룡현(盧龍縣). 원래 비여국(肥如國)이다. 춘추(春秋)시대 진(晉)이 비(肥)를 멸하자 비자(肥子)는 연(燕)으로 달아났는데 이곳에 봉지를 받았다. 한(漢)과 진(晉)에서는 요서군(遼西郡)에 속하였다. 북위(元魏)는 군의 치소로 삼는 동시에 평주(平州)를 세웠다. 북제(北齊)는 북평군(北平郡)에 소속시켰다. 수(隋) 개황(開皇) 년간에 비여현을 없애고 신창현(新昌)에 소속시켰다. 18년에는 신창현을 고쳐 노룡현이라고 하였다. 당(唐)에서는 평주(平州)로 삼았고 뒤에도 이를 따랐다. 가구수는 7000이다.

~

4)난주(灤州), 영안군(永安軍), 中, 刺史. 원래 옛날 황락성(黃洛城)인데 난하(灤河)가 고리처럼 두르고 있으며 노룡산(盧龍山) 남쪽에 있다. 제(齊) 환공(桓公)이 산융(山戎)을 정벌하고 산신(山神) 유아(俞兒),
- 마성현(馬城縣). 원래 노룡현(盧龍縣) 땅이다.
- 석성현(石城縣). 한(漢)이 설치하여 우북평군(右北平郡)에 소속시켰는데 오래전에 폐하였다. 당(唐) 정관(貞觀) 년간에 이곳에 임유현(臨楡縣)을 설치하였고, 만세통천(萬歲通天) 원년에 석성현(石城縣)으로 바꾸었다.

5)영주(營州), 닌해군(隣海軍), 下, 刺史. 원래 상(商) 고죽국(孤竹國)이다. 진(秦)에서는 요서군(遼西郡)에 속했다. 한(漢)은 창려군(昌黎郡)으로 삼았었다. 전연(前燕) 모용황(慕容皝)은 이곳에 도읍을 옮겼었다.
- 광녕현(廣寧縣). 한(漢)의 유성현(柳城縣)인데 요서군(遼西郡)에 속했다. 동북쪽으로는 해(奚)와 거란(契丹)과 맞붙어 있다. 만세통천(萬歲通天) 원년에 거란 이만영(李萬營)의 손으로 들어갔다. 신룡(神龍) 원년에 유주(幽州)의 경계로 이주하였다. 개원(開元) 4년에 다시 옛 땅으로 돌아왔다. 요(遼)에서 지금 이름으로 고쳤다. 가구수는 3000이다.

으로 되어 있는 바, 이에 대하여는 앞에서 자세히 설명하였듯이, ①원래 지금의 태행산맥을 기준으로 산서와 산동으로 나누어 산서 즉 산서성에는 기주를 산동 즉 하북성에는 청주를 설치하였다가 이후 이 기주를 나누어 병주와 유주를 두었고, 청주는 나누어 영주를 두었다. 이 유주는 바로 지금의 석가장시 서북부 인근이다.
②의무려는 앞에서 살펴본 대로 지금은 그 명칭이 아예 옮겨져 요령성 조양시 북부로 되어 있지만 원래 지금의 태행산맥을 지칭하는 것은 중국사서가 증명하는 명백한 사실이다.
③노룡현이 비여로써 그 소속을 달리 하였으나, 여전히 지금의 하북성 석가장시 정정현 인근이다.
④이 노룡현의 위치를 증명하여 주는 것이 같은 소속으로 있는 난주 영안군 마성현의 마성촌과 석성현의 석성촌이 아직도 그 지명이 지금의 석가장시 정정현 북부에 남아 있다.
⑤"난하(灤河)가 고리처럼 두르고 있으며 노룡산(盧龍山) 남쪽에 있다." 이 구절로 인하여 실제 지명과 산이 옮겨진 것 즉 노룡현과 창려현 그리고 갈석산이 진황도시로 옮겨진 것과 더불어 현재 진황도시 경계를 흐르는 난하로 인하여 하북성 석가장시 북부에 있었던 고죽국, 갈석산이 이곳으로 옮겨 비정됨으로써 또 다른 역사왜곡이 이루어졌다. 하지만 이 구절의 장소는 옮겨진 진황도시가 아니라 진나라 시기에는 우북평군이었고, 한나라 시기에는 석성현과 해양현이었던 곳이자 공손씨가 활동하였던 당시의 요동 지방인 석가장시 서북부 지역이었다.
⑥이러한 사실을 가장 강력하게 입증하여 주는 것이 같은 소속의 영주 닌해군에 있는 용성이다. 이 용성에 대하여는 앞에서 설명하였듯이 중국 정부 스스로가 현재 하북성 석가장시 정정현의 융흥사(隆※寺) 비로전 뒤 용성에 있었던 용등원이라는 정원이 있다는 것을 밝히고 있다.
⑦이 하북성 석가장시 정정현에 있다는 용성이 있는 영주 닌해군의 광녕현은

【사료143】『흠정만주원류고』 권3 부족3 백제

「송서」에는 "그 치소가 진평군晉平郡 진평현晉平縣이며 도성을 거발성居拔城이라 부른다."고 기록되었다. 즉 백제군百濟郡은 곧 진평晉平이며 거발성居拔城이고 진평성晉平城이다. 마단림馬端臨이 말하기를 "진평은 당의 유성과 북평 사이에 있다. 기실 지금의 금주(錦州) 영원(寧遠) 광녕(廣寧) 일대이다.

【사료81】『흠정만주원류고』 권9 강역2 신라 9주

9주의 설치는 동쪽으로 길림, 서쪽으로 광녕에 이르고 해주와 개주를 지나 조선을 포함하는 것으로 실로 넓이가 광대하였다.

앞에서 확인하였듯이 백제의 소위 대륙 진출하였다는 요서백제 지역이다. 위의 기록에서 광녕에서 해주와 개주를 지난다고 한 해주와 개주 역시 지금의 요하 동쪽의 해성시와 개주시로 비정하고 있다. 하지만 이 기록이 편찬될 당시에는 『요사』「지리지」를 근거로 하였기 때문에 『요사』「지리지」상의 해주와 개주는

【사료29】『요사』「지리지」

동경도
해주 남해군
해주(海州) 남해군(南海軍)이 설치되었으며 절도를 두었다. 본래 옥저국(沃沮國) 지역이며 고구려 때 비사성(沙卑城)으로 당나라 이세적이 공격하였던 곳이다. 발해는 남경남해부(南京南海府)로 불렸다.
암연현(巖淵縣) 동쪽으로 신라와 경계하고 있다. 옛날 평양성이 현 서남쪽에 있다. 동북쪽 120리에 해주가 있다.

【사료29】『요사』「지리지」

동경도
개주 진국군(開州 鎭國軍)
개주 진국군은 절도사 주이다. 원래 예맥(濊貊)의 땅이었는데 고구려에서는 경주(慶州)로 삼았으며 발해에서는 동경용원부로 삼았었다.

①개원현(開遠縣) 본래 책성(柵城) 지역으로 고구려 때에는 용원현(龍原縣)이라 하였고, 발해 때에도 그 이름을 사용하다가 요나라 초기에 폐지하였다. 성종이 동쪽으로 정벌할 때 다시 설치하고 군대를 두었다. 호구수는 1,000이다.

요나라 동경부로 이곳은 이미 입증하였듯이 요하의 요양이 아니라 하북성 보정시 남부의 호타하 하류 지방이다. 이 개주에 내원성이 있는데

【사료234】『무경총요』「전집 권 22」요방 북번지리

개주(開州), 발해의 옛 성이다. 虜[요나라]의 왕이 동쪽으로 신라를 토벌하고 그 요해처에다 도시를 건설하고 주를 삼았으며 다시 개원군(開遠軍)을 설치하였다. 서쪽으로 내원성(來遠城)까지 120리이다. 서남쪽으로 길주(吉州)까지 70리이다. 동남쪽으로 석성(石城)까지 60리이다.

내원성(來遠城), 虜가 경술년에 신라를 토벌하고 성을 쌓고 지켰는데 즉 중국 대중상부(大中祥符) 3년이다. 동쪽으로 신라 흥화진(興化鎭)까지 40리이고 남쪽으로 海(바다)까지 30리이며 서쪽으로 보주까지 40리다.

이 내원성은 이미 설명하였듯이 흥화진 인근에 있는 것이며, 이 흥화진은 바로 소위 강동 6주(8성)의 가장 서쪽에 위치한 곳으로 여기는 영주(寧州) 인근이었다.

【사료366】『고려사절요』 권3 현종원문대왕(顯宗元文大王) 현종(顯宗) 9년 12월 1018년 12월 10일

강감찬 등이 거란의 소손녕에게 맞서 대승을 거두다

무술. 거란(契丹)의 부마(駙馬) 소손녕(蕭遜寧)이 군사들을 거느리고 와서 침략하면서 100,000명의 군대라 칭하였다. 왕은 평장사(平章事) 강감찬(姜邯贊)을 상원수(上元帥)로 삼고 대장군(大將軍) 강민첨(姜民瞻)으로 하여금 그를 보좌하게 하여 병사 208,300명을 거느리고 영주(寧州)에 주둔하게 하였다. 흥화진(興化鎭)에 이르자 기병 12,000명을 선발하여 산골짜기 한가운데에 매복시키고 또한 굵은 줄로 쇠가죽을 꿰어서 성 동쪽의 큰 강을 막고서 적군을 기다리다가, 적군이 이르자 막았던 강을 터뜨리고 복병들을 내보내서 적을 크게 격파하였다. 소손녕이 병사들을 이끌고 곧장 경성으로 달려가자 강민첨이 추격하여 자주(慈州)의 내구산(來口山)에 이르러 그들을 크게 패배시켰다. 시랑(侍郞) 조원(趙元)도 또한 마탄(馬灘)에서 공격하여 만여 급의 목을 베거나 사로잡았다.

바로 이 영주(寧州)에 청천강이 있고 이 청천강이 살수였으며 예전 을지문덕이 여기서 살수대첩을 일으켰다. 따라서 청천강은 원래 이곳에 위치하였던 것이 원래 한강이 하북성의 백제 및 통일신라 영역에서, 대동강이 서경인 요양에서 한반도로 옮긴 것과 같이 한반도 평안도로 옮긴 것임을 알 수 있다. 이와 같은 역사적 사실이 오히려 왜곡된 곳으로 비정되는가 하면 왜곡된 비정을 하게 만든 요인이 되는 비여를 살펴봄으로써 확인할 수 있다.

이곳 노룡현, 비여, 비여현은 하북성 석가장시 북부 정정현 인근일 수밖에 없다. 이곳이 중국사서상 기록된 우리 역사상의 기자가 온 곳이며, 고죽국이며, 고구려와 쟁패를 다투었던 모용 선비족의 근거지이며, 나중에 백제가 진출한 요서 백제 지역이며, 나중에 신라가 백제와 고구려가 망한 후에 차지한 후 영역으로 가지고 있다가 고려에 물

려주어 고려가 여기서 거란족의 요나라와 싸우다가 소위 강동 6주를 설치하는가 하면 소위 고려의 천리관성을 설치하는 지역이다. 따라서 이와 같은 사항에 의하여 고죽국, 요서백제의 정확한 위치는 물론 소위 통일신라 및 고려의 하북성 영역을 확인함과 동시에 정확한 제대로 된 소위 서희의 강동 6주(8성)의 위치와 고려의 천리관성의 위치를 확인하게 된다. 이 같은 기자의 위치에 대한 기록은 이후 기록인

【사료29】『요사』「지리지」

동경도
1) 동경요양부(東京遼陽府)

동경요양부(東京遼陽府)는 본래 조선(朝鮮)의 땅이었다. 주(周)나라 무왕(武王)이 기자(箕子)를 감옥에서 풀어주자 (기자는) 조선으로 갔고, (무왕은) 이로 인해 그를 봉해 주었다. (기자는) 팔조(八條)의 가르침을 만들어 베푸니, (백성들이) 예의를 숭상하고 농사와 누에치기로 부유해져 바깥문을 닫지 않아도 사람들이 도둑질을 하지 않았다. 40여 세를 전하여 연(燕)나라가 진번(眞番) 조선(朝鮮)을 복속시키고 처음으로 관리를 두고 요새를 설치하였다. 진(秦)나라 때 요동의 바깥 요새에 속하였다. 한(漢)나라 초기에 연나라 사람 만(滿)이 옛 공지에서 왕이 되었다. 무제(武帝) 원봉(元封) 3년(기원전 108)에 조선을 평정하여 진번, 임둔(臨屯), 낙랑(樂浪), 현도(玄菟) 4군(郡)을 설치하였다. 후한(後漢) 때에 청주(青州)와 유주(幽州)에 출입하였다. 요동군과 현도군은 연혁이 일정하지 않았다.

에서도 변하지 않았다. 단지 이 기록을 요령성 요하 인근으로 왜곡 해석할 뿐인 것으로 이 기록은 엄연히 하북성 위치를 나타내는 기록이다. 그러나 그러던 것을 고려시대에 다음과 같이

【사료52】『삼국사기(三國史記)』「잡지 지리」'고구려' '평양성과 장안성'

그러나 혹은 이르기를 "고국원왕(故國原王) 13년(343년)에 (왕이) 평양 동황성(東黃城)으로 이거하였는데, 성은 지금[고려] 서경(西京)의 동쪽 목멱산(木覓山) 가운데 있다"라 하니, 옳고 틀림을 알 수 없다. 평양성(平壤城)은 지금[고려]의 서경(西京)과 같으며 그리고 패수(浿水)는 곧 대동강(大同江)이다. 어찌 이를 알 수 있는가?《당서(唐書)》에서 이르기를 "평양성(平壤城)은 한(漢)의 낙랑군(樂浪郡)으로 산굽이를 따라 외성을 둘렀고, 남으로 패수(浿水)가 근처에 있다."라 하였으며, 또한《지(志)》에서 이르기를 "등주(登州)에서 동북으로 바닷길을 가서, 남으로 해안에 연하여, 패강(浿江) 입구의 초도(椒島)를 지나면, 신라의 서북에 닿을 수 있다."라 하였다. 또한 수양제(隋煬帝)의 동방 정벌 조서에서 이르기를 "창해(滄海) 방면 군대는 선박이 천리에 달하는데, 높직한 돛은 번개같이 나아가고, 커다란 군함은 구름처럼 날아 패강(浿江)을 횡단하여 멀리 평양(平壤)에 이르렀다."라 하였으니, 이렇게 말하는 것으로써 지금[고려]의 대동강(大同江)이 패수(浿水)인 것은 명백하며, 곧 서경(西京)이 평양(平壤)이었던 것 또한 가히 알 수 있다.《당서(唐書)》에서 이르기를 "평양성(平壤城)은 또 장안(長安)이라고 불렀다."라 하였고 그리고 고기(古記)에서 이르기를 "평양(平壤)으로부터 장안(長安)으로 옮겼다"라 하였으니, 곧 두 성이 동일한 것인지 아닌지, 서로 멀리 떨어져 있었는지 가까웠는지에 대해서는 곧 알 수가 없다.

【사료180】『삼국유사』제1 기이(紀異第一) 고조선(古朝鮮) 왕검조선(王儉朝鮮)

평양성(平壤城)[지금의 서경(西京)이다.]에 도읍하고 비로소 국호를 '조선(朝鮮)'이라 하였다.

드디어 당시의 서경인 지금의 요령성 요양으로 바뀌었다. 앞에서도 살펴보았지만 당시의 서경을 지금의 한반도 평양으로 보는 주류 강단 사학계의 역사왜곡으로 이 기록을 한반도 평양으로 비정하고 있으나 이는 분명히 요령성 요양으로 비정하였다. 이것은 이 기록에서 인용한 중국사서인 『신당서』「동이열전 고구려」, 『신당서』「가탐도리기」 등을 인용하면서 요령성 요양으로 비정하였다.

하지만 인용한 그 중국사서인 『신당서』「동이열전 고구려」와 『신당서』「가탐도리기」는 이미 앞에서 자세히 분석하여 확인하였듯이 거리 수치는 장안에서 5천 리인 지금의 요하 인근인 요양으로 후대에 조작하였지만 하북성을 가리키는 것이 분명하다. 그리고 『신당서』「가탐도리기」 역시 하북성과 산동성의 고구려를 기록하고 있다. 그러나 『삼국사기』는 당시 기자의 한반도 평양 동래설 및 중국의 왜곡된 '춘추필법'에 의한 역사 인식에 의하여 이러한 사서의 기록을 인용하면서도 이곳을 요령성 요양으로 비정하는 오류를 범하고 있다. 그러면서도 **"옳고 틀림을 알 수 없다."** 라고 하거나 **"곧 두 성이 동일한 것인지 아닌지, 서로 멀리 떨어져 있었는지 가까웠는지에 대해서는 곧 알 수가 없다."** 하여 인용한 사서의 기록과 당시 인식의 둘 사이의 차이에서 혼란을 그대로 전하고 있다.

그렇지만 분명히 두 개의 패수 중 그 하나인 패수로 한나라와 위만조선 간의 경계인 낙랑군의 패수는 그만두고서라도 『삼국사기』가 두 개의 패수 중 다른 하나인 중국사서 기록상의 고구려 평양성 남단의 패수로써 백제의 패하이자 신라의 패강인 이강을 원래의 같은 위치를 기록한 중국사서들의 고구려 평양성 남단의 패수와 『신당서』「가탐도리기」상의 패강과 중국사서의 수양제 동방 조서상의 패수, 패강 기록의 고구려 산동성 졸본성 위치를 요령성 요양의 고구려 평양성으로 오인 내지는 왜곡 비정한 잘못은 『삼국사기』에 있지만 이 패수를 당시의 요령성 요양에 존재하고 있던 대동강으로 비정하였는데도 불구하고 이 대동강이 한반도 평양으로 옮겨진 사실은 무시하고 이 대동강만을 근거로 이 『삼국사기』의 기록을 한반도 평양으로 비정하는 주류 강단 사학계의 인식은 잘못이자 역사 조작이다. 더군다나

『신당서』「동이열전 고구려」 전이 서술한 평양성은 산의 굴곡을 따라 외성을 쌓았다고 하였다.

그리고 『수서』「동이열전 고구려」 전은 평양성이 산을 따라 굴곡이 지었다고 하였다. 이는 원래 평양성 내지는 평양성 외성이 평온 지대가 아님을 분명히 서술하고 있는 것이다. 그러나 현재의 한반도 평양성 내지는 평양성 외성은 평온 지대이다. 분명히 다르다.

더군다나 2014년도 발표한 '고구려 발해학회' 양시은(교수) 발표인 「고구려 도성 연구의 현황과 과제」에 의하면 비록 주류 강단 사학계의 왜곡 비정에 따라 장수왕 평양 천도 이전의 동천왕 시기 245년 평양천도, 고국원왕 시기 343년 평양 동쪽 황성(동황성) 천도 기록은 집안시를 벗어나지 않았다고 하여 이를 제외하였지만 장수왕 15년(427년) 평양 안학궁 천도, 양원왕 8년(552년) 평양 장안성 쌓고, 평원왕 28년(586년) 평양 장안성 천도 사실에 의하여 이에 대한 발굴 조사를

- 1935년 평양 장안성 조사 : 평양부립박물관 관장 고이즈미 아키오[小泉顯夫]
1938년 청암리 토성 조사
1958년 안학궁과 대성산성 조사
1970년 평양성 조사
2005년 고구려연구재단 북한협조「평양일대 고구려 유적」,「고구려 안학궁 조사보고서」 발간
2006년 고구려「안학궁 조사 보고서」 - 통일신라, 고려시대 유물

실시하였으나 고구려 해당 시기의 유적·유물은 일부만 발견한 채 오히려 후대의 것만 다수 발견하였거니와 2006년 안학궁 발굴 조사 보고서에 의하면 소위 통일신라시대 및 고려시대 유물밖에 발견하지 못한 것으로 확인되고 있다. 이 일부 발견 사실에 의하여 이곳을 고구려

평양성으로 비정하는 것은 상당한 문제가 있다. 이러한 결과는 당연한 것으로 이는 문헌학적 사실을 고고학적으로 뒷받침한다. 마찬가지로 주류 강단 사학계가 고구려 초기 도읍지로 비정하는 요령성 환인 지방과 국내성 및 환도성으로 비정하는 길림성 집안시 일대에도 해당 시기의 고구려 유적이 발견되지 않는다. 물론 당초 이곳으로 비정하기 시작한 일제 강점기 일본인 식민 사학자들도 이러한 사실을 알면서도 잘못된 사소한 것을 근거로 비정하였던 것이 이어져 왔다.

이러한 사실이 분명한데도 불구하고 현재 주류 강단 사학계는 물론 이를 이어받은 '젊은 역사학자 모임' 일원들은 고구려가 장수왕 시기에 한반도 평양성으로 천도하기 이전까지 한반도 북부 집안시 일대를 벗어나지 않았다고 하고 있다. 이는 어떠한 근거로 그러한지 무슨 자신감으로 그렇게 확신하는지 이러한 사실 즉 일본인 학자들의 조사보고서 등과 이후의 고구려 환인 지역, 환도성, 국내성의 국내 지역 그리고 평양성에 대한 유적 발굴 조사 보고서를 확인하고 이렇게 주장하는지 그 확고한 근거가 무엇인지 공개적으로 질문을 하고 공개적으로 답변을 요구한다. (주류 강단 사학계에 대한 공개 질문16)

젊은 사학자라면 자신들을 비판하는 재야 민족 사학자들을 사이비, 유사 역사학자라고 비난하는 전문가라면 선배 학자들이 연구한 바를 새롭게 연구하고 새로운 학문을 개척하여야 함에도 잘못된 선배들의 학문을 그대로 수용한 채 이에서 벗어나지 못하면서 이를 내세우는 것은 학문의 도리가 아니고 다른 목적이 있는 것이 틀림없다. 이 대목에서 본 필자는 유난히 이 글 서두에서 밝힌 존 카터 코벨 박사의 허사가 된 희망이 떠오른다. **"한국의 젊은 학도들이 그릇된 현실을 박차고 일어나 진실을 밝히기를."**

> 한반도 평양성은 사서기록상 고구려 평양성 기록과 다르다.
> 한반도 평양성은 문헌학적, 고고학적으로도 고구려 평양성이
> 아님이 입증된다.

　그런데도 현재 주류 강단 사학계는 다른 곳 즉 하북성 평양성과 산동성 졸본성(평양성)에 위치하였던 평양성을 한반도의 평양인 서경으로 비정한 채 그 남쪽에 연해 있다는 패수를 한반도 평양의 대동강으로 해석하고 있는 오류를 범하고 있다. 이리하여 중국사서와 『삼국사기』에도 없는 한반도 평양의 기자가 우리들 손으로 만들어졌다. 도대체 이러한 사실을 학자라면 아니 몇 가지 사서만 확인하더라도 모를 수가 없다. 그러나 이러한 사실 말고도 더 커다란 흑막이 우리 주류 강단 사학계에는 숨겨져 있다.
　그것은 이러한 기자조선 및 동래설은
　첫째(1), 기자 동래설을 따르면 그들이 부정하고자 하는 단군조선의 역사성이 유구하다는 방증이 되므로 이를 부정하고자 하였다. 즉 일제 식민 사학자들은 고조선의 역사를 위만조선으로 시작하여 바로 한나라에 멸망당하여 식민지인 낙랑군 등이 설치되는 것으로 하여 우리 한민족은 원래부터 남의 지배를 받아온 타율성에 의하여 발전한 나라라는 것을 역사학 체계로 삼고자 하였다. 그러므로 기자의 경우 중국사서에 명백하게 상(은)나라가 멸망하여 고조선으로 도망 온 해인 B.C. 1122년부터 고조선이 존재한 것이 되기 때문에 이를 부정하였다. 그래서 현재 이러한 일제 식민사학을 계승한 주류 강단 사학계는 고조선의 시작을 일제 식민사학과 마찬가지로 예전에는 위만이 고조선으로 넘어와 위만조선을 세운 B.C. 194년경으로부터 설정하였다. 하지만 이후 많은 유적, 유물 등이 발견되자 조금 상향하여 현재는 B.C. 4세기경으로 본다. 기자를 인정할 경우 B.C. 12세기, 단

군신화를 인정할 경우 B.C. 2333년인 B.C. 24세기를 결코 인정하지 않는다. 따라서 본 필자가 현재 비판하고 있는 논문과 소위 '젊은 역사학자 모임' 일원들의 경우 마찬가지로 고조선의 유구성을 애써 부정하면서 모호한 것으로 하고, 그 역사성을 그들이 최초 기록으로 인용한 사료『관자』의 B.C. 4세기로 보고 있다.

그래서 본 필자는 앞에서 사료『관자』는 중국 춘추시대(B.C. 770~403년)부터 시작하여 서한시대(B.C. 202~A.D. 8년)까지 거의 700여 년이라는 시간에 걸쳐 여러 제자, 문하생, 추종자들에 의하여 저술된 것을 관중이라는 사람의 이름을 빌려 편집되었다고 보는 것이 타당하다고 한 바 있다. 저술 및 편집 시기에는 여러 가지 설이 있는 것인데 유독 이를 B.C. 4세기로 확증하여 보는 것은 식민사학의 기본 논리에 의하여 고조선의 실제 역사를 낮추려는 의도로 보인다고 이미 비판한 바 있다. 현재 주류 강단 사학계는 고조선의 역사를 예전의 B.C. 2세기경에서 조금 늘려 이제는 겨우 B.C. 4세기경으로만 보려고 한다.

두 번째(2), 일본의 식민지 사관이 형성되기 시작하는 식민지 정책의 바탕인 정한론이 시작될 무렵에는 조선국이 중국 청나라의 속국으로 처해 있었다. 일본 제국주의 목적 중의 선결 해결책은 조선이 중국에서 벗어나 일본에 속하게 하는 것이었다. 따라서 기자조선의 경우 중국으로부터 지배를 받아 교화받은 것이므로 이를 앞의 유구한 역사성 부인과 함께 배제해야 할 이유이기도 했기 때문에 기자조선을 조선의 역사학 체계에서 배제시켰다. 놀랍게도 현재 주류 강단 사학계는 이를 따르고 있다. 다른 모든 것은 중국의 '춘추필법'을 따르고 있으면서 말이다. 이것이 현재 주류 강단 사학계가 일제 식민사학을 추종하는 가장 강력한 증거가 된다. 현재 이 글의 비판 대상인 논문과 소위 '젊은 역사학자 모임' 일원의 경우에도 고조선과 낙랑군을 논하면서도 기자에 관한 언급은 전혀 없다. 그들이 추종하는 중국사서상에 기자에 관한 언급이 상당히 많음에도 이를 배제하고 있다.

기본적으로 일제 식민주의 사관의 기본 원칙은

> 1. 단군조선 부정[기자조선 언급 자제(단군조선 연혁 오래됨을 감추기 위해 등)]
> 2. 한반도 고착화(한사군 평양설, 임나일본부설)

현재 주류 강단 사학계와 이에 속한 소위 '젊은 역사학자 모임' 일원들은 위의 지침 유지

> 1. 단군조선-모호화, 기자조선-언급 자제, 위만조선-멸망 강조
> 2. 한반도 평양설 강조 유지

2) 기자동래설은 사료는 물론 유적·유물에 의해서도 허위이다.

> 일본은 학문이 아니라 정치적 이데올로기인 제국주의 식민지 이론에 의하여 '기자동래설'을 부정하였다. 현재 우리나라 주류 강단 사학계도 은연중에 이를 추종하고 있다.

다음은 역사학 전개의 기본 틀 중의 두 번째(2)인 유적, 유물이다.

기자와 관련된 유물을 살펴보면, 중국의 요령성 객좌현 북동촌에서 기후(箕候)와 고죽(孤竹)이라는 명문이 새겨진 청동기 예기 6점이 출토되었다. 이들 유물의 제작 시기는 상(殷)나라 말기로 기자의 생존 시기와 일치한다. 그러나 출토 장소는 무덤이 아니라 지하의 임시 유물 저장소였다. 또한 이후 시기의 발굴 유물은 서주 후기부터 춘추시대에 걸쳐 제작되었다. 중국 산동성 황현 남부촌 및 산동성 연대시 남쪽에서 청동 예기가 출토되었는데 이들은 위와는 달리 무덤에서 발굴되었다. 또 한 가지 유적은 앞에서 살펴본 『사기』 「송미자세가」에서 『사

기색은』「주석」상에서 언급한 양국(梁國) 몽현 즉 현재의 하남성에 있는 기자의 무덤이 그것이다. 또한 조선시대 실학자인 이규경이『오주연문장전산고』에서 "중국에만 기자묘가 세 군데 있는데 어떻게 평양에 기자묘가 있는가?"라고 따졌던 다른 기자묘는 당나라 지리지『괄지지』상에 '**양성현에 기산이 있다. 양성현은 산서성 동남부 진성시 양성현으로써 그 남쪽 능천현에 지금도 기자산이 있다.**'고 한다. 중국사서상 세 개의 기자묘 중 마지막 또 하나의 묘는 이미 인용하여 설명한『대명일통지』상의 기록처럼 하북성 노룡현 내지는 요하 인근 요양 지방에 있다.

한편 북한은 고려 후기에 조성된 평양의 기자묘를 원래의 기자묘가 아니라 후세에 세워진 것이라고 하여 해체했다고 한다.

▌실제 기자묘는 한반도 평양에 없다.

앞에서 인용하여 설명한 【사료180】『삼국유사』제1 기이(紀異第一) 고조선(古朝鮮) 왕검조선(王儉朝鮮)상의 기록에 의한 "당(唐)나라「배구전(裵矩傳)」에는 이러한 말이 있다. "**고려(高麗)는 본래 고죽국(孤竹國)[지금의 해주(海州)이다.]이었는데 주(周)나라가 기자를 봉하여 조선이라 하였다. 한(漢)나라는 이를 나누어서 3군을 설치하고 현도**(玄菟)**· 낙랑**(樂浪)**· 대방**(帶方)[북대방(北帶方)이다.]**이라 불렀다.**"상의 기자를 봉하고 한나라 군현을 설치한 원래 고죽국을 당시 해주로 비정하였다. 이 해주가 다른 여러 우리 고대사 지명과 똑같은 경위로 서쪽에서 동쪽으로 즉 하북성에서 요령성으로 옮겨지는 대표적인 경우에 해당한다. 이에 대하여는 앞에서도 설명하였듯이 당초 해주는

【사료143】『흠정만주원류고』권3 부족3 백제

[통고]에는 또한 "남쪽으로 신라에 접한다"고 기록되었다. [회요]에는 "동북쪽으로 신라에 이른다"고 기록되었다. 백제의 경계를 고찰해 볼 때, 그 서북쪽은 지금의 광녕과 금주와 의주에서 남쪽으로 해주와 개주에 걸치고, 동남쪽은 조선의 황해도와 충청도 그리고 전라도를 포함한다.

【사료81】『흠정만주원류고』권9 강역2 신라 9주

9주의 설치는 동쪽으로 길림, 서쪽으로 광녕에 이르고 해주와 개주를 지나 조선을 포함하는 것으로 실로 넓이가 광대하였다.

【사료146】『흠정만주원류고』권4 부족4 신라

『요사遼史』지리지地理志 당唐 원화元和 연간에 발해왕 대인수大仁秀가 남쪽으로 신라를 정벌하여 군현을 개설하였는데 해주海州 암연현巖淵縣 동쪽 경계는 신라이다.

광녕 즉 위의【사료29】『요사』「지리지」남경도 2. 평주 요흥군상의 광녕현과 같이 이곳은 한나라 유성현이었던 곳으로 지금의 하북성 석가장시 정정현 지역이다. 이곳으로부터 마자수이자 압록수였던 지금의 호타하가 동쪽으로 흘러 그 하류 지방이 바로 해주이다. 이곳에서 서남쪽이 바로 암연현으로 이곳은 신라가 건국된 산동성 빈주시 북쪽으로써 여기서 동쪽에 신라의 건국지가 있고 그 서남쪽에 고구려 개국지이자 첫 도읍지인 졸본성(옛날 평양성)이 있었다. 따라서 해주는 바로 호타하 하류 지방이다.

【사료29】『요사』「지리지」

동경도
해주 남해군
해주(海州) 남해군(南海軍)이 설치되었으며 절도를 두었다. 본래 옥저국(沃沮國) 지역이며 고구려 때 비사성(沙卑城)으로 당나라 이세적이 공격하였던 곳이다. 발해는 남경남해부(南京南海府)로 불렀다.

암연현(巖淵縣) 동쪽으로 신라와 경계하고 있다. 옛날 평양성이 현 서남쪽에 있다. 동북쪽 120리에 해주가 있다.

【사료69】『삼국유사』「기이」'고조선'상의 기록에서 고죽국을 해주로 본 것은 조금 잘못 본 것 즉 하북성 평주 노룡현 즉 상류 쪽인 석가장시 정정현인데 그보다 하류 쪽인 해주로 본 오류는 있지만, 이곳은 하북성 석가장시 인근이다.

【사료169】『후한서(後漢書)』東夷列傳 東沃沮

[집해1] 장회가 注하여, "개마(蓋馬)는 현 이름으로 현도군(玄菟郡)에 속했다. 그 산이 지금의 평양성(平壤城) 서쪽에 있고 평양은 즉 조선의 왕험성(王險城)이다./ 심흠한 왈, 명지(明志)에서는 해주위가 본래 옥저국의 땅이라 했으니 지금의 봉천 해성현이며 또한 봉천 개평현이다. 고려국의 개모성 또한 그 땅이었다./ 이조락 왈, 서개모의 옛 성은 지금의 봉천 개평현의 치소다.

이러한 해주와 개주 그리고 암연현(岩淵縣)을 이후인 명·청대 중국에서는 현재 중국 요령성 해성시(海城市) 내지는 개주시(盖州市)로 비정함에 따라 이후 조선시대에서는 이를 따르게 되었고 현재까지도 일

85

부 주류 강단 사학계와 비주류 강단 사학계는 물론 재야 민족 사학계에서는 이 비정을 따르고 있다.

> 【사료500】『조선왕조실록』세종실록152권, 지리지 황해도 해주목
>
> 진산(鎭山)은 용수(龍首)요,【주의 북쪽에 있다.】명산(名山)은 수양(首陽)이다.【주의 동북쪽에 산이 있으니, 이름을 수양이라 하고, 동남쪽 바다 가운데 30리쯤 되는 곳에 두 작은 섬이 있으니, 이름을 형제도(兄弟島)라 한다. 그 하나는 높이 12보(步)이요, 또 하나는 높이 8보이며, 둘레가 모두 1백20보이고, 서로의 거리가 2백70보이다. 민간에서 이르기를, "백이(伯夷)·숙제(叔齊)가 이곳에서 죽었으므로, 주의 이름을 '고죽국(孤竹國)'이라 하였다." 한다.】

하지만 조선시대에 이르러 아예 한반도의 황해도 해주를 이 해주로 비정하고 이곳을 백이 숙제 수양산이요, 고죽국으로 비정하였다. 즉 북한의 해주에는 수양산이 있어 고죽국의 백이 숙제가 수양산에 들어가 고사리를 캐 먹다가 충절을 지키다 죽은 전설까지 한반도로 이식하였다. 즉 하북성 해주가 요령성 해주로 다시 황해도 해주로 옮겨왔다. 이 사례는 이러한 많은 사례의 한 일례이자 대표적인 사례 중의 하나이다. 하지만 고죽국에 대해서는 본 필자가 이미 증명하여 설명하였지만

> 【사료10】『후한서(後漢書)』「군국지」1. 유주
>
> 요서군
> 3) 영지현(令支縣), 고죽성(孤竹城)이 있다.[1]
>
> [1] 伯夷叔齊本國. 백이(伯夷)와 숙제(叔齊)의 본국이다.

낙양(雒陽)에서 동북쪽으로 3,300리 떨어져 있는 요서군에 위치해 있다고 되어 있다. 한편 『사기』 권26 「봉선서」 제6의 주(註)에 따르면, "(正義)括地志云 孤竹古城在平州盧龍縣南一十里 殷時孤竹國也" "(정의) 괄지지에는 고죽 옛 성이 평주 노룡현 남쪽 십 리에 있다. 은나라 때의 고죽국이다."라는 기록이 있다. 또한 앞에서 인용하여 살펴본, 【사료65】『통전(通典)』「주군」 '평주'에는 "평주는 지금 주청사 소재지는 노룡현에 있다. 은나라 때는 고죽국이었고 춘추시대에는 산융, 비자 두 나라 땅이었다. 오늘날의 노룡현에는 옛 고죽성이 있는데 백이 숙제의 나라였다."라고 되어 있다. 즉 고죽국은 한반도 평양 인근의 해주가 아니라 중국 하북성 평주 노룡현에 있었다. 이 고죽국 그리고 중국사서가 기록하고 있는 백제의 영역이었던 광녕, 해주, 개주는 하북성 석가장시 정정현으로부터 그 동쪽 호타하 하류에 이르는 지역이다. 여기는 나중에 소위 통일신라가 차지한 후 【사료81】『흠정만주원류고』 권9 강역2 신라 9주의 내용과 같이 9주를 설치하고 그 영역으로 가지고 있으면서

【사료146】『흠정만주원류고』 권4 부족4 신라

『요사遼史』 지리지地理志 당唐 원화元和 연간에 발해왕 대인수大仁秀가 남쪽으로 신라를 정벌하여 군현을 개설하였는데 해주海州 암연현巖淵縣 동쪽 경계는 신라이다.

【사료225】『신당서(新唐書)』 北狄列傳 渤海

○ 渤海

渤海는 본래 粟末靺鞨로서 高[句]麗에 附屬되어 있었으며, 姓은 大氏이다. 高[句]麗가 멸망하자, 무리를 이끌고 挹婁의 東牟山을 차지하였다.

> 그곳은 營州에서 동으로 2천 리 밖에 위치하며, 남쪽은 新羅와 맞닿아, 니하(泥河)로 경계를 삼았다. 동쪽은 바다에 닿고, 서쪽은 契丹과 [접하고 있다.] 城郭을 쌓고 사니, 高[句]麗의 망명자들이 점점 모여들었다.

와 같이 발해와 경계를 하고 있다가 고려에 물려주고 고려는 이곳에 천리관성을 쌓아 영역으로 다스리면서 소위 강동 6주를 설치하는 곳인 것이 많은 중국사서와 『고려사』「지리지」가 입증하고 있다. 이곳 발해와의 경계인 니하는 앞에서 살펴 확인하였듯이 신라가 개척한 땅으로써 소위 삼국시대 초기 고구려, 신라, 백제 가까이 있으면서 백제와 신라가 말갈의 침입을 받던 곳으로 이곳은 한반도가 아니라 하북성과 산동성 지방이다.

> 【사료94】『삼국유사』卷第一 제1 기이(紀異第一) 말갈(靺鞨)과 발해(渤海)
>
> 또 ≪동명기(東明記)≫에 이르기를, "졸본성(卒本城)은 땅이 말갈(혹은 이르기를 "지금의 동진(東眞)이다."라고도 한다.)에 연접하고 있다."라고 하였다. (신)라(羅) 제6대 지마왕(祗摩王) 14년(을축(乙丑))에는 말갈군사가 북쪽 국경으로 크게 몰려와서 대령책(大嶺柵)을 습격하고 니하(泥河)를 건넜다.

결론적으로 기자는 중국 본토에서 머나먼 한반도 평양이 아니라 당시 석가장시 인근으로 보정시 인근에 있었던 고조선 변방이자 고조선 제후국인 고죽국 인근에 왔다가 고향인 산서성에 돌아가 여생을 마친 것이 역사적 사실이다.

이 '기자조선설' 내지는 '기자동래설'을 거론한 까닭은 크게 두 가지이다.

첫 번째(1), 고조선 평양 및 고구려 평양이 원래 한반도에 있지 않았고 더군다나 지금의 평양이 아닌 것이 모든 중국사서가 입증한다. 그런데 고조선 평양과 고구려 평양을 한반도로 끌어들여 현재의 평양에 비정시킨 것이 기자(조선, 동래)라는 사실을 밝히기 위해서이다.

두 번째(2), 현재 주류 강단사학계가 기존의 '춘추필법'에 의한 중국 사관 및 소중화 사대주의에 의한 고려, 조선시대 사관은 전부 받아들여 현재의 사관 및 논리를 형성하는 데 반하여 유독 기자는 인정치 않는다. 그 이유가 바로 일제 식민사관에 의한 것이라는 것을 밝히려고 하였다.

> **고조선 이동설/기자 동래설/한사군 설치설은 조작된 허위이다. 이들에 의하여 정립된 고조선, 낙랑군 평양설은 조작된 허위이다.**

2) 한사군의 실체

우리는 보통 위만조선을 멸망시키고 난 후 한나라가 이곳에 설치한 식민지 통치군현이 4군으로써 이를 한사군이라고 알고 있다. 하지만 이는 본 필자가 앞에서 설명한 바와 같이 원래 1차 사료상의 기재와는 달리 이것도 중국의 전통적인 '춘추필법'에 의한 왜곡 사항이다. 즉 후의 기록으로 갈수록 구체화되고 덧붙여져 사실인 것으로 정착되었다. 이는 본 필자가 앞에서 설명한 (1)연나라 진개의 침입으로 인한 침범 영역 및 연 4군 설치와 이로 인한 고조선 이동설과 바로 앞에서 설명한 (2)기자동래(조선)설과 함께 (3)이 한사군 설치가 대표적인 왜곡 사항이다.

한사군의 설치는 그 근거가 불명확하고 기록이 후대로 갈수록 구체화되었다.

다음 사서를 보자.

【사료11】『사기』「조선열전」'고조선'

좌장군이 이미 두 군대를 병합하여 맹렬히 조선을 공격하였다. 조선의 재상(相) 노인(路人)과 한음(韓陰) 그리고 니계상(尼谿相) 참(參) 또한 장군 왕겹(王唊)이 서로 모의하기를 "처음에 누선장군에게 항복하려 했지만 이제 그는 잡혀 있고, 홀로 좌장군만이 병사들을 합하여 전쟁이 매우 격렬하여 싸움에 능히 이길까 두려운데 왕은 항복하지 않는다." 한음과 왕겹과 노인 등은 모두 한국(漢國)에 항복하였는데 노인은 도중에 죽었다. 원봉(元封) 3년 여름 니계상 참은 사람을 시켜 조선왕 우거를 죽이고 항복하여 왔으나 왕험성은 아직 항복하지 않았은즉, 우거의 대신(大臣) 성이(成已)가 반하여 다시 관리들을 공격하였다. 좌장군은 우거의 아들 장강(長降)과 노인의 아들 최(最)를 시켜 그 백성을 꾀어 성이를 죽였다. 이로써 드디어 조선을 평정하고 四郡을 설치하였다.(註 039) 니계상 참을 봉하여 홰청후(澅淸侯)로 삼았고, 재상 한음을 추저후(萩苴侯)로 삼았고, 장군 왕겹을 평주후(平州侯)로 삼았고, 우거의 아들 장강을 기후(幾侯)로 삼았고, 노인의 아들 최는 아버지가 죽은 공이 있어 온양후(溫陽侯)로 삼았다. 좌장군을 불러들여 놓고 공을 다퉈 서로 시기하여 계획을 어그러뜨렸으니 기시(棄市)[4]하였다. 루선장군도 열구(列口)에 이르러 당연히 좌장군을 기다려야 했으나 제멋대로 먼저 나가서 많은 병사를 잃고 패하였으므로 당연히 죽여야 하나 속죄하여 서인으로 삼았다.

註 039
四郡 : 本文에서는 武帝가 元封 3年(B.C. 108) 朝鮮을 평정하고 四郡을 설치하였다는 사실만 나타나 있고 郡名 보이지 않는다. 그런데 『漢書』 「武帝本紀」에서는 四郡의 명칭이 樂浪·臨屯·玄菟·眞番으로 나타나

> 고 있다. 한편 『漢書』「地理志」에는 樂浪·玄菟의 2郡만 기록하고 있고, 「五行志」에서는 元封 6年(B.C. 105)條에 '先是兩將軍征朝鮮 開三郡'이라 기술하고 있어 논란이 있어 왔다. 즉, 漢四郡을 中國의 직접 통치를 받는 지역으로 이해하는 견해가 있고, 이와는 달리 古朝鮮세력과의 계속적인 군사분쟁 상태에서 설치하려고 계획만 하였지 실제로는 존재하지 않은 郡이라고 이해하기도 하였다.
> 또한 이들의 位置 문제도 앞서 古朝鮮의 중심지가 어디인가에 대한 논란과 연결되어 다양한 견해가 제시되었다. ~ 漢四郡의 위치보다는 그 성격에 대한 검토가 선행되어야 할 것이다.~

이 유명한 중국사서 중 **以故遂定朝鮮, 爲四郡**. 이 구절을 번역할 때 그저 통상적으로 전부 **"이로써 드디어 조선을 평정하고 四郡을 설치하였다."** 라고 하였다. 우리나라 공식 역사관을 대변하는 '국사편찬위원회'의 '한국사 데이터베이스'상의 것을 그대로 따르고 있다. 하지만 이것은 잘못된 왜곡 해석이 명백하다. 4개의 군으로 하였다든지, 4군을 설치하였다고 해석하면 안 된다. 즉 이 구절은 **"옛부터 조선에 의하여 정해진 것에 의하여 4군으로 삼으려 했다."** 로 해석하여야 한다. 그 뒤에 위만조선 유신들을 제후로 봉한 것이 나온다. 이것과 관련이 있다. 4군이 원문의 구절대로 위만조선의 제후로 봉한 것과 관련 있는 것이 분명하다.

"以故遂定~" 은 당연히 **"(~ 조선)이 정한 것을 연고로 함으로써"** 라고 해석하여야 당연하다. 또한 뒤의 **"爲"** 는 **"하려 했다"** 로 해석하여야 한다. 통상적인 4군을 설치한 것으로 하려면 적어도 爲(위)를 置(치)나 成(성)으로 바꾸어야 한다. 따라서 이 구절은 한나라가 별도로 소위 한사군(낙랑, 진번, 임둔, 현도)을 새로 설치한 것이 아니라 위만조선의 원래 지방에 위만조선 유신들을 제후로 봉하면서 이를 자신들의 통치기관으로 삼으려고 했다는 의미이다. 물론 별 차이가 없을 수도 있다. 하지만 역사적 의미로는 커다란 차이가 있다. 즉 한나라가 위만조선 영역을 점령한 땅에 새로운 4군을 설치하여 통치하였다는 의미와 원래의 위만조선 영역에 위만조선 유신을 제후로 봉한 후 원래의 지역 명칭을 따라 4군을 설치하려고 하는 계획을 가지고만 있었지 실제로 설치한 것은 아니라는 의미와는 역사적으로 전혀 다른 의미가 있다. 아직 정확히 어떤 군이 그것도 완전히 설치된 사실이 없다는 의미이다. 좌우지간 이와 같이 사료 글귀 해석에 의미를 두고 분석하는 것에는 이유가 있다. 이 【사료11】『사기』「조선열전」'고조선'상에만 이렇게 기록되어 있고 다른 이후의 사서가 이와는 다르게 기록되어 있다면 이 사서의 이 기록이 본 필자의 의견처럼 의미가 없다. 그러나 다음 사서들을 보면 이 사서의 이 구절을 바르고 정확하게 해석하여야 한다는 것을 알 수 있다.

이 한사군을 기록한 이후 사서들의 기록을 보자. 이른바 조한전쟁이 끝난 200년 후에 원래 1차 사료인 사마천의 위 【사료11】『사기』「조선열전」'고조선'을 기반으로 쓰인 반고의 『한서』「무제본기」에는 "謨殺成已, 故遂定朝鮮, 爲眞蕃臨屯樂浪玄菟四郡"라고 되어 있다. 서로 달라진 것은 誅 -〉謨殺, 以故遂定朝鮮, 爲四郡 -〉故遂定朝鮮, 爲眞蕃臨屯樂浪玄菟이다. 죽일 誅(주)자를 謨殺(모살)로, 以(이)를 빼고 사군 이름을 넣었다. 【사료11】『사기』「조선열전」'고조선'에서의 '以 ~ 爲'는 "~을 하려고 하였다."라고 하여 4군을 계획한 것으로 해석되는 것을 『한서』「무제본기」에서는 이를 임의로 바꾸어 "만들었다"고 기정사실화한 것으로 바꾸었다.

이렇듯이 원전을 임의로 바꾼 것에 대하여 사마천이 『사기』「조선열전」을 쓸 당시까지는 한사군이 설치되지 않다가 반고가 『한서』「무제본기」를 편찬할 당시에는 이미 설치되어 있었음을 나타내는 것이라고 반론을 제기할 수도 있겠다. 타당성이 있는 반론이다. 하지만 좌우지간 세 가지 사실은 분명한 것임을 위의 기록에서 확인할 수 있겠다. (1)위만조선이 한나라에 멸망당할 B.C. 108년 즈음부터 사마천이 『사기』「조선열전」을 쓸 당시인 B.C. 90년까지는 한사군이 설치되지 않았던 것이 더 신빙성이 있다. (2)한사군이라는 그 위치나 명칭에 있어서 이것이 한나라가 새로이 창설한 것이 아니라 기존에 위만조선에 있던 지명 내지는 행정구역을 그대로 따른 것이라는 사실이다. (3)한사군은 그 위치나 명칭에서 위의 (2)의 이유인 새로운 위치나 지명이 아닐 뿐 아니라, 위만조선 유신들을 제후로 봉함과 관련 있지 새로이 개설하는 식민 내지는 통치 행정 기관이 아닐 가능성이 높다는 사실이다. 이것을 증빙하는 사료는 잠시 뒤 제시하면서 이를 입증하고자 한다. 그리고 이 세 가지보다 더 문제가 되는 것은 어떻든지 간에 과연 한사군은 설치되었는가 하는 문제이다.

우리 고대사에서 그동안 한사군은 당연하게 받아들인 숙명과 같았다. 하지만 이제는 달리해야 한다. 이것에 대하여 살펴보자. 반고는 『한서』「무제본기」에서 1차 사료에 없던 것을 너무나 뚜렷이 4군의 명칭을 자세하게 기록하여 이를 확실히 하였다. 『한서』를 편찬한 반고는 한나라의 흉노 정벌에 종군하였던 중화사관이 투철한 인물이었다. 앞의 '기자' 관련 기록에서 살펴보았듯이 1차 사료에는 단순히 기자가 조선으로 갔거나 조선 후로 봉했다는 사실만 나오는데 반하여 반고는 그의 편찬서 『한서』「지리지 연조」상에 "그 백성들에게 예의, 전잠과 베 짜는 것을 가르쳤다." 하여 조선인들을 교화한 것으로 가필하였던 것처럼 사건 발생 후 200년 이후 사람이 원래의 1차 사료에 없던 자세한 사항인 4군의 명칭을 넣었다. 그러나 이러한 반고도 그의 다른 저서인 **【사료11】『사기』「조선열전」'고조선'**에는 한무제 원봉 3년(B.C. 108년)에 낙랑군을, 원봉 4년(B.C. 109년)에 각각 현토군을 설치한 것으로 한 채 그것도 2군만 기록되어 있다. 한편 그의 다른 편찬 사료인 『한서』「오행지」에는 원봉 6년(B.C. 105년)조 **"先是, 兩將軍征朝鮮, 開三郡.** (이전에 두 장군이 조선을 정벌하고 삼군을 열었다.)"라고 하여 3군이라고 기술하여 3군으로 하였으며 설치 연도도 3년 후인 B.C. 105년으로 기록하였다. 이와 같은 기록을 그대로 확대하여 한사군으로 받아들인 것은 여러 차례 지적하였듯이 연나라 진개의 몇 천 리 점령 사실이나, 기자의 머나먼 한반도 평양으로 와서 조선인들을 교화시켰다는 사실이나 마찬가지로 심한 자기 왜소화 역사왜곡인 것으로 재고되어야 한다. 더군다나 이러한 사실을 뒷받침하는 사료가 많다는 사실이다.

【사료180】『삼국유사』 제1 기이(紀異第一) 고조선(古朝鮮) 왕검조선(王儉朝鮮)

"당(唐)나라 「배구전(裵矩傳)」에는 이러한 말이 있다." 고려(高麗)는 본래 고죽국(孤竹國)[지금의 해주(海州)이다.]이었는데 주(周)나라가 기자를 봉하여 조선이라 하였다. 한(漢)나라는 이를 나누어서 3군을 설치하고 현도(玄菟)·낙랑(樂浪)·대방(帶方)[북대방(北帶方)이다.]이라 불렀다." 『통전(通典)』도 이 말과 같다.[『한서(漢書)』에는 진번(眞番)·임둔(臨屯)·낙랑·현도의 4군이라 하였는데, 지금 3군이라 하고 또 이름도 다르니 어째서일까?]

이 사료상에도 이 같은 한사군 신빙성에 의문을 제기함에 또 다른 입증이 되고 있다. 여기서는 세 가지를 살펴볼 수 있다.

(1) 한4군의 신빙성이 없어짐을 증빙하고 있다.
(2) 더욱이 한사군인 낙랑·진번·임둔·현도에서 없는 대방을 넣어 낙랑·현토와 함께 3군이 됨을 알 수 있다.
(3) 기존의 주류 강단 사학계에서 주장하는 교리이자 논리인 '한사군 낙랑군 평양설'과 '황해도 대방군설'은 근거가 없는 것으로 한사군 내지는 한3군 내지는 낙랑, 현토, 대방군은 모두 고죽국 위치 즉 현재 하북성 노룡현 지방에 있었다는 명백한 증거가 된다.

이렇게 한사군의 신빙성 즉 4군의 설치 여부 및 그 위치 등이 설치 및 위치의 근본이 되는 중국의 여러 사서에서 문제가 되자 이것을 간파한 일제 강점기 식민 사학자들과 이를 이어받은 현재 주류 강단 사학계에서는 위의 【사료11】『사기』「조선열전」'고조선' 한사군 설치 기사의 주석인 '註 039'와 같이 그 신빙성을 희석하기 위하여 "漢四郡의 위치보다는 그 성격에 대한 검토가 선행되어야 할 것이다."라고 하고 있다. 이러한 논리의 전개는 본 필자가 이미 지적한 대로 "고조선 이동설", "낙랑군 교치설", "낙랑군 주민 고조선인 자치설"과 일맥상통하는 식민지 사관의 대표적인 변명 회피 논리이다. 한사군의 설치는 절대 의심되는 사항이다. 그러면 우리나라 자주성과 정통성에 해가 되는 것이므로 철저히 분석하여 역사 편입 여부를 따지거나 따져서 불확실하면 배척하여야 한다. 중국과 일본은 철저히 그렇게 하고 있고 다른 나라 역사학 체계도 그렇게 하고 있다. 그런데 우리나라 사학계는 유독 일제 식민사학과 마찬가지로 강력하게 주장하고 있으며 오히려 그것이 의심받는 것을 회피하기 위하여 변명 논리를 내세워 그 설치 사실을 공고히 하고 있다. 이것은 세계 역사상 아이러니이다. 불가사의한 일이다.

▎한사군의 명칭은 고조선의 원래 있던 지역과 그 명칭을 붙였다.

또한 본 필자가 이미 인용하여 제시한 자료인 【사료464】『한서』〈엄주오구주부서엄종왕가전〉「가연지열전」에서도 (한나라 강역이) 서쪽으로 여러 나라를 연결하여 안식에 이르렀고 동쪽으로는 갈석을 지나 현도, 낙랑으로써 군을 삼았다.라고 하여 현도와 낙랑 2군만 기록하였다. 그리고 역시 앞서 인용하여 제시한 낙랑과 현도 2군만 기록한 반고의 【사료22】『한서』「지리지」1. 유주를 비롯하여 【사료10】『후한서(後漢書)』「군국지」1. 유주, 【사료16】『진서』「지리지」'평주', '유주'(대방군 포함), 【사료60】『위서』「지형지, 남영주/영주」 등은 【사료22】『한서』「지리지」1. 유주를 계승하여 역시 낙랑과 현도 2군만 기록하였으나 【사료29】『요사』「지리지」는 "동경요양부(東京遼陽府) : 무제(武帝) 원봉(元封) 3년(기원전 108)에 조선을 평정하여 진번, 임둔(臨屯), 낙랑(樂浪), 현도(玄菟) 4군(郡)을 설치하였다."라고 하여 4군이 설치된 것으로 기록하였다. 한편 【사료28】『원사』「지리지」 요양등처행중서성 동녕로 "한 조선 멸하고 낙랑군, 현토군을 설치하였는데 이 지역이 낙랑 지역"이라고 하여 2군을 설치한 것으로 기록하였고, 이 2군의 설치 지역이 원래의 낙랑 지역이라고 하여 위만조선 멸망 이전에 위만조선 지역에 낙랑 지역이 있었음을 확인해 주고 있다.

이와 같이 이미 설명한 "(2)한사군이라는 그 위치나 명칭에 있어서 이것이 한나라가 새로이 창설한 것이 아니라 기존에 위만조선에 있던 지명 내지는 행정구역을 그대로 따른 것이라는 사실이다. (3)한사군은 그 위치나 명칭에서 위의 (2)의 이유인 새로운 위치나 지명이 아닐 뿐 아니라, 위만조선 유신들을 제후로 봉함과 관련 있지 새로이 개설하는 식민 내지는 통치 행정 기관이 아닐 가능성이 높다는 사실이다."에 대한 증거를 제시한다고 하였듯이 여기서 제시하고자 한다. 앞에서 이미 인용하여 사료인 【사료11】『사기』「조선열전」'고조선'상의 "집해에서 장안이 말하기를 조선에는 습수와 열수와 산수가 있는데 이 세 강이 합하여져서 열수가 된다고 하였다. 아마도 낙랑이 조선이란 이름을 얻은 것은 여기에서 인 것 같다.라고 하여 낙랑이라는 말이 새로이 한나라가 만들어 군을 만든 것이 아니라 조선이라는 말이 나온 원래의 명칭으로 원체부터 조선 즉 위만조선에 있었다는 것을 입증하고 있다. 또한 한사군에 있어서 낙랑과 현토군 외에 다른 군으로 알려진 진번에 대해서도 낙랑과 현토와 마찬가지로 새로운 이름이 아니라 고조선 내지는 위만조선에 이미 존재했던 명칭이나 위치였다는 것을 입증해 주고 있는 자료가 많다. 즉【사료195】『한서』 「지리지 연조」 은나라의 도가 약해지자 기자는 조선으로 갔다. 그 백성들에게 예의, 전잠과 베짜는 것을 가르쳤다. 낙랑조선 백성들은 금 팔조를 어기면"라고 하여 낙랑조선이 이미 기자 시기에 존재한 것으로 나와 있고,【사료11】『사기』「조선열전」'고조선' 상에는 "조선의 왕이었던 위만은 옛 연국(燕國) 사람이다. 연국의 전성기 때부터 일찍이 진번과 조선을 침략하여~" "응소가 말하기를 현도(玄菟)는 본래 진번국(眞番國)이라고 하였다."라고 하여 원래부터 고조선 내지는 위만조선에 진번이 있었던 것으로 기록하고 있다. 또한【사료22】『한서』「지리지」 1. 유주 ⑨ 현토군(玄菟郡) "[1] 應劭曰故眞番朝鮮胡國. 응소(應劭)가 말하기를 옛 진번조선(眞番朝鮮) 호(胡)의 나라이다."라고 하여 원래 현토군은 예전 진번조선 나라였던 것을 증거하고 있다. 또한

【사료29】『요사』「지리지」

동경도
1)동경요양부(東京遼陽府)

"동경요양부(東京遼陽府)는 본래 조선(朝鮮)의 땅이었다. 주(周)나라 무왕(武王)이 기자(箕子)를 감옥에서 풀어주자 (기자는) 조선으로 갔고, (무왕은) 이로 인해 그를 봉해 주었다. (기자는) 팔조(八條)의 가르침을 만들어 베푸니, (백성들이) 예의를 숭상하고 농사와 누에치기로 부유해져 바깥문을 닫지 않아도 사람들이 도둑질을 하지 않았다. 40여 세를 전하여 연(燕)나라가 진번(眞番)조선(朝鮮)을 복속시키고 처음으로 관리를 두고 요새를 설치하였다. 진(秦)나라 때 요동의 바깥 요새에 속하였다. 한(漢)나라 초기에 연나라 사람 만(滿)이 옛 공지에서 왕이 되었다. 무제(武帝) 원봉(元封) 3년(기원전 108)에 조선을 평정하여 진번, 임둔(臨屯), 낙랑(樂浪), 현도(玄

菟) 4군(郡)을 설치하였다. 후한(後漢) 때에 청주(靑州)와 유주(幽州)에 출입하였다. 요동군과 현도군은 연혁이 일정하지 않았다."

【사료66】『사기』「화식열전」

북쪽은 오환(烏桓), 부여(夫餘)와 이웃해 있고, 동쪽은 예맥(穢貉), 조선(朝鮮), 진번(眞番)의 이점이 있습니다.

【사료71】『한서』「조선전」'고조선'

연나라가 전성할 때로부터 일찍이 '진번', '조선'을[사고는 전국시대에 연나라가 빼앗아 얻은 땅이다.] **침략해서 자기 나라에 붙여 관리를 두고 요새를 쌓았었다.**

여기에서 그는 차츰 진번조선 오랑캐와 옛날 연나라, 제나라에서 망명한 자를 모아서 왕 노릇 하고[사고는 '연', '제'나라 사람이 망명하여 거하는 땅이다. 이에 진번조선의 오랑캐는 모두 '만'에 속했다.]

【사료70】『삼국유사』권 제1 기이(紀異第一) 위만(魏滿: 衛滿) 조선(朝鮮)

전한서 조선전에 이렇게 말한다. 예전에 연나라 때부터 일찍이 진번과 조선(안사고는 전국시대 연나라가 침략하여 이 땅을 얻었다고 한다.)을 **침략해 얻어 관리를 두고 성을 쌓았다.**

위만이 군사력으로 주변의 조그만 읍들을 공략하여 항복시키자, 진번과 임둔도 모두 와서 복속되었다. 이리하여 영토가 사방 수천 리나 되었다.

이같이 많은 사서가 고조선 내지는 위만조선에 진번이 존재하였음을 나타내고 있다. 원래 진번은 고조선의 삼조선 중의 변(번)조선에 해당되는 것으로 이후 진번으로 바뀌었던 것으로 이는 진조선 주변의 울타리라는 뜻으로도 혼용되었다. 따라서 이 같은 증거는 한나라가 새로이 만든 것이 아니라는 것을 입증할 뿐 아니라 고조선 삼조선설을 입증하는 것이다. 임둔 역시 위만조선 이전부터 존재하다가 위만조선 영역으로 흡수되는 것으로 나타나고 있다.

> 한사군은 처음에는 직할령으로 설치되지 않았고 위만조선 자치기구로 설치하려 했으나 설치되지 않다가 나중에 일부 2군만 설치되었다.
> 한사군은 허구이고 실제로는 한이군이 역사적 사실이다.

따라서 본 필자가 여러 가지 사료를 분석한 결과 내린 결론은 위만조선이 한나라에 패한 후 원래 위만조선이 있던 자리인 낙랑과 현토 지역에 한나라 식민지 내지는 통치 기구 내지는 행정구역인 한사군이 아니라 위만조선인 자치구역을 설치하려고 계획하였지 당시 설치한 것은 아니라는 사실이다. 즉 위만조선 항복에 공이 컸던 위만조선 유신들 5명에게 위만조선 지역 외의 각 영지를 내려 제후로 봉함과 동시에 위만조선 지역에 자치 구역을 4구역으로 나누어 설치하려고 하였고 이후 설치 여부는 확실하지 않다. 이후 이러한 자치 구역이었던 낙랑과 현토 지역을 한의 영토로 흡수 통합하여 실질적으로 통치할 행정구역으로 획정하여 편입한 것으로 보인다. 물론 나머지 진번과 임둔군은 설치한 사실 없이 원래 위만조선 영역으로 한나라 영역으로 영입된 지역이다. 이후 일부 기록에 진번군과 임둔군이 해체되는 기록이 있지만 이는 설치된 것을 기준으로 작성한 사실이 아닌 허위 기록이 분명하다.

따라서 한사군은 한이군으로 불리어야 마땅한 것으로 이는 별로 명분이 서지 않으므로 소위 그들의 '춘추필법'으로 '한사군'으로 통칭한 것을 역사 인식으로 계승되었다. 따라서 대방군은 나중에 낙랑군의 남쪽에 설치되었지만 진번, 임둔군은 낙랑과 현토군과 마찬가지로 한나라의 통치기관 내지는 지역으로 설치된 사실이 없다. 기존의 고조선 내지는 위만조선 땅이었던 그러한 땅 이름에 설치하려 그것도 자치기구로 설치하려 했다가 하지 않은 것일 뿐이다. 이렇게 중국은 없는 사실도 만들거나 조작하여 자기를 높이려고 하는 반면 우리나라는 자신을 낮추고 상대방을 높이는 이러한 조작이나 왜곡 사실 내지는 있는 사실도 섣부르게 받아들여 자신을 낮추는 역사 인식을 서슴지 않고 행하는 아이러니한 민족이었다. 한사군의 이름을 모든 시험을 앞두고 달달 외웠어야 했고, 한사군을 각각 교과서상에 한반도 내에 정확히 그 영역을 잡아 그려 넣었던 것이 해방 후의 우리가 배워왔던 우리나라 역사이다. 그렇다면 이제라도 이러한 것을 깨달아 바로잡아야 하거늘 소위 실증사학을 내세워 한다는 역사가들이 없는 사실을 만들어낸 것을 밝혀내지 못하거나 밝히려 하지 않고 조상들과 마찬가지로 그대로 받아들여 자기 나라 위상을 떨어뜨리는 일을 서슴지 않고 있다. 없는 사실을 만들기는커녕 있는 사실도 제대로 내세우지 못하고 있다.

이 글이 비판하는 대상인 소위 '젊은 역사학자 모임' 일원의 글에서는 **"실제로는 낙랑군이 평양에 있었음을 증명하는 수많은 증거가 존재한다."** 고 하였다. 그러면서 **"낙랑군이 평양 지역에 있었다는 인식은 기나긴 우리 역사에서 통설로 공인돼 온 이야기이다."** 라고 하였다. 그러면서 다음 편에서는 **"낙랑군 평양설을 주장했던 실학자들도 식민 사학자라고 하느냐"** 고 반문하면서 그 다음으로 '사이비 역사가의 엉터리 1차 사료 활용'을 비판하였고, 그러면서 '진짜' 당대 사료가 증언하는 **낙랑군 위치를** 제시하였다.

그러면서 그들의 변명 이론인 **'낙랑군의 이동과 교치'**를 설명하고 나서 이후 그들 논리의 마지막 보루인 '**스모킹 건 평양 지역 낙랑군 유적과 유물**'을 장황하게 설명하고서 그래도 설득이 부족하였던지 '**열린 접근이 필요한 낙랑군**'에서 고조선 정립에 있어서는 단호히 매정하게 보편적으로 판단하라고 역설하였으면서도 여기서는 반대로 너그러움을 청하였다.

> 소위 '젊은 역사학자 모임' 일원의 말대로 낙랑군 평양 관련 기록은 무수히 많다. 하지만 그 평양은 한반도의 평양이 아니다. 이는 예전에 이미 연암 박지원, 단재 신채호 선생님이 우려하신 사항이다.

그의 말대로 낙랑군이 평양에 있었음을 증명하는 사료는 무수히 많다. 그러나 그 평양은 한반도 평양이 아니다. 모든 사서가 낙랑군은 위만조선을 멸망시키고 그 위치인 낙랑 지역에 설치된 것으로 기록하고 있고, 이 낙랑군 바로 동쪽에 위만조선 왕험성이 있고 이곳에 나중에 고구려 평양성이 들어선 것으로 기록하고 있다. 그리고 모든 사서가 이 고구려 평양성이 평주에 있다고 하고 있다. 평주는 유주를 나누어 설치한 것이다. 유주는 북진 의무려산인 지금의 태행산맥을 나누어 설치한 지역이다. 따라서 유주와 평주는 태행산맥 동쪽 인근이다. 그러므로 평주에 있는 고구려 평양성은 하북성 지역을 벗어날 수 없다. 이곳이 모든 수많은 사서가 증거하고 있는 고구려 평양성이자 이전의 왕험성 위치이다. 이것이 소위 '젊은 역사학자 모임' 일원이 말하는 수많은 사서가 증거하고 있는 평양성 기록이다. 한반도 평안도 평양이 아님은 누구라도 알 수 있는 사항이다. 이것을 모르면 그가 비판하는 상대방이 사이비 역사가가 아니라 자신이 사이비 역사가이다. 그러면서 이를 입증한다고 제시한 진짜 당대 사료라는 것은 모두 '춘추필법'에 의하여 왜곡된 이후의 사료로 본 필자가 인용하여 설명한 그 많은 사료는 고의로 편의적으로 제시하지 아니하고 '춘추필법'이 극에 달하여 쓰인 『후한서』와 정체불명의 전해지지 않는 사료인 『위략』을 근거로 한 『삼국지』〈위서〉「동이전」이 전부이다.

　본 필자가 제시한 1차 사료는 검토했는지 여부를 묻고 싶다. 그리고 왜 자신의 주장에 맞는 자료만 취사선택하여 제시하였는지 묻고자 한다. 그리고 이렇게 하는 것이 사이비가 아닌 정통 진짜 전문가인지 묻고자 한다. 그리고 '낙랑군 평양설'은 기나긴 역사에서 통설로 공인돼 온 이야기라고 하였는데 고려 및 조선 그리고 일제 강점기에 잘못된 사관에 의하여 잘못 해석한 것을 그대로 인정하는 것이 사이비가 아닌 정통 사학자의 인식인지 여부를 묻고자 한다. 그리고 이 시기에도 특히 실학자들 가운데는 박지원 등 여러 사람들이 기존 사관을 비판하여 다른 주장을 하였는데도 이를 거론하지 않고 모두 같은 주장을 한 것으로 왜곡하는 것이 사이비가 아닌 정통 사학자가 취하는 논리 방식인지 묻고자 한다.

　마지막으로 그가 제시한 그들의 마지막 보루인 낙랑군 유물 하나하나에 다른 비판과 다른 의견이 있음을 모른다면 학자가 아님에도 불구하고 알고 있으면서 이러한 반대 의견에 이러이러해서 그렇지 않다고 함으로써 비전문가인 사이비 역사가를 꼼짝 못 하게 논리적으로 반박하는 진짜 전문가가 될 수는 없는지 묻고자 한다. 그러면 이에 대해서 하나하나 반박하여 비판하고자 한다.

2. 실학자들도 식민 사학자?

    소위 '젊은 역사학자 모임' 일원은 자신들의 논리를 현재 우리나라 국민들이 신뢰하는 실학자들도 공유하면서 같이 주장하였다고 함으로써 자신들의 논리가 지지를 받는다는 것을 드러내려 하였다. 그러면서 그가 제시하는 자료는 다산 정약용의 『아방강역고』와 『대동수경』이다. 그리고 안정복의 『동사강목』도 제시했다. 또한 조선 후기는 물론 조선 전기에도 같은 논리를 공유하였다고 하면서 『세종실록지리지』와 『동국여지승람』, 『고려사』를 제시하였고, 앞선 고려시대를 거론하면서 『삼국사기』를 제시하기도 하였다. 그러면서 유일하게 반대 논리를 제시한 성호 이익을 소개하였지만 실학자들 간의 학문적 토론을 통해 자연스럽게 반박이 됐고 결과적으로 우리 역사에서 낙랑군이 평양에 있었다는 주장이 통설로서의 지위를 잃은 적은 한 번도 없다고 하였다. 그러면서도 조선 후기 이후이면서 그들 논리의 대부분의 근거로 삼고 있는 일제 식민지 시대의 일제 식민 사학자들과 그 이후 시기인 일제 식민 사학자들을 바로 이어받아 현재 국사편찬위원회 한국사 데이터베이스의 주요 해설자인 이병도 등에 대해서는 전혀 언급하지 않는다.

> 소위 '젊은 역사학자 모임' 일원은 실학자들 핑계를 대면서도 낙랑군 평양설을 완성시킨 일제 '조선사편수회'와 그 이후 계승 상황에 대해서는 언급이 없다.

고려 및 조선시대 유학자들의 역사의식에 대하여는 본 필자가 여러 차례 설명을 하였다. 즉 여기에 한몫을 한 것이 고려 중기 이후 고려 유학자와 조선시대 유학자들의 유교 도입에 따른 소중화 사상, 사대주의 사상에 의하여 기자가 고조선에 온 것을 기자가 고조선의 수도인 한반도 평양에 온 것이라고 왜곡하여 한반도로 끌어들임으로써 '고조선=평양=기자동래=고구려 평양=한사군 낙랑군 평양'이라는 도식을 만들어냈다. 이러한 논리를 일제 식민 사학자들에 의하여 드디어 유물 조작과 함께 '한사군 낙랑군 한반도 평양설'을 드디어 완성하게 되고 이를 다시 우리 주류 강단 사학계에서 그대로 받아들여 역사적 사료 증거를 무시하고 고수하고 있다. 이는 본 필자의 상상에 의하여 도출해 가상의 도식이 아니라 역사적 사료에 의한 확실히 증명이 되는 도식이다. 모든 중국 사료가 이를 입증한다.

모든 중국 사료 중 1차 사료는 낙랑군이 중국의 하북성에 있다고 증거하고 있으며, '춘추필법'에 의하여 왜곡된 중국 사료도 적어도 한사군 낙랑군이 있던 고구려 수도 평양이 현재 한반도의 평양이 아니라 안동도호부 및 동경요양부가 있었던 지금의 요양 지방이라는 것을 증명한다. 그런데도 고려 및 조선 유학자들과 이를 체계화한 일제 식민 사학자 그리고 이를 그대로 이어받은 현재 주류 강단 사학계만 소위 '젊은 역사학자 모임' 일원이 주장하는 바와 같이 일제 식민 사학자들은 언급에서 제외한 채 고려 및 조선 유학자들과 일제 식민 사학자들만을 핑계로 낙랑군 평양설의 정당성을 역설하고 있다. 앞에서도 본 필자가 언급하였듯이 다수의 조선 후기 실학자들을 비롯하여 특히 다산 정약용은 우리나라 역사의 시작을 단군을 부인하고 기자로부터 시작한 것으로 하는가 하면, 우리나라 역사가 중국 및 만주에서 이루어진 것으로 기록하고 있는 『요사』를 부정하여 우리 조상국의 역사적 활동을 한반도로 고착시키는 역사 인식의 한계를 보여주었다. 비록 다른 한편으로는 열린 사상이 있었지만 역사 인식에 있어서만은 어릴 적부터 주자학이 뿌리 깊게 자리 잡고 있어 이에서 벗어나기 어려운 한계점이 있었다. 그리하여 패수를 압록강 내지는 대동강으로 비정하는 역사적 한계를 나타내고 있다. 이러한 역사 인식을 가진 유학자가 같은 주장을 한다고 그 주장하는 바가 정당할 것인지는 상당히 부정적이다. 그것은,

첫 번째로(1), 어릴 적부터 기자 동래설을 정당화하는 유학을 배워 온 사람들이고,
두 번째로(2), 당시는 현재처럼 수많은 중국 사료를 검토할 수 없었고,
세 번째로(3), 다른 무엇보다 유적 및 유물 발굴이 물론 평양에도 없었지만 요동이나 중국 지방에서 없었기 때문이고,
네 번째로(4), 당시 조선 분위기 및 풍토가 오랑캐 사서라는 『요사』 등을 인정하지 않는 등 역사의식에 있어서 편협적이었다.
다섯 번째로(5), 당시 유교의 주류인 주자학 영향으로(주자학 이외에는 사문난적으로 이단시하였음) 사대모화사상으로 춘추필법에 의하여 위치 이동된 당서 이후의 사서 및 주석을 중시하고 이전의 원 사료는 소홀히 하는 풍토였다.

> 소위 '젊은 역사학자 모임' 일원은 성호 이익은 언급하면서 여러 평양과 패수를 거론한 연암 박지원에 대하여는 언급하지 않는다.

따라서 지금처럼 비전문가인 아마추어 역사가들보다 객관적인 역사 평가를 내릴 수가 없었다. 그럼에도 불구하고 성호 이익 선생이나 특히 연암 박지원의 경우 청나라를 자청하여 방문하면서 역사 인식

을 깨우쳐 앞에서 언급하였듯이, 그는 『열하일기』에서 "이전 및 현재의 유학자들이 제대로 상세히 역사를 연구하지 않고 한사군을 한반도 압록강 안으로 비정하는 등 억지로 사실을 이끌어다 구구히 분배하고 다시 패수를 그 속에서 찾고 또한 압록강을 패수라 하고, 혹은 청천강을 패수라 하며, 혹은 대동강으로 비정하는 바람에 조선의 강토는 싸우지도 않고 줄어들었다."고 하면서 비판하였다. 그러면서 "우리나라 선비들은 기자가 평양에 도읍했다고 하면 무조건 믿으면서 만일 요동에 평양이 있다고 하면 해괴한 말이라고 나무랄 것"이라고 하였다. 그러고는 "조선의 유학자들은 요동이 본래 조선의 땅으로써 고구려의 옛 땅임을 알지 못한다."고 비판하였다. 이는 시대를 달리하여 본 필자 같은 비전문가이자 아마추어 역사가이자 소위 '젊은 역사학자 모임' 일원들이 비난하는 유사 사이비 역사학자들이 주류 강단 사학자들에게 하고자 하는 상황과 말이 똑같다.

소위 '젊은 역사학자 모임' 일원은 성호 이익 선생은 언급하였으면서 무슨 이유로 연암 박지원 선생은 언급하지 않았는지 궁금하다. 소위 '젊은 역사학자 모임' 일원은 그러면서 성호 이익 선생의 낙랑군 위치 요동 지역 주장은 실학자들 간의 학문적 토론을 통해 자연스럽게 반박이 된 채 결과적으로 우리 역사에서 낙랑군이 평양에 있었다는 주장이 통설로서의 지위를 잃은 적은 한 번도 없다고 하였다.

그러나 본 필자는 전문가가 아니라서 잘 모르나 성호 이익 선생과 연암 박지원 선생이 다른 의견을 가진 실학자들과 학문적 토론을 가졌다는 것도 그래서 반박이 자연스럽게 되었다는 것도 또한 그럼으로써 통설로서의 지위를 잃은 적이 없다는 것도 전혀 들은 바도 없고 알지도 못한다. 이에 대하여 설명을 듣고 더 공부를 해야 하겠다. 만약 이렇게 세세하게 소위 '젊은 역사학자 모임' 일원이 주장하는 대로 세세하게 사실이 아니라면 이는 사이비 역사가라고 오히려 비난을 받아야 할 것이고 그 책임을 져야 한다. 또한 만약 소위 '젊은 역사학자 모임' 일원의 주장대로 조선시대 유학자는 물론 실학자들도 낙랑군 평양설이 통설로서의 지위를 잃지 않았다면 오히려 그렇기 때문에 이러한 비주체적이고 타율적인 사대주의 소중화 역사관으로 말미암아 나라를 빼앗김으로 이에 대한 반성으로 뜻있는 유학자들이 독립투사가 되어 무장으로 싸우는 대신 같이 병행하든지 하면서 단재 신채호 선생처럼 주체적인 역사관을 내세웠는데도 해방 후 우리 학계는 이를 따르지 않고 고려 및 조선시대 유학자들과 같은 비주체적이고 타율적인 사대주의 소중화 역사관과 비슷한 식민주의 역사관을 추종하여 현재에까지 이르게 되었는지 안타깝게 생각하고 이에 대하여 소위 '젊은 역사학자 모임' 일원에게 의문을 던진다.

단재 신채호 선생 역시 연암 박지원과 마찬가지로 많은 중국사서에 대한 심도 있는 연구 결과, 패수 및 평양은 한반도가 아니라 중국에 있었다는 것이 확실한데도 고려 및 조선 그리고 일부 실학자들마저도 그리고 일제 식민 사학자들이 한반도로 비정함을 안타깝게 여겨 "평양과 패수는 조선 문명상의 중요한 지방인데도 불구하고 지난 1천여 년 동안 그 본래의 위치를 상실하고 1천여 리나 이사하여 평안도의 한 작은 지방인 것처럼 알려졌다."라고 한탄하였던 것을 아는지 모르겠다. 단재 신채호 선생은 일제에 부역하면서 일제의 논리인 한민족 식민지 불가피론에 의하여 조작시키는 역사왜곡을 함으로써 주류 강단 사학계가 이를 계승하게 만든 장본인인 이병도에 반하여 무장으로 일제와 싸우는 대신 역사의식으로 우리 민족을 교육시켜 나라를 다시 찾아 부강하게 할 목적으로 차디찬 감옥에서 중국사서에서 증거 하는 대로 우리 고대사를 알리고자 집필활동을 하였다.

그럼에도 앞에서 언급하였듯이 이러한 단재 선생을 어느 공개 학술회의장에서 한국의 주류 강단 역사학자로 주류 강단 사학계가 지배하는 모 국립 역사 기관의 장이었던 자가 "신채호는 네 자로 말하면 정신병자이고, 세 자로 말하면 '또라이'입니다."라고 하였다. 또한 모 TV 토론 방송에서는 "일제, 쌀 수탈이 아니라 수출인 것"이라고 공공연히 말함으로써 학문을 비학문적으로 역사적 사실을 왜곡된 시각으로 바라보는 사람이 현재 우리 주류 강단 사학계를 지배하고 있음을 보여주고 있다.

소위 '젊은 역사학자 모임' 일원이 내세웠듯이 우리나라 역사관에 많은 영향을 미치는 고려 중기 역사서인『삼국사기』및『삼국유사』의 잘못된 역사관 및 왜곡된 서술에 대해서는 본 필자가 앞에서 언급하였지만 이에 대하여 언급하고 다음의 내용에서 소위 '젊은 역사학자 모임' 일원을 비판하고자 한다.『삼국사기』기록을 보자.

【사료52】『삼국사기(三國史記)』「잡지 지리」'고구려' '평양성과 장안성'

그러나 혹은 이르기를 "고국원왕(故國原王) 13년(343년)에 (왕이) 평양 동황성(東黃城)으로 이거하였는데, 성은 지금[고려] 서경(西京)의 동쪽 목멱산(木覓山) 가운데 있다."라 하니, 옳고 틀림을 알 수 없다. 평양성(平壤城)은 지금[고려]의 서경(西京)과 같으며, 그리고 패수(浿水)는 곧 대동강(大同江)이다. 어찌 이를 알 수 있는가?《당서(唐書)》에서 이르기를 "평양성(平壤城)은 한(漢)의 낙랑군(樂浪郡)으로 산굽이를 따라 외성을 둘렀고, 남으로 패수(浿水)가 근처에 있다."라 하였으며, 또한《지(志)》에서 이르기를 "등주(登州)에서 동북으로 바닷길을 가서, 남으로 해안에 연하여, 패강(浿江) 입구의 초도(椒島)를 지나면, 신라의 서북에 닿을 수 있다."라 하였다. 또한 수양제(隋煬帝)의 동방 정벌 조서에서 이르기를 "창해(滄海) 방면 군대는 선박이 천 리에 달하는데, 높직한 돛은 번개같이 나아가고, 커다란 군함은 구름처럼 날아 패강(浿江)을 횡단하여 멀리 평양(平壤)에 이르렀다."라 하였으니, 이렇게 말하는 것으로써 지금[고려]의 대동강(大同江)이 패수(浿水)인 것은 명백하며, 곧 서경(西京)이 평양(平壤)이었던 것 또한 가히 알 수 있다.

> 《당서(唐書)》에서 이르기를 "평양성(平壤城)은 또 장안(長安)이라고 불렀다."라 하였고, 그리고 고기(古記)에서 이르기를 "평양(平壤)으로부터 장안(長安)으로 옮겼다."라 하였으니, 곧 두 성이 동일한 것인지 아닌지, 서로 멀리 떨어져 있었는지 가까웠는지에 대해서는 곧 알 수가 없다.

고구려 도읍지인 수도 성인 평양성과 장안성에 대하여는 이렇게 되어 있다. 소위 '젊은 역사학자 모임' 일원은 이것을 보고 『삼국사기 지리지』에서도 '평양성은 한의 낙랑군'이라고 언급했다고 했다. 이는 『삼국사기』가 『당서』를 인용한 것이고 『당서』에 그렇게 되어 있는 것을 『삼국사기』가 인용한 것일 뿐이다. 그것을 『삼국사기』가 그렇게 언급하였다고 하고 있다. 그러나 『삼국사기』가 그렇게 언급한 것은 분명히 아니다. 앞에서 이에 대하여 면밀히 살펴보아 입증하였듯이 더군다나 『당서』가 말한 평양성은 같은 평양이라고 해도 한반도 평양이 아니라 비록 일부인 거리 수치가 왜곡되었지만 하북성 내지는 산동성 졸본성을 기록한 것이지 소위 '젊은 역사학자 모임' 일원이 언급하고자 하는 한반도 평양이 아니다.

그리고 『삼국사기』는 이러한 기록을 인용하면서 이를 요령성 요양으로 보거나 아니면 자기 판단 내지는 당시의 역사 인식을 따랐거나 당시 서경인 요령성 요양으로 기술한 것이지 한반도 평양을 지칭한 것이 아니다. 이것 역시 소위 '젊은 역사학자 모임' 일원이 사실 관계를 왜곡하였다. 앞에서 인용하여 살펴본 사서기록을 다시 보자.

> 【사료26】『신당서(新唐書)』「동이열전 고구려」
>
> 高[句]麗는 본래 扶餘의 別種이다. 국토는 동으로는 바다를 건너 新羅에 이르고, 남으로는 역시 바다를 건너 百濟에 이른다. 서북으로는 遼水를 건너 營州와 접하고, 북은 靺鞨과 접한다.

> 그 나라의 임금이 살고 있는 곳은 平壤城으로 長安城이라고도 부르는
> 데, 漢代의 樂浪郡으로 長安에서 5천 리 밖에 있다. 山의 굴곡을 따라
> 外城을 쌓았으며, 남쪽은 浿水와 연해 있다. 王은 그 좌측에 宮闕을 지
> 어 놓았다. 또 國內城과 漢城이 있는데 別都라 부른다.
> 물은 大遼와 少遼가 있다. 大遼는 靺鞨의 서남쪽 산에서 흘러나와 남으로
> 安市城을 거쳐 흐른다. 少遼는 遼山의 서쪽에서 흘러나와 역시 남으로
> 흐르는데, 梁水가 塞外에서 나와 서쪽으로 흘러 이와 합류한다. 馬訾水
> 가 있어 靺鞨의 白山에서 흘러나오는데, 물빛이 鴨頭와 같아서 鴨淥水로
> 불린다. 國內城의 서쪽을 거쳐 鹽難水와 합류한 다음, 다시 서남으로 [흘
> 러] 安市[城]에 이르러서 바다로 들어간다. 平壤은 鴨淥江의 동남쪽에 있
> 는데, 큰 배로 사람이 건너다니므로, 이를 해자(天塹)로 여긴다.

이에 대하여는 이미 충분히 입증하여 설명하였지만 다른 사항은 그만두고서라도 반복적인 언급이지만 평양성의 경우만 보더라도 "**山의 굴곡을 따라 外城을 쌓았으며, 山의 굴곡을 따라 外城을 쌓았으며,**"라고 되어 있다. 이는 분명히 한반도 평양성에는 해당되지 않는다. 여기서의 기록은 하북성의 고구려에 대하여 설명하면서도 평양성만은 같은 사서인 『신당서』 「가탐도리기」에 의하여 고구려의 옛 평양성인 산동성의 졸본성을 지칭하는 것이 분명하다. 여기에 남단에 있다는 패수 역시 패강으로써 이것은 졸본성에 있었던 하천을 고구려의 모든 다른 평양성의 기록에 적용시켰다. 또한 대요, 소요, 마자수인 압록강, 안시성 등은 모든 중국사서, 즉 『한서』 「지리지」 및 『수경』 및 『수경주』 등에 의하여 하북성에 위치한 고구려를 그린 것이 확실하다.

더군다나 같은 시기의 상호 영향을 가장 많이 주고받았을 『통전』의 기록을 보면 분명 고구려에 대한 기록이나 수도 평양성은 비록 일부 수치 기록 등이 사후 조작되었으나 평주에 위치한 것으로 기록한 것이 분명한 사실이다. 평주는 하북성 석가장시 북부를 가리키는 것으로 고구려는 이곳에 위치하고 있었다. 이렇게 여러 사료를 종합하여

분석하여 판단하면 제대로 된 결론이 나올 수 있는 것을 단지 '평양'이라는 단어 하나만 가지고 같은 곳으로 비정하는 것은 전문가나 학자가 아니다. 이는 일단 왜곡이 이루어지면 그 왜곡을 그대로 따르는 한심한 상황, 도저히 있으면 안 되는 상황이다. 이와 같다면 현재 중국의 '동북공정'에 의한 역사왜곡 즉 만주 지방에 있는 고구려 성곽을 중국 민족국가 성곽으로 바꾸는 상황 등에 의하여 나중에 이 성곽들이 중국 성으로 바뀌는 것은 당연하다. 이러한 사항은 아마추어인 본 필자도 아는데, 고구려 전공으로 석사 박사까지 받고 교수까지 하는 사람이 모른다는 것은 이해할 수 없다.

그러나 『삼국사기』는 이와 같은 평양성과 장안성 이외에 다른 도읍지인 다른 수도 성에 대하여는

【사료51】『삼국사기(三國史記)』「잡지 지리」 '고구려' '고구려 초기 도읍 흘승골성과 졸본'

살펴보건대 《통전(通典)》에서 이르기를 "주몽(朱蒙)이 한(漢) 건소(建昭) 2년(기원전 37년)에 북부여(北扶餘)로부터 동남쪽으로 나아가 보술수(普述水)를 건너 흘승골성(紇升骨城)에 이르러 자리를 잡고 국호를 구려(句麗)라 하고 '고(高)'로써 성씨를 삼았다"라 하였으며, 고기(古記)에서 이르기를 "주몽(朱蒙)이 부여(扶餘)로부터 난을 피해 도망하여 졸본(卒本)에 이르렀다."라 하였으니, 곧 흘승골성(紇升骨城)과 졸본(卒本)은 같은 한 곳이다. 《한서지(漢書志)》에서 이르기를 "요동군(遼東郡)은 낙양(洛陽)에서 3천6백 리 떨어져 있으며, 속한 현으로서 무려(無慮)가 있다."고 했다. 곧 《주례(周禮)》에서 보이는 북진(北鎭)의 의무려산(醫巫閭山)이며, 대요(大遼) 때에 그 아래에 의주(醫州)를 설치하였다. [또 한서지에] "현도군(玄菟郡)은 낙양(洛陽)에서 동북으로 4천 리 떨어져 있고, 속한 현이 셋이며, 고구려가 그중 하나이다."라 하였으니, 곧 이른바 주몽이 도읍한 곳이라고 말하는 흘승골성(紇升骨城)과 졸본(卒本)은 아마도 한(漢)의 현도군(玄菟郡)의 경계이고, 대요국(大遼國) 동경(東京)의 서쪽이며, 《한지(漢志)》에 이른바 현도(玄菟)의 속현

> 고구려(高句麗)가 이것일 것이다. 옛날 대요(大遼)가 멸망하지 않았을 때에 요(遼)의 황제가 연경(燕京)에 있었으니, 곧 우리의 조빙하는 사신들이 동경(東京)을 지나 요수(遼水)를 건너 하루 이틀에 의주(醫州)에 이르러, 연계(燕薊)로 향하였음으로 고로 그렇다는 것을 알 수 있다.

> 【사료499】『삼국사기(三國史記)』 권 제37 잡지 제6 지리(地理)四 고구려(高句麗) '국내성'
>
> 주몽(朱蒙)이 흘승골성(紇升骨城)에 도읍을 세움으로부터 40년이 지나 유류왕(孺留王) 22년(3년)에 도읍을 국내성(國內城) (혹은 이르길 위나암성(尉那巖城)이라고도 하고 혹은 불이성(不而城)이라고도 한다.)으로 옮겼다. 《한서(漢書)》를 살펴보건대 낙랑군(樂浪郡)에 속한 현으로 불이(不而)가 있고, 또 총장(總章) 2년(669년)에 영국공(英國公) 이적(李勣)이 칙명을 받들어 고구려의 모든 성에 도독부와 주·현을 설치하였는데, 목록(目錄)에서 이르길, "압록(鴨綠) 이북에서 이미 항복한 성이 열하나인데, 그중 하나가 국내성(國內城)이며, 평양(平壤)으로부터 이 성에 이르기까지 17개의 역(驛)이 있었다." 라 하였으니, 곧 이 성 역시 북조(北朝) 경내에 있었으나, 다만 그곳이 어느 곳인지를 알 수 없을 뿐이다.

라고 하였다.

> 『삼국사기』가 참조한 중국사서의 기록은 하북성의 고구려를 기록하고 있다. 이러한 중국사서의 기록을 『삼국사기』는 요령성 요양 등으로 비정하였다.

여기서 알 수 있는 것은 김부식 등 편찬자들은 전적으로 중국사서를 근본으로 하여 『삼국사기』를 편찬하였는데 앞에서 살펴본 평양성과 장안성을 제외한 다른 고구려의 도읍지인 성들은 중국사서의 기록대로 따라 했으므로 그 위치가 전부 중국 본토 하북성 등으로 비정되고 있다. 하지만 이러한 하북성으로 기록된 중국사서의 기록과는 달리 당시 역사 인식 및 일부 왜곡된 중국사서의 기록에 의하여 하북성의 평양성이 요령성 요양으로 비정되고, 당시의 역사 인식과는 달리 국내성이 하북성으로 기록되어 있으므로 혼란된 인식에 의하여 그 위치는 분명 '북조 경내' 즉 하북성이 분명한데 그 위치를 비정할 수 없어 혼란스러워하고 있다는 사실을 알 수 있다.

단지 현재 주류 강단 사학계는 물론이고 비주류 강단 사학계를 비롯하여 재야 민족 사학계에서도 평양성의 경우 서경을 지금의 한반도 평양으로 보고, 대동강을 한반도 평양에 있는 대동강으로 비정함으로써 이를 한반도 평양으로 비정하는 것뿐이다. 앞에서 확인하였듯이 『고려사』「지리지」에 의하여 서경은 분명히 한반도 평양이 아니라 요령성 요양이고, 대동강은 이 요양에 있던 강이 한반도 평양으로 옮긴 것임을 확인한 바에 의하여 『삼국사기』에 기록된 평양은 한반도 평양이 아니라 당시의 서경인 요령성 요양임이 분명하다. 그리고 다른 도읍이었던 졸본성과 국내성의 경우에도 요수 등 모든 기록상의 용어를 왜곡되기 전의 위치 비정에 의하여 해석하면 이는 요령성의 고구려가 아니라 하북성 및 산동성의 고구려 기록임을 알 수 있다. 이는 편파적이고도 근거가 없는 해석에 의한 것이 아니라 오히려 합리적이고도 모든 중국사서의 기록에 의하여 왜곡이 안 된 제대로 된 인식에 의한 해석에 따른 결과이다.

한편 『삼국유사』의 경우, 이미 인용하여 살펴본 사료를 다시 보자.

【사료180】『삼국유사』 제1 기이(紀異第一) 고조선(古朝鮮) 왕검조선(王儉朝鮮)

왕검은 요임금이 즉위한 지 50년인 경인년[요임금의 즉위 원년은 무진년(기원전 2333)이므로 50년은 정사년이지 경인년이 아니다. 아마도 사실이 아닌 듯하다.]에 **평양성**(平壤城)[지금의 서경(西京)이다.]에 도읍하고 비로소 국호를 '조선(朝鮮)'이라 하였다.

【사료56】『삼국유사』「흥법」'순도조려'

살펴보면, 고구려 때의 도읍은 안시성(安市城), 일명 안정홀(安丁忽)로서 요수(遼水)의 북쪽에 위치해 있었고, 요수는 일명 압록(鴨淥)으로 지금은 안민강(安民江)이라고 한다. 송경(松京)의 흥국사의 이름이 어찌 [이곳에] 있을 수 있겠는가?

이와 같이『삼국유사』편찬자들도 당시의 역사 인식에 따라『삼국사기』의 인식 및 기록을 따르고 있다. 즉『구당서』의 인식에 따라 고조선 평양성을 고구려 평양성으로 동일시하는 인식을 따르는 한편 이를 당시의 서경 즉 요령성 요양으로의 비정을 따르고 있다. 그리고 고구려 때의 도읍에 대하여는 안시성으로 잘못 알고 있고 요수와 압록수를 같이 보는『구당서』등의 고구려의 수당전쟁 기록 당시의 인식에 따르는 오류를 보이고 있으나 원래의 하북성에서의 고구려 평양성의 위치가 압록수인 호타하 북쪽이자 요수인 자하 북쪽인 안시성의 북쪽 인근에 있었던 것을 기록한 것은 맞다. 단지 이곳 하북성의 위치를 당시 서경인 요령성으로 비정하였을 뿐이다.『삼국유사』기록상 본 기록에 부속으로 기록되어 있는 부기의 경우에는 한반도 위치로 비정하는 오류를 보이고 있다. 이 부기 기록에 대하여는 후대의 조작 여부를 확인하여야 할 사항으로 볼 만큼 본 필자의 의혹이 있는 사항이다.

【사료41】『삼국유사』卷 第一 제1 기이(紀異第一) 고구려(高句麗)

고구려(高句麗)

고구려는 곧 졸본부여이다. 더러는 말하기를 "지금의 화주(和州)(註 371)

또는 성주(成州)(註 372)이다."라고들 하나 모두 잘못이다. 졸본주는 요동 지역에 있다.

註 371
지금의 함경남도 영흥 일대에 해당한다. 이곳은 본래 ≪삼국사기≫ 권37 잡지6 삼국유명미상지분(三國有名未詳地分)조의 고구려 측 지명에 실려 있는 화려성(華麗城)이다. ≪신증동국여지승람(新增東國輿地勝覽)≫ 권48 함경도 영흥대도호부 건치연혁조에 따르면 고려 초에 화주로 삼았다가 원(元)간섭기 때 이곳에 쌍성총관부(雙城摠管府)를 설치하였으며, 공민왕대 화령부(和寧府)가 되었다가 조선 태조가 영흥부(永興府)로 고쳤고, 세종이 영흥대도호부(永興大都護府)로 삼았다고 한다.

註 372
지금의 평안남도 성천 일대에 해당한다. ≪신증동국여지승람(新增東國輿地勝覽)≫ 권54 평안도 성천도호부 건치연혁조에는 본래 비류왕(沸流王) 송양(松讓)의 옛 도읍이었다고 기록하고 있다. 이는 잘못된 기록으로 고구려의 통치 중심이 대동강 유역으로 옮겨진 후에 이와 같은 전설이 부회된 듯하다(서일범, ≪북한 지역 고구려산성 연구≫, 단국대 박사학위논문, 1999, 109쪽).

앞에서 살펴보았듯이 고구려의 첫 도읍지에 대하여 당시의 인식과 『삼국유사』 편찬자들의 인식의 차이를 보여주는 것이 본 필자의 의혹을 시사하고 있다. 이 기록에서는 고구려의 졸본을 당시의 역사 인식에 의하면 당시의 화주 또는 성주라고 하였으나 『삼국유사』 편찬자들은 요동 지역에 있다고 하였다. 당시의 화주 또는 성주에 대하여 현재의 주류 강단 사학계나 이를 비판하는 사람들도 이를 한반도 내의 위치로 보고 있다. 하지만 당시의 위치를 확인할 수 있는 『고려사』 기록을 보면 화주는 나중에 몽골의 원나라가 쌍성총관부를 설치하였다가 공민왕이 수복한 지역이다. 현재 주류 강단 사학계는 일제 식민사학을 그대로 이어받아 동해안인 함경도 화주 즉 함경도 함흥시 남쪽

인근인 영흥에 비정한다.

하지만 여러 사서기록에 의하면 이는 허위 조작으로 이곳은 만주 요령성 화주 즉 지금의 요령성 철령시로 밝혀졌다. 이를 증빙하는 자료는 무궁무진하다. 또한 성주는 이곳은 북계로써 본 필자가 증거 사료에 의거하여 비정한 하북성 호타하 인근인 것으로『고려사』에 기록되어 있다. 비류왕 송양의 고도는 고구려에서 고국원으로 불리는 곳으로 고구려 수도 중 환도성이 있는 지역이다. 이곳은 현재 호타하 북부 하북성 형수시 안평현 북쪽으로 비정되는 위치이다. 후대의 조작이 없는 한 이 기록은『삼국유사』편찬 시기에 일반 일식이나 기록 등은 한반도가 아닌 하북성이나 요령성으로 비정하고 있음이 확실하다. 반면 이 인식에 대한『삼국유사』편찬자들의 인식은 요동으로 되어 있다. 그러면 당시의 요동이 어디인가가 문제이다. 원래의 요동은 당연히 하북성이다. 그리고 옮긴 요동은 요하 동쪽이다. 과연『삼국유사』편찬자들은 어떤 인식에 의하여 이러한 기록을 하였을까.

그러나 이는 한반도는 절대 아니다. 물론 이 요동이 요령성 동쪽이라고 해석하면 현재 주류 강단 사학계가 비정하는 졸본성의 요령성 환인이나 국내성의 요령성 집안시가 다 요동에 포함된다. 하지만 고구려의 도읍을 안시성으로 보고 요수를 압록으로 보는 기록에 의하면 이 요동은 분명히 한반도 북부 환인이나 집안은 아닌 것이 분명하다. 그런데도 앞서 언급한 부기 기록에 한반도의 위치로 기록한 것은 상당히 후대의 조작 의혹이 있다. 이에 대하여는 전문가들의 심도 있는 연구가 필요할 것으로 보인다. 즉『삼국유사』판본의 전래 과정이나 판본 자체의 수정 여부에 대한 정밀한 연구가 필요한 것으로 판단된다.

이러한 사실 판단이 당연한 것인데도 모든 기록의 살핌은 그만두고서 일부 기록의 일부 구절만을 근거로 왜곡된 인식에 의하여『삼국사기』와『삼국유사』의 기록을 한반도로 판단하는 것은 전문가로서 있을 수 없다. 여기에서 소위 '젊은 역사학자 모임' 일원에게 본 필자가 앞에서 수차례 설명하면서 인용한 고조선의 위치, 요수, 갈석산, 연 진장성, 연 5군, 낙랑군 관련 수많은 중국사서들은 무슨 이유로 언급하지 않는가 묻고자 한다. 어리석고 비전문가인 유사, 사이비 사학자인 본 필자가 전문가이면서 정통 사학자인 소위 '젊은 역사학자 모임' 일원에게 이러한 사료들에 대하여 설명해 보라고 요구한다.(주류 강단 사학계에 대한 공개 질문17)

또한 조선시대에는 고려의 영토였던 지금의 요하 이동 즉 요동 지방을 원나라 시기에 빼앗긴 것을 되찾기 위하여 우왕 시기에 최영 장군과 이성계를 주축으로 요동 정벌군을 형성하여 출병하였으나 작은 나라가 큰 나라를 치면 안 된다는 사대주의 사상에 의하여 마지막 영토 회복의 기회를 저버리고 위화도 회군을 한 후 중국에 대하여 극한 사대주의 정책을 펴게 되었다. 이는 정책만 사대주의가 아니라 모든 역사도 스스로 한반도로 끌어들이고 역사 인식은 물론 모든 인식이 사대주의 소중화 사상에 빠지게 되었다. 그래서 국호도 화령과 조선 두 개를 가지고 명나라에 정해 줄 것을 요청하여 조선을 지정받아 정할 정도였다. 조선이라는 국호는 단군의 조선이 아니고 중국에서 건너와 미개한 우리 백성을 교화시켰다는 기자의 조선이다.

이러한 나라가 개국하자마자 서두른 것이 바로 주체적인 역사를 가지고 광활한 영토를 유지하였던 고려의 역사를 중국의 땅이 아닌 한반도의 영역 안에서 중국에 사대하는 나라로 꾸미는 작업, 바로『고려사』편찬이었다.『고려사』는 그야말로 중국의 사서 편찬과는 정반대 방향이었다. 중국은 '춘추필법'에 의하여 자기 것은 크게 하고 상대방은 작게 하는데 반하여 조선은 반대로 모든 것을 중국이 우선인 것으로 하였다. 조선 개국공신 정도전과 정총은 '고려국사'를 쓰면서 고려가 황제를 칭한 것을 중국에 대한 사대에 어긋나는 '참의지사(僭擬之事)'라고 하였다. 즉 분수에 맞지 않게 중국을 모방해 황제를 칭했다는 것이다. 이 같은 역사 인식은 조선 세종 때부터 시작하여 문종 1년(1451)에 완성하기까지 편찬한 『고려사』 기술상에도 절대적인 영향을 끼친 인식이었다. 오늘날 주류 강단 사학계에서는 조선이 술이부작(述而不作), 즉 자료에 따라 서술하고 작문하지 않는다는 원칙을 고수한 만큼 『고려사』가 객관적인 자료라고 보는 인식이 주류를 형성하고 있다.

그러나 『고려사』 편찬 당시 세종이 직서 즉 사서에 기록된 바 그대로 쓰라고 고집했지만 신료들의 반발이 극심하였다. 편찬자인 신하 다수는 사대명분론에 투철한 사람들이었다. 이와 같은 사실은 『고려사』 편찬 작업 과정을 살펴보면 여실히 드러난다. 『고려사』를 전해진 그대로 편찬한 것이 아니라 사대주의에 의하여 변경되었다는 것을 알 수 있다. 즉 원래의 기록은 하북성 및 요령성에서의 역사적 활동위치를 그대로 기록하면서도 다시 이를 한반도로 옮겨 비정하는 편찬 과정을 여실히 드러내고 있는 것을 『고려사』에서 여실히 확인할 수 있다.

『고려사』도 이와 같은 지경으로써 이후 소위 '젊은 역사학자 모임' 일원이 내세운 이후 조선시대 사료들인 『아방강역고』, 『대동수경』, 『동사강목』, 『세종실록지리지』, 『동국여지승람』 등은 같은 역사 인식에 의한 것이므로 이를 근거로 내세우기보다는 사대주의로 윤색되기 이전의 중국의 1차 사료들을 채택하여야 한다. 그럼에도 불구하고 이러한 사료를 내세우는 것은 학자로서 심각한 문제가 있다.

소위 '젊은 역사학자 모임' 일원이 제시한 조선시대 사료는 소중화 사대주의 사상에 의하여 왜곡된 것들이다.
이 같은 사실은 연구하면 충분히 알 수 있다.

3. 사이비 역사가의 엉터리 '1차 사료' 활용

2015년 11월 16일(월) 오전 10시 국회 동북아역사왜곡대책 특별 위원회가 주최하여 국회의원 회관 제1소회의실에서 열린 '한국 상고사대 토론회'에서 '한군현 및 패수 위치 비정에 관한 논의'(발표자 : 공석구, 복기대, 운용구, 이덕일)를 주제로 토론회가 열렸다. 우선 이 토론회가 열린 배경은 해방 후 70년 동안 많은 사료와 유물, 유적의 발견으로 낙랑군이 한반도에 있지 않았고 중국 요동 및 중국 본토에 있었다는 비판에도 불구하고 그동안 식민사학을 이어받아 국사편찬위원회, 한국학중앙연구원, 동북아역사재단 등 우리나라 사학계를 장악한 주류 강단 사학계는 그대로 낙랑군 평양설을 고수하고 교과서도 개편하지 않았다. 그러자 재야 사학계 및 일부 강단 사학계에서 토론을 요구하였으나 계속 거절하면서 논리 수정을 안 하고 고수하고 있으면서 두 가지 사건을 벌이고 말았다.

첫 번째는, 미국의 하버드대학 소속으로 알려진 마크 바잉턴 교수가 2006년부터 한국교류재단과 한국 동북아역사재단의 지원으로 고대 한국사 프로젝트(Early Korea Project)를 진행하여 2013년 영문본 〈한국고대사에서의 한군현〉을 발간하여 낙랑의 위치가 현재의 평양이었다고 주장하였다가 재야 사학계의 반발로 논란이 일어 2014년 동북아역사재단의 지원 중단 선언으로 EKP사업은 종료되었다.

두 번째는, 일본이 1966년 고대 한반도 남부에 일본의 통치기관이 있었다는 주장인 '임나일본부설'을 명시한 '아시아역사지도'를 출판하고, 중국에서는 1974년 한반도 북부와 백제 지역을 지배했다는 내용을 담은 '중국역사지도집'을 발행하자 이에 대한 대항 조치로 우리나라에서는 이러한 일본 역사왜곡 및 일본의 동북공정에 대처하라고 국가기관으로 설립한 동북아역사재단에 2008년부터 2015년까지 45억 원의 국비를 들여 '동북아역사지도사업'을 하게 되었다.

그러나 이 지도사업의 결과는 일본 및 중국의 역사왜곡 작업에 대처하기는커녕 이를 적극 동조하여 낙랑, 대방 및 중국 만리장성 한반도 위치를 인정하고 '임나일본부설'의 근간이 되는 『삼국사기』 초기 불신론'을 인정하는가 하면 독도도 재차 수정 요구에도 그리지 않은 결과물을 내놓아 결국 각계의 항의에 따라 국회에서 문제가 되었다. 그 결과 2015년 3월 24일 국회 동북아역사왜곡대책특위에서의 동북아역사재단 국정감사를 벌여 교육부 특별 감사를 벌이도록 하여 결국 지원금 중 일부인 11억 원의 환수 처분이 있었다.

이러한 사건이 벌어지기까지는 어떠한 반론이나 비판이 있어도 무대응으로 일관하고 자기 논리를 고수하면서 우리나라 사학계를 장악하여 모든 역사 관련 자리나 사업을 독점하여 왔다. 그러나 이러한 사건을 통하여 정치권의 견제와 감시를 받게 되고 무대응으로 있으면 이처럼 실질적인 손해가 따른다는 것을 알게 되었다. 이런 실질적인 손해와 위기의식 그리고 재야 사학계의 끊임없는 수정 내지는 토론 요구에 따른 국회에서의 촉구 압박에 할 수 없이 토론회를 연 것이 그 배경이다.

> 주류 강단 사학계는 재야 사학계의 끊임없는 비판에 무대응으로 일관하다가 실질적인 피해를 입자 비학문적인 반격을 시작하였다. 이는 식민사관에 의한 사업을 벌이다가 좌초된 것일 뿐이다.

하지만 이것만이 아니다. 이러한 실질적인 손해와 위기의식, 정치권의 압력에 따라 토론회를 여는 한편 다른 작업이 시작되었다. 그것은 예전에 신채호 선생을 민족주의 열정에 의한 비전문가 역사가라는 공격과 윤내현 교수에 대한 공산주의자 공격과 같은 패턴으로 젊은 사학자들을 앞세워 재야 사학자들을 유사, 사이비 사학자 혹은 쇼비니즘이라고 각종 언론계와 연계하여 공격하기 시작하였다. 그것이 바로 본 필자가 지금 비판하고 있는 이 글의 대상이다. 본 필자가 앞에서 언급하였지만 이것에 앞서 똑같은 젊은 사학자들이 똑같은 방식과 내용으로 역사비평사에서 2016년 봄호 및 여름호 '사이비 역사학 비판'을 싣고 이를 각 신문에서 보도하였다. 본 필자는 이때 '역사비평사' 및 각 신문사 및 기자들에게 반론문을 보내 이를 비판한 바 있다.

당시 이 젊은 사학자들이 쓴 글 및 언론사와의 인터뷰도 그렇고 본 필자가 이 글에서 비판하고 있는 글 등은 전문가는 물론 도저히 상식적인 학자들의 글이라고는 생각할 수 없는 억지와 비논리로 그리고 허위로 일관하고 있다. 자기의 논리를 고수하기 위해서라면 어떠한 사료의 취사선택 자의적 해석은 물론 비판자에 대한 학문적인 비판이 아닌 비전문가적이고 비상식적인 비난을 하고 있다. 지금부터 설명하는 사항도 마찬가지이다. 얼마 전 이덕일 박사가 고려대 명예교수인 김현구 씨를 식민주의 사관에 의한 논리라고 비판하였다가 형사 고소당해 결국은 무죄로 판결 난 사실이 있다. 학문적인 비판을 형사사건으로 처벌받게 하려고 하였다. 이와 같은 차원이라면 이 글에서 이덕일 박사는 소위 '젊은 역사학자 모임' 일원을 조치해야 한다고 본 필자는 생각한다.

이덕일 박사는 하지 않을 것이다. 학문적 비판을 형사사건으로 몰고 가지 말아야 하는데 그럼에도 불구하고 그 내용은 형사사건으로 가야 할 만큼 상대방에게 허위에 의한 모욕을 하였다고 본 필자는 생각한다. 그러나 다른 이유도 있다. 소위 '젊은 역사학자 모임' 일원은 많은 글에서 그리고 언론과의 대담에서 이와 같은 행태를 많이 보여왔다. 즉 식민사학을 비판하는 재야 사학자들을 학문적으로 대응하여 비전문가들이 다시는 대응하지 못하도록 하지는 않고 유사 사학자, 사이비 사학자라고 원색적인 비난을 하는가 하면 이런 비판을 독일 나치나 일본 군국주의에 비견하여 쇼비니즘이라고 비난하였다. 그럼 누가 유사인지 사이비인지 쇼비니즘인지 지금까지 본 필자가 밝혀왔듯이 이에 대하여 앞으로도 계속 밝히고자 한다.

> **주류 강단 사학계의 소위 '젊은 역사학자 모임' 일원은 비판 상대방을 비학문적인 모함에 의하여 비난하고 있다.**

소위 '젊은 역사학자 모임' 일원은 위의 '한국 상고사 대토론회'에서 '한군현 및 패수 위치 비정에 관한 논의'에 이덕일 박사가 한사군 설치에 대한 1차 사료가 중요하다고 하면서 제시한 사료가 『한서』와 『후한서』라고 하였다. 그러면서 이덕일 박사는 그 내용을 장황하게 열거했다고 하였다. 그런데 그 열거한 내용이 원 사료 내용에 주를 붙인 것이지 원 사료가 아니라는 주류 강단 사학계의 또 다른 상대자인 윤용구의 지적에 이덕일 박사의 1차 사료에 의한 주장은 한순간에 무너지고 큰 망신을 당했다고 하였다.

소위 '젊은 역사학자 모임' 일원은 이 토론회에서 이덕일 박사가 1차 사료가 중요하다고 하면서 1차 사료라고 주장하면서 내놓은 것이 『한서』와 『후한서』이고 그것도 이 사료의 주석을 붙인 것이 전부인 것으로 거론하고 있다. 본 필자는 현재 비판하는 이 글에서 소위 '젊은 역사학자 모임' 일원의 이러한 언급을 보고 놀라움을 넘어 분노를 느꼈다.

그동안의 행태가 그러하였지만 매스컴에서 무서운 아이들이라고 하였듯이 이제 학문을 제대로 시작하는 젊은이가 이렇게 공개적인 글에서 사실 아닌 허위를 내세우는 것이 실로 놀랍고 경이로웠다. 이러한 사례는 이번만이 아니다. 본 필자가 당시 토론회 영상을 다시 면밀하게 살펴보았더니 분명 이덕일 박사는 위의 『한서』와 『후한서』만 그것도 본 내용에 대한 주석만을 제시한 것이 아니다.

이덕일 박사는 본 필자가 앞에서 고조선 위치 등에 대하여 설명하면서 인용하여 제시한 자료인 【사료50】 『회남자』 「시칙훈」(갈석산으로부터 조선 지나), 【사료464】 『한서』 〈엄주오구주부서엄종왕가전〉 「가연지열전」, 【사료472】 『후한서』 「광무제 본기」 (낙랑군 재 요동), 【사료473】 『후한서』 「배인열전」 (낙랑군 장잠현 재 요동), 【사료10】 『후한서』 「군국지」 (곽박 주석 : 산해경 열수 재 요동), 【사료17】 『사기』 권2 『하본기』 제2 [2] 「사기집해」 색은 주석 : 태강지리지 - 낙랑군 수성현 갈석산, 장성), 【사료16】 『진서』 「지리지」 (평주 낙랑군 진장성), 『삼국지(三國志)』 〈위서〉 「동이전」 들 (낙랑군 이남 대방군, 대방군 하북성 일대, 낙랑군 하북성 일대), 【사료44】 『사기』 「몽염열전」 (진장성 요동) 등 많은 자료를 제시하면서 설명하였다.

또한 이덕일 박사는 청나라 시기의 『독사방여기요』(낙랑군 조선현 : 노룡현 조선성), 명나라 시기의 『일지록』(원나라 시기의 『대명일통지』 인용 : 영평부 조선성), 송나라 시기의 『태평환우기』(노룡현 조선성 : 기자 봉함) 그리고 본 필자가 인용한 【사료466】 『수경』 「패수」, 【사료467】 『수경주』 「패수」도 제시하여 설명하였다.

이렇게 많은 자료를 제시하면서 설명하였는데도 불과 2개의 자료 그것도 원본이 아닌 주석을 제시하여 설명하다가 주석임이 지적되어 망신을 산 것으로 왜곡하여 쓰고 있다. 주류 강단 사학계 학자들은 왜곡이 주 전공인 것으로 보인다. 이덕일 박사가 제시한 많은 사료 중에 원본이 아닌 주석본을 제시한 것은 전체 14개 중에 3개밖에는 안 된다.

이러한 주류 강단 사학계 및 젊은 사학자들의 행태는 앞에서도 잠시 언급하였지만 정해진 패턴이다. 즉 일본 내 한반도식(조선식) 산성이 7세기 이후의 것으로 판명되어 북한의 김석형, 조희승 박사 등이 주장한 한반도 국가의 일본열도 진출에 의한 소국가(분국) 형성 사실이 허위임이 판명되었다는 같은 소위 '젊은 역사학자 모임' 일원의 언급 또한 명백히 허위이다.

또한 본인이 반론을 제기한 바 있는 2016년 4월 11일자 경향신문의 심진용 기자가 보도한 "정치외교 이득 따라 움직이는 게 진짜 학문 맞나" 주제의 젊은 역사학자들 방담에서 소위 '젊은 역사학자 모임' 일원은

> 기 : "사실 고려 때 이미 낙랑군은 평양에 있었다는 얘기가 통용되고 있었고, 조선 후반부에 사실상 문제가 정리된 셈인데 거기다 북한이 1990년대 평양 발굴에 착수하면서 물적 증거까지 나왔다. 낙랑군이 평양에 있었음을 보여주는 고분 2000여 기가 나왔고 각종 고고학적 발굴 자료가 쏟아져 나왔다."

고 하였고, 본 필자가 비판하고 있는 이 글에서도 소위 '젊은 역사학자 모임' 일원은,

> 북한 학계는 1990년대 도시 개발 과정에서 평양시 낙랑구역 안에서 만 2600여 기에 달하는 무덤을 발굴했고, 1만 5000여 점에 달하는 유물을 수습했다. 무덤의 유형은 주로 덧널무덤과 벽돌무덤으로, 이 역시 같은 시기 중국에서 만들던 무덤 양식이다.

라고 하였다. 이 언급은 허위이다. 북학 학계는 소위 '젊은 역사학자 모임' 일원이 낙랑군으로써 중국계 양식이라고 판명 났다는 언급과는 반대로 이 무덤들이 모두 낙랑군과는 관계없는 것으로 오히려 고조선 계통의 낙랑국 무덤으로 분석하였다. 그리고 그렇게 발표하였다.

더군다나 벽돌무덤이 다수 발굴되었으나 이것이 덧널무덤과 함께 주를 이루는 것도 아니다. 그리고 북한 학계는 벽돌무덤은 한나라 무

덤 양식이 아니라 자연스럽게 발전한 고유의 무덤 양식으로 분석하였다. 소위 '젊은 역사학자 모임' 일원의 언급대로 북한은 해방 후 평양의 낙랑 지역에 있는 무덤군을 발굴하였다. 북한 사학자 리진순은 '평양 일대 락랑무덤에 관한 연구'를 발표하였는데 일제가 낙랑 무덤, 즉 한사군의 무덤이라고 주장한 무덤인 목곽묘(木槨墓), 즉 '나무곽 무덤'을 850여 기나 발굴했다. 리진순 조사에 따르면 이들 무덤은 B.C. 3세기 이전부터 B.C. 1세기 말까지 존재한 것으로 나타났다. 낙랑군이 설치된 B.C. 108년보다 앞선 시기부터 축조되기 시작해 한사군이 설치된 지 얼마 후 없어진 것이다. 결론적으로 이들 목곽묘는 한사군 유적이 아니라는 것이다.

나무곽 무덤은 세형동검 유적을 대표하는 무덤으로 존재하다가 이후 한식 무덤화된 것이 아니라 세형동검 문화를 계승한 귀틀무덤으로 발전되었고, 이 귀틀무덤은 1세기 전까지 존재하다가 2세기 초에 후한대의 벽돌무덤과는 다른 조선적 성격의 벽돌무덤으로 발전되었다. 평양 일대의 나무곽 무덤 가운데 B.C. 3세기 이전부터 B.C. 2세기 말까지의 기간에 존재한 무덤들은 단군조선의 정치세력을 이루고 있던 사람들이 남긴 무덤이다. 이후 B.C. 1세기의 나무곽 무덤과 그 계승 발전으로 이루어진 귀틀무덤, 벽돌무덤은 단군조선의 후예들이 남긴 무덤으로 자연스럽게 계승 변화되었다. 급작스럽게 외부세력에 의하여, 즉 한사군인 낙랑군의 점령에 의하여 조성된 무덤이 아니라는 것이 북한 학계가 발표한 내용이다.

그런데도 소위 '젊은 역사학자 모임' 일원은 무엇을 근거로 이 벽돌무덤이 같은 시기에 중국에서 만들던 무덤 양식이라고 하면서 낙랑군 무덤으로 판명 난 것으로 하고 있는 것인가. 중국에서 비슷하게 벽돌무덤을 만든다고 이것도 중국식 무덤이고 그러니까 낙랑군 무덤이라는 것인가 말이다. 벽돌무덤 조성 시기도 한사군과 맞지 않고,

양식도 중국과는 다르다고 하면서 발표도 직접 발굴한 북한 학계가 했는데 소위 '젊은 역사학자 모임' 일원은 무엇을 근거로 이것을 뒤집고 낙랑군 무덤이라고 단정을 내리고 언급하는 것인가. 이에 대한 공개적인 질문을 하고자 한다. 왜 북한 당국의 발표와 다르게 언급하였는지 말이다. 즉 북한 당국은 낙랑군 무덤이 아니라고 분명히 발표하였는데도 불구하고, 그 발표를 낙랑군 무덤이라고 발표하였다고 한 사실에 대한 이유를 묻고자 한다.(주류 강단 사학계에 대한 공개 질문18)

자기 임의대로 해석하는 것이 유사나 사이비 역사가가 아닌 진정한 학자라는 말인가. 그러나 이것은 소위 '젊은 역사학자 모임' 일원만의 허위 진술이 아니다. 같은 젊은 역사학자 모임의 다른 일원도 아주 똑같은 허위 진술을 하였다. 2017년 역사비평사에서 출판한 소위 '젊은 역사학자 모임' 일원의 '한국고대사와 사이비 역사학'이라는 글에서 "일제 시기에 발굴한 낙랑 지역 고분의 수는 70여 기에 불과한 반면, 해방 이후 북한에서 발굴한 낙랑 고분의 수는 1900년대 중반까지 무려 3000기에 달한다. 현재 우리가 아는 낙랑군 관련 유적의 대다수는 일제 시기가 아닌 해방 이후에 발굴되었다 해도 과언이 아니다."라고 하였다. 그러나 발굴한 북한은 전혀 낙랑군 무덤이 아니라고 하였다. 그런데 무슨 근거로 소위 '젊은 역사학자 모임' 일원은 낙랑군 무덤이라고 단정 내리는 것인가.

> 이 같은 모함에 의한 허위 주장은 젊은 사학자들의 정해진 패턴이다. 조선식 산성 주장, 해방 후 북한의 낙랑군 무덤 발굴 결과 발표에 대한 주장도 허위에 의한다.

4. 진짜 '당대 사료'가 증언하는 낙랑군 위치

    소위 '젊은 역사학자 모임' 일원은 이덕일 박사와 관련하여 위와 같이 허위 사실을 적시하여 자기들의 잘못된 주장을 합리화하였다. 학자의 양식과는 거리가 멀다. 그는 그렇게 제대로 된 반박은 왜곡하여 제쳐두고 진짜 '당대 사료'가 증언하는 낙랑군 위치를 밝혔다. 그가 밝혀 내놓은 사료는 앞 시기 내지는 한사군 형성 당대 시기의 사료 즉 본 필자와 이덕일 박사 그리고 수많은 재야 사학자들이 강력하게 주장하며 내놓는 수많은 사료들 즉 연나라와 고조선의 위치, 갈석산과 진장성의 위치 등을 기록한 사료들은 애써 제쳐두고 『삼국지』〈위서〉「동이전」과 『후한서』「동이전」을 내놓았다. 그런데 학자라면 당연히 자신의 견해를 비판하는 재야 사학자들이 내놓은 사료들을 면밀히 분석, 조목조목 반박하여 그가 비난하는 유사, 사이비 역사가들이 꼼짝 못 하게 하여야 하지 않을까 싶다. 그런데 이에 대하여 일언반구 없이 앞서 이덕일 박사의 경우처럼 아예 제시하지 않은 것으로 하고 다른 허위의 것을 내세워 비판하는 이상한 학술 방법을 펼치고 있다. 도저히 전문 사학자라고 볼 수 없는 방식이다.

    그러나 그나마 그가 내세운 사료는 본 필자가 수차례 많이 반복하여 설명하였듯이 '춘추필법'에 의하여 왜곡된 사료들의 대표적인 것들이다. 그런데다가 이들은 왜곡된 이후의 인식에 의하여 해석하고 있다. 더군다나 그가 내세운 낙랑군을 증언하는 당대 사료도 아니다. 그리고 명확하게 낙랑군 위치를 밝히는 사료는 더욱 아니다. 더군다

■ [그림60] 후한서 동이열전 왜전 "낙랑에서 왜로 가는 길"

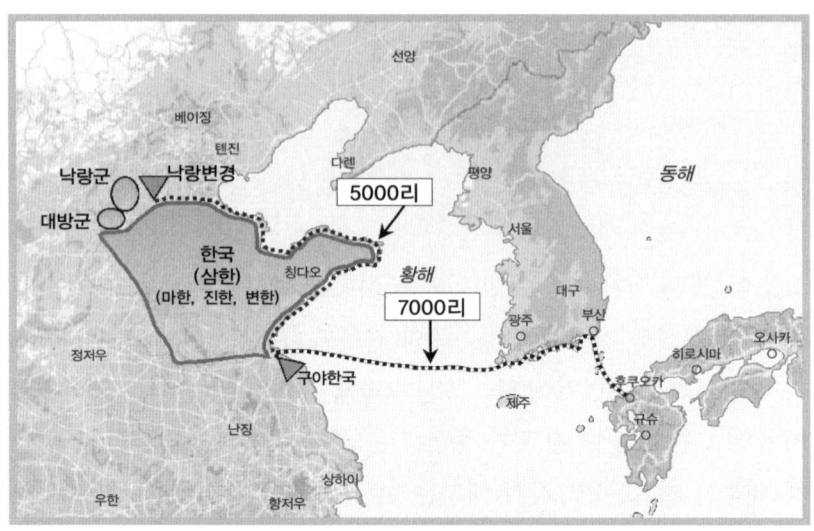

■ [그림61] 삼국지 위서 오환선비동이전 왜전 "대방에서 왜로 가는 길"

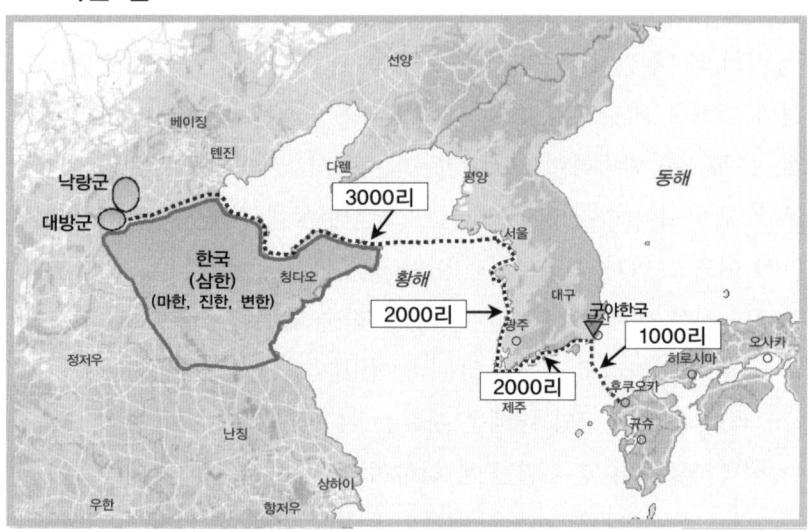

나 그의 왜곡적인 빛나는 해석에 의한 위치 규명이다. 무슨 말이냐 하면 한반도 동북부 평양 지방에 낙랑군을 미리 설정해 두고 시작하

는 위치 비정 방법이다. 이러한 방법은 주류 강단 사학계가 반드시 사용하는 비상식적이고 비합리적인 방법이다. 미리 평양에 낙랑군을 설정하지 않으면 다르게 위치를 비정할 수 있다. 더군다나 『삼국지』〈위서〉「동이전」은 앞서 본 필자가 설명하였듯이 한사군 성립 시기가 아닌 서기 전후를 한참 지난 후의 정체불명으로 지독하게 '춘추필법'에 의하여 쓰인 것으로 확인되는 그 원본이 전해지지 않는 『위략』을 근거로 인용하면서 쓰인 사료이다. 그리고 『후한서』「동이전」은 『삼국지』〈위서〉「동이전」보다 더 늦은 남북조시대에 남조 송나라의 범엽이 쓴 것으로 당시 우리나라에 대한 기사에 많은 오류가 있는 것으로 보아 우리나라에 대한 정보가 부족한 것으로 보이는 사료인 동시에 소위 '춘추필법'이 강하게 적용된 사서로 평가받는다. 설사 그렇다 하더라도 소위 '젊은 역사학자 모임' 일원이 자신 있게 내놓은 이 두 사서의 기록은 그의 자신과는 다르게 애매하거나 선입견을 제거하고 나면 오히려 낙랑군이 평양에 없음을 나타내는 역증거물이 된다.

> **소위 '젊은 역사학자 모임' 일원이 제시한 사료는 낙랑군이 한반도에 없었다는 사실을 입증하는 역증거물이다.**

그리고 제시한 낙랑군의 위치에 대해서도 많은 사료 즉 각 지리지 등에 낙랑군의 위치가 갈석산, 진장성이라는 명백한 위치가 있음에도 이를 제쳐두고 애매한 위치 기록을 제시하였다.

1) 『삼국지』〈위서〉「동이전」'고구려' : 고구려는 요동의 동쪽 천 리 밖에 있다. 남쪽은 조선과 예맥, 동쪽은 옥저, 북쪽은 부여와 접하고 있다.

소위 '젊은 역사학자 모임' 일원은 자기주장을 위해 사료를 비상식적, 비학문적으로 해석하고 있다.

소위 '젊은 역사학자 모임' 일원이 낙랑군 위치로 제시한 기록이다.

> ■국사편찬위원회 한국사 데이터베이스 :
>
> 三國志 魏書 30 東夷傳 高句麗 (高句麗는 遼東의 동쪽 천 리 밖에 있다…)
>
> 高句麗傳
>
> 高句麗在遼東之東千里, 南與朝鮮·濊貊, 東與沃沮, 北與夫餘接. 都於丸都之下,
>
> 高句麗
>
> 高句麗는 遼東의 동쪽 천 리 밖에 있다. 남쪽은 朝鮮(註 059)·濊貊과, 동쪽은 沃沮와, 북쪽은 夫餘와 경계를 접하고 있다. 丸都의 아래에 도읍 하였는데 면적은 사방 2천 리가 되고 戶數는 3만이다. ~
>
> 註 059
> 朝鮮 : 이때의 朝鮮은 평양을 중심으로 한 지역, 즉 樂浪郡 지역을 가리킨다.

이 기록의 원본 앞부분을 보자. "高句麗在遼東之東千里 ~" 이것은 "고구려는 요동의 동쪽 천 리에 있다."는 것으로 해석되는 것이다. 즉 전체 요동이 있으면 그 요동의 동쪽 천 리에 있다는 해석이다. 그런데 소위 '젊은 역사학자 모임' 일원의 해석대로라면 "요동 전체가 있으면 그 요동을 다 지난 다음 그 동쪽으로 천 리에 있다."는 것이다. 어떠한 차이인가 하면 만약 요동 전체가 2천 리라면 중국 국가 기준으로 소위 '젊은 역사학자 모임' 일원의 해석대로라면 2천 리 밖 1천 리이므로 결국 3천 리 떨어진 위치이다.

하지만 원래 의미라면 전체 요동 2천 리의 천 리이므로 동쪽으로 1천 리 내에 있어 결국 2천 리 차이가 나게 된다. 앞에서 살펴본 대로 본 필자가 이 글에서 비판하는 논문과 소위 '젊은 역사학자 모임' 일원은 낙랑군을 한반도 동북쪽에 위치시키려는 의도로 되도록 동쪽 멀리 위치한 것으로 비정하고 있다. 그런데 본문 의미가 원래 그렇다면 몰라도 그렇지 않은 것을 고의로 어떤 의도를 가지고 잘못 해석하는 것은 학문을 연구하는 학자로서는 해서는 안 되는 행위이다. 이러한 행위는 앞에서 살펴본 바와 같이 '평양고분 성격 허위 공개', '일본열도 내 조선 성 조성 시기 허위 주장', '이덕일 박사 제시 자료 허위 공개' 등 여러 사례가 있다. 이러한 사례는 주류 강단 사학계의 통상적인 행위이다. 즉 앞에서 언급한 '한사군 설치', '장수왕 평양 천도 및 남진 정책', '고조선 이동설', '낙랑군 교치설', '낙랑군 조선인 자치설', '안동도호부의 한반도 평양 설치', '고구려와 백제 그리고 신라의 실체와 영역 및 국경 진실', '고려와 조선의 국경 진실', '고구려 천리장성의 성격과 위치 왜곡', '고려 천리장성의 위치 왜곡', '강동 6주(8성)의 실체 및 위치 왜곡', '궁예와 온달의 활동 지역 왜곡', '태조 왕건의 고려 건국 위치 규명' 그리고 '국사편찬위원회 한국사 데이터베이스'상의 일본 식민 사학자 및 식민사학 이병도 주석 대량 게재 및 식민사관에 의한 왜곡 해석 등 수없이 많다. 그리고 앞으로도 '광개토대왕 비문에 의한 일본열도 진출 사실', 『삼국사기』상의 대륙 및 열도 활동 사실 누락' 등 밝혀질 역사적 진실 즉 왜곡된 역사가 수많이 있다.

> 본 필자가 이 글에서 입증하여 비판한 수많은 사항은 모두 주류 강단 사학계에 의하여 왜곡 조작된 사항이다.

허위를 유지하기 위해서는 이러한 무리수를 둘 수밖에 없다. 또한 소위 '젊은 역사학자 모임' 일원은 이 사료의 해석에서 남쪽의 조선을 낙랑군 조선현으로 보아 압록강 북쪽에 있는 고구려 남쪽인 평양에 낙랑군(조선현)이 있는 것으로 하였다. 하지만 소위 '젊은 역사학자 모임' 일원의 주장대로라면 이 사서가 낙랑군이면 낙랑군이라고 하였을 텐데 낙랑군이라고 하지 않고 낙랑군의 많은 현 중 하나인 작은 조선현을 대표적으로 하여 이를 '조선'이라고 하였다는 것은 상식 밖이다. 그런데도 이를 낙랑군 조선현의 조선으로 해석하는 것은 도저히 이해가 되지 않는다.

> 고구려 남쪽에 조선이 있다는 기록에 의하여 압록강 북쪽의 고구려 남쪽에 낙랑군 조선현이 있다는 전제부터 잘못된 전제에 의하여 논리를 시작한 채 낙랑군 조선현의 조선을 기록상의 조선과 연결시킨 무리수를 두고 있다. 사서기록상 고구려 남쪽에 있다는 조선은 마한, 진한, 변한의 삼조선이다. 이들은 산동성 고구려 남쪽 백제와 신라 지역에 있었다.

더군다나 이 '조선'에 대한 기록이야말로 이 사서 즉 『삼국지』〈위서〉「동이전」의 신뢰성에 문제가 있음을 알려주는 가장 대표적인 지표이다. 위에서 지적한 대로 이 '조선'은 즉 당시 고구려가 성립하였을 때는 그 남쪽에 조선이라는 세력이 없었다. 같은 사서의 다른 기록을 보자. 위 기록상의 고구려 동쪽에 있다는 옥저 기록에 의하면,

【사료39】『삼국지(三國志)』〈위서〉「동이전」東沃沮

東沃沮

> 東沃沮는 고구려 蓋馬大山의 동쪽에 있는데, 큰 바닷가에 접해 산다. 그 지형은 동북 간은 좁고, 서남 간은 길어서 천 리 정도나 된다. 북쪽은 挹婁·夫餘와 남쪽은 濊貊과 접하여 있다. 戶數는 5천戶인데, 大君王은 없으며 邑落에는 각각 대를 잇는 우두머리(長帥)가 있다. 그들의 말은 [고]구려와 대체로 같지만 경우에 따라 좀 다른 부분도 있다.

앞에서 설명하였듯이 이 사서가 착각하여 고구려가 이 동옥저의 동쪽에 있는 것으로 기록한 오류가 있지만, 이 오류를 무시하고 이 동옥저가 고구려의 동쪽에 있는 것이 확인된다. 그런데 그 남쪽에 예맥이 있다고 하였다. 그러면 서쪽의 고구려 남쪽은 확인이 안 되지만 고구려의 동쪽에는 동옥저가 있고 그 남쪽에는 예맥이 있는 것이 확인된다. 그러면 같은 사서의 다른 기록을 보자.

> 【사료40】『삼국지(三國志)』〈위서〉「동이전」濊
>
> 濊
>
> 濊는 남쪽으로는 辰韓과, 북쪽으로는 高句麗·沃沮와 접하였고, 동쪽으로는 大海에 닿았으니, 오늘날 朝鮮의 동쪽이 모두 그 지역이다.
>
> 單單大山領의 서쪽은 樂浪에 소속되었으며, 領의 동쪽 일곱 縣은 [東部]都尉가 통치하는데 그 백성은 모두 濊人이다. 그 뒤 都尉를 폐지하고 그들의 우두머리(渠帥)를 封하여 侯로 삼았다. 오늘날의 不耐濊는 모두 그 종족이다. 漢末(202~220)에는 다시 구려에 복속되었다.

이 기록에 의하면 고구려의 남쪽에는 예가 있음이 확인된다. 그러므로 고구려의 남쪽에는 예가 있고 그 예의 남쪽에는 진한이 있다. 그리고 고구려의 동쪽에는 동옥저가 그 동옥저의 남쪽에는 예맥이 있다. 폭넓게 해석한다면 동서를 구분 말고 고구려 남쪽에는 예, 진한, 예맥이 있다. 그렇다면 앞에서 소위 '젊은 역사학자 모임' 일원이 언급한 '조선'과 관련하여 확인한 고구려의 남쪽에 있다는 '조선'과 예맥에서 조선은 당연히 진한이 된다. 그런데도 이 진한이라는 조선을 낙랑군의 조선현으로 해석한다는 것은 전문가로서는 있을 수 없는 한심한 해석이다. 한편 같은 사항에 대한 다른 기록인

> ■ 후한서(後漢書) 동이열전(東夷列傳) 예(濊)
>
> 濊
>
> 濊는 북쪽으로는 高句驪 · 沃沮와 남쪽으로는 辰韓과 접해 있고, 동쪽은 大海에 닿으며, 서쪽은 樂浪에 이른다. 예 및 옥저 · 고구려는 본디 모두가 [옛] 朝鮮의 지역이다.

『후한서』「동이열전 예」를 보더라도 고구려 남쪽에 있다는 예의 남쪽에는 진한이 있어 소위 '젊은 역사학자 모임' 일원의 『삼국지』〈위서〉「동이전」의 조선은 진한 즉 진조선을 일컫는 것이 확실하지, 결코 낙랑군 조선현의 조선을 가리키는 것이 절대 아니다. 물론 넓게 보아 이 예의 서쪽에 낙랑이 있으므로 이 예의 북쪽에 있는 고구려의 남쪽에 낙랑이 있는 것으로 볼 수도 있다. 하지만 이 낙랑은 낙랑군의 낙랑이 아니다. 앞에서 설명하였듯이 낙랑군도 넓은 땅인 하북성 위만조선 지역의 낙랑 땅에 설치한 것으로 예, 옥저, 고구려, 낙랑군, 현토군 등이 모두 낙랑 땅 그러니까 예전의 조선 땅에 있는 낙랑이다. 즉 예전의 고조선과 위만조선의 하북성 지역을 낙랑이라고 하였고 그 낙랑 지역에 예, 옥저, 고구려, 낙랑군, 현토군이 위치해 있었다. 이후 이 하북성 낙랑이 남으로 이동하여 다시 낙랑이 되었을 때 같이 내려간 옥저가 남옥저가 되고 이 낙랑 지역에 (최씨)낙랑국이 백제의 동쪽이자 신라의 서쪽에 세워지고 신라는 남옥저 땅에 들어서게 된다.

> 【사료28】『원사』「지리지」요양등처행중서성 동녕로
>
> 동녕로(東寧路). 본래 고구려(高句驪) 평양성(平壤城)으로 또한 장안성(長安城)이라고도 하였다. 한(漢)이 조선(朝鮮)을 멸하고 낙랑(樂浪)·현토군(玄菟郡)을 설치하였는데, 이것이 낙랑 지역이었다.

> 【사료167】『구당서(舊唐書)』「동이열전 신라」
>
> 新羅
>
> 新羅國은 본래 弁韓의 후예이다. 그 나라는 漢代의 樂浪 땅에 있으니,
> (其國在漢時樂浪之地)

> 【사료168】『신당서(新唐書)』「동이열전 신라」
>
> 新羅
>
> 新羅는 弁韓의 후예이다. 漢代의 樂浪[郡] 땅에 위치하니,(居漢樂浪地)

따라서 이 낙랑은 그 낙랑이요, 여기서의 조선은 옛 조선 즉 예전의 조선 즉 우리가 칭하는 고조선의 영역에 있었던 위만조선이다. 그러므로 소위 '젊은 역사학자 모임' 일원이 진한의 조선을 낙랑군 조선현으로 비정한 것은 역사 인식이 거의 없는 아마추어, 사이비, 유사 사학자의 수준에도 못 미친다. 이 낙랑에 대하여는 앞에서 자세히 설명하였다. 이것으로도 제대로 기록한『후한서』「동이열전 예」에 비하여『삼국지』〈위서〉「동이전」은 가히 수준 이하인 것이 입증된다.

그런데도 주류 강단 사학계는 이런 이유로 이 사서를 편애하고 있다. 불분명하고 잘못 이해할 소지가 많은 신빙성 없는 사서이기 때문에 이용하는 데 용이하기 때문이다. 더군다나 앞에서 본 필자가 설명

하였듯이 이 사서 즉 『삼국지』〈위서〉「동이전」은 역사서로서의 신뢰성에 문제가 있는 한편 특히 우리 민족 고대 국가와 관련하여서는 인식이 부족하거나 왜곡이 심하여 역사적 사실을 제대로 기록하지 못한 면이 많다. 물론 그래서 주류 강단 사학계는 유독 이 사서의 기록을 많이 애용하고 중요시 인용하고 있기는 하다. 이 사서는 예와 예맥을 혼동하는 한편 고구려가 개마대산에 있거나 동옥저 서쪽에 있는 것으로 착각하고 있는 등 중대한 혼돈과 착오 내지는 오류를 범하고 있다.

> 우리 고대 국가에 대한 인식 부족과 왜곡으로 많은 오류가 있는 사서를 그것도 왜곡에 의하여 임의적으로 자기 논리에 맞추어 해석하는 것은 전문가의 자세가 아니다.

이와 관련하여 앞에서 상세히 입증하여 설명하였지만 다시 간단히 설명하고자 한다. 먼저 예와 예맥은 엄연히 다른 것으로 예는 소위 맥족과 대조되는 족속으로 맥족이 부여계로 고구려와 백제계로 이어지는 반면 예족은 신라계이다. 그리고 이 맥족과 예족이 결합한 것이 예맥족으로 이는 나중의 모용선비족이 된다. 이들이 기록상 소수맥이다.

> 또 小水貊이 있다. [고]구려는 大水 유역에 나라를 세워 거주하였는데, 西安平縣의 북쪽에 남쪽으로 흘러 바다로 흘러드는 작은 강이 있어서, 고구려의 別種이 이 小水 유역에 나라를 세웠으므로, 그 이름을 따서 小水貊이라 하였다. 그곳에서는 좋은 활이 생산되니, 이른바 貊弓이 그것이다.

이 사항은 소위 '젊은 역사학자 모임' 일원이 인용한 같은 사서의 「고구려전」사항으로 나오고 있다. 이들은 넓은 의미의 낙랑 땅 즉 고조선 및 위만조선의 땅이었던 낙랑 지역의 동옥저 지방에서 시작하여 여기서 크다가 나중에 남쪽에서 올라와 북상한 고구려와 이 동옥

저 지방의 인근 지역을 놓고 쟁패를 벌이게 된다. 따라서 이 당시에 고구려는 동옥저를

> 【사료201】『삼국사기(三國史記)』 권 제15 고구려본기 제3 태조대왕(太祖大王) 4년 7월
>
> 동옥저를 정벌하여 영토를 넓히다 (56년 07월(음))
>
> 4년(56) 가을 7월에 동옥저(東沃沮)를 정벌하고 그 땅을 빼앗아 성읍(城邑)으로 삼았다. 영토를 넓혀 동쪽으로 창해(滄海)에 이르고 남쪽으로 살수(薩水)에 이르렀다.

정벌하기 이전이고, 이 정벌 이후에 고구려가 남쪽인 산동성에서 이곳 하북성의 동옥저를 정벌한 후 북쪽 하북성으로 진출하기 시작하였다. 더군다나 이미 앞에서 설명하였지만 여러 기록에 의하여 일제 식민사학에 의하여 한반도 남부로 국한시킨 삼한 즉 마한, 진한, 변한은 같은 사서인 『삼국지』〈위서〉「동이전」에 의하면

> 【사료64】『삼국지(三國志)』〈위서〉「동이전」韓
>
> 韓
>
> 韓은 帶方의 남쪽에 있는데, 동쪽과 서쪽은 바다로 한계를 삼고, 남쪽은 倭와 접경하니, 면적이 사방 4천 리쯤 된다. [韓에는] 세 종족이 있으니, 하나는 馬韓, 둘째는 辰韓, 셋째는 弁韓인데, 辰韓은 옛 辰國이다.

라고 기록되어 있다. 이 구절은 소위 '젊은 역사학자 모임' 일원이 낙랑군의 위치를 한반도로 비정하기 위하여 삼한을 한반도로 비정하는 전제로 인용한 기록이다. 그런데 그 면적이 4천 리라고 하였다. 이는 한반도

더군다나 주류 강단 사학계가 비정하는 한반도 남부를 벗어난 범위이다. 주류 강단 사학계의 비정대로라면 전성기의 고구려가 요하 이동에서 한반도 북부 및 만주 지방이지만 위 두 사서기록상은 전성기가 아니므로 당시 한반도 북부 이북 지방과 만주 지방을 합친 것이 사방 2천 리이므로 사방 4천 리라면 고구려 영역과 한반도를 다 합친 넓이로 봐야 한다. 그러므로 이에 의하면 이곳은 한반도가 아니다. 백제는

> **【사료173】**『삼국사기(三國史記)』권 제23 백제본기 제1 시조 온조왕(溫祚王) 24년 7월
>
> **웅천책을 세우자 마한이 항의하다** (6년 07월(음))
>
> 24년(6) 가을 7월에 왕이 웅천책(熊川柵)을 세우자 마한왕이 사신을 보내 나무라며 다음과 같이 말하였다. "왕이 처음 강을 건너왔을 때 발을 디딜 만한 곳도 없었는데, 내가 동북쪽 100리의 땅을 떼어주어 편히 살게 하였으니 왕을 대우함이 후하지 않았다고 할 수 없다. 마땅히 이에 보답할 생각을 해야 할 터인데, 이제 나라가 완성되고 백성들이 모여들자 '나와 대적할 자가 없다'고 하면서 성과 연못을 크게 설치하여 우리의 강역을 침범하니, 어찌 의리에 합당하다고 할 수 있는가?" 왕이 부끄러워하여 마침내 목책을 헐어버렸다.

백제의 기반인 땅이 마한의 동북쪽에 있다고 하였다. 주류 강단 사학계의 비정대로라면 마한의 서쪽 내지는 서남쪽 내지는 중앙에 있어야 한다. 이러한 모든 조건은 한반도에 비정하는 주류 강단 사학계의 비정으로는 충족시킬 수 없다. 이의 모든 것과 중국사서의 모든 기록과 『삼국사기』상의 소위 삼국 초기의 모든 기록 즉 백제와 신라가 북으로 말갈을 접하고, 동으로는 낙랑이 있고 남으로는 왜가 있다는 사서상의 기록을 충족시킬 수 있는 곳은 바로 하북성 남부 및 산동성뿐이다.

이곳 고구려 남쪽 산동성 일대에 마한이 있고 그 동쪽에 진한과 변

한이 있어 마한의 동북쪽에 백제가 들어서고 그 동쪽에 신라 그리고 그 동쪽에 낙랑국이 있고 그 남쪽으로는 왜가 있었다. 그리고 백제와 신라의 북쪽에 있는 말갈의 북쪽에 대방군과 낙랑군이 있으며 그 서쪽에 예맥이 있고 그 동북쪽에 고구려가 백제가 있는 자리에서 이동하여 자리 잡은 것이 당시의 상황으로서 맞는 비정이다. 그런데도 주류 강단 사학계는 소위 '젊은 역사학자 모임' 일원과 마찬가지로 위의 『삼국지』〈위서〉「동이전」상의 조선에 대하여 **"註 059 : 朝鮮 : 이때의 朝鮮은 평양을 중심으로 한 지역, 즉 樂浪郡 지역을 가리킨다."**라고 하고 있다. 소위 '젊은 역사학자 모임' 일원은 이러한 주류 강단 사학계의 논리를 추종한 것이다. 같은 수준이다. 그래도 주류 강단 사학계는 낙랑군 지역이라고 하였지 소위 '젊은 역사학자 모임' 일원처럼 낙랑군 조선현의 조선이라고는 하지 않았다. 그래도 소위 '젊은 역사학자 모임' 일원보다는 나은 편이다. 그런데도 소위 '젊은 역사학자 모임' 일원은 다시 신빙성 없는 사서의 기록을 인용하여 그의 논리를 두둔하고자 하였다. 다음,

2)『삼국지』〈위서〉「동이전」'한' : 한은 대방의 남쪽에 있는데, 동쪽과 서쪽은 바다로 한계를 삼고, 남쪽은 왜와 접경하여 면적이 사방 4천 리쯤 된다. 세 종족이 있으니 첫 번째는 마한, 두 번째는 진한, 세 번째는 변한이다.

이 구절을 소위 '젊은 역사학자 모임' 일원이 낙랑군 위치를 비정하기 위해 내세운 까닭은 중국 사료의 기록상 대방군은 낙랑군 남쪽에 둔 것으로 되어 있으므로 대방군을 낙랑군인 평양의 남쪽인 황해도에 두고 그 남쪽에 삼한을 위치해 놓았다. 그러므로 삼한이 대방군의 남쪽에 있기 위해서는 한반도밖에 될 수가 없다. 왜냐하면 많은 비주류 강단 사학

계와 재야 민족 사학계가 주장하는 중국 하북성 진황도시라면 낙랑군 남쪽은 바다이기 때문에 대방군을 둘 수가 없고 또한 그 남쪽의 서쪽에는 바다가 없어 그 동쪽에 있다는 삼한이 있을 수 없다는 주장이다. 이것으로 인하여 결국 대방군은 한반도 남쪽에 있는 삼한의 북쪽인 한반도 북부에 있다는 것으로 입증되기 때문이다. 그러나 우선 이 한반도일 수밖에 없다는 하북성에서의 위치 설정은 어디로 설정된 것인지 묻고자 한다.(주류 강단 사학계에 대한 공개 질문20) 한반도가 아닌 하북성에서의 위치 비정을 누구의 주장에 의하여 어디로 설정하였는가에 따라 이 논리 자체가 성립하는 것인데 이것에 대한 전제 조건 충족이 없다.

즉 낙랑군이 한반도가 아닌 하북성에 있다는 소위 '젊은 역사학자 모임' 일원이 말하는 반대 설정을 현재 일부 비주류 강단 사학계나 재야 민족 사학계에 의한 하북성 진황도시에 비정한 경우라면 이 논리 자체가 즉 반대 주장이 잘못되었으므로 한반도라야 한다는 본인의 주장이 성립한다. 그런데 이 같은 주장은 왜곡된 채 위치가 옮겨진 것을 주장하는 것이고 본 필자와 같이 모든 중국사서의 기록에 의하여 비정한 바에 의하면 낙랑군 하북성 보정시 정주시를 중심으로 있었다면 그 남쪽에 대방군이 설 수 있다.

【사료109】『후한서(後漢書)』 東夷列傳 韓

馬韓은 서쪽에 있는데, 54國이 있으며, 그 북쪽은 樂浪, 남쪽은 倭와 接하여 있다. 진한은 동쪽에 있는데, 12國이 있으며, 그 북쪽은 濊貊과 接하여 있다. 弁辰은 辰韓의 남쪽에 있는데, 역시 12國이 있으며, 그 남쪽은 倭와 接해 있다.
모두 78개 나라 伯濟는 그중의 한 나라이다. 큰 나라는 萬餘戶, 작은 나라는 數千家인데, 각기 산과 바다 사이에 있어서 전체 국토의 넓이가 방 4천여 리나 된다. 동쪽과 서쪽은 바다를 경계로 하니 모두 옛 辰國이

> 다. 마한이 [韓族 중에서] 가장 강대하여 그 종족들이 함께 王을 세워 辰王으로 삼아 目支國에 도읍하여 전체 三韓 지역의 王으로 군림하는데, [三韓의] 諸國王의 선대는 모두 마한 종족의 사람이다.

같은 사항에 대한 다른 기록인 이 사서에는 대방에 대한 기록은 없다. 단지 낙랑의 남쪽에 마한이 있는 것으로 기록되어 있다. 물론 이 낙랑은 그 맥락상 낙랑군의 낙랑이 아니라 옛 조선의 땅인 그 낙랑 즉 낙랑 땅인 것이다. 따라서 위에서의 백제의 땅을 할양해 준 마한의 경우를 감안한다면 마한은 낙랑 땅의 남쪽에 있어 낙랑 땅은 하북성에 있었고, 그 남쪽인 하북성 남쪽과 산동성 서북쪽에 마한이 있던 것으로 확인된다. 또한 그 동쪽에 진한이 있어 여기에서 신라가 건국되고 그 남쪽에는 변한이 있어 가야가 있었으며 그 남쪽에 왜 세력이 있었던 것이 확인된다. 또한 대방군을 다른 사서인

> 【사료64】『삼국지(三國志)』〈위서〉「동이전」韓
>
> 韓은 帶方의 남쪽에 있는데, 동쪽과 서쪽은 바다로 한계를 삼고, 남쪽은 倭와 접경하니, 면적이 사방 4천 리쯤 된다. [韓에는] 세 종족이 있으니, 하나는 馬韓, 둘째는 辰韓, 셋째는 弁韓인데, 辰韓은 옛 辰國이다. 馬韓은 [三韓 中에서] 서쪽에 위치하였다. ~

공손강이 대방군을 낙랑군 둔유현 이남에 대방군을 설치하였다는 기록을 하고 있는 같은 기록상에 이 대방의 남쪽에 한 즉 삼한인 마한, 진한, 변한이 있다고 위의 사서인 『후한서』「동이열전」 '한'전에 분명히 똑같이 기록하고 있다. 그러므로 주류 강단 사학계의 비정대로 고구려 남부에 낙랑군과 대방군 그리고 삼한이 있다고 기록한 것이지 고구려 남쪽에 조선이 있다고 한 기록은 없다. 물론 그들의 왜곡된 비정에 의하여 고구려 남쪽에 낙랑군이 있고 그 낙랑군에 조선

현이 있는 것은 그들의 논리에 의한 것이지 이 논리를 사서기록상에서 입증하는 것이 아니다.

즉 낙랑군이 고구려 남쪽에 없다면 이 논리는 필요가 없는 것이 된다. 그런데 이를 건너뛴 채 무조건 고구려 남쪽에 낙랑군이 있다는 전제를 달고 시작하는 이 논리는 애당초 성립이 안 된다.

낙랑군은 고구려 남쪽에 없었다. 그러므로 소위 '젊은 역사학자 모임' 일원은 우선 고구려 남쪽에 낙랑군이 있음을 증명해 보라. 그 증명을 위해서는 이를 입증할 수 있는 사료를 제시하라는 말이다. 이것을 증명한 후 고구려 남쪽의 낙랑군 조선현의 조선이 소위 '젊은 역사학자 모임' 일원이 낙랑군 위치로 제시한 기록인 ■三國志 魏書 30 東夷傳 高句麗 기록상의 고구려 남쪽에 있는 조선이 낙랑군 조선현이라는 논리를 펴기 시작하여야 한다.

하지만 전제 조건을 증명하지도 않았으므로 이 논리를 성립할 수 없거니와 위에서 인용하여 입증한 바와 같이 여러 사서기록상으로도 그렇고 역사 상식적으로도 그렇고 낙랑군 조선현의 조선이 사서기록상의 대표적인 조선을 가리킨다는 것은 도저히 학문적으로나 상식적으로도 납득할 수 없는 논리이다.

> 고구려의 남쪽에 있는 조선은 여러 사서기록상, 역사 상식상 삼한 즉 마한, 진한, 변한을 말하는 것이지 낙랑군 조선현의 조선이 아니다. 그런데도 이를 무시하고 자신들이 왜곡하여 비정한 위치대로 논리를 전개하는 것은 잘못이다. 고구려 남쪽에 낙랑군이 있다는 사서기록은 없다.

그리고 본 필자가 이미 여러 차례 강조하여 설명하였듯이 중국사서의 고대 기록상 바다 즉 바다[海]는 반드시 지금의 서해인 황해나 동해의 바다가 아니다. 이는 육지 내의 큰 하천이나 호수, 수로를 가리키는 것으로 하천으로는 하북성에서는 주로 마자수이자 압록수인 호타하를 바다[海]로 기록하였고 산동성에서는 황하를 바다[海]로 기록하였고,

【사료17】『사기』 권2「하본기」 제2

[2]집해 서광이 이르기를 : 바다를 강이라고 하기도 한다.

호수는 산동성의 태안시 동평호나 산동성 제녕시의 남사호를 일컫었다. 따라서 위에서 소위 '젊은 역사학자 모임' 일원이 낙랑군의 위치를 한반도로 비정하기 위하여 이 한 즉 삼한을 한반도로 비정하는 전제로 하고 인용한 【사료64】『삼국지(三國志)』〈위서〉「동이전」韓의 기록을 4천 리 마한의 영역이 되는 중국 대륙 산동성에 적용하면 한의 서쪽과 동쪽을 한계로 하였던 그 바다[海]를 서쪽의 바다는 마한의 위치인 산동성 지금의 태안시 동평호이고 동쪽의 바다는 진한의 동쪽인 지금의 중국 본토 동해안의 바다이다.

따라서 소위 '젊은 역사학자 모임' 일원이 한반도 황해도에 일단 대방군을 비정한 채 그 북쪽에 낙랑군, 남쪽에 삼한을 비정하는 것은 그들 즉 주류 강단 사학계의 일제 식민사학 논리에 의한 전제 설정이다. 이 전제 설정을 하려면 본 필자의 반론에 대한 확실한 해결 즉 조선의 낙랑군 조선현에의 적용, 낙랑에 대한 개념 정리, 삼한에 대한 개념 및 위치 정리, 마한의 사방 4천 리, 마한과 변한의 남쪽에 육지로 접하였다는 왜에 대한 정리를 선행한 후 이 논리를 적용해야 한다.

대방의 위치에 대하여도 본 필자가 앞에서 많은 사항에 대한 증거를 가지고 하북성 위치에 대한 설명을 하였듯이 이에 대한 명확한 반론을 진행해야 할 것이지 자기 멋대로 잘못된 전제 조건을 가지고 논리를 진행하지 말아야 한다는 것은 학문의 기본이다. 만약 본 필자의

논리대로 하북성에서의 낙랑 땅의 일부에 낙랑군이 설치되었고 그 이남에 대방군이 설치되었다면 이러한 소위 '젊은 역사학자 모임' 일원의 논리 전개는 의미가 없다. 더군다나 대방군의 위치는 한반도의 황해도가 아니라는 것을 많은 중국사서가 증명하고 있다.

이러한 증거 사료는 본 필자가 이미 인용한 자료상에도 나타나 있다.

【사료6】『산해경』「해내북경」

조선은 열양 동쪽에 있고, 해북산 남쪽에 있다. 열양은 연나라에 속하였다.

(1) 곽박(郭璞)云 : 「조선은 현재 낙랑현이고(朝鮮今樂浪縣), 기자가 하사 받은 곳이다(箕子所封也). 열은 물 이름이고(列亦水名也), 현재 대방에 있으며(今在帶方), 대방은 열구현에 있다(帶方有列口縣).」 학의행(郝懿行)云 : 「(한서(漢書)) 지리지(地理志)云 : 『낙랑군 조선 또는 탄열 분려산은(樂浪郡朝鮮又呑列分黎山), 열수가 나오는 곳이고(列水所出), 서쪽 점제에 이르러 바다로 들어간다(西至黏蟬入海).』 又云 : 『함자의 대수는(含資帶水), 서쪽 대방에 이르러 바다로 들어간다(西至帶方入海).』 대방과 열구 모두 낙랑군에 들어간다(又帶方列口並屬樂浪郡), 진서(晉書) 지리지(地理志) 열구는 대방군에 들어간다(列口屬帶方郡).」

이 사료가 대방(군)의 위치가 나오는 가장 오래된 중국 사료이다. 즉 열구는 대방군의 위치를 말해 준다. 여기에 대한 증거 사료는 본 필자가 이미 인용한 자료상에도 나타나 있다.

【사료10】『후한서(後漢書)』「군국지」1. 유주

⑩ 낙랑군(樂浪郡)
8) 대방현(帶方縣).
11) 열구현(列口縣). [1]

[1] 郭璞注山海經曰列水名列水在遼東 곽박(郭璞)이 주석한 산해경(山海經)이 말하기를 열(列)은 강 이름인데 열수(列水)는 요동(遼東)에 있다고 했다.

유주를 설명하면서 유주에 속한 11개 속현 중 낙랑군에 대하여 기술하면서 대방현 등 18개 현이 속한 낙랑군에 속한 열구현에 대한 설명으로 그 주석에서 열은 강 이름인데 그 열수는 요동에 있다고 분명히 하였다. 이 당시 낙랑군에 속했던 열구현은 낙랑군을 정확히 하자면 서남쪽, 혹은 남쪽에 대방군을 새로 설치하면서 그 군에 속하게 하였다. 다음의 사서를 보자.

【사료64】『삼국지(三國志)』〈위서〉「동이전」 韓

桓·靈之末, 韓濊彊盛, 郡縣不能制, 民多流入韓國. 建安中, 公孫康分屯有縣以南荒地爲帶方郡, 兩漢志, 樂浪郡屯有縣. 李兆洛云, 今朝鮮平壤城南. 丁謙曰, 帶方郡治所在, 前人均木言及. 漢地理志, 樂浪含資縣有帶水, 西至帶方, 入海. 查京畿道北境, 有臨津江, 發源江原道伊川郡, 北至開城, 西南入海, 正在樂浪之南. 再南, 卽百濟境. 以形勢揆之, 當卽漢時帶水. 然則伊川郡, 其漢之含資縣乎. 辰韓渠帥, 先詣含資降. 可知含資, 實辰韓至樂浪孔道. 今伊川郡, 居平壤東南, 情形尤協. 以此觀之, 臨津江, 於開城西南入海, 非卽帶方郡地之所在耶. 今定以開城郡爲帶方, 或相去不遠矣. 遣公孫模·張敞等收集遺民, 興兵伐韓濊, 舊民稍出, 是後倭韓遂屬帶方.

[後漢의] 桓帝·靈帝 末期에는 韓과 濊가 강성하여 [漢의] 郡·縣이 제대로 통제하지 못하니, [郡縣의] 많은 백성들이 韓國으로 유입되었다. 建安 연간(A.D.196~220; 百濟 肖古王 31~仇首王 7)에 公孫康이 屯有縣 이남의 황무지를 분할하여 帶方郡으로 만들고, 公孫模·張敞 등을 파견하여 漢의 遺民을 모아 군대를 일으켜서 韓과 濊를 정벌하자, [韓·濊에 있던] 옛 백성들이 차츰 돌아오고, 이 뒤에 倭와 韓은 드디어 帶方에 복속되었다.

여기서 살펴볼 수 있는 것이 있다. (1)이미 살펴본 【사료22】『한서』 「지리지」 1. 유주상의 ⑩ 낙랑군(樂浪郡) 소속 조선현 등 25개 현 중 13) 둔유현(屯有縣)이 있다. 또한 다음 지리지인 【사료10】『후한서(後漢書)』 「군국지」 1. 유주상에도 ⑩ 낙랑군(樂浪郡) 소속 조선현을 포함한 18개 현 중에도 13) 둔유현(屯有縣)이 있다. 그 다음 지리지인 【사료16】『진서』 「지리지」, '평주', '유주'상에도 ③ 낙랑군 소속 조선현을 포함한 6개 현 중에도 2) 둔유현(屯有縣)이 있다. 이 둔유현 이남의 황무지를 분할하여 대방군을 만들었다. 그래서

【사료10】『후한서(後漢書)』「군국지」 1. 유주

⑤ 대방군
대방군(帶方郡), 공손도(公孫度)가 설치하였고 현은 7이며 가구 수는 190이다.

1) 대방현(帶方縣).
2) 열구현(列口縣).
3) 남신현(南新縣).
4) 장잠현(長岑縣).
5) 제해현(提奚縣).
6) 함자현(含資縣).
7) 해명현(海冥縣).

대방군이 나타나는데 이 대방군에 열구현이 있다. 이 열구현이 바로 위의 【사료6】『산해경』「해내북경」상의 열양의 열구와 대방이다. 이 연나라의 열양과 열수에 대하여는 이미 앞에서 입증하여 설명한 바와 같이 연나라의 위치인 지금의 호타하와 역수 그리고 안문관이 모두 산서성에 위치하고 있다. 열수는 지금의 산서성에서 발원하여 흐르다가 하북성까지 흘러 바다로 들어가는 하북성 호타하이다. 이

곳에 열양이 있고 열구가 있었다. 그러므로 이곳은 낙랑군의 위치인 하북성 정주시 남쪽 하북성 석가장시 호타하 인근이다.

> 대방군은 열양 및 열구와 관련이 있다. 이 열양과 열구는 연나라의 위치에 존재한다. 연나라 위치는 열수인 호타하와 관련이 있다. 이 호타하는 산서성과 하북성에 있다. 그러므로 대방군은 호타하 인근에 있었다. 그 위에 낙랑군이 있어 그 위치가 맞는다.
> 이 대방군을 한반도에 비정함은 중국 연나라가 황해도에 있다고 하는 것과 마찬가지이다.

이곳 남쪽에 위의 【사료64】『삼국지(三國志)』〈위서〉「동이전」 韓상의 대방 남쪽에 있다는 마한, 진한, 변한의 삼한이 있었다. 이곳은 물론 나중에 하북성 고구려의 남쪽이자 산동성 옛 삼한 지역에서 건국된 백제와 신라의 북쪽이다. 따라서 낙랑군 그리고 남쪽의 대방군 남쪽에는 조선이라는 것은 있을 수 없거니와 조선을 무리하게 낙랑군 조선현으로 연계시킨 소위 '젊은 역사학자 모임' 일원의 조선은 고구려 남쪽에 있는 것이 아니라 하북성 고구려 서남쪽이자 산동 고구려 서북쪽에 있었다. 낙랑군과 대방군 위치를 한반도에 위치함을 근거에 의하여 학문적으로 증명하면서 검증되지 않고 근거도 없이 왜곡되게도 낙랑군, 대방군을 한반도로 비정하여 놓고 논리를 시작하는 것은 학문적 논리의 순서에 절대 어긋난다.

더군다나 학문을 떠나 비상식적으로 낙랑군 조선현을 조선으로 연계시키는 것은 순서를 뒤바꾸는 의도가 있는 잘못이다. 즉 낙랑군 조선현이 원래 고조선 자리이므로 이를 연계시킨 것인데 낙랑군과 낙랑군 조선현과 고구려가 다른 곳이 아닌 한반도에 위치함과 우선 입증한 다음 이 조선현의 조선이 고구려 남쪽에 있다는 구절을 적용시켜야 한다. 더군다나 이러한 논리를 전개하는 것은 본인이 비정하는 한반도가 아닌 다른 곳에 비정하는 것에 대하여 자기가 비정하는 바에 근거를 대고 그 타당성을 논하고자 하는 것이다. 그렇다면 우선 본 필자가 이 글에서 하는 방식대로 다른 곳에 비정한 잘못된 유사, 사이비 역사학자들의 논리를 소개하고 이에 대하여 합리적 근거에 의한 합당한 비판에 의하여 오류를 입증한 다음 자신이 비정하는 바에 대하여 합리적인 근거에 의하여 한반도 위치 설정을 하여야 하는 것이 당연하다. 하지만 이러한 절차를 거치지 않은 것은 물론 자신의 비정만을 아무런 근거 없이 무리하게 설정해 놓고 이것을 사서의 기록에 역으로 맞추는 것은 전문가이자 학자로서는 하지 말아야 할 행위이다.

이러한 방식으로 학문을 해왔다면 지금까지의 모든 것이 잘못된 것이므로 폐기하고 새로 바꿔야 한다. 주류 강단 사학계가 비정하는 낙랑군 평양의 남쪽인 황해도는 고대시대부터 황무지가 절대 아니다. 그리고 이 대방군이 있는 황해도에는 열양과 열구현도 없다. 이곳에 대방군에 있다는 것은 중국 연나라가 여기까지 있었다는 설정이다. 이는 또다시 우리 한반도까지 중국에 완전히 넘겨주는 비학문적 매국 행위이다.

그러므로 이것만 보아도 '낙랑군 평양설'은 허구로 판명난다. (2)앞에서 살펴본 대로 【사료16】『진서』「지리지」, '평주', '유주'상에는 ③ 낙랑군 소속 조선현을 포함한 6개 현 중에도 2) 둔유현(屯有縣) 이외에도 "4) 수성현(遂城縣), 진(秦)이 쌓은 장성이 일어난 곳이다."가 있다. 앞에서 살펴본 대로 이 진장성이 일어난 곳은 두 번째 요수인 지금의 하북성 석가장시 북쪽의 자하로 당시 양평이요 지금의 하북성 석가장시 지방이다. 당시 진장성이 일어난 곳은 갈석산이 있는 곳으로 모든 중국사서는 【사료44】『사기』「몽염열전」에서와 같이 "『사기정의』 : 요동군은 요수의 동쪽에 있다. 진시황이 쌓은 장성이 동쪽으로 요수에 닿고, 서남쪽으로 바다에 이르렀다." 요수에 닿으며, 장성과 갈석은 같이 있고, 【사료459】『수경주』「하수3」 진시황이 태자 부소와 몽염에게 명하여 장성을 쌓게 하였다. 임조에서 일어나 갈석까지 이르렀다. 요수는 양평을 서쪽으로 흐르는 것으로 되어 있다. 【사료21】『수경주』「대요수」,「소요수」 요수는 지석산(砥石山)에서 나와 새외(塞外)로부터 동쪽으로 흘러 똑바로 요동의 망평현 서쪽, 즉 왕망(王莽)이 장설(長說)이라 이름 붙인 곳으로 가서, 구부려져 서남쪽으로 흘러, 양평현 옛 성의 서쪽을 지나는데 진나라가 시황제 22년에 연나라를 멸하고 설치한 요동군의 치소가 이곳이다. 그 양평은 【사료57】『후한서(後漢書)』「원소유표열전」 (생략) 양평에 대한 이현(당나라 고종의 아들)의 주(注) "양평은 현인데 요동군에 속해 있었다. 그 옛 성이 지금의 평주 노룡현 서남에 있다." (생략) 바로 지금의 노룡현 서남쪽에 있었다.

즉 원래의 위치인 하북성 석가장시 정정현에서 하북성 진황도시로 옮겨진 노룡현의 서남쪽은 원래의 위치인 하북성 석가장시 북부인 하북성 행당현을 가리킨다. 이곳 요동군 동북쪽에 낙랑군이 있고 그 낙랑군 소속 둔유현 (서)남쪽 황무지에 공손강이 대방군을 설치한 것이다. 따라서 대방군은 지금의 하북성 노룡현 서남쪽 당시 낙랑군 서남쪽에 있었다. 이것을 식민사관에서는 황해도로 비정하였다. 그러면서 낙랑군 평양설과 마찬가지로 중국 원 사료 즉 1차 사료상으로는 대방군 황해도설이 전혀 근거가 없자, 이를 유적·유물로 덮어버리고자 일제 강점기 학자인 세키노 타다시[關野貞]가 1912년 10월 15일 황해도 사리원역 동남방 1500m 지점에서 "漁陽張(어양장)"의 명문이 있는 벽돌조각 여러 개를 얻었고 그 부근의 고분을 발굴하여 현실(玄室)을 구축하고 있는 벽돌 중에서 "帶方太守 張撫夷(대방태수 장무이)"라고 새겨진 벽돌을 발견하였다. 그리하여 이것을 대방군 황해도설의 근거로 내세워 대방군 황해도설이 위의 【사료64】『삼국지(三國志)』〈위서〉「동이전」

韓상의 "(낙랑군) 屯有縣 이남의 황무지를 분할하여 帶方郡으로 만들고" 상의 기록에 꿰맞추어 평양의 낙랑군 남쪽의 황해도 대방군이 있다는 왜곡설을 완성하였다. 그런데도 주류 강단 사학계는 해방 후 오랫동안 이를 그대로 따라왔다가 재야 사학계의 반론에도 불구하고 항상 그러하듯이 무시하고 이를 유지하고 있었다.

재야 사학계의 비판은 장무이 무덤의 벽돌과 무덤 속 출토 간지석 등을 분석한 바, 사리원을 비롯한 황해도 지방이 장무이가 다스리던 한(漢)의 대방군이 있던 곳이 아니라 장무이를 비롯한 중국 한나라의 천여 명의 군사들이 고구려에 포로가 되어 이곳에 수용되었다가 장무이가 죽자 이곳 수용소의 고구려 관리 조주부가 명하여 포로 천여 명으로 하여금 위 3개 문장을 새긴 벽돌을 만들어 고분 현실(玄室)을 쌓고 이곳에 결붙여 묻어주었다는 것이다. 즉 지금의 황해도 일대에 중국계 포로들과 함께 살다가 죽은 자인 장무이는 314년 고구려 미천왕이 대방군이 침략할 때 포로로 잡혀온 자라고 볼 수 있다는 논리이다. 즉 그의 무덤이 곧 대방군의 위치를 나타내는 자료는 아니라는 것이다. 그럼에도 주류 강단 사학계는 이를 무시하고 계속 대방군 황해도설을 유지하고 있었다.

그러던 차에 이번에는 주류 강단 사학계에 속하면서 한국 고고학의 전문가로 알려진 영남 대학교 문화인류학과 정인성 교수가 2010년 한국상고사학회(韓國上古史學會)의 『한국상고사학보(韓國上古史學報)』 69호에서 「대방태수 張撫夷墓의 재검토」 논문을 통해 이 무덤을 분석 결과를 보고한 바에 따르자면 이 고분의 천장석의 형태가 한나라 시기의 중국식 무덤이 아니라 3~4세기 고구려 전형의 무덤으로 밝혀내었다.

그렇다면 대방군 황해도설은 사료상으로나 유물·유적상으로도 전혀 근거가 없는데도 불구하거니와 더군다나 같은 주류 강단 사학계의 전문가가 객관적으로 밝혀낸 사실이 있는데도 현재 주류 강단 사학계는 그들의 학문적 논리가 아니라 종교적 신앙의 교리인 '낙랑군 평양설'이 무너짐을 우려하여 '대방군 황해도설'을 근거 없이 그대로 유지하고 있다. 이것은 세계 역사학상 유례가 없다. 학문적 논리가 전혀 없는 것을 허구의 다른 논리 즉 '낙랑군 평양설'을 유지시키기 위해 지속시키고 있다. 그러면서 주류 강단 사학계는 일제 강점기 때에 형성되어 반대 사료와 증거에 의한 비판에 부딪쳐 왔으면서도 식민사학을 극복하였거니와 식민사학이 아니라고 하면서도 해방 후 77년이 지난 지금까지 유지시켜 오고 있다.

대방군의 황해도설은 앞에서도 이미 논증하였듯이 일제 식민 사학자의 대표인 쓰다 소우키치[津田左右吉]가 그의 저서 『조선역사지리(朝鮮歷史地理)』(2권, 1913)에서 "낙랑군의 남부에는 후한 말에 이르러 대방군(지금의 경기, 황해도 지방)이 분치되었다."라고 주창한 사항이다. 이후 우리나라 식민지 역사학을 정립한 '조선사편수회'에 있던 이병도가 1911년 일본인 학자들이 황해도 봉산군에서 발굴한 '대방태수 장무이의 무덤'을 근거로 대방군의 치소인 대방현이 황해도 봉산군이라고 비정함으로써 이를 계승한 다음 해방 후 현재까지 우리 사학계의 정설이 되어오고 있다. (참고로 이 장무이의 무덤은 위에서 밝힌 대로 주류 강단 사학계의 영남대학교 문화인류학과 정인성 교수가 대방군이 아닌 고구려 무덤이라고 2010년도에 논증하였으나 아직도 우리나라 사학계에서는 바로잡히지 않고 있다.) 그러면서도 식민사학을 극복하였다고 한다.

이병도가 일본의 와세다 대학교 사학과에서 공부할 때의 지도 교수이자 스승이 바로 쓰다 소우키치이다. 쓰다 소우키치는 '임나일본부설'을 합리화시키는 전초 작업으로 『삼국사기』 초기 불신론'을 역시 주창하여 현재까지 우리 주류 강단 사학계가 전통을 이어받아 오고 있다. 주류 강단 사학계는 표면적으로는 이를 부인하고 있지만

'원삼국시대' 및 '원삼국' 설정이 바로 그 증거이다. 또한 그는 『조선역사지리』 제2권, 「제15 고려 서북쪽 경계의 개척」 편에서 고려의 국경선을 요동에서 한반도로 끌어들이기도 하였는데 이 논리 역시 해방 후 77년이 지난 현재까지 주류 강단 사학계가 그대로 이어받아 오고 있다.

이 논리 역시 현재 인하대학교 고조선 연구소가 주축이 되고 본 필자도 역시 이에 대한 논리에 가세하고 있으나 주류 강단 사학계는 이 논리에 대하여도 역시 아무런 반대 논리를 제시하지 못하면서 묵묵부답, 교과서나 역사학 개편을 하지 않고 있다. 이것이 상습적인 주류 강단 사학계의 대처 방안이다. 불리한 것은 대처를 안 하면서 비학문적인 방법으로 비난을 한다. 그러면서 고치지 않는다. 역사학계 전체를 장악하고 있으니 대처를 안 한 채 그대로 내버려두면 자신들의 논리대로 된 역사학 논리나 교과서 등은 바뀌지 않기 때문이다.

도대체 무슨 사료의 근거로 대방군을 황해도로 비정하였을까. 낙랑군을 평안도 평양으로 비정하여야 하기 때문에 【사료64】『삼국지(三國志)』〈위서〉「동이전」 韓상의 "(낙랑군) **屯有縣 이남의 황무지를 분할하여 帶方郡으로 만들고**"상의 기록에 맞추고자 비정한 것뿐이다. 하지만 당시 어떤 중국 사료도 대방군이 황해도에 있다는 것으로 되어 있는 사료는 단 하나도 없다. 모든 중국 사료에는 낙랑군과 그 이남의 대방군이 설치된 곳을 지금의 중국 하북성 지방으로 되어 있다. 이는 본 필자 같은 정식으로 사학을 전공하지 않은 유사, 사이비 역사가도 알 수 있는 것을 전문적인 사학을 공부한 해방 후 77년이 지난 후의 소위 '젊은 역사학자 모임' 일원들은 물론 그동안의 모든 주류 강단 사학계의 수많은 학자들이 알 텐데 왜 이것이 일제 강점기의 식민사학 이후 계속 계승이 되어왔을까는 세계 역사학계의 미스터리이자 아이러니이자 불가사의이다. 이것은 학설이 아니라 반드시 지켜야 할 종교적 교리이다.

소위 '젊은 역사학자 모임' 일원들은 물론 모든 주류 강단 사학계의 수많은 학자들에게 이에 대한 자료 즉 황해도에 대방군을 공손강이 설치한 근거 자료를 내놓으라고 요구한다.(주류 강단 사학계에 대한 공개 질문 19) 그리고 소위 '젊은 역사학자 모임' 일원은 낙랑군 위치를 비정하면서 대방군을 근거로 들었는데 이 대방군을 논할 때 고고학적 근거로 그동안 유일하게 이용한 장무이 무덤에 대하여는 언급을 하지 않았는지 묻고자 한다. 확실한 근거 자료이면 이를 내놓고 설명하고, 이에 대한 반론이 있으면 반론을 내놓고 이에 대한 재반론을 함으로써 자기 논리를 입증하여야 하는데도 하지 않는다. 이에 대한 답변도 또한 묵묵부답 무대응일 것이 분명하다.

그것은 표면적으로는 대꾸할 가치가 없는 일개 비전문가인 유사, 사이비 역사가의 요구이자 헛소리인 것으로 치부하여 대응하지 않을 것이 확실하다. 그러나 내면적으로는 내놓을 것이 없기 때문이다. 그러면서도 무대응으로 일관할 수 있는 것은 그래도 자기들이 역사학계를 장악하고 있기 때문에 우리나라 역사학 논리나 이에 따라 국민을 교육시키는 국사편찬위원회의 논리나 이에 따른 교과서는 바뀌지 않기 때문이다. 자기들의 논리가 지속될 수 있고 자기들의 설자리를 지킬 수 있기 때문에 무대응 할 수 있다. 반대로 대응하자니 할 거리가 없거니와 대응하면 학계에서 찍혀 결국 매장되기 때문이다.

그러면 본 필자는 이들과는 달리 아니 이들에게 요구하는 이에 대한 증거 자료를 제시하고자 미리 살펴본 다른 중국 사료를 보고자 한다.

【사료16】『진서』「지리지」'평주', '유주'

평주는 생각건대 우공의 기주지역이며, 주나라의 유주이며, 한나라의 우북평군에 속했다. 후한 말에 공손도가 스스로 평주목을 칭했다. 그의 아들 공손강과 강의 아들 공손연이 모두 제멋대로 요동에 의거하니 동이 9종이 모두 복속하였다.

위나라는 동이교위를 설치하여 양평에 거하였고, 요동·창려·현토·대방·낙랑 등 5개 군을 나누어 평주로 삼았다. 후에 도로 유주에 합하였다. 공손연을 멸한 후에 호동이교위를 두어 양평에 거했다. 함녕 2년 (AD 276년) 10월, 창려·요동·현토·대방·낙랑 등 5군국을 나누어 평주를 설치했다. 26현 18,100호이다.

⑤ 대방군

帶方郡, 公孫度置, 統縣七, 戶四千九百. 帶方. 列口. 南新. 長岑. 提奚. 含資. 海冥.
대방군(帶方郡), 공손도(公孫度)가 설치하였고 현은 7이며 가구 수는 190이다.

1) 대방현(帶方縣). 2) 열구현(列口縣). 3) 남신현(南新縣). 4) 장잠현(長岑縣). 5) 제해현(提奚縣). 6) 함자현(含資縣). 7) 해명현(海冥縣).

이와 같이 대방군은 공손도가 설치한 것으로 대방현과 열구현을 포함시켜 나타나고 있다. 공손씨 집안은 대대로 지금의 하북성 지방 양평현 사람이다. 이 양평현은 지금의 하북성 석가장시 행당현으로 한나라 때의 요동군 치소였던 양평성이고 고구려의 수당전쟁 시 요동성이었다. 이곳에서 역사적 활동을 한 것이 중국사서 여러 곳에서 확인되고 있다. 이러한 대방군에 대하여

【사료77】『삼국사기(三國史記)』권 제15 고구려본기 제3 태조대왕(太祖大王) 94년 8월

후한의 요동군 서안평현을 습격하다 (146년 08월(음))

> 〔94년(146)〕 가을 8월에 왕이 장수를 보내 한의 요동군 서안평현(西安平縣)을 습격하여 대방현령[帶方令]을 죽이고 낙랑태수의 처자를 잡아왔다.

고구려 태조왕 시기에 이곳을 공략하기 시작하여 결국 광개토대왕 시기에 이곳을 완전 점령하여 차지하였던 곳이 바로 이곳이다. 이곳은 한반도가 절대 아니다. 이곳에 위치하였던 대방군을 황해도로 비정하고 『삼국지』〈위서〉「동이전」'한'조의 사료를 적용하면서 낙랑군의 위치를 증언하는 자료로 내세우고 있으니 가히 그 수준이 한심스러울 뿐이다. 이것을 우리 학생들이 배우고 있고 국민들이 알고 있으니 비참함을 금치 못하게 한다.

> 【사료21】『수경주』「대요수」, 「소요수」
>
> 「소요수」
>
> [수경]
>
> 또한 현도군 고구려현에 요산이 있는데 소요수가 나오는 곳이다.
>
> [주]
>
> 고구려현(縣)은 옛 고구려(高句麗)[2] 호(胡)의 나라이다. 한(漢) 무제(武帝) 원봉(元封) 2년에 우거(右渠)를 평정하고 현도군(玄菟郡)을 이곳에 두었는데 왕망이 하구려라고 하였다. 소요수(水)는 요산(遼山)에서 나와서 서남쪽으로 흘러 요양현(遼陽縣)을 지나며 대량수(大梁水)와 모인다. 대량수(水)는 북쪽 새(塞) 밖에서 출발하여 서남쪽으로 흘러 요양(遼陽)에 이르러 소요수(小遼水)로 들어가는데 옛 지리지에서 말하기를 대량수(大梁水)는 서남쪽으로 흘러 요양(遼陽)에 이르러 요수(遼水)로 들어간다고 하였으며, 군국지(郡國志)에서는 고구려현(縣)은 옛날에 요동(遼東)에 속했는데 후에 현도(玄菟)에 속했다고 하였다. 그 물(其水, 대량수 소요수)은 서남쪽으로 흐르는데 옛날에는 양수(梁水)라 하였다. 소요수(小遼水)는 또한 서남쪽으로

> 흘러 양평현(襄平縣)을 지나고 담연(淡淵)이 된다. 진(晉) 영가(永嘉) 3년에 물이 말라버렸다. 소요수(小遼水)는 또한 요대현(遼隊縣)을 지나서 대요수(大遼水)로 들어간다. 사마선왕(司馬宣王)이 요동을 평정하였는데 공손연(公孫淵)을 이 물 위에서 목을 베었다.

물론 이러한 기록이 있음에도 주류 강단 사학계는 아니 이러한 기록이 있으니 할 수 없이 그리고 공손씨가 활동한 지역을 중국사서는 모두 요동이라고 하니 할 수 없이 지금의 요하 동쪽 요동 지방 즉 요동반도를 그 활동 지역으로 하여 놓았다. 그리고 소요수 역시 청대 학자인 심흠한이 왜곡 비정한 지금의 혼하로 하여 놓았다. 하지만 당시 수경 내지는 수경주가 비정한 하천은 지금의 요하 내지는 그 인근의 하천은 아니다. 그리고 조조의 위나라가 요동반도에 있는 세력이 무엇이 위협이 된다고 하여 이 머나먼 하북성과 요령성을 거쳐 정벌할 필요가 전혀 없다.

더군다나 황해도에 있었던 대방군을 설치한 공손씨가 한반도에 왔거나 활동하였다는 기록은 전혀 없다. 이 같은 기본적인 사항을 포함하여 모든 중국사서의 기록상 공손씨의 한반도 대방군은 물론 요동 즉 요하 동쪽의 요동반도 활동사항이 전혀 없다. 있다면 이는 후대의 왜곡적인 기록에 의한다. 모든 중국사서의 공손씨 기록은 하북성 석가장시 북부의 요동군 양평현 즉 요동에서의 기록이 전부이다. 더군다나 위의 【사료16】 『진서』 「지리지」, '평주', '유주'에 의한 대로 공손도가 스스로 평주목이라고 하고 공손씨 집안이 활동한 요동 지방은 분명히 평주 내지는 유주는 '춘추필법'에 의한 왜곡을 한 중국조차도 비록 하북성에서 동쪽으로 옮겨 비정하지만 적어도 요령성 요양이나 한반도는 절대 아니다.

엄밀히 왜곡되기 전의 실제 위치는 북경 지방도 아닌 그 서쪽인 보정시도 아니고 그 서남쪽인 석가장시 북부이다. 그런데도 이를 요동반도 그리고 한반도 황해도로 비정하는 것은 가히 불가사의하다. 이것은 일제 식민사학이나 가능하다. 신공황후가 한반도 남부로 쳐들어오자 백제와 신라왕이 스스로 항복하였다는 허구의 『일본서기』 기록과 이에 의하여 성립시킨 논리인 '임나일본부설'과 같은 수준이다.

> 대방군이 한반도에 있다는 증거는 단 하나도 없다. 소위 '젊은 역사학자 모임'의 일원이 제시한 자료를 비롯하여 모든 중국사서가 대방군이 하북성에 있었다는 것을 오히려 증거하고 있다.

더군다나 대방군이 한반도 북부에 있다는 것을 입증하기 위하여 소위 '젊은 역사학자 모임'의 일원이 자신 있게 **"진짜 '당대 사료'가 증언하는 낙랑군 위치"**의 증거로 제시한 이 기록은 오히려 다음의 기록과 함께 대방군이 한반도에 있지 않았음을 역으로 입증한다. 그리고 앞에서 이미 설명한 대로 이 기록은 그 자체로도 오히려 대방군이 한반도에 없었음을 증거하고 있다. 이는 본 필자가 나중에 '광개토대왕 비문 비판'에서 설명하겠지만 이 기록은 광개토대왕 비문상의 왜의 존재에 대한 새로운 연구와 해석이 필요한 것이라고 말해 준다. 즉 당시 왜는 한반도와 바다 즉 현해탄으로 갈라져 있던 일본열도에 있었던 것이 아니라 한 즉 삼한과 한반도 육지에 접해 있었다. 바다로 떨어져 있으면 접했다는 표현을 쓰지 않는다(~南與倭接~) (~남쪽은 왜와 접(경)하여~). 이 같은 기록은 다른 중국사서 기록에서도 나타난다. 즉 『후한서』 「동이열전(한전)」에도

> "韓은 세 종족이 있으니, 하나는 馬韓, 둘째는 辰韓, 셋째는 弁辰이다. 馬韓은 서쪽에 있는데, 54國이 있으며, 그 북쪽은 樂浪, 남쪽은 倭와 接

하여 있다." 진한은 동쪽에 있는데, 12國이 있으며, 그 북쪽은 濊貊과 接하여 있다. 弁辰은 辰韓의 남쪽에 있는데, 역시 12國이 있으며, 그 남쪽은 倭와 接해 있다.

라고 되어 있다. 또한 『삼국유사』 「가락국기」에

"東以黃山江 西南以蒼海 西北以地理山 東北以伽耶山 南而爲國尾.(동쪽으로는 황산강, 서남쪽으로는 창해, 서북쪽으로는 지리산, 동북쪽으로는 가야산, 남쪽으로써 나라의 끝을 이루었다.)"

라고 기록되어 있다. 여기서 남쪽 경계를 모호하게 표현하여 놓은 것에 대하여 여러 가지 해석이 나오는데 이를 일본의 규슈 지역으로 해석하기도 한다. 또한 소위 '젊은 역사학자 모임' 일원이 인용한 위의

【사료64】 『삼국지(三國志)』 〈위서〉 「동이전」 韓

弁辰은 辰韓 사람들과 뒤섞여 살며 城郭도 있다. 衣服과 주택은 辰韓과 같다. 言語와 法俗이 서로 비슷하지만, 귀신에게 제사지내는 방식은 달라서 문의 서쪽에 모두들 竈神을 모신다. 그중에서 瀆盧國(註 182)은 倭와 경계를 접하고 있다. 12國에도 王이 있으며 그 사람들의 형체는 모두 장대하다. 衣服은 청결하며 長髮로 다닌다. 또 폭이 넓은 고운 베를 짜기도 한다. 법규와 관습은 특히 嚴峻하다."

註 182
瀆盧國 : 巨濟島에 있다는 說과 對馬島에 있다는 견해가 있다.

의 기록 중 변진에 관한 기록 즉 "瀆盧國(독로국)(註 182)은 倭와 경계를 접하고 있다."라고 하여 삼한 중 변진국 중의 독로국이 왜와 경계를 접하고 있다고 되어 있다. 여기서 독로국을 주에 나와 있듯이 거제도

및 대마도라는 설을 주장하고 있다. 그리고 일본열도 규슈라는 설도 주장하고 있다. 하지만 이는 왜가 일본열도에 있다는 전제하에 가능하다. 소위 삼국 및 가야가 한반도에만 있지 않았고 하북성 및 산동성에서도 활동하였고 나중에는 일본열도의 규슈 등지에서 분국을 형성하여 결국 세 지역에서 활동하였으며 이 활동 사항이 전부 한반도에서만 이루어진 것으로 기록된 것이 『삼국사기』와 『삼국유사』의 기록이다.

특히 『삼국사기』의 기록이 그렇다. 이에 대하여는 차후 본 필자가 입증하고자 한다. 마찬가지로 중국사서와 『삼국사기』와 『삼국유사』의 기록상 왜 세력 역시 일본열도에서만 활동한 내역이 기록되어 있는 것이 아니라 중국 본토 하북성 및 산동성에서의 활동 내역이 있으며 요동반도 등에서의 활동 내역도 있으며 한반도에서의 활동 내역도 있다. 특히 중국 본토 산동성에서의 활동은 우리 고대 국가 신라와의 관계는 깊은 것이며, 이는 신라와의 적대 활동에 있어서 백제와 고구려와의 활동사항도 기록되어 있다. 많은 기록 중 본 필자가 확인한 기록은 이미 살펴본 기록으로써,

【사료21】『수경주』「대요수」, 「소요수」

「대요수」「주」

~ 고평천수(高平川水)가 백랑수(之)로 들어가는데 고평천수(水)는 서쪽 북평천(北平川)을 나와서 동쪽으로 흘러 왜성(倭城) 북쪽을 지나는데, 아마도 왜(倭)의 땅에 사람들이 이곳으로 옮겨왔을 것이다. ~

이곳은 하북성에 있는 대요수와 소요수 그리고 마자수이자 백랑수인 호타하 등에 대한 기록의 한 구절이다. 이 구절에 의하면 왜 세력은 당시 하북성에 있었던 것이다. 물론 이미 앞에서 살펴보았듯이 소

위 삼국시대 초기 신라를 괴롭힌 세력으로 기록되어 있다. 이는 위의 중국사서상의 삼한의 위치 기록과 일치한다. 즉 진한의 남쪽에 변한이 있고 그 남쪽과 진한의 남쪽에 각각 왜가 접하고 있다고 하였듯이 진한에 위치하였던 신라가 그 남쪽의 변한의 독로국에 육지로 접하여 있던 왜의 침입을 수시로 받았다.

이곳은 마한의 사방 4천 리와 더불어 그리고 마한의 동북쪽 땅을 할양받았다는 백제의 기록과 더불어 한반도가 될 수 없다. 그리고 이 신라의 북쪽에는 말갈이 있고 그 동쪽에는 낙랑(국), 북쪽에는 낙랑이 있고 서쪽에는 백제가 있는 이곳은 한반도가 아니라 하북성 및 산동성이다. 본 필자는 주류 강단 사학계를 대신하여 주류 강단 사학계를 비판하는 재야 민족 사학계를 유사, 사이비라고 비판하는 소위 '젊은 역사학자 모임' 일원에게 주류 강단 사학계를 대표하여 공개 질문하고자 한다.

『후한서』 및 『삼국지』의 「한」 전상에 마한과 변한의 남쪽에 육지로 접한다는 '왜'와 『삼국사기』상의 주로 초기 신라를 가까운 육지에 있지 않고는 도저히 그러한 기록이 있을 수 없이 신라를 괴롭힌 '왜'에 대하여 근거에 대한 합리적인 설명을 요구한다.(주류 강단 사학계에 대한 공개 질문21) 합당한 설명이라면 본 필자의 산동성 백제와 신라 그리고 왜, 말갈, 낙랑 세력에 대한 비정을 당장 그만두고 차후로는 주류 강단 사학계의 우리나라 고대 역사 논리에 적극 동조할 것임을 다짐하는 바이다. 이곳 중국 대륙에 왜 세력이 있었다는 중국 기록은 많다.

【사료501】『한서(漢書)』 卷28下 地理志 第8下

~ 樂浪海中有倭人, 分爲百餘國, 以歲時來獻見云. (如淳曰 :「如墨委面, 在帶方東南萬里.」 臣瓚曰 :「倭是國名, 不謂用墨, 故謂之委也.」 師古曰 :「如淳云『如墨委面』, 蓋音委字耳, 此音非也. 倭音一戈反, 今猶有倭國. 魏略云倭在帶方東南大海中, 依山島爲國, 度海千里, 復有國, 皆倭種.」) ~

> ~ 낙랑의 바다 가운데 왜인이 있고 그것이 나누어 백여 국이 있었다. ~
>
> ~『위략(魏略)』에서는 왜가 대방의 동남쪽 큰 바다 가운데 있고 산과 섬에 의지하여 나라를 만들었다. 그리고 바다를 건너 천리 길에 또 나라들이 있는데 그들은 모두 왜인들이다. ~

물론 이 구절도 주류 강단 사학계는 낙랑을 한반도 평양에 있는 낙랑군으로 보아 그곳에서 동남쪽 일본열도에 왜인이 있는 것으로 해석할 것이다. 그러나 이미 앞에서 많은 중국사서 기록을 증거로 확인하였듯이 이곳은 낙랑군, 현토군, 옥저, 예맥이 있고 백제와 신라가 건국된 고조선의 옛 지역인 낙랑 땅이다. 하북성 근처에 왜인이 있다는 것이고 이곳 낙랑 땅의 남쪽을 대방이라 부르는데 같은 위치인 이곳 및 이곳으로부터 바다를 건너 천리를 지나 또 왜인이 있다는 것이다.

이는 일본열도를 이야기한다. 이 기록에 의해서도 낙랑과 대방은 한반도가 아니라 하북성에 있음이 증명된다. 왜가 일본열도에만 있지 않고 중국 대륙 하북성, 산동성 등지에서 삼한 중 마한과 변한의 남쪽 독로국과 육지로 접하여 있는 한편 요령성 요동반도에 있던 것을 중국에서는 통칭하여 왜라고 하였다는 사실이 여러 중국 사료에 의하여 입증된다. 이에 대하여는 '(7)왜' 편에서 입증하여 설명하였듯이

【사료6】『산해경』「제12 해내북경」

蓋國 1 在鉅燕南, 倭北.
개국은 거연 남쪽에 있고, 왜의 북쪽에 있다.

倭屬燕 2
왜는 연나라에 속국이다.

【사료267】『후한서(後漢書)』東夷列傳 倭

회계(會稽)의 바다 바깥에 동제인(東鯷人)이 있는데, [이들은] 나뉘어져서 20여 나라를 이루었다. 또 이주(夷洲)(註1)및 단주(澶洲)(註2)가 있다. ~

註1
夷洲 : 지금의 중국 남부의 臺灣島(臺灣省)를 가리킨다.

註2
澶洲 : ①탐라, 즉 제주도로 추정하는 설이 있다(石原道博, 2005: 59).
　　　②지금의 海南省 海口市 지역

【사료269】『진서(晉書)』卷九十七 列傳 第六十七 東夷 倭

지금 왜인(倭人)은 잠수하여 물고기를 즐겨 잡는데, 왜인 역시 몸에 문신해서 해로운 바다짐승을 막고자 하였다. 그 위치를 따져 보면 회계군(會稽郡) 동야(東冶)(註1) 동쪽에 해당한다.

註1
東冶 : 東冶는 『辭海』에 현재 福建省 福州市이며 漢高祖 5년 無諸를 閩越王에 봉하고 東冶에 도읍을 정하였다고 한 바로 그곳이라고 하고 있다. 그런데 東冶는 또한 冶縣이라고도 하는데, 後漢 때에는 개칭되었고 會稽郡 所屬이었다가 晉代에 폐지되었다고 한다. 『辭海』의 이 설명에 대해 兩漢시대 會稽郡에는 '東冶' 혹은 '東侯官'이 없다는 점, 冶縣은 後漢시대 章安縣이라는 점을 근거로 冶縣은 현재 福建省 建甌市라고 주장하기도 한다.

여러 사료 기록이 있다.

> 중국 고대 시절에 왜는 일본열도에만 있었던 것이 아니고 중국 대륙 여러 곳에 있었다. 왜에 대한 새로운 연구가 필요하다. 고구려 전문가는 이런 것을 해야 한다. 특히 우리 고대사 관련 왜는 한반도가 아니라 산동성 육지로 접해 있었다. 가까이 육지로 접해 있지 않으면 도저히 그러한 활동을 할 수 없는 활동 기록이다.

이와 관련하여 광개토대왕 비문 해석도 달리하여야 할 필요성이 있음을 광개토대왕 편에서 자세히 다루고자 한다.

이와 같은 소위 '젊은 역사학자 모임' 일원은 식민사관 즉 대방군과 낙랑군의 한반도 북부설을 입증하기 위하여 이 사료의 기록을 제시하였으나 이는 오히려 식민사관의 허위성을 입증함은 물론 기존의 역사관을 재정립하는 새로운 역사 인식을 제공하는 증거가 된다.

3)『삼국지』〈위서〉「동이전」왜인은 대방 동남쪽 대해 중에 있다. (대방)군에서 왜까지는 해안을 따라 물길로 간다. 한국을 거쳐 남쪽으로 가다가 동쪽으로 나아가면 그 북쪽 대안인 구야한국에 도착하니 거리가 7000여 리다. 비로소 바다 하나를 건너는데, 1천여 리를 가면 대마국에 도착한다.

소위 '젊은 역사학자 모임' 일원은 역시 이 사료를 인용하여 낙랑군의 위치를 대방군을 이용하여 증명하고자 하였다. 낙랑군의 위치에 관한 자료가 무수히 많은데도 그러한 자료는 제시하지 아니하고 간접적인 대방군 관련 자료를 제시하여 간접적으로 낙랑군의 위치를 증명하고자 하였다. 이는 학문하는 전문가로서는 상식 밖의 논리 전개이다. 그러나 딱한 사정이 있어서 자신의 기본을 망각하는 행위를 한다. 즉 낙랑군 직접 자료를 제시하면 자신의 논리인 '낙랑군 평양 위치설'이 무너지기 때문에 간접적이고 애매한 대방군 자료를 제시하고 있다. 과연 이래도 되는가 싶다. 전문가인 학자께서 말이다. 떳떳한 논리를 펴지 않고 교묘하게 자기 논리를 펴고 있다. 이렇게 할 수밖에 없는 것이 주류 강단 사학계의 한계이다.

> 낙랑군의 위치를 밝혀주는 직접적인 중국 사료가 수없이 많은데도 굳이 간접적인 자료를 제시하고 있다. 이 사료 또한 한반도 낙랑군설을 부정하는 역증거물이다.

소위 '젊은 역사학자 모임' 일원은 전문가답게 먼저 왜 무엇 때문에 중국사서가 수많은 장소를 놔두고 대방을 왜로 가는 기준으로 삼았을까를 생각하여야만 하였다. 주류 강단 사학계의 비정에 의한다 하더라도 과연 멀리 떨어진 한반도 황해도에 있는 대방군을 그들이 왜로 가는 기준 위치로 설정한 이유가 '무엇일까'이다.

그들로서는 만약 당시 대방군이 이곳 즉 한반도 황해도라면 이곳을 왜로 가는 시작점으로 정하고 기록하지 아니한 것은 상식에 속한다. 그리고 여기서의 대방은 대방군이 아니다. 대방 땅이다. 본 필자가 억지를 부린 것일까.

이미 앞에서 인용하여 살펴본 기록인 【사료501】『한서(漢書)』 卷28下 地理志 第8下상에서 낙랑이 낙랑군이 아니라 낙랑 땅이고 같이 왜의 위치를 표현한 대방도 대방군이 아니고 낙랑 땅 아래에 있었던 대방 땅 즉 대방고지와 같은 지역을 의미한다. 이 낙랑 땅에 대하여는 이미 앞에서 많은 중국사서의 기록을 근거로 입증하였다. 이 대방 땅이 하북성 천진만 인근 내지는 그 이남에 위치하고 있었기 때문에 당시 본토 중국인들이 여기서 한반도 및 그 남쪽에 있는 왜로 출발하기 좋은 지점이라 여기를 선정하였고 여기를 기준으로 사서에 기록하였다. 중국인 그리고 중국사서가 왜로 출발하기 위하여 머나먼 한반도 황해도로 와서 여기서 출발하는 것으로 기록하지 않는 것이 상식적이지 않을까 한다. 이것을 생각하지 않고 또한 중국사서상의 낙랑과 대방은 무조건 낙랑군과 대방군으로 간주하는 것은 역사 인식이나 지식이 부족함을 말해 준다. 대학교수인 전문가의 수준이 아니다. 더군다나 이 사료 역시 대방군을 황해도에 두는 것을 전제로 하고 이 구절을 적용하였다. 하지만 맞지 않는다. 황해도 해안에서 경상남도 김해 지방으로 비정하고 있는 구야한국까지는 7,000여 리가 절대 될 수 없다. 고대 사서상의 거리를 측정한 바, 부산 인근에서 남해안과 서해안을 돌아 압록강 신의주까지의 거리가 2,000여 리밖에 되지 않는다고 한다. 이미 황해도를 지난 거리이다. 나머지 5,000여 리는 바로 압록강 변에서 서쪽으로 중국의 하북성 천진시 인근 지방까지의 거리가 맞다.

소위 '젊은 역사학자 모임' 일원이 낙랑군의 위치를 증명해 줄 수 있는 당대 자료로 제시한 이 사료의 구절은 소위 '젊은 역사학자 모임' 일원이 낙랑과 대방을 낙랑군과 대방군으로 비정한 그대로 비정하더라도 바로 낙랑(군)과 대방(군)이 한반도에 있지 않고 중국 하북성 해안가로부터 어딘가에 존재한다는 것을 오히려 입증한다.

그럼에도 불구하고 면밀히 고대 거리를 과학적으로 측정하여 사실 여부를 확인한 다음 주장을 하여야 함에도 불구하고 이를 이행하지 않음으로써 전문가의 기본 소양을 저버렸거나 아니면 알면서도 자기 글을 읽는 사람들을 기만하기 위하여 허위로 주장하였거나 둘 중 하나로 모두 소위 전문가요 학자로서는 안 되는 행위이다.

이 자료는 대방군과 낙랑군이 한반도에 있음을 증명하는 진짜 당대 사료가 아니라 오히려 역으로 대방군과 낙랑군이 한반도에 있지 않음을 증명하는 2차 사료이다. 더군다나 여기서의 한국(韓國)은 주류 강단 사학계가 그동안 비정해 온 한반도가 아니다. 이곳은 중국사서 즉 『삼국지』와 『후한서』 「한」 전상의 '한' 즉 마한, 진한, 변한이다. 물론 이들도 모두 한반도로 비정하고 있지만 이는 사방 4천 리, 마한과 변한 남쪽에 왜가 육지로 접해 있는 등 한반도가 아니다.

이 중국 대륙의 삼한 즉 『삼국지』와 『후한서』 「한」 전상의 '한'인 마한, 진한, 변한의 한국으로써 이 「왜」 전 기록 역시 대방에서 이 대방의 남쪽에 있는 산동성의 한을 경유로 설정한 사항이다. 그런데 소위 '젊은 역사학자 모임' 일원은 낙랑군의 위치를 알려주는 자료라고 하면서 제시한 것이 낙랑군이 나타난 자료가 아니라 대방군이 나타난 자료를 제시하였다.

낙랑군과 관련된 직접적인 자료가 아니라 간접적인 자료로 대방군이 나타난 자료를 제시하였다. 만약 낙랑군 위치를 직접적으로 알려주는 자료가 없으면 낙랑군의 남쪽에 설치했다는 대방군의 자료를 간접적으로 제시하여도 된다. 하지만 낙랑군의 위치를 알려주는 자료로써 직접 낙랑군이 나오는 자료가 있음에도 이를 제시하지 않은 것은 상당히 심각한 문제이다. 더군다나 낙랑군 위치를 알려주는 많은 사료 중에 왜로 가는 기록을 제시하는 것은 이해가 되지 않는 비상식적이다. 사학자로서 몰랐다는 것은 있을 수 없다. 그렇다면 불리하기 때문에 제시하지 않았음을 말해 준다. 본 필자가 수차례 강조하여 논하였지만 이것이 주류 강단 사학계와 이들의 후배인 '젊은 역사학자 모임'의 행태이다.

다음 사서의 기록을 보자. 소위 '젊은 역사학자 모임' 일원이 『삼국지』 〈위서〉 「동이전」을 제시하였으니 사학자라면 『후한서』 「동이열전」을 모를 리 없다.

> **【사료267】『후한서(後漢書)』東夷列傳 倭**
>
> 왜(倭)는 한(韓)의 동남쪽 큰 바다 가운데 있고, [이들은] 산이 많은 섬에 의지하여 살아가고 있는데, 무릇 100여 나라[國]이다. 무제(武帝)가 조선(朝鮮)을 멸망시킨 후에 사역(使驛)을 이용하여 한(漢)과 통한 것이 30여 개 나라[國]이다. [이] 나라들의 [수장(首長)]은 모두 왕(王)을 칭하였는데, 대대로 왕통(王統)이 이어졌다. 그 대왜왕(大倭王)은 야마대국(邪馬臺國)에 있다. 낙랑군(樂浪郡)의 변경에서 그 나라는 만 2천 리 떨어져 있고, 그 나라의 서북방에 있는 구야한국(拘邪韓國)에서는 7천여 리 떨어져 있다. 그 땅은 대략 회계[군](會稽) 동야[현](東冶縣)의 동쪽에 있고, 주애[군](朱崖郡) 및 담이[군](儋耳郡)과 서로 가깝다. 따라서 그들의 법속(法俗)은 같은 것이 많다.

다른 것은 그만두고라도 여기서 분명히 왜의 야마대국은 낙랑군에서 12,000리 떨어져 있고, 구야한국에서는 7,000리 떨어져 있다고 하였다. 그렇다면 낙랑군은 구야한국에서 5,000리 떨어져 있다. 구야한국은 김해로 비정되는데 만약 낙랑군이 평양에 있는 것이라면 김해에서 평양까지 5,000리 떨어져 있다. 그러나 김해에서 평양은 2,000리 밖에 되지 않는다. 나머지 3,000리는 평양에서 중국 쪽으로의 거리이다. 그러므로 이 사서의 기록에서의 낙랑군은 한반도가 아닌 것이 오히려 확실히 입증해 준다. 이러한 점을 소위 '젊은 역사학자 모임' 일원은 알기 때문에 이 사서의 기록을 제시하지 않았다고 보아야 한다.

이외에도 낙랑군이 한반도의 평양이 아닌 것을 증명하는 왜로 가는 거리와 관련된 것만 국한해도 관련 1차 사료는 얼마든지 있다. 중국사서

【사료272】『양서(梁書)』卷五十四 列傳 第四十八 諸夷 倭

"왜는 자칭 태백의 후예라 하고 문신을 하는 습속이 있다. 대방을 떠나 만 이천여 리 되고, 대략 회계의 동쪽에 있는데 멀리 떨어져 있다. 대방에서 왜로 가는데 바다를 따라 물길로 한국을 거쳐 동으로 잠깐 남으로 잠깐 칠천여 리를 가서 처음으로 한 바다를 건너, 너비 천여 리의 한해라 하며, 일지국에 이른다. 다시 한 바다를 천여 리 건너가면 말로국이다."

라고 되어 있어 그 거리가 위의 『후한서』 「동이열전」과 같다. 또한 여기서 다시 한 번 강조하지만 중요한 것은 중국사서가 한결같이 왜나라로 가는데 기준점을 대방(군) 내지는 낙랑(군)으로 하였다. 이는 당시 중국의 나라 수도나 국경에서 가까운 중국 영토를 기준으로 삼는 것이 당연하다. 머나먼 한반도의 지방을 기준으로 삼지는 않는다. 더군다나 많은 경우 낙랑군보다는 대방군을 그 기준점으로 삼은 것은 대방군이 중국 국가에서 출발하여 한반도 쪽이나 일본열도 쪽으로 출발하는 곳이기 때문이다.

즉 당시 낙랑군은 하북성에 있어서 중국의 중심지인 하남성 인근에서는 동북쪽이다. 그런데 대방군은 이 낙랑군의 남쪽이자 중국의 중심지인 하남성에서 동쪽이거니와 이곳에서 바다로 연결되어 왜로 가는 길이기 때문에 이곳을 그 출발점으로 기록하였다.

따라서 당시 황해도는 중국 국가에서 출발하는 곳이 아니다. 따라서 이곳은 중국의 발해만을 낀 출발 항구인 천진 지방이 확실한 것을 중국사서가 증거하고 있다. 더군다나 본 필자가 이 글에서 수차례에 걸쳐 강조하여 설명한 바와 같이 중국 고대 기록에 있어 바다[海]는 지금 개념의 바다가 아니라 큰 하천(강)이나 호수, 수로 등을 일컫는다. 따라서 위의 대방을 기준으로 왜로 가는 길 기록에 있어서 바다[海] 기록을 전부 지금 개념의 바다[海]로 해석하면 오류가 발생한다.

특히 **대방에서 왜로 가는데 바다를 따라 물길로 한국을 거쳐 동으로 잠깐 남으로 잠깐 칠천여 리를 가서 처음으로 한 바다를 건너** 기록에서 **왜로 가는데 바다를 따라 물길로 한국을 거쳐** 기록은 하북성 대방(군)에서 하천 및 수로를 따라 산동성 한국(韓國) 즉 삼한으로 가는 것이고, **칠천여 리를 가서 처음으로 한 바다를 건너** 기록에서의 바다는 지금 개념의 바다[海]로 해석함이 타당하다. 이와 같이 이에 대한 설명과 비판은 이미 앞의 '(7)왜' 편에서 상세히 하였다.

이와 같이 소위 '젊은 역사학자 모임' 일원이 제시한 낙랑군과 대방군 위치를 증명하는 직접 자료가 아닌 간접 자료에 의하더라도 그 기록은 소위 '젊은 역사학자 모임' 일원이 의도한 대로 낙랑군과 대방군이 한반도에 있음을 입증하는 자료가 아니라 오히려 이를 부정하고 낙랑군과 대방군이 하북성에 있음을 역으로 입증하는 자료이다.

> 낙랑군 위치를 입증하는 자료로 제시한 대방에서 왜로 가는 기록은 오히려 대방과 낙랑이 한반도가 아니라 하북성에 위치함을 역으로 증거하고 있는 자료이다.

이와 같이 굳이 왜로 가는 기록뿐만 아니라 그 외에도 낙랑군이 한반도의 평양이 아닌 것을 증명하는 1차 사료는 얼마든지 있다. 소위 '젊은 역사학자 모임' 일원이 고의로 회피하고 있을 뿐이다. 그러면서 그는 **"진짜 '당대 사료'가 증언하는 낙랑군 위치"**라고 하면서 제시한 자료는 오히려 반증하는 자료일 뿐이고 정작 불리한 자료는 회피하고 있다.

> 낙랑군의 위치를 밝혀주는 직접적인 중국 사료가 수없이 많은데도 굳이 간접적인 자료를 제시하고 있다.
> 이 사료 또한 한반도 낙랑군설을 부정하는 역증거물이다.

5. 낙랑군 이동과 교치

　주류 강단 사학계와 이에 속한 소위 '젊은 역사학자 모임' 일원은 위와 같이 자기 논리에 불리하므로 회피하여 내놓지 않고, 비판하는 상대방이 내놓고 제시하면 이미 언급한 바 있듯이 이덕일 박사에게 처럼 허위로 공격하는 등의 비학문적 행태를 보인다. 그렇지만 여전히 수많은 당대 중국 사료상에 낙랑군이 한반도에 있지 않고 중국의 요동 즉 당시의 요동으로써 현재 개념으로 요서 지방에 나타남을 의식하였다. 이에 따라 어찌 되었든 간에 비학문적인 인식하에 자기 논리를 유지하고 이에 대한 비판을 회피하고자 해괴한 논리를 개발시켰다. 그것이 바로 '낙랑군 이동과 교치설'이다.
　역시나 소위 '젊은 역사학자 모임' 일원은 여기서 자기 논리와 자신의 사료 제시가 부족함을 인식하고는 이 논리를 주장하고 있다. 이 논리에 대하여는 이 글에서는 이미 [낙랑군 교치설에 대하여]에서 확실히 입증하여 비판한 바 있다. 주류 강단 사학계는 이 논리를 일제 식민사학으로부터 이어받은 것이라고는 절대 발설하지 않는다. 학문 전개에 있어서 인용 자료나 인용 논리의 근원을 밝히지 않는 것은 학문에 있어서 금기 사항이다. 하지만 식민사학이라는 비난을 받기 두려워서 회피한다.
　학문적으로 비판하는 상대방을 비학문적으로 비난하는 방식과 일맥상통한다. 이 '낙랑군 교치설' 즉 한반도에 있던 낙랑군이 중국의 요서 지방으로 이전을 했다는 논리는 조선총독부에서 편찬한 『조선반도사』에서 일본 식민 사학자인 이마니시 류[今西龍]가 주장한 해묵은 논리이다. 그것도 지금의 주류 강단 사학자들보다 더 많은 중국 사료 연구 결과, 식민사학 논리가 중국 사료상 문제가 있음을 간파하고 이를 불식시키고자 어쩔 수 없이 내놓은 허술한 변명 논리이다. 그럼에도 현재 주류 강단 사학계에서는 이의 부당성 내지는 왜곡성을 가려내지 못하고 어설픈 논리를 그대로 수용하고 있다.

> **주류 강단 사학계가 주장하는 '낙랑군 교치설'은 일제 식민 사학자가 잘못된 식민사관을 회피하기 위한 면피용 논리이다.**

> "**건흥(建興) 원년**(AD313년) (요동사람 장통이) 그 **땅**(낙랑·대방)을 버리고 그 백성 천여 가(家)를 이끌고 모용씨에게 귀속하여 요동으로 이주하였다. 이후 지리적 호칭으로서 낙랑·대방이라는 이름은 조선 반도에 남았고, 요동에는 두 군의 교치(僑治)가 있어 정치적 호칭은 남았으나 조선 반도에서 한(漢)나라 군현이라는 그림자는 이로써 완전히 사라졌다. 실로 사군(四郡)을 설치한 지 422년이 흐른 후였다. (조선반도사 편찬위원회, 『조선반도사』)"

이마니시 류는 이미 100여 년 전에 현재의 주류 강단 사학계 학자들보다 현명하게 증거 사료들과는 반하는데도 불구하고 정치적인 필요성에 의하여 한반도에 낙랑군이 있었다는 논리를 폈지만 실제로는 요서 지방에 낙랑군이 위치해 있었음을 알고는 이 논리를 개발하였다. 그런데도 현재 우리 주류 강단 사학계는 이러한 교묘한 술책도 모르거나 알고도 침묵한 채 재야 및 일부 강단 사학자들이 비판하면서 주장하는 '낙랑군 요서설'을 이 논리로 변명하여 회피하고 있다. 그러나 모든 중국 사료는 이 논리마저 허용하지 않고 있다. 하지만 여기서 주목해야 할 사항은 우리 주류 강단 사학자들은 단순한 다른 학설이나 논리를 주장하는 것이 아니라 일제 식민 사학자들이 억지로 식민정책을 위하여 만든 비상식적이고 허위로 가득 찬 논리를 그대로 내지는 더 악랄하게 왜곡하여 주장하고 있다는 점이다. 일제 강점기 일본 순사보다 당시 완장 찬 조선 앞잡이 친일파가 더 악랄하였다 한다.

이 논리는 물론 많은 중국사서의 '낙랑군 요서설'을 증거하고 많은 유적과 유물이 요서 지방에서 발굴됨에 따라 나온 변명 논리이다. 이러한 증거 앞에서 한반도 낙랑군 위치설을 변명하기 위하여 만든 것인데 이 논리의 핑곗거리를 찾은 끝에 두 가지를 찾았다. 하나는 중국 사료『자치통감』과 우리나라 사료인『삼국사기』「고구려본기 미천왕」조이다.

【사료502】『자치통감』"건흥 원년(建興元年)(AD313년)"조의 4월 기사

遼東張統據樂浪·帶方二郡 與高句麗王乙弗利相攻 連年不解 樂浪王遵 說統帥其民千餘家歸(慕容)廆 廆爲之置樂浪郡 以統爲太守 遵參軍事

요동인 장통은 낙랑, 대방 두 군을 근거지로 삼고 있었는데, 고구려의 왕 을불리와 서로 공격하면서 해가 바뀌어도 해결될 기미를 보이지 않았다. 낙랑인 왕준의 설득으로 (장통이) 그 백성 1,000여 가를 이끌고 모용외(~386)에게 귀순하니 모용외가 그를 위하여 낙랑군을 설치해 주고 그 일이 계기가 되어 장통을 태수로 삼고 왕준에게는 군사 관련 참모를 맡게 하였다.

【사료288】『삼국사기(三國史記)』卷第十七 高句麗本紀 第五 미천왕(美川王) 14년 10월

낙랑군을 축출하다 (313년 10월(음))

14년(313) 겨울 10월에 낙랑군을 침략하여 남녀 2천여 명을 포로로 잡았다.(註 091)

> 註 091
> 이때 낙랑군은 반도 내에서 완전히 소멸되었는데 그에 대하여 《자치통감》 권88 孝愍皇帝 上 建興원년(元年) 4월조에는 다음과 같이 적혀 있다.
> "遼東張統據樂浪・帶方二郡 與高句麗王乙弗利相攻 連年不解 樂浪王遵 說統帥其民千餘家歸(慕容)廆 廆爲之置樂浪郡 以統爲太守 遵參軍事."

이 논리의 절대 부당성을 증명하는 다른 이유도 있지만 우선 일제 식민 사학자와 현재 우리 주류 강단 사학계는 증거 사료를 왜곡하였다는 사실이다. 더군다나 우리 고대사를 펼치는 데 가장 근간이 되는 『삼국사기』를 사실과 다르게 왜곡하였다. 자기들 논리를 위해 사서의 왜곡도 서슴지 않는다. 여기서의 주는 국사편찬위원회에서 달았다.

> 『삼국사기』 미천왕 313년 '낙랑군 축출' 번역은 허위 해석으로 대국민 사기극이다. 이는 '낙랑군 평양설'을 유지하기 위한 '낙랑군 교치설'을 위한 것이다.

즉 위의 【사료288】『삼국사기(三國史記)』 卷第十七 高句麗本紀 第五 미천왕(美川王) 14년 10월 기사는 분명히 "**낙랑군을 침략하여 남녀 2천여 명을 포로로 잡았다.**"고 하였다. 낙랑군을 침략하여 포로를 잡은 것뿐이다. 멸망시켰거나 축출시켰으면 그랬다고 기록하였을 것이다. 축출하거나 멸망시킨 사실은 침략하여 포로로 잡은 사실보다 사서가 크게 그리고 중요하게 다루는 큰 사건이다. 그런데도 침략하여 포로를 잡았다고 한 것은 절대 축출하거나 멸망시킨 것은 아니다. 그런데도 현재 주류 사학계가 장악하고 있는 국사편찬위원회에서는 "**낙랑군을 축출하다.**"라고 왜곡하여 해석하였다. 이러한 해석은 일제 강점기부터 계속하여 주류 강단 사학계가 이어받기 시작하여 우리나라 전국민이 교과서 등에서 배워 그렇게 알게 하고 있다. 이것은 대국민 사기이다. 심한 표현처럼 느껴지지만 이것도 약한 표현에 속한다. 식민사학 논리를 위해서 왜곡하여 국민에게 허위 사실을 퍼트렸다.

더군다나 모든 중국사서는 이 사실을 즉 이때 고구려가 낙랑군을 축출하거나 멸망시킨 사실을 전혀 기록하고 있지 않다. 이렇게 무리하게 사료를 거짓으로 왜곡한 이유가 식민사학 논리를 위해서 그것도 중국의 식민지가 우리나라 땅 깊숙이에 있고, 우리나라는 이 중국 식민지로부터 문명을 받아들여 우리 민족이 개화되어 고대 국가로 성장하였다는 굴욕적인 사실을 꾸미기 위해서 엄연한 기록을 왜곡한다는 것이 너무나 분노를 자아낸다. 일단 거짓을 시작하면 끊임없이 이 거짓을 유지하기 위하여 계속 거짓을 할 수밖에 없다. 그래서 또 낙랑군과 함께 움직일 수밖에 없는 대방군. 왜냐하면 중국 요서 지방에 있으면 상관없다. 왜냐하면 중국 본 세력과 같이 있기 때문에 굳이 반드시 낙랑군과 공동 운명체일 필요가 없기 때문이다. 허위로 중국 본 세력과 멀리 떨어져 낙랑군과 같이 외톨이처럼 있기 때문에 낙랑군이 소멸하면 대방군도 같이 소멸하여야 한다. 그래서 낙랑군과 더불어 대방군도 왜곡하였다. 다음 사료를 보자.

【사료503】『삼국사기(三國史記)』 三國史記 권 제17 고구려본기 제5 미천왕(美川王) 15년 9월

대방군을 축출하다 (314년 09월(음))

가을 9월에 남쪽으로 대방군(註 093)을 침략하였다.

註 093
황해도 방면에 두어졌던 중국의 군현이다. 후한 말경 요동 방면에서는

> 公孫氏가 새롭게 등장하여 위세를 떨쳤는데 3세기 초 公孫康 때 와서 낙랑군의 남부 지역을 따로 분리시켜 대방군을 설치하였다. 《晉書》 권14 지리지 상 平州條에 의하면 대방군은 帶方, 列口, 南新, 長岑, 堤奚, 含資, 海冥 등을 領縣으로 하였고, 戶는 4,900호였다. 고구려 미천왕 때에 이르러 소멸되었다.

사료상으로는 분명히 "**침략하였다**"라고만 기록하였는데 또다시 "**축출하다**"로 하였다. 이는 이중적인 역사왜곡이다. 낙랑군과 마찬가지로 한반도에 있지 않고 중국 하북성에 있었던 낙랑군과 대방군은 고구려 미천왕 시에 이전부터(태조왕 등) 고조선 옛 땅을 수복하기 위하여 끊임없이 이 영역을 공략하는 일환으로 여기에 있던 낙랑군과 대방군을 공격하여 피해를 입혔다. 중국 사료상으로는 낙랑군과 대방군의 축출 내지는 멸망 사실이 전혀 없다. 일제 식민 사학자들과 현재 주류 강단 사학계는 존재하지 않았던 한반도의 낙랑군과 대방군을 원래부터 존재하였던 중국 요서 지방에 뒤늦게 두기 위하여 사료의 왜곡도 서슴지 않고 있다. 낙랑군에 이어 대방군의 축출 조작 번역은 낙랑군이 '교치설'을 위하여 축출된 것으로 하여 한반도에서 축출되었으면 대방군 홀로 한반도에 남아 있을 수 없으므로 대방군마저 축출된 것으로 하였다.

하지만 대방군은 【사료64】『삼국지(三國志)』〈위서〉「동이전」韓, 『진서』「지리지」상에 기록된 대로 공손도(公孫度)(150 이전~204년)가 설치하였다가 조조의 위나라의 사마의와 고구려 동천왕의 협공에 의하여 참수당한 이후 없어져 위의 『진서』「지리지」상에 대방군이 나타났다가 이후 사서인 『위서』「지형지」상에 대방군은 없어진 채 대방군에 속하였던 대방현만이 낙랑군에 속한 것으로 기록되어 있다. 즉 대방군은 한반도에서 주류 강단 사학계가 그 전해인 313년 낙랑군이 축출되고, 그 다음

해인 314년에 대방군이 축출된 것이 아니라 그보다 이전인 238년경에 공손씨 세력이 멸망하면서 같이 없어졌다.

이는 【사료123】『삼국사기(三國史記)』권 제24 백제본기 제2 사반왕(沙伴王)·고이왕(古尒王) 기록과 같이 위나라 관구검이 고구려를 공격하는 틈을 이용하여 백제 고이왕(13년, 246년)이 낙랑군을 공격함에 의하여 확인되는 사항이다. 이 사건은 주류 강단 사학계의 한반도 비정대로라 하더라도 중간에 대방군이 있는데도 낙랑군을 공격할 수 없다. 이에 의하면 이미 없어졌다는 증거이다. 그리고 원래의 위치인 하북성 위치라고 한다면, 산동성에 있었던 백제가 하북성 낙랑군을 공격하려면 그 중간인 가는 길목에 있던 대방군이 없었기에 낙랑군에 대한 공격이 가능했던 것을 증명하는 것이다.

따라서 대방군은 적어도 공손씨 제거 238년과 이 백제의 낙랑 공격 246년 사이에 없어진 것이다. 따라서 314년 미천왕 15년에 남쪽의 대방군을 침략하였다는 기록은 오기이거나 하북성의 대방군이 아니라 산동성의 대방고지, 즉 산동성 고구려의 남쪽에 있었던 백제의 부용국인 대방(국)을 공격한 것을 대방군, 즉 하북성의 대방군을 침략한 것으로 오인하여 기록한 중국사서를『삼국사기』가 그대로 인용하여 편찬한 것이라고 확인된다. 이 부용국 대방(국)은 이미 확인하였듯이【사료321】『삼국사기(三國史記)』권 제24 백제본기 제2 책계왕(責稽王) 원년(AD286년)상과 같은 고구려의 공격을 받은 대방의 대방왕이 백제에 구원을 요청한 그 대방(국)이다. 이 2개의 대방 기록은 그 시점도 40년 차이가 나는 비슷한 시기이다.

따라서 대방군을 비롯한 대방은 모두 한반도가 아닌 것이며 공손씨 세력이 활동하였던 곳은 하북성 낙랑군의 남쪽으로 조조의 위나라가 공격하여 들어온 하북성 요동군 지역인 요동군의 치소인 양평현 지역이다. 이렇게 명백한 것을 한반도에 왜곡 비정함에 따라 다시 그 소멸도 왜곡하게 되었다.

> 대방군은 공손도(公孫度)(150 이전~204년)가 설치한 이후 소멸한 238년경까지만 하북성에 존재하였다. 한반도에서 314년에 축출된 것이 아니다. 314년 대방군 기록은 오류이다.

이는 잘못된 것에 의하여 어쩔 수 없이 또 다른 잘못을 저지르는 형국이다. 그렇다면 원천적인 잘못인 낙랑군과 대방군의 한반도 위치 논리를 철회하면 간단한 것을 그리하지 않는다. 그동안 아니 우리 역사 전체가 이에 맞추어져 있기 때문에 이를 철회하면 모든 것을 바꾸어야 하므로 할 수가 없다. 그러면 그들의 모든 논문과 강의 등 모든 것이 무너지기 때문이다. 그래서 어떡해서든지 변명 논리를 만들어 '낙랑군 한반도 평양설'을 유지시키고 있다.

그래서 만든 것이 '고조선 이동설'과 '낙랑군 교치설'이다. 그렇기 때문에 허술함 등 논리의 취약성이 드러나고 있다. 그래도 버틴다. 버텨야 하기 때문이다. 그래서 소위 '젊은 역사학자 모임' 일원은 또 다시 이를 들고 나왔다. 그래서 이에 대하여는 이 글에서 철저히 입증하여 반박하여 비판하였다. 이미 본 필자가 인용하여 살펴본 여러 사서들 특히 다음의 사서들을 보면 낙랑군과 대방군이 중국 하북성 요서 지방에 있었고, 이후 아무런 변화가 없는 것을 알 수 있다.

> 【사료16】『진서』「지리지」 '평주', '유주'
>
> 1. 평주(平州)
>
> 평주(平州). 안(按) : 우공(禹貢)에서 말하기를 기주(冀州)의 영역인데, 주(周)에서 유주(幽州)의 경계로 했으며 한(漢)에서는 우북평군(右北平郡)에 속했고

후한(後漢) 말엽에, 공손도(公孫度)가 스스로 평주목(平州牧)이라고 불렀다. 이에 그의 아들 공손강(公孫康)과 공손강의 아들 공손연(文懿)이 요동을 아우르고 그곳에 의거하니 동이 9종이 모두 복속하였다. 위(魏)에서는 동이교위(東夷校尉)를 설치하여 양평(襄平)에 거하였고 그리고 (이를) 나누어 요동(遼東) 창려(昌黎) 현토(玄菟) 대방(帶方) 락랑(樂浪) 5개의 군을 평주(平州)로 하였고 후에 유주(幽州)와 합하였다. 이에 공손연(文懿)이 망한 후에 호동이교위(護東夷校尉)로 하여 양평(襄平)에 거하였다. 함녕(咸寧) 2년(275) 10월에 나누어 창려(昌黎) 요동(遼東) 현토(玄菟) 대방(帶方) 악랑(樂浪) 등의 군국(郡國) 5으로 평주(平州)를 설치하였다. 현은 26이고 가구수는 1,8100이다.

③ 낙랑군

낙랑군(樂浪郡), 한(漢)에서 설치하였다. 6개의 현을 다스린다. 가구수는 3700이다.

1) 조선현(朝鮮縣), 주(周)가 기자(箕子)를 봉한 땅이다.
2) 둔유현(屯有縣).
3) 혼미현(渾彌縣).
4) 수성현(遂城縣), 진(秦)이 쌓은 장성이 일어난 곳이다.
5) 루방현(鏤方縣).
6) 사망현(駟望縣).

⑤ 대방군

대방군(帶方郡), 공손도(公孫度)(150 이전~204)가 설치하였고 현은 7이며 가구수는 190이다.

1) 대방현(帶方縣).
2) 열구현(列口縣).
3) 남신현(南新縣).
4) 장잠현(長岑縣).

5) 제해현(提奚縣).
6) 함자현(含資縣).
7) 해명현(海冥縣).

【사료75】『위서 지형지』「남영주/영주」

3. 남영주(南營州)

남영주(南營州), 효창(孝昌) 년간(525~528)에 영주(營州)가 함몰되었고, 영희(永熙) 2년(533) 설치하였다. 영웅성(英雄城)에 맡기어 통치하였다.
5개의 군을 다스린다. 현은 11개이고 가구수는 1813이며 인구수는 9036이다.

⑤ 낙랑군

낙랑군(樂浪郡), 천평(天平) 4년(537)에 설치하였다.
다스리는 현은 1개이고 가구수는 49이며 인구수는 203이다.

1) 영락현(永樂縣), 흥화(興和) 2년(540)에 설치하였다.

5. 영주(營州)

영주(營州), 화룡성(和龍城)에서 다스린다. 태연(太延) 2년(436)에 진(鎭)이 되었고 진군(真君) 5년(444)에 고쳐서 설치하였다. 영안(永安) 말에 함락되어 천평(天平) 초(534)에 다시 회복했다.
다스리는 군은 6개이고 현은 14개이다.
가구수는 1021이며 인구수는 1664명이다.

④ 낙랑군(樂浪郡)

낙랑군(樂浪郡), 전한(前漢) 무제(武帝)가 설치하였고 두 한(漢)과 진(晉)에서 낙랑(樂浪)이라 했으며 후에 고쳤다가 폐하였다. 정광(正光) 말년(521)에 다시 설치하였다. 연성(連城)에서 다스린다.
다스리는 현은 2개이고 가구수는 219이고 인구수는 1008명이다.

1) 영락현(永洛縣), 정광(正光) 말년에 설치하였다. 조산(鳥山)이 있다.
2) 대방현(帶方縣), 두 한(漢)에 속했고 진(晉)에서는 대방군(帶方郡)에 속했으며 후에 폐하였다가 정광(正光) 말년(521)에 다시 속하였다.

6. 평주(平州)

平州, 晉置, 治肥如城. 領郡二, 縣五. 戶九百七十三, 口三千七百四十一.
평주(平州), 진(晉)에서 설치하였고 비여성(肥如城)에서 다스린다. 다스리는 군은 2개이고 다스리는 현은 5개이다. 가구수는 973이며 인구수는 3741명이다.

② 북평군(北平郡)

북평군(北平郡), 진(秦)에서 설치하였다.
다스리는 현은 2개이고 가구수는 130이며 인구수는 1836명이다.

1) 조선현(朝鮮縣), 두 한(漢)과 진(晉)에서는 낙랑(樂浪)에 속했으며 후에 폐하였다. 연화(延和) 원년(432)에 조선(朝鮮) 사람을 비여(肥如)로 옮겨 다시 설치하여 속하게 하였다.
2) 신창현(新昌縣), 전한(前漢)에서 탁군(涿郡)에 속하였고 후한(後漢)과 진(晉)에서는 요동군(遼東郡)에 속하였다가 후에 속하였다. 노룡산(盧龍山)이 있다.

이 사서들에 의하면 『진서』「지리지」상의 평주가 『위서』「지형지」상에 영주로, 『진서』「지리지」상의 유주가 『위서』「지형지」상의 평주로 그 소속을 바꾸었고, 『위서』「지형지」상에 남영주 소속에 새로운 낙랑군을 설치한 것으로 하고 있다. 기존 낙랑군은 『한서』「지리지」와 『후한서』「군국지」상에는 유주 소속, 『진서』「지리지」상에는 평주 소속, 『위서』「지형지」상에는 영주 소속으로 하였다. 소속을 달리하였다고 하여 그 위치가 변화되는 것은 아니다. 「지리지」상 낙랑군은 『진서』 「지리지」는 위의 사마의 시대(179~251년)로부터 동진의 공제(229~420년) 때의 멸망 시까지를 기록한 것이며, 『위서』「지형지」는 북위시대(386~535 년)를 기록하였다.

그러므로 『진서』「지리지」상의 기록에 의하면 낙랑군은 이전의 유주 소속에서 평주 소속으로 달리한 채 규모는 달리하였으나 그 위치와 명맥은 변함없이 유지하다가 『위서』「지형지」상의 시대인 북위시대 (386~535년)에 고쳤다가 폐하고 정관 말년 521년에 다시 설치하였다. 이는 이전의 소속대로 이어진 영주 소속이다. 이와는 별도로 영희 2년 인 533년에 다시 설치한 남영주 소속으로 별도의 낙랑군을 천평 4년 인 537년에 설치한 것으로 확인된다. 이는 원래의 낙랑군과는 다른 별도의 것이다. 그러나 정작 원래 설치된 낙랑군의 중요한 소속 현인 조선현은 이미 앞에서 패수에 대하여 살펴보면서 확인하였듯이 432 년에 북평군 소속으로 옮기면서 원래 낙랑군 조선현 사람을 비여로 옮겨 살게 한 것인데 이곳이 노룡현이다. 즉 비여현은 노룡현이다.

이에 대하여는 앞에서 상세히 확인하였다. 그러므로 원래 한무제 시기에 설치된 위만조선의 낙랑 지방에 설치한 낙랑군이 유주 소속 으로 계속 이어져 오다가 『진서』「지리지」시대(179~420년)에 평주 소속 으로 있다가 『위서』「지형지」시대인 북위시대(386~535년)에 폐쇄되기 도 하다가 정관 말년 521년에 소속을 옮겨 영주 소속으로 있는 한편 낙랑군의 주요 소속 현인 조선현과 주민들은 연화 원년 432년 노룡 현으로 옮기면서 여기에 정착하게 되었다. 그야말로 낙랑군은 축소 되거나 그 소속을 옮겼지만 위치는 그대로 유지되고 있다. 단지 남영 주를 만들어 새로운 낙랑군을 천평 4년 즉 537년에 설치하였다. 이

남영주는 영주가 지금의 석가장시 북부이므로 그 남쪽에 설치한 것이다. 이 남영주는 뒤늦게 영주에 있던 요동군 등 일부 군과 현이 설치된 것으로 보아 영주에 있던 군현이 고구려에 멸망하여 없어졌다가 그 위치를 옮겨 새로이 설치된 것이다. 위치도 원래의 위치인 영주 남쪽이다. 또한 시기도 멸망한 후 일정시간이 지난 뒤늦은 시기이다. 그리고 대방군은 『진서』「지리지」상에는 존속하고 있다가 『위서』「지형지」상에는 대방군은 없어진 채 단지 소속 현이었던 대방현만 대방군이 없어질 때 없어졌다가 정광 말년 즉 521년에 다시 영주 소속 낙랑군에 속하는 것으로 된다. 위와 같은 사실은 앞에서 살펴본 낙랑군과 대방군의 규모 변화에 의하여 확인할 수 있다.

■ [도표3] 중국사서 지리지상 소속 현 규모 변화

구분	지리지	군	가구수	인구수	현
1	한서 지리지	낙랑군	62,812	406,748	25
2	후한서 군국지	낙랑군	61,492	257,050	18
3	진서 지리지	낙랑군	3,700		6
		대방군	190		7
4	위서 지형지	낙랑군	219	1,008	2
		신 낙랑군	49	203	1

낙랑군은 『한서』「지리지」 및 『후한서』「군국지」상의 규모와 『진서』「지리지」 및 『위서』「지형지」상의 규모와는 크게 차이가 난다. 『진서』「지리지」는 위의 사마의 시대(179~251년)로부터 동진의 공제(229~420년) 때의 멸망 시까지를 기록하였으며, 『위서』「지형지」는 북위시대(386~535년)를 기록하였다. 이보다 앞선 『후한서』는 동한시대(25~220년)를 기록하였다. 따라서 앞에서 『삼국사기』를 통하여 살펴본 바와 같이 200년 이후 즉 고구려 미천왕의 낙랑군 축출 아닌 공략(313년) 이전인 모본왕

의 연 5군 지역으로 이후 낙랑군 지역인 북평, 어양, 상곡, 태원 습격(49년)과 태조왕(47~165년)의 요서에 10성을 쌓은 것(55년)과 서안평현 습격에 대방령을 죽이고 낙랑태수의 처자를 사로잡은 것(146년) 등에 의하여 낙랑군 지역을 공략하기 시작하자 낙랑군이 원래의 위치에서 규모가 축소된 채 한적한 지역인 동남쪽 즉 현재의 하북성 남쪽이자 하북성 호타하 인근으로 쫓겨 간 것으로 확인된다.

결코 이 지역으로 머나먼 한반도에서 1,000여 가를 고구려 심장부를 통과하여 이곳 요서 지방으로 이치 즉 옮겨간 것이 아니다. 그리고 낙랑군이 위치를 인근 지방에서 옮긴 시기도 교치설상의 313년이 아닌 『위서』「지형지」상의 북위시대(386~535)이다. 낙랑군의 경우 폐하였다가 521년경 다시 설치되었다. 교치설과 같이 313년이 아니다. 이때는 『진서』「지리지」상의 시대로 규모는 많이 줄었으나 위치와 명칭은 변함없이 그대로 존속하고 있었다. 언제 우리나라 서북부 지방의 평양과 황해도 지방이 중국의 평주나 영주에 소속되어 있었는지 한심스럽다. 그래서 본 필자가 이 글에서 비판한 논문과 소위 '젊은 역사학자 모임' 일원 그리고 강단 사학계에서는 이러한 사서를 절대 내놓지 않는다. 이것도 학자의 양식을 저버리는 것이다. 이렇게까지 하면서 식민사학 논리를 유지하고 있다.

> 낙랑군과 대방군은 주류 강단 사학계가 비정하는 313년, 314년에 한반도에서 축출된 것이 아니다. 낙랑군은 위치를 옮긴 사실이 없고, 대방군은 204년 이후 설치되어 238년경에 소멸되었다. 그 자리에서 규모 변화와 소속 변화만이 있었을 뿐이다.

따라서 소위 '젊은 역사학자 모임' 일원의 교치 논리는 네 가지 면에서 오류가 지적된다.

(1)313년 미천왕의 낙랑군 **"침략"**을 **"축출"**로 바꾸어 이를 **"모용외가 장통에게 낙랑군을 설치해 주고"**와 연결시켜 낙랑군의 변화를 주었다는 논리는 성립이 안 된다. 즉 장통이 낙랑군을 설치할 당시에 낙랑군은 축출되지 않았다. 그 자리에 그대로 있는 것이다. 축출되지 않고 옮겨지지 않은 것을 어떻게 새로운 곳에 설치한다는 말인가.

(2)원래 낙랑군과 대방군이 설치된 당시 요동 지역 지금의 주류 강단 사학계의 개념상 요서 지역에는 소속 군현은 없어지고 다시 설치되고 축소되고 일부 소속 현을 옮기기는 하였어도 그 위치는 변화가 없었다. 더군다나 낙랑군은 폐하거나 다시 설치되었지만 그 시기가 주류 강단 사학계가 세운 논리인 '낙랑군 교치설'인 313년과는 전혀 연관성이 없고, 대방군 역시 설치된 후 없어진 것은 238년경으로 주류 강단 사학계의 314년과는 관련이 없어 주류 강단 사학계의 주장은 허위임이 증명된다.

(3)낙랑군이 다시 요서 지역 즉 당시의 요동 지방에 한반도에서 축출된 후 여기에서 옮겨온 주민들을 새롭게 만든 낙랑군에 옮겼다는 그 새롭게 낙랑군을 만든 기록인『자치통감』313년 4월 기사는 [낙랑군 교치설에 대하여]에서 설명하였듯이 낙랑군을 그해에 설치하였다는 기록이 아니고 설사 이 기록대로 낙랑군을 설치해 주었다고 하여도 그 시기가 비록 기록 시점이 313년으로 되어 있지만 내용상의 장통이 귀순한 시점은 313년이 아니라 그 이전이다. 즉 여러 시기의 관련 사건을 어떠한 내용을 기록하면서 같이 기록한 것으로 같은 시기가 아니라는 사실이다. 이는 사서의 기록에 대한 엄밀한 분석 작업에 의하여 밝혀진 결론이다. 더군다나 위에서 밝힌 대로 장통의 귀순 사실과는 별도로 낙랑군은 이때 새로 설치된 것이 아니라 설치 때부터 계속하여 변함없이 이 시기부터 그 이후 시기까지 지속되어 왔다는 사실이다.

(4)또한 앞에서 확인한 대로,

1) 『삼국지』〈위지〉「동이전」'고구려' : 고구려는 요동의 동쪽 천리 밖에 있다. 남쪽은 조선과 예맥, 동쪽은 옥저, 북쪽은 부여와 접하고 있다.

이 기록을 제시하면서 이 사료의 해석에서 남쪽의 조선을 낙랑군 조선현으로 보아 압록강 북쪽에 있는 고구려 남쪽인 평양에 낙랑군(조선현)이 있는 것으로 하였다. 하지만 본 필자는 이에 반박하여 비판하면서 "이 사서의 편찬자는 낙랑군 조선현을 나타내려면 큰 낙랑군으로 기록하는 것이 상식인데 이를 낙랑군의 일개 소속 현인 조선현을 기록하는 것은 상식 밖의 일로 이는 편의적인 소위 '젊은 역사학자 모임' 일원의 해석으로 잘못된 것이고, 이 조선은 다른 기록을 근거로 당시 삼조선 마한, 진한, 변한 중 진한, 진조선을 지칭하는 것으로 보거나, 같은 사서상의 남쪽에 있다는 낙랑은 낙랑군이 아니라 원래 고조선, 위만조선의 땅이었던 낙랑 땅인 것이다."라고 하였다.

이러한 본 필자의 비판이 신빙성 있고 소위 '젊은 역사학자 모임' 일원의 논리에 오류가 있는 것이 밝혀지는 것이다. 즉 『위서』「지형지」상 낙랑군의 주요 소속 현으로 소위 '젊은 역사학자 모임' 일원이 위의 사료에서 '조선'을 조선현으로 한 '조선현'은 432년에 북평군 소속으로 옮기면서 원래 낙랑군 조선현 사람을 옮겨 살게 한 것인데 이곳이 다음 시기의 지리서인 『수서』「지리지」상의 노룡현이다. 이 조선현의 이웃 현인 신창현 내에 노룡현에 있는 노룡산이 있다는 것이 이의 위치가 노룡현임을 입증해 준다. 이곳은 위치가 변하지 않고 소속 현과 주민만을 그 이웃에 옮긴 채 그대로 있었다. 이곳은 그대로 하북성 석가장시 북부이다. 어디서 옮겨와서 다시 설치한 것이 아니다. 더군다나 한반도에서 313년 사이에 옮겨와서 이곳에 설치한 사실이 없다.

그리고 대방군의 경우를 살펴보자. 대방군의 유래와 위치에 대해서는 앞에서 살펴보았다. 낙랑군의 남쪽 즉 낙랑군이 지금의 하북성 석가장시 동북부인 하북성 보정시 정주시로 비정되므로 이곳 남쪽인 사서기록상의 하북성 노룡현 지역, 옛 고죽국 지역 즉 석가장시 북부 지역에 공손도가 설치한 것임을 확인하였다.

> **【사료65】『통전(通典)』「주군」'평주'**
>
> **평주**(지금은 노룡현에서 다스린다.) **은나라 때의 고죽국이다. 춘추시대의 신용, 비자 두 나라 땅이다.**(지금의 노룡현에 옛 고죽성이 있는데, 백제·숙제의 나라이다.)

대방고지에서 건국한 것으로 되어 있는 백제는 이곳에서 더 남쪽인 산동성 지방에서 건국하였다. 따라서 원래의 대방고지는 이곳이고 공손도가 설치한 대방군은 대방고지보다 북쪽인 지금의 석가장시 북쪽에 있었다. 대방군은 중국 중앙정부의 소속 군현으로 되어 있지만 사실상 공손씨가 독자적으로 통치하고 있었다. 그런데도 중국사서에서는 자기들 군현 소속으로 기록하고 있다. 이 대방군은 소위 『삼국지연의』상의 위나라 조씨 정권과 고구려 연합군에 의하여 멸망되었다. 위나라가 공손씨 정권을 공격하자 공손씨 정권과 대립하던 동천왕(12년)은 군대를 보내 위나라를 지원했다.

그리하여 마침내 238년 공손씨 정권이 토벌되었다. 그러나 공손씨 정권(189~238년까지 당시 요동을 다스렸는데 중국 왕조로부터는 반독립 상태였다.)이 사라지고 고구려가 요동인 서안평을 습격하여 격파하는(동천왕16, 242년) 등 요동에 대한 영향력을 확대하자 위기를 느낀 위나라는 고구려를 공격(동천왕20, 246년 위장 관구검 침입)하기 시작했다. 이때부터 중국 왕조와 고구려 간의 치열한 이 지역 쟁탈전이 벌어지게 되고 결국 광개토대왕 시기에 고구려의 완전 점령으로 이어지게 되는 것이다. 이와 관련한 중국사서를 보자.

【사료59】『삼국지(三國志)』〈위서〉 '공손도, 공손강, 공손공, 공손강의 아들 공손연 열전'

경초(景初) 원년(237년) 위나라에서 유주자사 관구검 등에게 황제의 새서(璽書:옥새 찍힌 문서)로 공손연(자는 문의, 공손강의 아들)을 불렀지만 공손연은 군사를 일으켜 거꾸로 요대(遼隧)에서 관구검 등과 싸웠다. 관구검 등이 불리해서 돌아오자 공손연은 자립해서 연왕(淵王)이 되어, 백관과 유사를 설치했다… 2년(238) 봄 태위 사마선왕(사마의)을 보내 공손연을 정벌하게 했다. 6월에 (위나라) 군이 요동에 이르자 공손연이 장군 비연(卑衍), 양조(楊祚) 등에게 보병과 기병 수만 명을 주어 요대(遼隧)에 주둔시키고, 20리에 참호를 둘렀다. 위나라 사마선왕(司馬宣王:사마의)의 군사가 도착하자 비연에게 역습해서 싸우게 했다. 사마선왕은 장군 호준(胡遵) 등을 보내 격파하자 선왕은 영을 내려 포위망을 뚫게 했는데, 동남쪽을 향해서 군사를 이끌면서 동북쪽을 습격해 양평(襄平)까지 쫓아갔다. 비연 등은 양평을 지킬 수 없을까 두려워서 밤에 도주했다. 여러 군이 나아가 수산(首山)에 이르자 공손연은 다시 비연 등을 보내 죽음을 각오하고 싸우게 했지만 다시 습격해서 대파하고, 군사를 진격시켜 성 아래에 벌여놓고, 참호를 포위했다. 때마침 장맛비가 삼십여 일이 내려서 요수의 물이 사납게 늘어나서 선박으로 요수 입구에서부터 빠르게 성 아래에 이를 수 있었다. 비가 개자 토산(土山)을 일으키고 망루를 수리하고 쇠뇌에서 연달아 돌을 성 안에 쏘자 공손연이 군색하고 급해졌다. 식량이 다하자 사람들이 서로 잡아먹어서 죽은 자가 아주 많아서 장군 양조 등이 항복했다. 8월 병인일 밤에 길이가 수십 장인 큰 유성이, 수산 동북에서 양평성 동남쪽으로 떨어졌다. 임오일에 공손연은 무리들이 궤멸하자 그 아들 공손수와 함께 수백 기로써 포위망을 뚫고 동남쪽으로 도주했고 대군이 급하게 추격했다. 마침 유성이 떨어진 곳에서 공손연 부자의 목을 베었다. 성이 파하자 상국(相國) 이후 천여 명의 목을 베었다. 공손연의 머리는 낙양으로 전했는데, 요동, 대방, 낙랑, 현도 등이 다 평정되었다.

이 사서에서는 대방군과 관련하여 네 가지 중요한 사실을 파악할 수 있다.

①앞에서 살펴본 대로 공손씨 집안의 대방군은 옛 고죽국 위치로 나중의 평주 노룡현 지방이다. 이것을 입증하는 다른 사항이 위의 양평이다. 본 필자가 앞에서 입증하였듯이 양평은 한나라 요동군 양평현이자 공손씨의 양평성이자 고구려 요동성으로 나중에 안동도호부가 평양에서 이곳으로 옮겨 설치된 곳으로 현재 하북성 석가장시 행당현이다. 따라서 공손씨 집안의 활동무대이자 대방군 지역은 바로 양평 인근이다. 따라서 주류 강단 사학계가 주장하는 한반도 황해도는 절대 아니다.

②위의 기록상 위나라가 공손씨 세력을 토벌함에 있어 그 지명이 확인되는데 그것은 요대이다. 요대는 바로 요동군 요대현을 말하는 것이다.

【사료22】『한서』「지리지」1. 유주

⑧ 요동군(遼東郡)
요동군(遼東郡), 진(秦)에서 설치하였고 유주(幽州)에 속한다.

1) 양평현(襄平縣), 목사관(牧師官)이 있다. 왕망은 창평(昌平)이라 했다.
7) 요대현(遼隊縣), 망(莽)은 순목(順睦)이라 했다.
8) 요양현(遼陽縣), 대양수(大梁水)가 서남쪽으로 요양현(遼陽縣)에 이르러 요수(遼水)로 들어간다. 왕망은 요음(遼陰)이라 했다.
15) 서안평현(西安平縣), 망(莽)은 북안평(北安平)이라고 했다.

⑨ 현토군(玄菟郡)
현토군(玄菟郡), 무제(武帝) 원봉(元封) 4년에 열었다. 고구려현(高句驪縣)은 왕망이 하구려(下句驪)로 고쳤으며 유주(幽州)에 속한다.[1]
1) 고구려현(高句驪玄), 요산(遼山)에서 요수(遼水)가 나오는데 서남쪽으로 요동군 요대현(遼隊縣)에 이르러 대요수(大遼水)로 들어간다. 또한 남소수(南蘇水)가 있는데 서북쪽으로 새(塞) 밖을 지난다.[2]

[1] 應劭曰故眞番朝鮮胡國. 응초(應劭)가 말하기를 옛 진번조선(眞番朝鮮) 호(胡)의 나라이다.
[2] 應劭曰故句驪胡. 응초(應劭)가 말하기를 옛 구려(句驪) 호(胡)이다.

【사료21】『수경주』「대요수」, 「소요수」

(대요수는) 또한 남쪽으로 흘러 요대현(遼隊縣) 옛 성의 서쪽을 지나는데 왕망이 순목(順睦)으로 바꾸었다. 공손연(公孫淵)이 장군 필연거(畢衍拒) 사마의(司馬懿)를 요대(遼隊)에 보냈는데 즉 이곳이다.

소요수(小遼水)는 또한 요대현(遼隊縣)을 지나서 대요수(大遼水)로 들어간다. 사마선왕(司馬宣王)이 요동을 평정하였는데 공손연(公孫淵)을 이 물 위에서 목을 베었다.

㉠이 요대현이 속한 요동군 그리고 요수 즉 대요수가 요동군 요대현으로 흘러 들어가는 이 대요수가 발원하는 지역인 현토군은 모두 유주 소속이다. 중국 유주는 한반도까지 걸쳐 있는 것이 아니라, 사서 기록과 같이 산서성의 기주를 나누어 설치한 유주로 지금의 하북성 석가장시 서북쪽을 가리킨다. 이를 확장 내지는 이동시켜 요령성 내지는 한반도까지 설정하는 것은 식민사학을 위한 왜곡 조작이다. 이 유주를 진번조선이라고 하였다고 기록되어 있다. 진번조선은 바로 유주에 있었다. 따라서 소위 한사군의 진번이라고 일부 사서가 기록하고 있는 이것도 역시 이곳 유주에 있는데 이곳은 하북성이다.

㉡위 기록과 같이 공손씨 세력이 활동하고 토벌되어 참수된 지역은 유주 소속 요동군의 소요수 내지는 이의 인근에 있었던 대요수가 흐르는 요대현, 이 하천이 발원하는 현토군 지역이다. 이 요대현이 속한 요동군에는 공손씨 세력의 출신이자 본거지인 양평현 그리고 요대현, 요양현, 서안평현이 있다. 서안평현은 안평현, 북안평, 안시

현으로도 불린다. 현재 이 안평현과 요양현이 바로 하북성 석가장시 호타하 동부 지역에 그대로 남아 있다. 하북성 형수시 안평현(河北省 衡水市 安平县), 하북성 형수시 요양현(河北省 衡水市 饶阳县). 서안평현, 안평현, 북안평, 안시현은 당나라 시기의 박작성이자 고려시대 강동 6주 내지는 고려 천리관성의 흥화진이다. 이 서안평을 주류 강단 사학계는 지금의 한반도 압록강 단동시로 비정하고 있다. 그렇다면 이곳에 조조의 위나라가 수시로 침범하였고 공손씨가 여기서 활동하고 소멸하였고 하여야 한다. 이는 역사상 있을 수 없는 일이다. 일제 식민사학인 '한반도 낙랑군 평양설'로 인하여 한나라가 한반도 평안도까지, 연나라가 압록강 북부까지, 공손씨 세력이 황해도까지 들어오게 한 것도 모자라 드디어 조조의 위나라가 압록강 북부까지 진출한 것으로 만들고 있는 것이 우리 주류 강단 사학계이다.

이와 같이 요대(현) 기록에 의하여 대방군을 설치하고 소멸한 공손씨의 활동 지역에 대하여 확인되는 동시에 주류 강단 사학계의 역사 왜곡 및 조작을 확인하게 된다. 이 요대현은 바로 이와 같은 소요수

■ [도표7] 마수산(책) 비정

구분	출처	해당	대상	내용	주류 강단 비정	원래 위치
1	한서 지리지		마수산	유성현의 서남쪽		요서군 유성현 (현재 석가장시 정정현)의 서남쪽
2	삼국사기 AD30	백제 다루왕	마수산	마수산 서쪽 말갈 격파	경기 포천	
3	삼국사기 AD503	백제 무령왕	마수책	말갈 공격	알 수 없음	
4	삼국사기 AD645	고구려 보장왕	마수산	당나라 공격 루트	요하 동쪽 수산	
5	삼국사기 지리지		마수산 (성)	이름 있으나 위치 모름		
6	흠정만주 원류고		마수산	안시성 바깥 주필산중의 수산		요동군 안시성 인근

가 대요수와 합류하는 지점이다.

③고구려와 연합한 조조의 위나라 사마의가 공손연을 토벌할 때 (238년) 지명인 위의 양평, 요대 이외에 또 수산이 있다. 이는 이미 당나라의 고구려 공격 루트상에 있었던 마수산(책)과 같다. 그것은 같은 하북성 압록강인 호타하 인근이기 때문이다. 이곳은 양평현인 지금의 하북성 석가장시 행당현 남쪽인 『한서』「지리지」 기록상 한나라 시기 이후 유성현의 서남쪽에 마수산이 있는 하북성 석가장시 정정현이다.

㉠앞에서 살펴보았지만 이곳은 먼저 마수산이 요서군 유성현 서남쪽에 있다고 하였다. 유성현은 이후 당나라 시기까지 기록에 남아 있는데 전통적으로 지금의 하북성 석가장시 정정현 일대를 가리킨다.

㉡사서기록상 백제 초기는 물론 후기인 무령왕 시기까지 백제가 말갈을 여기서 격파하였다고 하였다. 이는 이곳이 백제가 진출한 소위 요서 지역으로 당나라 시기의 유성과 북평 지역이자, 요나라 시기의 금주, 영원, 광녕 일대이기 때문이다. 이에 의하여 백제가 처음부터 이곳 요서 지역에서 활동한 것이 확인되는 것이고, 말갈의 활동 지역 및 이동 사실도 확인되는 것이다. 이는 말갈이 처음에는 하북성에서 북갈로 있다가 나중에 산동성으로 옮기어 남갈이 되는 것이 확인된다.

㉢이 마수산은 고구려에 대한 당나라 공격 루트상에 나타난다. 이에 대하여 이곳이 요하 동쪽 수산이라고 하였다. 이 요하를 주류 강단 사학계는 지금의 요령성 요하로 비정하고 있으나 당시 요하는 위의 『한서』「지리지」와 『수경주』 등 수많은 사서기록상의 마자수인 압록수와 대요수와 같이 흐르는 현토군 고구려현 요산 (지금의 오어산)에서 발원하는 소요수이다. 이러한 요건을 충족하는 하천은 압록수인 하북성 석가장시 호타하 북부를 같이 흐르는

대요수인 자하와 소요수인 고하이다. 이곳이 바로 위의 유성현 서남쪽이다.

이와 같은 사실에 의하여 조조의 위나라가 공손씨를 토벌할 때 나타나는 지명인 요산은 하북성 석가장시 행당현 일대이다. 이에 대하여 주류 강단 사학계는 일정한 곳에 비정하지 못함으로써 제대로 비정하지 못하고 있다. 이는 수많은 아니 모든 사항과 같이 모든 것을 한반도에 잘못 비정한 관계로 도저히 할 수가 없다. 하지만 하북성과 산동성에서는 모든 것을 제대로 비정할 수가 있다. 더군다나 『삼국사기』「지리지」도 이곳을 지명은 있으나 위치는 모르는 것으로 기록하여 한반도가 아님을 나타내고 있다.

④마찬가지로 대방군 위치 즉 대방군과 대방군 옆에 있는 낙랑군의 위치는 대방군의 위치인 양평으로 지금의 하북성 석가장시 행당현인 이곳이 바로 요동, 낙랑, 현도가 있는 곳이다. 그래서 위의 기록에서 공손연을 제거하자 "**요동, 대방, 낙랑, 현도 등이 다 평정되었다.**"고 하였다. 따라서 낙랑과 대방은 이곳에 위치해 있음이 입증된다. 그리고 당시 요동이 이곳이고 현토군도 같이 있다. 따라서 요동이 주류 강단 사학계가 비정하는 요하 동쪽으로 본 필자가 이 글에서 비판하는 논문이 주장하는 요하와 요동이 변함없이 이곳이었다는 주장은 일고의 가치가 없는 역사 조작이다. 이러한 역사적 사실은 다음 사서를 비롯하여 여러 중국사서가 증거하고 있다.

【사료25】『통전(通典)』「변방」'동이 하 고구려'

(한나라 낙랑군, 현도군 땅이다. 후한 때부터 위나라 때까지 공손씨가 점거하고 있다가 공손연 때 멸망했다. 서진 영가(307~312) 이후 다시 고구려에 함락되었다. ~(생략))

이곳 고구려 지역 중 요동군 지역은 소요수가 흐르는 석가장시 행당현 인근이라는 것이 입증되는 것으로 이곳은 모용선비족인 소수맥이 탄생한 지역이다. 이곳은 왜곡된 이후의 위치인 난하나 대능하나 요하의 요동 지방의 혼하도 절대 아니다. 이곳은 소요수의 발원지로 기록되어 있는 현재 하북성 석가장시 행당현 소재 오어산(Aoyu Mountain, 鳌鱼山)에서 발원하여 마자수이자 압록수인 호타하와 대요수 자하와 함께 석가장시 북부를 흐르는 고하이다. 여기에서 공손연 부자가 사마의에게 처형되었다.

【사료21】『수경주』「대요수」, 「소요수」

「소요수」
[수경주]

소요수(小遼水)는 또한 요대현(遼隊縣)을 지나서 대요수(大遼水)로 들어간다. 사마선왕(司馬宣王)이 요동을 평정하였는데 공손연(公孫淵)을 이 물 위에서 목을 베었다.

이와 같이 238년 공손씨가 토벌됨으로써 대방군은 『진서』「지리지」상에서는 존속했다가 『위서』「지형지」상 폐지된 채 낙랑군 소속 대방현으로 있게 되었다. 따라서 주류 강단 사학계가 주장한 바와 같이 평안도와 황해도에서 각각 축출되어 요서 지방으로 이치 즉 이사 갔다고 하였으나 대방군은 변함없는 낙랑군의 소속으로 그 위치 그대로 있었다. 따라서 이러한 '낙랑군 교치설'은 허위 주장인 것으로 밝혀진다.

따라서 위와 같이 살펴본 결과에 의하면 '낙랑군 교치설'은 다음과 같은 결론에 의하여 성립할 수 없는 논리이므로 당연히 철회되어야 하고, '한반도 낙랑군, 대방군설'을 비롯하여 대표적인 전형적 일제 식민사학인 '한반도 한사군설'은 폐기되고 '하북성 한이군설'이 성립되어야 한다.

> **수많은 증거에 의하여 대표적인 전형적 일제 식민사학인 한반도 한사군설은 폐기되고 하북성 '한이군설'이 성립되어야 한다.**

(1) 낙랑군은 313년, 대방군은 314년 한반도에서 축출된 사실이 없다. 따라서 이동된 사실이 없다.

(2) 또한 이 논리의 핑계로 삼고 있는 또 하나의 사료인 『자치통감』 사료를 해석하여 보면 『삼국사기』의 미천왕 15년 즉 313년 즉 중국 건흥 원년의 기록은 맞지만 그 사건 자체가 『삼국사기』와는 다르게 그해 당해에 이루어진 것으로 보기 어렵다. 즉 고구려의 공격을 받아 견디지 못한 이 사건은 이 기사를 기록한 이전부터 있어 온 것을 단지 이 시기에 기록한 것으로 이 사건이 기록한 그때 이루어진 것이 아니라는 것이 사실로써 이는 『삼국사기』의 기록 그대로인 미천왕 침략 사실과는 시기상 맞지 않는다. 그러므로 이 두 기사를 서로 연관시키는 것 자체가 잘못인 서로 다른 사건이다. 그럼에도 『자치통감』 기록에 맞추려고 『삼국사기』 기록을 **"침략하다"**를 **"축출하다"**로 바꾸는 왜곡을 하였다.

(3) 그리고 한반도 지방에서 요서 지방으로 옮긴 사실이 『자치통감』 기록상에 전혀 없다. 만약 한반도에서 이동하였다면 이것은 큰 사건으로 중국사서 어느 기록이든지 기록되어 있었을 것인데 전혀 기록이 없다.

(4) 더군다나 당시 평양 이북 지방은 강력한 고구려가 포진하고 있어 한반도 평양 지방에서 고구려 중심부를 지나 머나먼 요서 지

방까지 당시 기록인 『진서 지리지』상 낙랑군의 3,700가구, 대방군의 190가구, 도합 3,890가구, 가구당 4명 기준, 약 15,000여 명이 통과한다는 것은 불가능하다. 따라서 위의 (1)전제 조건이 되는 『삼국사기』의 기록이 증거가 되지 못한다. 또한 위의 (2)『자치통감』의 기록이 『삼국사기』의 기록과 부합되지 않는다.

(5) 당시 낙랑군과 대방군은 당초부터 중국 하북성에 그대로 위치한 채 변함이 없었다. 단지 낙랑군은 고구려의 공략에 축소된 채 동남쪽 지방으로 옮기어 소속을 달리하여 존속한다. 그리고 대방군은 이전인 238년경(~246년)에 소멸되었다.

(6) 대방군이 설치되고 소멸시킨 당사자인 공손씨의 활동 지역은 한반도나 지금의 요령성 요하 인근이 아니라 활동 관련 기록상의 지명인 양평, 요대, 수산 등이 하북성 석가장시 인근이라는 사실에 의하여도 대방군 역시 한반도에 있지 않는 것이 입증된다.

이와 같은 이유로 이 '낙랑군 교치설'은 논란을 벌일 필요도 없이 식민사학 논리를 유지하기 위하여 조작해 낸 대국민 사기극이다.

[낙랑군 고조선 주민 자치설에 대하여]

　이러한 일제 시기부터 내려온 사기극을 변명으로 내놓았지만 위와 같이 본 필자의 비판 같은 논란을 회피하고자 더욱이 일제 식민사관을 유지하고 옹호한다는 비난을 회피하고자 하는 목적과 더불어 오히려 식민사관을 극복하였다는 것을 내세우기 위해서 주류 강단 사학계는 또 다른 억지 대국민 사기극을 벌였다. 그것은 "**낙랑군은 고조선계 주민들이 자치 지배층이거나 자율성을 가지고 있었다.**"는 주장이다. 이 주장 논리의 배경은 다음과 같다. "중국 한나라가 낙랑군으로 통해 강압적으로 통치했다는 일제 식민사학의 주장을 뒤엎은 자료들이다." 그러므로 "주류 강단 사학계는 재야 사학자들이 비판하는 식민사관이 아니라 오히려 민족사관"이라고 주장하나 이는 식민사관의 변형이면서 또 다른 식민사관으로 그동안의 어쩔 수 없는 학문적 성과 및 발굴 성과에 따른 압박에 의하여 위협을 받자 기존 식민사관을 유지하고자 한 핑계이다. 이는 변형한 고조선 이동설과 함께 더 악독하게 왜곡한 기형 변형물로 평가된다.

　이 논리는 다음의 낙랑군 유적과 유물 편에서 다루면서 비판하겠지만 결정적으로 평양 정백동 고분에서 '초원 4년 호구부' 목간이 나왔다고 발표되면서부터이다. 물론 그 이전부터 평양 지방에서 발견되는 유적과 유물이 낙랑군 것이 아니라 낙랑국을 포함한 고조선 계열 유적 유물인 것으로 밝혀지는 한편, 중국계 유물이 있다고 하더라도 이것이 낙랑군의 영향에 의한 것이라고 할 수 없는 것으로 비판받아 그 설자리를 잃게 되는 위기감이 증폭되어 온 것이 누적된 것에 의하여 어쩔 수 없이 나온 변명이다.

더군다나 일제 때 발굴된 낙랑군 유적과 유물은 같은 주류 강단 사학계에서조차 조작 시비가 일어 신빙성이 의심되고, 해방 후 북한에 의하여 발굴된 유적과 유물은 아예 낙랑군 유적과 유믈이 아니고 고조선계 낙랑국 유적과 유물이라고 발표하자, 젊은 사학자들은 이를 조작하여 낙랑군 유적과 유물로 판명 났다고 허위 언급조차 하기에 이를 만큼 위기감을 느꼈다. 그런데다가 사실 해방 전이나 해방 후 발굴 결과의 유적과 유물은 낙랑군 유물은 아니지만 중국계 유물도 많이 나왔지만 정작 낙랑군의 지도자급 유적이나 유물로 볼 수 있는 결정적인 것은 단 한 번도 나오지 아니 하였고 모든 중국계 유적과 유물이 발굴되는 곳에는 반드시 고조선계 유적과 유물 특히 고조선 지표 유물인 비파형동검이나 세형동검이 나와 그 유적이 중국계 특히 낙랑군 유적이라고 명백히 입증될 수 없었다. 오히려 낙랑군이라는 선입견을 제하고 바라보면 자연스런 고조선계 사람이 중국계 물건을 교역과 교류를 통하여 지닌 것을 무덤에 넣은 것으로밖에 볼 수 없어 낙랑군 평양설이 무너질 수밖에 없었다. 이와 같은 발굴 결과 즉 모든 유적과 유물이 지도자급인 경우 중국계 지도자급 유적과 유물 그리고 일부 고조선계 유적과 유물이 있어야 하는데 평양 고분은 중국계 유물도 있지만 모두 고조선 유물들이 같이 있음으로 해서 주류 강단 사학계에서는 낙랑군이 평양에 위치했었다는 선입 전제조건을 가지고 해석할 수밖에 없으므로 이에 따르자면 낙랑군은 중국 정부에서 파견한 관리자가 관리한 것이 아니라 고조선인 스스로 자치권을 가지고 영위를 했다는 해석을 할 수밖에 없었다.

> 소위 한반도 평양 낙랑군 관련 유적 발굴 결과는 한나라가
> 지배한 근거보다는 고조선 주체에 의한 종속적인 한나라 유물로
> 해석된 결과에 의하여 이를 회피하고 기존의 논리를 고수하고자
> '자치설'이 나왔다. 하지만 이는 본질적인 '한나라 낙랑군설'을
> 폐지하여야 해결된다.

그러던 차에 1993년도에 북한에서 발굴한 무덤에서 목간이 출토되었다는 것을 이보다 한참 후인 (1)2006년도에 북한의 역사학자 손영중은 『력사과학』 198호(2006년)에 기고한 '낙랑군 남부지역의 위치'에 관한 글에서 목간에 나오는 인구를 분석하고, 또 그 현 중에서 중국의 요령 지역이 분명한 단렬, 패수, 함자 등이 들어 있으므로 낙랑군 목간은 낙랑군이 원래 위치인 중국 천산산맥 서쪽에 있을 때인 B.C. 45년에 요령 지역에서 낙랑군 인구를 조사한 것인데 어떤 사유로 평양에 있는 고조선인의 무덤에 묻히게 된 것이라고 해석하고 있다고 발표한 것을 국내 주류 강단 사학자가 학계에 소개하면서 알려지게 되었다.

분명 발굴한 북한 학계에서는 이 유물은 낙랑군 평양설을 부정하는 자료로써 오히려 낙랑군이 요령 지역 즉 지금의 요하 인근 지방에 위치해 있음을 증빙하는 자료라고 발표하였는데 불구하고, 주류 강단 사학계에서는 낙랑군이 평양에 있음을 전제로 하여 이것이 '낙랑군 평양설'을 증빙하는 자료라고 발굴 당사자의 발표를 부정하고 있다. 더군다나 이를 계기로 '낙랑군 고조선인 자치설'로 인한 '주류 강단 사학계의 식민사학 극복'이라는 회피 및 변명 논리를 다시 주장하기 시작하였다.

이러한 방식은 본 필자가 언급하였듯이 '낙랑군 무덤의 북한 발표 내용과 반대 논리 전개', '일본열도 조선성 시기 왜곡 발표', '조선 실학자 낙랑군 평양설 통설 정립 왜곡', 『삼국사기』 미천왕조 낙랑군 대방군

왜곡 설정' 등과 그 궤를 같이하는 역사왜곡이자 대국민 사기극이다.

(2)이 목간에 나오는 낙랑군 소속의 여러 지역의 호구 통계가 적혀져 있는데 이 지역의 명칭을 주류 강단 사학계에서는 어떠한 유력하고 신빙성 있는 근거에 의하여 북한 지역에 각각 비정하여 '낙랑군 평양설'의 증거라고 하였다. 하지만 낙랑군이 평양에 있었다는 선입 전제조건을 배제하면 이는 북한 지역에 비정할 수 없다.

또한 이 목간을 면밀히 분석하면 (3)이 유물이 발굴된 무덤에서는 귀족이나 누릴 수 있는 위세품과 피지배층의 물품인 농기구가 같이 병행하여 출토되었다는 점, (4)행정 문서를 개인 무덤에 부장하였다는 점, (5)당시 중앙정부인 한나라의 문서인 목각 규격과 글자체가 서로 맞지 않는다는 점, (6)당시에는 전혀 쓰지 않는 반면 19~20세기 일본에서만 쓰던 일본식 한자어인 '별'이라는 접두사가 보인다는 점 등 목간 내용과 발견 위치가 서로 맞지 않는다는 것이 확실한 것을 오히려 확실한 것으로 하여 변명과 회피 논리의 증거가 된다.

재야 사학계에서는 이러한 점들을 들어 일제 강점기에 세키노 타다시 등 일제 식민 사학자들이 낙랑군 유물 중 여러 것을 조작한 것을 사례로 들어 일제 강점기에 일본 식민 사학자들이 조작하여 무덤에 묻어놓고 나중에 발굴하여 발표하려고 하였는데 해방 후 무산되었던 것을 북한이 이러한 점을 미심쩍게 생각해 1993년 발굴해 놓고 공식 발표를 미루다 발표한 것을 우리나라 사학계에는 알려지지 않아 모르고 있다가 뒤늦게 2006년 자료를 입수하여 알게 되었기 때문에 이 자료는 북한의 발표처럼 요령 지방의 낙랑군 호구부 조사를 한 유물이 평양의 무덤에 묻힌 것이기 때문에 '낙랑군 평양설'의 증거가 되지 못하고 오히려 조작의 흔적이 있다고 하였다.

이에 반하여 주류 강단 사학계는 오히려 북한의 발굴 후 뒤늦은 발표를 의심하여 '낙랑군 평양설'의 유력한 자료가 나왔으므로 이를 감추고 발표를 하지 않다가 뒤늦게 다른 내용으로 발표를 한 것으로 보아 이는 그 유물 내용과 발굴 위치의 동일성을 가지고 유력한 '낙랑군 평양설'의 증거물로 보고 있다.

하지만 본 필자가 위에서 언급한 여섯 가지 이유로 말미암아 이 유물은 절대 낙랑군 평양설의 증거물이 될 수 없을뿐더러 이 유물로 말미암아 낙랑군 평양설의 변형물이자 회피물인 '낙랑군 고조선인 자치설' 내지는 '주류 강단 사학계의 식민사학 극본'을 증거해 주는 자료가 되어서는 안 되는 자료인 것이 명백하다.

이것이 평양 무덤에서 발견되었다고 하여 평양이 한사군의 낙랑군이라고 한다면 신라 당시의 서원경(청주) 지방의 촌락 경제 상황을 적은 '신라장적'이 일본에서 발견되었다면 발견된 일본의 어느 곳이 신라의 서원경이 될 수 있다는 허망한 결론을 도출한다는 논리가 된다. 더군다나 유물 자체에 조작의 흔적이 강하고 그 위치 비정 또한 일제 사학자들이 한반도로 근거 없이 비정한 곳을 그대로 추정하여 비정한 것으로 문헌학적으로도 전혀 가치가 없는 유물이다.

'낙랑군 고조선계 주민 자치설'은 또 다른 식민사관 변형물로 대국민 사기극이다.

6. '스모킹 건' 평양 지역 낙랑군 유적과 유물

소위 '젊은 역사학자 모임' 일원은 '낙랑군 평양설'을 주장하기 위하여 그 논리의 유일한 마지막 보루인 유적과 유물을 들고 나왔다. 앞에서 이미 설명하였지만 일부 낙랑군 평양 위치라는 선입견을 가지고 해석하거나 왜곡하여 변조한 자료를 제외하고는 모든 중국사서의 기록이 한반도 평양설을 부정하기 때문에 일제 강점기에 그것도 조작한 유적과 유물을 그 증거자료로 내놓았다.

그동안 수많은 언론과 재야 사학계에서의 비판에 대해서는 일체 반론이나 비판도 없이 자기주장만 되풀이하고 있다. 이러한 태도는 비학문적을 벗어난 학자의 상식을 저버린 몰염치한 행위이다. 반대 논리가 있으면 그 반대 논리에 대한 반론이 있어야만 자기주장이 학문적으로 성립되는 것이 학문과 학자에게 있어서는 기본 상식인데 이를 무시하고 이러한 사실을 전혀 모르는 일반 대중에게 언론 플레이를 하는 본인이 비난을 하는 용어인 학자가 아닌 유사, 사이비 학자 행동을 스스로 하는 행위이다.

> 낙랑군 평양설은 오로지 조작된 유적, 유물에 의존한 폐기되었어야 할 조작된 가설이다.
> 유적, 유물에 의한 고고학적 자료는 문헌학적 근거가 뒷받침되어야만 하는 부차적인 근거이지 선행되어서는 역사가 왜곡될 소지가 큰 것이다.

이에 대하여 수많은 비판을 하였지만 여기서 또다시 반복하여 비판하고자 한다.

일본 제국주의는 조선 민족의 식민지 근성을 조작하고자 모든 사서의 조작 내지는 왜곡 해석(실증주의 사관 내지는 사료 비판학에 의한 『삼국사기』 초기 기록에 대한 불신과 이에 대비되는 『일본서기』 '신공황후' 삼한 정벌기 조작 해석 등)과 이를 입증하는 유물과 유적을 발굴하고자 전국, 특히 가야 지방에 대한 대량 발굴과 평양 지방에 대한 대대적인 조사를 벌였다.

조선통감부는 동경제국대학 공학부 건축학과 교원으로서 식민주의 사학자인 세키노 타다시에게 조선의 고적조사를 의뢰하여 '고구려 고적 조사반'을 조직하여 평양 지역 고분 2기를 발굴하였다. 1910년 조선총독부가 설치되자 '한대 낙랑유적 학술조사'를 끝낸 도리이의 제언에 따라 총독부는 '고구려 고적조사사업'을 '한대 낙랑군 유적 조사 사업'으로 개칭하고 활동을 개시하게 된다. 특히 1911년부터는 낙랑군에 대한 발굴 및 자료 수집에 나서면서부터 엄청난 조작이 벌어진다.

이는 과거의 일이 아니다. 현재까지 지속적으로 이어져 내려오는 일본의 고대 역사왜곡이다. 『일본서기』를 편찬할 때부터 한반도의 모국이면서 자기들 역사 활동의 전부인 백제와 단절하였다. 새로운 국가를 세우는데 자기들 역사가 아닌 백제의 역사 내지는 없어져 버린 나라의 식민지였던 굴욕적인 역사를 쓸 수 없어 조작하여 왜곡하였다.

이와 같이 조작된 역사에 한반도의 역사를 갖다 맞추려다 보니 계속 조작할 수밖에 없었다. 이는 최근까지 이어져 새로운 역사 조작 사태가 지속적으로 발생하고 있다. 대표적으로 일본의 고고학자 후지무라 신이치[藤村新一, 1950~] 사건을 꼽을 수 있다. 그는 1981년 미야기[宮城]현 사사라기[座散亂木] 유적지에서 4만 년 전 유물을 발굴한 뒤 전국적으로 유명해졌다. 잠시 후에 살펴볼 낙랑군 유적의 세키노 타다시와 마찬가지로 그가 손을 대기만 하면 유적이 반드시 나와 '신의

손'이란 칭송을 받았다. 일본은 그동안 구석기시대가 없었던 것으로 알려졌다. 그러한 일본에 70만 년 전의 구석기시대가 있었다고 하여 일본을 놀라게 하였다. 그러나 그가 미야기현 가미타카모리[上高林] 유적지에 유물을 몰래 묻는 모습이 마이니치 신문사의 비밀 촬영으로 드러났다. 그가 밝혀왔던 성과인 구석기시대 유적 발굴이 전부 사기였다. 이와 같이 후지무라 신이치가 조작한 역사 사기극은 세키노 타다시를 비롯한 이마니시 류 등과 같은 식민주의 사학자들의 한사군 유적 조작으로부터 내려져 왔다. 이는 『일본서기』의 편찬으로부터 시작된 일본의 숙명이다.

   세키노 타다시를 단장으로 하는 조사에서도 중요한 유물이 쏟아져 나왔다. 하지만 그 과정이 고고학 발굴의 상식을 벗어나는 것이었다. 본인은 전부 우연히 발견하였다고 하는데 우연이 반복되면 인위적이라는 의구심을 끌어내지 않을 수 없다. 우연을 강조하는 것 자체가 석연치 않은 무언가가 있다는 것을 스스로가 고의로 암시하였다. 그도 최소한의 양심이 있는 학자였다.

   이것을 본 필자는 다빈치 코드에 빗대어 '세키노 타다시 코드'라 부른다. 그는 유물을 우연히 발견한 것으로 하여 유물을 조작하여 놓고서는 학자의 양심이 남아 있어 반드시 유물의 조작 사실을 암시하는 글과 표시를 각 조작 유물 보고서와 유물 자료에 남겨두었던 것이다. 그래도 그는 최소한의 양심을 가진 학자였다. 어쩔 수 없이 '한반도 식민지화 사업'을 하는 군국주의 정부에 따르기는 하였어도 그는 최소한의 양심을 지킨 것이다. 대표적인 예가 보고서상 '우연히'라는 언급과 봉니의 경우 북경 골동품 상가에서 구매한 사실을 일기장에 적어놓고, 효문묘 동종의 경우에는 다른 사진을 남겨놓은 등 조작 사실을 알게끔 흔적을 남겨놓았다. 남겨놓지 않아도 될 것들을 남겨놓았다. 이들은 남겨놓으면 조작을 의심하게 하는 것들이다.

> 세키노 타다시는 남기지 않아도 될 소위 세키노 타다시 코드를 반드시 남겨놓았다. 이는 낙랑군 유물 조작 암시 코드이다.

이러한 조작 사실이 있었다 하더라도 결국 문제는 주류 강단 사학계에게 있다. 이제 자세히 살펴볼 일이지만 이러한 유물이 전부 조작되었다는 것이 사서상의 기록, 즉 사료에 의해서도 밝혀졌다. 여러 가지 이유를 들어가며 이러한 유물 자체에 문제가 있다는 것을 재야 사학계와 뜻있고 양식 있는 여러 사람들이 설명하여 '평양 낙랑군설'을 부정하였다. 그렇다면 여러 사료들을 면밀히 살펴보고 유물들의 진위성을 검토해 보고 이를 부정하는 주장이 잘못되었다고 반론을 제기하는 것이 학자의 태도이고 도리이다. 우리나라 역사와 자긍심의 기로에 서는 중대한 사안임에도 불구하고 이를 전혀 이행하지 않고 종래의 주장인 식민주의 사관에 의한 학설과 조작된 유물이 오히려 맞는다는 것만 추종하여 되풀이하여 온 것이 우리 사학계의 현실이다.

그럼에도 불구하고 소위 '젊은 역사학자 모임' 일원은 또다시 수차례 반복하여 왔고 이에 대하여 수많은 비판이 있어왔던 유적·유물들을 또다시 그대로 내놓았다. 기존의 이에 대한 비판에 대하여는 전혀 언급도 없이 말이다. (1)낙랑예관, 낙랑부귀 문자 막새기와 와당, (2)문서 발송용 봉니, (3)무덤 유적, (4)칠기, (5)1958년 발굴 정백동 1호 무덤 부조예군 문자 은도장, (6)점제현 신사비, (7)1993년 발굴 정백동 364호분 초원 4년 현별 호구부 목간을 낙랑군 평양설을 증명하는 자료로 제시하였다.

본 필자는 앞에서 (3)무덤 유적과 (7)초원 4년 현별 호구부 목간을 설명하였고, 특히 (7)의 경우를 설명하면서 주류 강단 사학계의 경우 역사학 전개의 기본이 되는 틀인 두 가지 즉 사료와 유적·유물 중의 첫 번째 기본 틀인 사료 역시 앞에서 살펴본 대로 낙랑군이 평양에 위치함을 미리 정해 놓고 증거 사료를 여기에 맞추어 해석하거나 왜곡 조작하였다. 마찬가지로 두 번째 기본 틀인 유적·유물에 있어서도 (7)의 경우에도 마찬가지이다. 나머지 위의 (1)~(7) 모두 같은 경우이다. 낙랑군이 평양에 있다는 전제조건을 배제하면 도저히 '낙랑군 평양설'의 증거가 될 수 없고 단지 교류의 흔적이거나 단순히 자연발전적인 토착적인 색채가 더 강한 것으로 해석될 수 있는 것이다. 오히려 많은 경우 일제 강점기에서의 조작 흔적이 뚜렷하다.

(1)의 경우 낙랑이라는 글자가 새겨 있어서, (2)봉니의 경우 제작기법이 당시 한나라 것과 차이가 없어서, (3)의 경우 양식이 중국에서 만들던 양식이라서, (4)칠기의 경우 중국제라서, (5)도장에 새겨진 성씨가 중국 성인 왕씨가 많이 있어서, (6)낙랑군 속현인 점제현비라서, (7)낙랑군 호구 조사 죽간 문서가 낙랑군 위치라고 비정하는 평양에서 발견되었다는 이유 등에 의하여 이들이 '낙랑군 평양설'을 입증하는 '스모킹 건'이라고 하였다.

그러면 이들의 문제점에 대하여 살펴보자. 이는 이전부터 재야 사학자들은 물론이고 매스컴 특별방송을 통하여 과학적인 입증에 의한 반론과 비판을 하여 왔던 사항이다.

(1)낙랑예관, 낙랑부귀 문자 막새기와 와당
①중국제라는 것뿐, 유물의 이동 가능성상 발견된 곳이 낙랑군이라는 근거가 없다. 더군다나 낙랑이라는 단어는 낙랑국도 있고, 낙랑 지역은 전통적으로 하북성에서의 고조선 및 위만조선의 옛 땅을 지칭한다.
②봉니의 경우처럼 일제 식민 사학자인 세키노 타다시가 본인 일

기에도 기재하여 놓았듯이 북경 골동품 상가에서 사다가 심어 놓았을 가능성 농후하다.

③양각무늬의 경우 한나라 이전 양식으로 중국 골동품 상가에서 모조품을 만들어 판 것을 구매하여 심어놓았을 가능성 있음.

④상명대학교의 박선희 교수는 "이 유물이 오히려 이 지역에 최리가 다스렸던 낙랑국이 있었기 때문에 낙랑예관·낙랑부귀 등의 명문이 보이는 것은 당연한 것으로 보아야 할 것이다. 따라서 이러한 명문은 이 지역이 반드시 한사군의 낙랑군이었다는 증거가 될 수 없다."는 논리를 전개하였다. 물론 박 교수의 '낙랑국 평양설'은 본 필자의 논리와는 다른 것이지만 반드시 낙랑이 한나라 군현인 낙랑군을 의미하지는 않는다.

⑤또한 박 교수는 "기와의 명문을 살펴보면 서예사적인 연구에서도 중국과 구별되는 한민족의 특징을 나타내는 것으로 고찰되었다. 기와 명문의 필획에 나타나는 특징에서 볼 때 중국의 기와명문이 명문을 중심으로 문양과 독립적으로 발전한 데 비하여 낙랑의 기와명문은 문양과 밀접한 관계를 가지면서 문양적 성격을 강하게 띠고 있다. 즉 낙랑 기와명문에서 나타나는 필획이 문양화되고 점획이 원점화하는 특징을 지적할 수 있다. 이러한 현상은 문자를 주된 장식 수단으로 하는 중국 미술에 비하여 문양을 주된 장식 수단으로 하는 우리나라 미술의 특징을 잘 반영해 주고 있다."고 반론을 제기하였는데도 이에 대한 재반론이 없으면서 계속 자기들의 주장만 되풀이하고 있는 유물이다.

⑥불확실한 자료를 주류 강단 사학계에서는 굳이 '낙랑군 평양설'을 증빙하는 자료로 내세우면서도 인하대학교 복기대 교수가 『임둔군태수장 봉니를 통해 본 한사군의 위치』란 논문을 발표하면서 알려진 1997년 요령성 금서시(현재 호로도시) 연산구 여아가 태

집둔의 소황지에서 고성의 터를 발굴하면서 한사군의 하나였다가 조기에 폐지된 임둔태수의 봉니의 경우 이 '낙랑예관'의 경우대로라면 발견된 중국 요서 지역이 한사군 지역으로써 한사군의다른 하나인 임둔군 지역임을 알게 해주는 유력한 물증이다. 하지만 주류 사학계는 외면한 채 자기들에게 유리한 이 '낙랑예관' 기와만 고집하고 있다. 이 봉니는 위조설이 있는 낙랑봉니와는 사뭇 다르게 그 규격이 서한(西漢)의 규정과 일치한다고 한다. 오히려 이것에 대하여 설명을 해야 한다.

> 일제 식민 사학자는 낙랑군 원 위치 인근인 북경 지방에서 낙랑군 유물을 구매하여 평양 지방으로 보냈다. - 그것이 평양의 낙랑군 유물이다.

(2)문서 발송용 봉니

①다른 군현 것은 없고 낙랑 봉니만 집중적으로 나오는 것이 이상하다. 한 곳에서 그것도 한나라의 지방군에서 200여 개의 봉니가 발견된다는 것은 고고학적으로 희귀한 사건임이거니와 낙랑 속현의 25개 현 중 7개 현 제외 18개 현의 것만 발견된다는 것도 희귀한 일이고 그것도 낙랑군 속현의 것만 발견되고 다른 중앙정부나 다른 군현의 것은 전혀 발견이 안 된다 것은 이상한 일이다. 또한 평양 지방에서만 발견되고 한사군 및 낙랑군의 영역이 평안도 함경도인데도 다른 곳에서는 전혀 발견이 안 된다 것도 의아한 현상임.

②형태가 너무 완전한 것이 많다. 수신하여 개봉하면 파손되게 된 것이 봉니인데도 불구하고 수신한 상태의 것인데도 수신인 지역에서 온전한 상태로 발견되었으니 상식 밖이다. 후대에 억지로 만들지 않으면 나타날 수 없는 것이다.

③낙랑대윤 봉니는 낙선대윤이라야 맞다.
④낙랑대윤장 봉니라 하더라도 그것은 보낸 사람이기에 받는 입장인 낙랑군의 근거는 될 수 없다.
⑤너무 많다. 이 같은 예는 이 군현의 종주국인 중국에도 없다.
⑥일제 강점기 시기에 일본인들에 의해서만 발견되거나 출토되고, 해방 후 출토 사실이 없는 것으로 보아 일제 조작 가능성이 높다. 일제 강점기 때에는 평양 일대에서만 200여 기에 달하는 봉니가 수습되었다. 그 이후 북한 측에서 일제 강점기 때 대량으로 발굴되었다는 지역을 광범위하게 발굴하였으나 단 1개도 발견되지 않는 등 상식적으로 납득이 되지 않는 일이 수집 과정에서부터 벌어졌다.
⑦언급한 바와 같이 세키노 타다시의 일기에 북경시 골동품 상가에서 낙랑군 유물인 봉니를 비롯하여 다른 것을 구매한 사실이 있음이 밝혀짐. 이 구매한 봉니를 조선총독부 및 동경제국대학으로 보냈다는 일기 내용이 있다.
⑧당시 평양 지방에 봉니를 위조하여 판매 성행되었음이 보고됨. 봉니는 진흙으로 되어 있어 만들기가 쉽고, 당시 조사단 등이 수집 시 거금을 주고 산다는 소문이 있어 위조설이 끊이지 않았다. 더군다나 당시에 이 봉니를 비롯하여 각종 유물에 명문, 즉 글자가 들어 있는 것은 높은 가격에 구입된다는 소문이 있었다.
⑨영남대학교 정인성 교수의 학술 보고에 의하면 일제 학자들에 의한 봉니를 비롯한 낙랑 유물의 발굴 및 발굴 후 처리 과정에 의문점이 많아 조작의 징후가 농후한 것으로 나타남.

(3)무덤 유적

①전통적 묘제는 변하지 않는 것
- 그런데 고조선식 무덤에 중국(낙랑) 유물
- (반대로) 중국식 무덤에 비파형동검 등 고조선식 유물
- 북한은 해방 후 평양의 낙랑 지역에 있는 무덤군을 발굴하였다. 북한 사학자 리진순은 '평양 일대 락랑무덤에 관한 연구'를 발표하였는데 일제가 낙랑 무덤, 즉 한사군의 무덤이라고 주장한 무덤인 목곽묘(木槨墓), 즉 '나무곽 무덤'을 850여 기나 발굴했다. 리진순 조사에 따르면 이들 무덤은 B.C. 3세기 이전부터 B.C. 1세기 말까지 존재한 것으로 나타났다. 낙랑군이 설치된 B.C. 108년보다 앞선 시기부터 축조되기 시작해 한사군이 설치된 지 얼마 후에 없어졌다. 결론적으로 이들 목곽묘는 한사군 유적이 아니라고 한다. 이 나무곽 무덤 즉 목곽분은 신라의 적석 목곽분과 연결되는 것이며 이는 또다시 북방 민족의 무덤과도 그 맥을 같이한다고 한다. 따라서 이 나무곽 무덤은 북방 유목 민족이었다가 산서성 지역에서 요동반도를 거쳐 이곳 평양 지방에 일시 정착하였다가 한반도 경주 지방으로 내려간 예족 즉 신라족이 남긴 유적이라고 해석하는 것이 더욱 합당하다. 이들 나무곽 무덤은 세형동검 유적을 대표하는 무덤으로 존재하다가 이후 한식 무덤화된 것이 아니라 세형동검 문화를 계승한 귀틀무덤으로 발전되었고 이 귀틀무덤은 1세기 전까지 존재하다가 2세기 초에 후한대의 벽돌무덤과는 다른 조선적 성격의 벽돌무덤으로 발전되었다. 평양 일대의 나무곽 무덤 가운데서 B.C. 3세기 이전부터 B.C. 2세기 말까지의 기간에 존재한 무덤들은 단군조선의 정치세력을 이루고 있던 사람들이 남긴 무덤이다. 이후 B.C. 1세기의 나무곽 무덤과 그 계승 발전으로 이루어진 귀틀무덤, 벽돌

무덤은 단군조선의 후예들이 남긴 무덤으로 자연스럽게 계승 변화되었다. 급작스럽게 외부세력에 의하여, 즉 한사군인 낙랑군의 점령에 의하여 조성된 무덤이 아니다.
②낙랑군 지배자급 무덤 발견 전혀 안 됨, 이것은 정말 희귀한 사실임.
③커다란 한사군과 낙랑군 영역에 평양의 일부분에서만 낙랑 무덤이 있고 유물이 집중적으로 나오는 것은 상식에 어긋난다.
④3300여 기의 무덤 중 상당수가 어린아이 무덤
⑤해방 전 700여 기에서는 상당한 낙랑군 유물이 발굴된 것에 비하여 해방 후 대대적인 발굴(2,600여 기)이 이루어졌으나 낙랑류 유물이 전혀 발견 안 됨.

따라서 시작을 낙랑군이라고 비정해 놓고 모든 것을 여기에 맞춘 것에 불과하다. 만약 시작을 낙랑군이라고 비정하지 않았다면 모든 유물과 유적은 조작 내지는 낙랑군 치소라고 할 수 있는 증거는 없는 셈이다.

영남 대학교 정인성 교수 등 낙랑군 유물 전문가들은 소위 세키노 타다시 코드를 남겨놓았음을 인정하였다. 정인성 교수의 논문에서 각론은 낙랑 유물의 조작성을 의심하여 신빙성을 부정하면서도 총론에서는 무조건 주류 강단 사학계의 통설인 낙랑군 평양설의 정당성 결론을 내리고 있는 등 학술상 모순점을 드러내고 있어 균열의 조짐이 보이고 있다. 최근에는 위만조선의 왕험성 평양설을 부정하고 있다. 이것도 모순인 것이 한사군은 위만조선의 왕험성 지역을 차지하고 이곳에 한사군을 설치한 것이다. 그런데 왕험성이 평양이 아니면 한사군의 낙랑군도 평양이 아니다. 그러면 낙랑군 평양설을 부정하여야 하는데 낙랑군 평양설은 여전히 옹호하는 모순을 드러내고 있다. 그런데도 왕험성의 위치는 비정을 못 하고 있는 한계점 또한 드러내고 있다. 그러므로 낙랑군 평양설은 허구이므로 이를 부정하면 모든 것이 제대로 풀린다. 그러면 낙랑군 유물도 고조선 유물로 제자리를 바르게 찾게 된다.

(4) 칠기

① 소위 평양 고분 왕간묘에서 출토된 칠기에는 '永平 十二年'(영평 12년)(69)이라고 되어 있는데 이 고분에서 수집한 목재를 방사선 탄소 측정한 결과 133년으로 나타난 것으로 보아 조작의 우려가 있다.
(황기덕, 「기원전 5세기-3세기 서북조선의 문화」, 고고민속논문집3, 1971)

② 명문상 '蜀君西工(촉군서공)'에서 만든 칠기가 있는데 이것은 당시 낙랑국의 귀족들이 한나라의 값이 비싼 물건을 대외무역을 통해 얻은 호화스러운 생활을 했음을 알 수 있다. 이들 칠기는 서한무덤과 흉노무덤 등에서 출토된 칠기와 비교한 결과 황실용으로써 낙랑군의 관리나 일반인들이 사용할 수 있는 물건이 아니었음도 밝혀진바 있어 소위 낙랑군현에서 사용하지 않고 낙랑국 왕조에서 사용한 근거가 된다는 상명대학교 박선희 교수의 주장도 있다.

위와 같은 이유 등으로 당초 일제 강점기 시대 학자들은 잘못된 비정을 함으로써 시작부터 발굴된 고분이 한사군의 소속 군인 낙랑군의 낙랑고분이라는 전제하에 명문 및 기년 칠기가 전부 낙랑군 고분으로 잘못 확증되어 오늘에 이르고 있으며 오늘날 일본과 한국 학자들은 이를 그대로 받아들인 채 일제 학자들이 발굴하고 만들어놓은 유물과 결론에 의하여 낙랑군 물품으로 결론을 내리고 있으나 그 전제만 없애면 평양이 한사군 낙랑군지라는 증거는 전혀 존재하지 않는다.

이러한 결론을 입증하는 자료는 수없이 많다. 평양 석암리 9호분에서 출토된 순금 허리띠 버클의 경우는 낙랑 무덤에서 나왔지만, 이 같은 유물은 중국 본토에서는 나온 적이 없다. 낙랑문화의 특수성, 즉 고조선과 중국 문화가 어울린 양상을 보여준다.

(5) 1958년 발국 정백동 1호 무덤 부조예군 문자 은도장

부조는 낙랑군 25현 중 하나인 부조현, 예군은 부조 지역에 있던 예족들의 토착 세력가를 뜻하는 것으로 알려졌다. 이 낙랑군 부조현에서의 토착세력가 특히 왕씨 성을 가진 중국 사람의 도장이 나왔다고 하여 그곳을 낙랑군 부조현이라고 하면 백제 유물이 무더기로 나오는 일본열도는 백제국이라고 하여야 한다. 그런데도 주류 사학계는 이는 절대 거부한다. 일제 식민사학이 아니기 때문이다. 중국 본토에 있던 낙랑군 부조현의 세력가로 있었으면 중국인이라고는 할 수 없고 토착 세력가로 되면서 중국 성씨인 왕씨로 개종하였던 몇몇 사람이 말년에 한반도 평양으로 이주해 와서 여기에 살다가 죽어 이 무덤에 그 도장을 넣어줄 수 있는 것이라고 해석할 수 있다. 이동할 수 있는 물건이 출토된다고 이를 완전히 신뢰하지 않는 것은 고고학의 기본이다. 원래 위치가 더욱 중요한 것이지, 유물이 중요한 것이 아니다. 누누이 강조하지만 주류 강단 사학계는 이 상식적인 고고학의 기본을 저버리면서까지 논리를 고집하고 있다. 고고학은 문헌학을 보완해 주는 보완 자료이다. 물론 고고학이 문헌학을 이끌 수는 있지만 이는 정도를 지켜야 한다. '낙랑군 평양설'은 문헌학에 의한다면 전혀 맞지 않거니와 고고학적으로도 위조되거나 선입견을 없애고 보면 다르게 해석되는 것을 무시하고 자기들의 정해진 논리대로 고집한다. 그것도 일제가 시작하여 정하는 것을 아무런 비판 없이 그대로 따른다. 평양의 낙랑군 모든 유물 유적이 그렇다. 여기에 심각한 오류가 있다.

(6)점제현 신사비

①중국 전한시대에는 비석이 존재하지 않는다. 비석은 후한 때부터이고 전한 시에는 각석이다.

②숭배의 결정체가 아닌 초벌 가공품 수준이다.

③발견된 용강 근처에는 웅장한 산이 없이 평야지대이다.

④수집 경위가 이상하다. 이마니시 류가 당시 이곳을 지나면서 수소문하였는데 이곳 면장이 오래된 비석이 있으며 이 비석을 읽는 사람은 그 아래의 황금을 얻을 수 있을 것이라는 전설이 있다고 하였다. 가보니 실제로 비석이 있어 탁본을 뜨고 사진을 찍었다는 것인데 2,000년 동안이나 오래된 비석이 발견되지 않다가 이제야 발견된다는 점도 이상하고, 읽을 수 없다던 비석인데 탁본을 뜰 때 선명히 나타났다는 것도 이상하다. 더군다나 당시 조선 용강군 군수들 기록에 전혀 없다는 것은 존재 자체에 의문점이 강력히 든다.

⑤비가 설사 사실이라 하더라도 글자의 내용이나 사정을 보아 중국 지방의 화강석 비슷한 것으로 중국에서 만들어 옮긴 것에 불과하다. 최근 고고학연구소 연대측정집단이 이 비석에 대한 화학성분을 분석한 바에 의하면 화강암의 생성 연대와 조성성분에서 많은 차이가 있다는 것이 검증되었다. 이 비석의 화강암 생성 연대는 온천과 용강 일대의 화강암 생성 연대보다 2800만 년~2200만 년이나 더 오래인 것으로 밝혀졌다. 또한 이 비석은 온천과 그 근방의 화강암이 아닌 다른 지방의 화강암으로 만들어졌다. 이 성분의 화강석은 중국 요령성 근방의 것으로 밝혀졌다. 이것은 요령성 지방에서 만든 것을 이곳으로 옮겨놓았기 때문이라고 볼 수밖에 없다. 그러므로 비를 중국에서 만들어 이곳에 옮겼거나 중국의 암석을 가져다 여기서 새겨 세워놓았을 가능성이

전부이다. 왜냐하면 여기도 암석이 있는데 굳이 중국에서 가져다 쓸 이유가 없다. 이는 이곳이 낙랑군 점제현이 아니라는 것을 입증한다.

⑥1915년 3월에 「조선고적도보」 제1호에 3매의 사진이 나왔는데, 그것은 탁본을 비석에 붙이고 찍은 사진 2매와 비석에서 떼어낸 탁본만을 찍은 사진 1매로 되어 있다. 그런데 중요한 부분인 간지와 연도가 새겨진 비석 오른쪽 윗부분이 2매에는 보이지 않다가 다른 1매에 나타난다. 조작하였다는 유력한 증거다.

⑦고서체, 특히 중국 한(漢)대 와당 명문을 전공한 허선영 교수(안산1대학 관광중국어과)의 지적에 의하면 3매의 글씨가 서로 다른 서체인 데다가 고대 서체가 아니라 근현대 서체이다. 결정적인 것은 사진만 있을 뿐 정작 탁본 자체는 없다고 한다.

⑧또한 이 비가 발견된 용강이 바로 낙랑군 속현 점제현이라 주장하였는데 실제 점제현(粘蟬縣)은 동부 낙랑군 지역으로 왜곡되어 옮겨진 위치라고 할지라도 의무려산과 요하 사이에 있었다. 이 글의 문맥으로 보면 용강이 점제현이라는 것은 전혀 맞지 않는다.

⑨이 점제현 신사비가 세워져 있었다는 곳은 확인 결과, 이 비석이 세워졌다는 당시인 2천 년 전에는 물이 들어왔던 곳이다. 비석을 세울 수 없는 자리였다.

(7)1993년 발굴 정백동 364호분 초원 4년 현별 호구부 목간

①호구부와 함께 출토된 유물은 농기구 등 농부의 물건과 함께 농군이 아닌 관리자가 사용하는 필기구나 관복에 사용하는 띠걸이가 같이 있다. 이것은 상당히 의문점이 생기는 것으로 이것 하나의 증거만 가지고 주류 강단 사학계는 고조선 토착민이 낙랑군을 자율적 내지는 자치적으로 관리하였다고 하면서 식민사학을

극복하는 해석을 하였다고 선전하는 빌미가 되었다. 물론 이것은 '낙랑군 교치설'과 함께 '낙랑군 평양설'의 대표적인 회피 이론, 변명 이론이다. 즉 변형된 식민사관의 또 다른 논리를 내놓은 사례에 해당된다. 하지만 군현을 자율 자치적으로 통치한다는 것은 역사상 없으며 그 증거도 없다. 이러한 현상은 그동안 식민 사학자들과 일본 학자들의 주 특징인 유물 조강의 근거로 보인다. 즉 봉니와 같이 조작하여 무덤에 넣어 놓고 나중에 발굴한 것으로 가장하려다가 그만둔 것을 해방 후 발견하였는데 북한에서는 이러한 사항이 어색하여 발표를 미루다가 발표한 것이라는 해석이 더 설득력이 있다. 이러한 것은 다른 여러 사항에서 조작의 증거가 많이 나타나기 때문이다.

②호구부는 보안 공문서로 개인의 무덤에 부장한다는 것 자체가 말이 안 된다.

③한나라의 목각에 써놓은 문서 규격들과 비교할 때, 목각 규격의 크기가 일정하게 맞지 않다.

④서체가 한나라 때 유행했던 예서체와는 상당히 다르다.

⑤'별'이라는 일본식 접두사를 사용하였다. 호구부의 첫 줄에 "낙랑군 초원사년 현별 호구 다소□□(樂浪郡初元四年縣別戶口多少□□)"라고 한 문장에서 '별(別)'은 '군(君)'처럼 19~20세기에 일본에서만 쓰던 '일본식' 한자이다. '별' 존재 자체가 유물이 일본인들의 위조품임을 스스로 증명하는 결정적 단서이다.

⑥1990년경 북한에서 발굴한 사항을 2008년 공개한 평양 정백동 364호 나무곽 무덤 부장품인 '초원 4년 호구부' 기록 사항을 주류 강단 사학계에 속하는 도시개발공사 윤용구 박사가 2007년 국내에 처음으로 소개하고 2009년 자료를 입수하여 이를 분석 연구하여 발표하였다. 윤 박사는 이 자료를 분석함에 있어 그동안 수

많은 재야 사학자들은 물론 일부 고조선 요서·요동설을 주장하는 일부 강단 사학자들이 요서 내지는 요동에 있다고 주장해 온 이 목간 속의 '수성', '대방', '부조', '패수' 등을 다른 현별 지방 명칭과 함께 일제 식민주의 사관 및 이를 이어받아 '한사군 평양설'을 주장하는 논리만을 일방적으로 받아들여 '임나일본부'설에서 일본인 학자들이 위치 비정을 한반도 남부 가야 지방에 근거 없이 비정한 것과 동일한 방식으로 아무런 근거 없이 한반도 내에 위치한다고 비정해 버린 채 한반도 한사군 한반도설 즉 낙랑군 평양설의 유력한 증거물로 내세우고 있다. 그러나 위의 '수성', '대방', '부조'는 한반도에 위치한 것이 아니라 중국 대륙 요서 내지는 요동에 위치한 것이라는 주류 강단 사학계를 비판하는 재야 사학자들과 일부 강단 사학자들의 주장에 설득력 있게 반론을 전개하여 제압한 후 한반도로 비정하여야 그 주장이 설득력이 있거니와 학자로서의 기본적인 행위인데도 이를 하지 않은 채 일방적인 주장을 하였다.

(8) 금제 띠고리 (金製 鉸具)

1916년 신의 손이자 세키노 타다시 코드의 주인공인 세키노 타다시는 1916년 평안남도 대동군 대동강면 석암리 9호분에서 순금제 띠고리를 출토하였다. 이는 현재 국보 제89호로 지정되어 국립중앙박물관에 소장되어 있다. 이 띠고리는 화려하고 그 세공술이 뛰어난 제품이다. 보석도 박혀 있는데 이것을 제작한 세공기법을 누금기법이라고 부른다. 그런데 똑같은 모양과 기법의 띠고리가 1980년 초 신장 위구르 자치구 카랴샤르 고성에서 발견되었다.

이 누금기법은 금세공 기법에서 동그란 모양의 순금 장식을 유지하면서 붙이는 것으로 온도를 잘 유지하여야 하는 특징과 기술이 있어야 한다. 이 누금기법은 현재까지 발견된 것으로 보아 북방민족의 특유한 기법이다. 이 기법에 의한 유물이 북방민족 지방으로부터 한반도 평양을 거쳐 신라의 경주 지방으로 전래되었다. 낙랑 명칭과 함께 이동하였다. 신라는 전통적으로 중국사서상에 낙랑과 관계가 깊은 것으로 기록되어 있다. 주류 강단 사학계는 이에 대하여 제대로 설명을 못 한다.

하지만 신라와 관련된 모든 기록을 연결시키면 진나라 유민, 탁수(원래의 위만조선 지역인 큰 낙랑 지역) 및 연나라 그리고 남옥저(옮겨진 작은 낙랑 지역), 한반도 평양 지방의 낙랑 유물 그리고 한반도 경주의 누금기법 및 중국사서가 기록한 신라왕에게 붙여진 '낙랑군왕 신라왕(樂浪郡王 新羅王)' 호칭, 즉 누금기법 루트와 낙랑 루트가 유일하게 같이 나타나는 것이 북방민족과 한반도 평양 그리고 경주이다. 유일하게 장수왕인 연 즉 거련에 붙여준 【사료25】『통전(通典)』「변방」'동이 하 고구려'상의 **연을 영주제군사, 고려왕, 낙랑군공으로 삼았다.** '낙랑군공'은 장수왕이 원래 위만조선의 하북성 영역을 차지하고 여기에 도읍을 옮긴 사실에 의하여 이곳 처음의 위만조선 땅인 낙랑 땅을 차지한 것에 의하여 붙여진 것이다. 이로써 낙랑이라는 명칭이 이곳 하북성 그리고 다음의 남옥저 신라 땅 등 두 곳을 일컫는 것이 입증된다. 따라서 이 장수왕의 낙랑 연결 사항은 하북성 낙랑군 위치임을 입증해 주는 것으로 이는 한반도 낙랑군 위치 주장을 무력화하는 사항이다. 이 누금기법은 한반도에서 평양 지방과 경주 지방에서의 유일한 금세공 기법이다. 이 유물을 발견하고 이를 중국 본토 본국인 한나라에서 한나라 군현인 평양의 낙랑군으로 가져다준 것이라고 함으로써 평양이 한나라 군현인 낙랑군이라는 논리를 폈었다.

하지만 이 누금기법은 중국 한나라에서는 전혀 사용하지 않은 북방민족과 낙랑인 그리고 신라의 유일한 기법이라는 사실이 밝혀짐으로써 이 유물이 낙랑군의 치소가 한반도 평양이라는 도식도 성립하지 않게 되었다. 일제 식민사학과 그리고 낙랑 또한 한반도에서 마찬가지로 평양 지방과 경주 지방에서의 유일한 호칭이다. 이 두 가지 사실 즉 누금기법과 낙랑 호칭만에 의하여 확대 해석한다는 비판이 있을 수 있지만 앞서 살펴본 평양 낙랑 지역의 나무곽 무덤이 북방민족과 경주 신라의 무덤 양식과 일맥상통한 사항도 있는 한편, 소위 삼국시대와 통일신라의 제대로 된 영역 즉 하북성 남부이자 산동성 북부로부터 요령성 요동반도를 거쳐 길림성에서 한반도에 이르는 영역 그리고 신라 세력의 역사 즉 산서성 서쪽 즉 춘추전국시대 및 통일 진나라 시대의 본거지인 하서회랑 지역의 소호 김천씨의 본거지에서 산서성 동쪽 탁수 지역 즉 지금의 하북성 보정시 래원현의 거마하 지역으로 이주해 온 예족의 역사 즉 이동의 역사를 추적하여 보면 새로운 사실을 확인할 수 있다.

이들 예족 세력인 신라 세력이 일부는 남쪽으로 내려가 남옥저 지방에서 신라를 건국하고, 다른 세력은 요동반도를 거쳐 한반도 평양 지방을 거쳐 경주 지방으로 내려가 또 다른 나라를 세우는 이들에게 전통적으로 중국사서에서는 낙랑이라는 호칭을 붙여주었다. 이에 대하여는 앞에서 자세히 설명하였다. 이 경로상에 있는 것이 바로 평양으로 이 금제 띠고리 유물과 기법이 신라 세력 즉 낙랑 세력의 이동 경로를 입증해 주는 것이라고 본 필자는 판단한다. 따라서 평양의 유물과 유적 중의 낙랑과 관련된 조작되지 않은 것은 이 신라 세력 즉 낙랑 세력이 남긴 것이라고 본 필자는 해석한다. 이것은 단순한 상상이 아니라 여러 중국사서의 예족 및 낙랑 관련 기록과 신라 관련 영역 및 이동 경로 기록을 종합하여 내린 판단이다.

소위 '젊은 역사학자 모임' 일원이 낙랑군 평양설을 입증하는 '스모킹 건'인 평양 지역 낙랑군 유적과 유물의 실상이 이러한 것에 의하여 그동안 재야 사학계에서는 이렇게 비판하였다. 그러면 정상적인 학자라면 그 비판한 것에 대하여 일일이 반박하여 그들이 비난하는 대로의 비전문가인 재야 사학자들을 침묵하게 만들고 난 다음에 이를 발표하여야 한다. 그러나 이에 대하여는 일언반구도 없이 자기 잘못된 말만 반복하면서 이 잘못된 이전의 또 같은 사실에 대하여 비판하는 상대방을 유사, 사이비 학자들이라고 비난만 하고 있다. 학자라면 학문적으로 비판에 대하여 반론을 펴서 학문적으로 응대하여야 한다.

> 낙랑군 평양 유물은 조작 혐의가 너무 많다.
> 이는 세계 역사상 일본을 제외하고는 없다.
> 소위 '젊은 역사학자 모임' 일원은 그동안 낙랑군 유물 조작 등 이에 대한 수많은 비판에 대한 언급이나 해명이 전혀 없다.
> 이는 전혀 학문적이지 않다.

먼저 해방 전 일제 사학자들이 발굴한 700여 기에서는 상당한 낙랑군 유물이 발굴된 것에 비하여 해방 후 대대적인 발굴(2,600여 기)을 했음에도 낙랑군 유물이 전혀 발굴되지 않았다는 발표를 했음에도 소위 '젊은 역사학자 모임' 일원들을 비롯한 주류 강단 사학계는 해방 후 발굴에서 낙랑군 유물이 대량 발굴되었다고 언급한 것에 대하여 우선 해명을 해야 한다. 이에 대하여는 앞에서 (주류 강단 사학계에 대한 공개 질문18) 공개적으로 질문하고 해명 요구를 한 바 있다. 발굴 당사자가 아니라고 하는데 이를 학문적으로 비판하면 몰라도 이를 자기들 임의대로 다른 결과가 나왔다고 하는 것은 상식 밖의 일이다. 더군다나 발표 내용과 다르게 발표를 하였다는 것은 심하게 표현하면 사기 행위이다.

> 소위 '젊은 역사학자 모임' 일원들은 북한의 평양 고분 발굴 발표에 대한 해명을 해야 한다.

특히 봉니의 경우 해방 전에는 그렇게 많이 나왔는데 해방 후 훨씬 많은 발굴에서도 전혀 나오지 않았음에도 일제 식민 사학자들이 발굴한 것을 보관한 국립중앙박물관 소장분과 1970년대 중국에서 발견된 실제 한나라 때의 봉니들과 제작기법에서 차이가 없는 등 위조로 보기 어렵다고 하였다. 앞서 본 필자가 설명하였고 그동안 많은 재야 사학자들이 비판하고 주류 강단 사학계의 영남 대학교 정인성 교수가 발표한 것에 의하면 당시 봉니를 발굴한 세키노 타다시의 일기장에 중국 북경 골동품 상가에서 봉니를 사서 조선총독부와 일본으로 보냈다는 내용이 나와 평양 고분 발굴에서의 위조 봉니 가능성이 높다. 그리고 발굴 상황 보고를 보면 당시 평양 지방에 봉니를 위조하여 판매 성행되었음이 보고되었다. 결국 이 봉니가 결국 현재 국립중앙박물관에 소장되어 있는 것인데 그러면 학자라면 당연히 이의 진위 여부 확인이 먼저 일 텐데 진위가 의심되는 유물을 진품과 비교한다는 것 자체가 문제이다.

즉 중국 진품을 구매하여 평양 낙랑군 유물이라고 한 것을 중국 진품과 비교하여 틀림없다고 하여 이를 낙랑군 평양 물품이라고 한다는 것은 문제이다. 이는 상식적인 것인데도 학자로서는 비상식적으로 무조건 자기 논리만 내세운다. 그러면서 이를 비판하는 상대방을 비학문적으로 비판 아닌 비난을 한다. 현재 국립중앙박물관 소장 봉니는 일제 강점기 일본 학자가 중국 북경 골동품 상가에서 구매한 진품일 가능성이 높거나 당시 이 진품을 그대로 베껴 만든 모조품이다. 따라서 현재 국립중앙박물관에 소장된 봉니는 정작 한반도 평양에서 발견된 것이 아니라 중국 본토 북경 인근의 진품이거나 이의 모조품인 중국 본토의 것이다. 따라서 이후 중국에서 발견된 진품과 국립중앙박물관 물품을 비교하여 같은 것은 당연하고 이 당연한 것에 의하여 낙랑군 평양 제품이 틀림없다는 소위 '젊은 역사학자 모임' 일원의 주장은 어이가 없는 한심한 주장이다. 이에 대하여 그동안 재야 민족사학계와 비주류 강단 사학계에서 비판하여 온 것에 대하여는 전혀 무시한 채 이에 대하여 반론은 하지 않고 의구심을 해소하지 않은 채 앵무새처럼 엉뚱하게 자기주장만 되풀이하고 있다. 학문하는 사람이 학문을 하지 않고 있다.

> 조작 혐의가 있는데도 이에 대한 해명을 하지 않고 무조건 자기 논리의 근거로 삼는 것은 학문의 태도가 아니다.
> 이는 전문가이자 교수가 아니라 사이비, 유사 학자의 행위이다.

그런데도 소위 '젊은 역사학자 모임' 일원은 이러한 유물 조작에 신경이 쓰였던지 그의 글에서

> "조작설의 가장 큰 문제점은 일본인들이 그렇게까지 낙랑군 유적 유물 조작에 집착해야 하는 동기를 설명할 수 없다는 점이다. 낙랑군 유적은 이미 확인된 것만 수천에 달하며, 거기서 출토된 유물의 수는 만 단위에 이른다. 이 모든 것을 조작하기 위해서는 천문학적 비용과 인력, 시간이 소요된다. 현존하는 어마어마한 규모의 낙랑군 유적과 유물이 모두 식민지 시기 때 조작되었다면 조선총독부의 재정이 과연 어떻게 버텨낼 수 있었을지 의문이다."

라고 또 상습적인 방식으로 상대방의 주장을 허위적으로 꾸며 상대방의 주장이 잘못이라는 소위 일본인 학자들의 상습적인 방식으로 자기주장의 합리화를 하고 있다.

- 상대방 즉 조작설을 내세우는 상대방이 유물이 전부 조작되었다고 주장하는 것으로 꾸미고 있다. 이러한 사실 자체가 없다. 그 동안 조작설을 제기한 비주류 강단 사학계나 재야 민족 사학계에서는 그 많은 유물이 전부 조작되었다고 한 사실이 없는데도 그 많은 유물이 전부 조작되었다고 주장하였다고 소위 '젊은 역사학자 모임' 일원은 주장한다.
- 발굴된 유물 중 많은 것은 조작된 것이 아니라 일제 식민 사학자들과 똑같이 변함없이 해석하는 주류 강단 사학계가 다르게 해석되어야 하는 것을 자기들 논리에 맞추어 잘못 해석하고 있고, 일부 중요 유물 특히 낙랑 표시가 되어 있거나 낙랑군과 관련 있다고 일제 식민 사학자들이 발표한 유물들에 한하여 조작의 혐의가 있다고 주장한 것을 전부 조작하였다고 소위 '젊은 역사학자 모임' 일원은 허위 주장을 함으로써 조작설 자체가 잘못인 것으로 몰고 가는 비윤리적, 비학문적인 행태를 보이고 있다.

소위 '젊은 역사학자 모임' 일원의 결론은 하나이다. 결국 일제 식민사학이 낙랑군 유물로 인정하고 이를 해방 후 77년이 지난 현재 동안 이를 합리적으로 비판해 온 재야 민족 사학계와 비주류 강단 사학계의 비판에 대하여는 아무런 합리적이거나 학문적인 반론 없이 위와 같이 허위 주장으로 몰고 간 채 인정하지 않는다. 이것이 바로 우리나라 주류 강단 사학계의 우리 고대사에 대한 해방 후 77년 동안 행하여 온 정해진 패턴이다. 허위 반론을 하지 말고 학문적으로 제대로 된 반론 후 자기주장을 계속하라. 본 필자의 요구이다. 이것은 재야 민족사학계와 비주류 강단 사학계의 해방 후 77년 동안의 요구이다. 그래서 본 필자가 할 수 없이 이 글을 쓰는 것이다.

> 일제 식민주의 사관에는 '만선사관'이 있다. 한반도와 만주 지역을 하나의 역사 단위로 묶어 이해하려는 역사관이다.
> 일제는 만주를 침략하는 과정에서 만주에 대한 자신들의 지배를 정당화하기 위해 만주의 역사적 연원을 중국으로부터 분리시키고, 한반도의 역사를 만주와 결합해 강조했다. 이는 일본 식민 사학자 입장에서 봤을 때 조선인들의 역사를 한반도 내로 제한하고 가두어둘 이유가 전혀 없음을 보여준다. 오히려 식민지 조선의 역사를 만주와 연관 지어 강조하는 편이 일제의 제국주의 팽창 정책에 도움이 된다. 조선인에게 만주 지역에 대한 역사적 연고권이 있다면, 이미 현실세계에서 조선인들을 지배하고 있는 일본에도 만주 지역에 대한 연고권이 있다는 논리로 이어질 수 있기 때문이다. 일본인들이 우리 역사를 한반도 내로 우겨넣기 위해 엄청난 인력과 재력을 낭비해 가며 평양 지역에 낙랑군 유적을 조작했다는 것은 전혀 설득력이 없는 망상에 가까운 이야기이다.

이는 본 필자가 반론문을 전개한 바 있는 2016년 6월 5일자로 역사비평사에서 "위대한 고대사 집착이 되레 식민사관적 시각"이라는 제목으로 소위 '젊은 역사학자 모임' 일원인 당시 서울대 국사학과 강진원 강사가 '역사비평사'를 통하여 재야 사학계를 거듭 비판하면서 「한국고대사와 사이비 역사학 비판」 주제로 주장한 것과 맥을 같이하여 유사한 내용이다. 그는 현재 경기대학교 융합전공대학 교양학부 조교수이다.

소위 '젊은 역사학자 모임' 일원은 또다시 본질을 회피하고 이 본질을 다른 것으로 돌린 채 이 본질이 잘못된 것으로 하여 이 본질이 향하는 것이 문제가 없음을 내세우고 있다. 즉 일제가 만선사관을 추구하였기 때문에 한민족을 한반도에 고착화하기 위하여 '낙랑군 평양설'을 만들기 위해서 노력하지 않았다고 한다.

그렇기 때문에 '낙랑군 평양설'은 일제가 만들어서 된 논리가 아니라 당연히 사실이기에 드러난 논리라는 주장이다. 즉 일제는 만주와 한반도를 결합하는 만선사관 정책을 폈기에 한반도 고착화를 할 필요가 없었고 그래서 한반도 평양에 고착시킨 '낙랑군 평양설'을 만들지 않았다는 주장을 한다. 엉뚱하고도 잘못된 전제를 가지고 논리를 시작한다. 또한 상대방의 주장이나 논리를 왜곡하여 잘못 단정한 채 이의 부당성을 제기하여 자신의 정당성을 부여한다. 상당히 위험한 사고방식이거나 논리 방식이다. 분명히 이덕일 박사는 토론회에서 여러 많은 사료를 제시하였다. 그런데도 1차 사료의 주석본만 제시한 것으로 치부하여 이의 부당성을 지적하여 자신의 정당성을 건지는 오류를 범했다. 또한 수많은 낙랑군 유물의 조작을 주장하지도 않았는데 그 많은 유물의 조작설 주장의 부당성을 부각하여 자신의 정당성을 합리화하였다. 소위 '젊은 역사학자 모임' 일원의 주장은 다음과 같이 잘못된 것이다.

먼저 (1)일제가 주창한 만선사관은 소위 '젊은 역사학자 모임' 일원이 이해하거나 알고 있는 내용의 것이 아니다. 그는 일제가 "**조선인들의 역사를 한반도 내로 제한하고 가두어둘 이유가 전혀 없다.**"고 하면서 그 이유가 "**만주의 역사적 연원을 중국으로부터 분리시키고, 한반도의 역사를 만주와 결합해 강조했다.**"고 하였다. 하지만 일제가 주창한 만선사관은 이와는 아주 달리 우리 민족의 타율성을 강조하기 위하여 대륙 만주의 부속사로 한국사를 기술하였다는 사실이다. 소위 '젊은 역사학자 모임' 일원이 말한 만주와의 결합을 통하여 같이 취급하였다는 것과는 달리 오히려 이른바 만선사관에 기초한 타율성론으로 한국사의 주체성을 파괴했다.

타율성론은 아이러니하게도 마찬가지의 식민사관인 일선동조론을 비판하는 또 다른 식민 사학자들에 의해 제기된 것으로 조선의 정치 경제 문화 등은 과거의 중국 식민지인 한사군과 일본 식민지인 임나일본부 등과 현재의 일본 등 외래 세력의 압도적 영향하에 형성되어서 우리 민족 독자의 것은 없다고 하였다. 아시아 대륙의 중심부에 가까이 부착된 이 반도는 정치적으로도 문화적으로도 반드시 대륙에서 일어난 변동의 여파를 받음과 동시에, 또 주변 위치 때문에 항상 그 분류로부터 벗어나 있었다고 한다. 여기에 조선사의 두드러진 특징인 부수성이 한몫을 더한 것이라고 하였다. 이것은 일제 식민 사학자인 미시나 쇼에이[品彰英三]가 「조선사 개설」에서 논파하였다. 즉 만선사관에 의하여 만주와 같이 취급된 것이 아니라 한반도 타율성론이 더 강조된 것이 만선사관이라는 사실이다. 만선사관이 이런데도 어떻게 이렇게 왜곡 해석하여 본인이 주장하는 '낙랑군 평양설' 즉 우리 민족 역사를 한반도로 제한하는 주장에 이용할 수 있는지 의아스럽다.

(2)그리고 일제는 만선사관과는 별도로 아니 이보다 더 한반도 즉 조선반도 정책을 더 중요시 여겼다는 사실이다. 즉 일제가 중요시 여기는 것은 우선 조선 및 조선반도의 식민지화 및 식민지 정책이었다. 그다음이 만선사관에 의한 만주 정책이었다. 그러므로 만선 정책이 조선반도 정책에 우선시하여 이로 말미암아 한반도 고착화 등 무리한 정책을 할 필요가 없었다는 것은 잘못된 논리가 명백하다. 이 우선시되는 조선반도 한반도 식민지 정책은 조선민들의 타율성을 강조하기 위하여 조선 국가는 고대 국가가 탄생할 때부터 북부는 중국의 한사군 식민지, 남부는 일본의 '임나일본부' 식민지로부터 문명이 전파되어 고대 국가가 성립하고 발전하기 시작하였다는 논리를 세웠다. 이는 일제 식민지 정책과 식민지 사관의 기본이다. 이는 만선사관에 우선시하는 일제의 식민지 정책이었다. 이는 일제의 식민지 정책의 상식적인 지식이다. 그런데 이를 자신의 주장의 합리성 내지는 정당성을 위하여 왜곡된 다른 논리를 전환시켰다. 전형적인 소위 '젊은 역사학자 모임' 일원의 왜곡된 논리 방식이다. 우선 한반도 정책이 우선되고 그다음에 만주 정책이다. 여기서 우선시 탄생된 것이

'낙랑군 평양설'을 비롯한 모든 한민족 역사의 한반도 고착화이다. 그래서 '낙랑군 평양설'을 비롯하여 고구려의 압록강 이북 중심설, 남북국시대 전후의 신라 강역, 고려 강역, 조선 강역 및 역사적 활동 범위를 왜곡 축소하여 한반도로 제한시켰다. 그런데 이를 전문가인 소위 '젊은 역사학자 모임' 일원 같은 학자가 있는데도 77년이 지난 현재도 사실과 다르게 일제가 왜곡한 그대로 주류 강단 사학계는 유지시키고 있다. 또한 소위 '젊은 역사학자 모임' 일원의 논리상 문제점은 심각한 주류 강단 사학계의 논리를 그대로 나타내고 있다. 즉 일제 식민지 사관을 부정하는 듯하면서도 결국은 옹호하고 있다. 즉 각론은 부정하면서 결국 총론은 옹호하고 있다. 즉 '낙랑군 평양설'이나 '만선사관'을 주류 강단 사학계 내지는 본인은 이어받지 않고 부정하고 있는 것처럼 하지만 결국은 낙랑 평양 유물의 조작설을 부정하여 일제의 유물 발굴 정당성을 옹호한 채 결국은 일제 식민사관인 '낙랑군 평양설'을 옹호하여 유지하고 있다.

(3)이렇게 자신들의 논리인 '낙랑군 평양설'을 옹호하기 위하여 그 근원인 일제의 식민지 정책도 주객을 전도시키고 다른 것으로 꾸며 자신들의 논리가 일제의 식민지 정책에 의하여 억지로 만들어진 것이 아니라 진실이기에 성립한 것이라고 주장하기 위하여 일제의 정책을 옹호하는 행위는 의심의 여지없이 논란의 여지없이 또 다른 일제 식민사관 옹호가 명백하다. 일제는 만선사관이든지 이보다 우선시하였던 조선반도 즉 한반도 식민지 정책인 한반도 고착화 및 타율성론을 위해 노력을 기울였고 그렇게 하기 위하여 역사를 조작한 것은 사실이라는 것은 엄연히 그동안 실체적으로 입증된 사실인데도 이를 과장된 것으로 치부한 채 부정하는 것은 또 다른 왜곡 행위이자 일제 옹호 논리이다.

이는 '낙랑군 평양설'을 유지하기 위하여 변칙적으로 '낙랑군 교치설', '낙랑군 고조선인 자치설' 등을 내놓은 것과 마찬가지로 '임나일본부설'도 변칙적으로 '왜의 사신설', '왜의 외교 기관설', '왜의 무역 기관설' 등을 내놓고 있는 것과 맥을 같이한다. 여러 가지 증거나 당시 상황상 있을 수 없는 가설들을 식민사관을 유지하기 위하여 이를 변명하기 위한 회피설들을 주류 강단 사학계는 내놓고 있다. 그야말로 속국인 상태에서 주인 국가에 사신을 보내고, 외교 기관을 설치하고 무역 기관을 설치할 수 있다는 논리는 있을 수 없다. 동등하게 보기 전에는 있을 수 없다. 동일하게 본다는 자체가 바로 일제 식민사관이다. 하지만 당시 한반도 국가와 일본열도 국가는 동등한 관계가 아니고 종속된 관계였고 더군다나 한반도에서 건너간 세력이 분국을 만들고 종주국인 한반도 국가와 관계를 맺은 것이 역사적 진실이다.

설사 이것이 부정된다고 해도 당시 일본열도 국가들의 상태는 한반도에서는 강력한 집단이 막강한 군사력에 의하여 삼국 내지는 사국이 다투는 와중에도 당시 군사력의 척도인 말도 없이 5세기 초에 들어서야 말이 등장하는가 하면, 군사력의 기본인 철기 생산 능력도 없이 6세기 초에 들어서야 철 생산을 하는 상태로서 이때까지는 한반도에서 중간 원재료인 철정을 수입하였으며, 해외 원정의 기본인 대규모 선박 제조 능력도 없이 소규모 국가 형태에 겨우 접어든 시기였다가 6세기 초에 들어서야 통일국가가 형성되기 시작하였는데도 불구하고, 막강한 한반도 남부를 4세기경부터 200여 년 동안 식민지로 지배했다고 주장하고 있는 것이 '임나일본부설'이다. 그런데도 이들이 한반도 국가와 동등한 국가 행세를 한반도에서 하였다는 논리인 '왜 사신설' 등을 내세우는 것은 동등한 국가라고 인정하는 '임나일본부설'의 전제가 되는 요건 등을 인정하는 왜곡을 하는 것이다. 더군다나 본 필자가 나중에 입증하여 설명하겠지만 당시 일본열도는 한반도에서 건너간 삼국 및 사국 세력이 분국을 만들고 종주국인 한반도 국가와 관계를 맺고 있었는데도 이를 부정하고 동등한 국가 관계로 설정하는 또 다른 '임나일본부설'에 대한 동조 이론이자 회피 논리이다.

(4)또한 주류 강단 사학계는 교묘하게도 이 '임나일본부설'을 표면적으로는 일제의 식민사관을 부정하고 오히려 극복하였다고 하면서도 실질적으로는 식민사관의 전제 논리를 전부 수용함으로써 일제의 식민사관을 그대로 추종하고 있다. 즉 식민사관 논리이면서 '임나일본부설'의 전제조건으로 일제 식민 사학자들이 만든 『삼국사기』 초기 불신론', '임나의 가야와의 동일시 논리', '임나의 한반도 가야 위치 비정' 등은 그대로 소위 '젊은 역사학자 모임' 일원과 같은 주류 강단 사학계에 수용되고 추종되어 해방 후 77년이 지난 지금까지도 명색이 부정하고 있지만 실질적으로는 인정하여 옹호하고 있다. 이에 대하여 일부는 이미 증명하여 설명하였고 거론하지 않은 것은 차후에 설명하도록 하겠다.

이와 같이 소위 '젊은 역사학자 모임' 일원이 엉뚱한 논리로 자신들의 식민사관 추종 혐의를 부정하였지만 이는 그동안 주류 강단 사학계가 실질적으로는 식민사관을 추종하면서 표면적으로는 부정하는 듯 내놓은 회피 논리와 식민사관의 전제조건을 그대로 수용하고 있는 행태를 변명하거나 부정하는 주류 강단 사학계의 전형적인 논리 전개 방식이다. 이러한 방법으로 학문하고 이런 학문을 학생들에게 교육시키고 매스컴에 나와서 국민들에게 대학 교수로서 왜곡되고 잘못 해석한 것을 자기주장에 이용하는 방법에 따라 가르친다고 생각하니 정신이 아득할 따름이다.

그러하므로 소위 '젊은 역사학자 모임' 일원이 **"일본인들이 우리 역사를 한반도 내로 우겨넣기 위해 엄청난 인력과 재력을 낭비해 가며 평양 지역에 낙랑군 유적을 조작했다는 것은 전혀 설득력이 없는 망상에 가까운 이야기이다."**라고 하여 일제의 '낙랑군 평양설'의 낙랑군 조작설을 적극 변호하는 것은 일제 식민사학을 극복하였다는 우리나라 학자로서는 도저히 있을 수 없는 망언이다.

일제가 막대한 경비와 인력을 들여 식민사학을 만들어 조선 통치에 이용하고자 하였다는 것은 상식에 속하는 일이다. 그런데도 이를 부인하는 것은 현재 유행하고 있는 '반일 종족주의'에 의한 쌀 수탈의 수출 이론, 위안부 부정, 조선 근대화 이론'과 맥을 같이한다. 이러한 논리가 젊은이 들을 가르치는 강단에서 교수를 하는 현재 주류 강단 사학계에 널리 퍼지는 한편 젊은 역사학자인 '젊은 역사학자' 모임 일원들이 이러한 생각을 가지고 있다는 것을 국민들이 알면 놀랄 일이고 염려스러움을 떠나 한탄할 일이다. 그런데도 이러한 사람들을 매스컴에서 초청해 대국민 강의를 하도록 한다. 본 필자는 이 글이 완성되면 매스컴 관계자들에게 이를 이 글을 통하여 알리고자 한다.

단재 신채호 선생, 백암 박은식 선생, 위당 정인보 선생님들을 비롯한 독립운동 민족 사학자들이 이 말을 일제로부터 해방된 77년이 지난 현재에 후손에게서 듣는다면 어쩔까 하는 안타까움이 든다.

> 소위 '젊은 역사학자 모임' 일원들의 일제 식민주의에 대한 사고가 염려스럽다. 잘못 생각하고 있다. 이것이 그들의 교수직 자리와 관련이 없기를 바란다.

7. 열린 접근이 필요한 낙랑군

 소위 '젊은 역사학자 모임' 일원은 완고하게 비학문적인 주장을 함으로써 비합리적이고 비학문적인 '낙랑군 평양설'을 옹호하는 것이 궁색한 점을 알고 또한 이것을 의식해서인지 이 글의 결론으로 지금까지와는 다른 열린 방식으로 호소를 하는 듯한 부탁조로 주장하고 있다. 그러면서 다음과 같이 또다시 상대방의 주장을 왜곡시켜 비합리적이고 잘못된 주장으로 변형시킨 다음 이의 부당성을 알려 자신 주장의 정당성을 역으로 주장하고 있다. 즉 '낙랑군 평양설'을 비판하는 상대방의 주장을 비학문적인 욕망으로 몰아가고 있다. 합리적인 사료 제시와 유적 및 유물 비판에 따른 학문적인 반론 제시를 잘못된 욕망이나 욕구로 변형시켜 이의 부당성을 지적하고 있다. 어떻게 학자가 이런 비이성적이고 비학문적인 사고방식을 가졌을까 하는 의문이 든다.

> 현재까지 확보된 수많은 증거에 따르면 낙랑군이 평양 지역에 있었다는 것은 움직일 수 없는 명백한 사실이다. 그런데도 낙랑군을 한반도 밖에 있었던 것으로 주장하고 싶어 하는 심리 저변에는 크게 두 가지 요소가 있다.

1)식민지 콤플렉스다.
 소위 '젊은 역사학자 모임' 일원의 이런 판단은 진실과는 반대 사실이라는 것을 간과하였다. 즉 역사적으로 사실상 '낙랑군 평양설' 즉 한반도 고착 때문에 식민지 콤플렉스 심리가 생겨 이를 타파하려는 욕망이 생긴 것이 아니라 조선시대 소중화 사대주의와 일제 식민지 사관에 의하여 사실과 다르게 낙랑군 평양설이 만들어짐으로써 오히려 우리 민족이 식민지 콤플렉스가 생겼으니 이제라도 원래대로 돌려놓자는 것뿐이다. '낙랑군 평양설' 같은 비학문적인 식민지 사관이 오히려 식민지 콤플렉스를 만들었다. 그리고 역사가 만들어진 그대로 하자는 것이지 욕망이나 욕구 내지는 콤플렉스 때문이 아닌데도 이를 이렇게 몰아가고 있다.

상대방의 진의를 왜곡시키는 버릇과 패턴을 버려야 진정한 학자가 된다는 점을 명심하기 바란다. 또한 '낙랑군 평양설'은 이것저것 가리지 말고 학문적이고 실증적인 것으로만 돌려놓으면 식민지 콤플렉스도 자연히 없어지니 걱정하지 말라고 충고하고자 한다. 주류 강단 사학계가 일제에 의하여 만들어진 '낙랑군 평양설'과 '임나일본부설'을 욕망도 아니고 콤플렉스도 아니라 추종하지 말고 역사 사실 그대로 제대로 돌려놓기만 하면 자연스럽게 식민지 콤플렉스가 사라질 것이니 염려 말라고 전해 주고자 한다.

> 주류 강단 사학계 논리를 비판하는 재야 사학계는 식민지 콤플렉스가 있는 것이 아니라 단지 주류 강단 사학계의 현재 논리가 잘못된 것이므로 원래의 맞는 것으로 고쳐달라고 하는 것뿐이다. 이러한 정상적인 요구를 왜곡하여 올바르지 않은 것으로 한 채 자신들의 잘못된 행태를 정당화하는 것은 비난받고 책임을 져야 마땅한 것으로 시정을 요구한다.

2) 고조선이 대륙에 존재했던 아주 큰 나라였다는 영토적 허영심을 충족하는 것이다.

앞에서 이미 소개한 연암 박지원과 단재 신채호의 패수와 평양에 관한 소회를 상기하기 바란다. 특히 주류 강단 사학계는 명심하기 바란다. 여전히 우리는 몇 백 년 전부터 스스로 왜곡하여 낮추어 축소시킨 역사를 아직도 펴지 못함을 안타깝고 수치스러워해야 한다. 연암 박지원은 『열하일기』에서 "이전 및 현재의 유학자들이 제대로 상세히 역사를 연구하지 않고 한사군을 한반도 압록강 안으로 비정하는 등 억지로 사실을 이끌어다 구구히 분배하고 다시 패수를 그 속에서 찾고 또한 압록강을 패수라 하고, 혹은 청천강을 패수라 하며, 혹은 대동강으로 비정하는 바람에 조선의 강토는 싸우지도 않고 줄어들었다."고 하였다.

> 평양 지역에 낙랑군이 설치된 이유는 그곳이 고조선의 수도였기 때문이다. 평양이 고조선의 수도였다는 것은 한반도가 그만큼 중요하고 유구한 역사를 지닌 곳이라는 뜻이기도 하다. 이것이 과연 한국인 입장에서 기를 쓰고 거부해야 할 일인지 생각해 볼 일이다.

이러한 생각 자체가 반도사관에 얽매인 것이다. 그는 또 사실을 호도하였다. 그가 이렇게 말한 상태가 아닌데도 자신의 주장하는 전제는 왜곡하여 바른 것으로 설정하여 놓고 이를 정당화한다. 하지만 그의 전제가 잘못되었다. 그의 전제만이라면, 그의 전제만이 사실이라면 사실 그의 주장은 일리가 있다. 즉 고조선의 중심지가 평양이고 이곳이 역사적으로 중요하고 유구한 곳이면 그의 말대로 좋은 것이다. 하지만 이것은 사실을 왜곡한 것이다. 즉 이것만이 아니기 때문이다. 그런데도 그는 이것을 거부하는 것은 잘못인 것으로 치부하고 시작하였다. 그의 말대로 중요하고 유구한 역사를 가진 이곳을 중국이 식민지로 만들었고, 이 선진 식민지로부터 영향을 받아 우리 민족 고대 국가가 성립하고 발전하였다는 것이 문제이다.

그리고 이 논리를 식민사관에 의하여 일제 식민 사학자가 조작하였다는 사실을 기를 쓰고 거부하는 것이다. 기를 쓰고 거부하고 있다는 것은 거론하지 않고 앞의 자기 논리에 맞는 좋은 것만 내세운 채 이를 거부하는 것이 잘못된 것으로 몰았다. 좌우지간 그러면 중요하고 유구한 역사를 가진 이곳이 중국의 식민지가 되었고 이 선진 식민지로부터 영향을 받아 우리 민족 고대 국가가 성립하고 발전하였다는 일제가 만든 우리 선조들의 타율성론을 소위 '젊은 역사학자 모임' 일원은 기를 쓰고 거부하지 말아야 할 일이라고 생각하는지 되묻고 싶다. 기를 쓰고 거부하는 것은 중요하고 유구한 역사가 아니라 이곳이 식민지가 되었고 이로 말미암아 우리 민족의 시작이 다른 나라의 식민지 영향으로 발전되었다는 조작 사실인 것인데 소위 '젊은 역사학자 모임' 일원은 이것을 몰랐다는 것도 문제이고 알면서도 이것이 아닌 중요하고 유구한 역사를 거부한 것으로 꾸미느냐고 되묻고 싶고 해명을 요구한다.

더군다나 이것만이 문제가 아니다. 과거는 그랬으니 그것만 문제가 아닌 것이다. 중국학자 담기양의 지도가 중국 전체 및 전 세계로 전파되어 중국 민족은 물론 전 세계 사람들이 이를 믿고 있는 것도 문제이다. 하지만 이도 역시 두 번째 문제일 뿐이다. 더 크고 더 심각한 최종적인 문제는 과거의 역사로 끝나지 않는다는 것이다. 만일 북한의 비상사태 발생 시 중국이 북한을 점령한 채 과거 역사 연고를 주장하고 미리 배포한 자료에 의하여 전 세계가 이를 인정하면 영원히 북한 땅은 과거 한사군 식민지로부터 시작하여 중국의 영토가 되어버린다는 데에 문제의 심각성이 있다. 담기양의 지도에서는 만리장성 즉 원래는 하북성 북경 지방에 존재하였던 것이나 그래도 적어도 중국 본토의 노룡현이나 산해관에 존재하였을 것이 북한 평야 지방까지 그려져 있어 이 지역이 중국의 영역으로 나타나고 있다. 이는 중국 정부나 학계 담기양 학자의 독단적인 판단에 그려진 것이 아니다. 우리 주류 강단 사학계가 낙랑군 평양설에 의하여 이를 용인하고 수용하였기에 고무된 결과이다. 사실 담기양은 원래는 만리장성을 산해관까지만 그려 넣었다.

그리고 나당전쟁 이후 당나라가 점령한 고구려 도읍지 평양에 설치하였다는 안동도호부를 한반도 평양을 비롯하여 요양 등 5군데 그려 넣고 있지만 사실상 제일 크게 그려 넣은 곳은 비록 왜곡된 것이지만 중국 본토 하북성 노룡현 즉 장수왕 내지는 광개토대왕이 점령하여 수도인 평양으로 옮긴 곳이다.

한반도의 평양 역시 담기양 개인적으로는 그려 넣을 수 없다. 역사상 고구려 수도는 몇 가지가 있었으나 중국 사료상으로는 한반도 평양에는 없었다. 마찬가지로 안동도호부 역시 한반도 평양에는 그려 넣을 수 없었다. 이 역시 중국 사료상으로는 한반도 평양에는 설치한 사실이 없다. 하지만 국가적인 차원에서 이러한 지도에 반론 내지는 영향을 미칠 한국 즉 남한의 사학계에서 이를 적극 주장하고 있기에

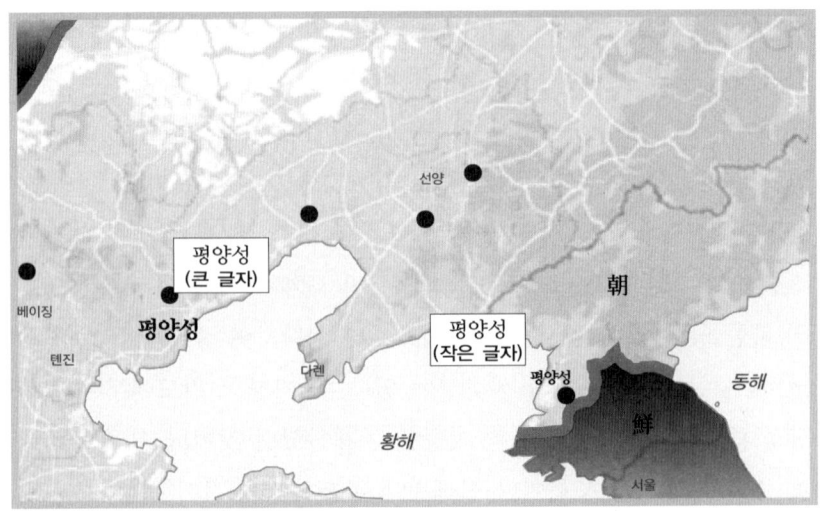

이에 힘입어 그려 넣었다. 하지만 담기양 그는 최소한의 학자적 양심이 있어 원래 즉 중국 사료상의 평양 및 안동도호부가 설치되었던 하북성 노룡현에 안동도호부 글씨를 제일 크게 그려 넣었다. 반면 한반도 평양에는 작게 안동도호부를 괄호 안에 넣어 놓고 있다.

> 【사료29】『요사』「지리지」
>
> 2. 동경도
> 1)동경요양부(東京遼陽府)
>
> 한나라 말기에 공손탁(公孫度)이 점거하여 아들 공손강(公孫康)을 거쳐 손자 공손연(公孫淵)은 스스로 연왕(燕王)을 자칭하고 소원(紹漢)이라는 연호를 사용하였다. 위(魏)나라가 멸망시켰다. 진(晋)나라가 고려(高麗 ; 고구려)를 함락시켰고, 나중에는 모용수(慕容垂)에게 귀속하였다. 아들 보(寶)는 고구려 왕 안(安 ; 광개토왕)을 평주목(平州牧)에 임명하여 거주케 하였다. 원위(元魏 ; 북위) 태무제(太武帝)가 그들이 거주하는 평양성(平壤城)에 사신을 보냈으니, 요(遼)나라 동경(東京)이 바로 이곳이다. 당(唐)나라 고종(高宗)이 고구려를 평정하고 여기에 안동도호부(安東都護府)를 설치하였지만, 나중에 발해(渤海)의 대씨(大氏)가 차지하였다.

다른 여러 중국 사료들도 증거하고 있지만 이 사료상의 내용과 같이 본 필자가 이미 설명하였듯이 당나라가 고구려를 멸하고 평양에 설치한 안동도호부를 담기양은 하북성 노룡현에 지도상에 제일 크게 '안동도호부'를 그려 넣고 있다. 이는 하북성 석가장시 북부에서 지금의 하북성 진황도시로 왜곡하여 옮긴 것을 비정한 것이지만 적어도 한반도 평양은 아니다. 도대체가 고구려 멸망 당시의 수도인 평양이 한반도 평양이라는 당시 중국 사료가 어디 있으며, 당나라가 멸한 고구려의 수도인 평양에 설치하였다는 안동도호부가 한반도 평양이라는 자료가 어디 있는지 주류 강단 사학계는 답을 내놓아야 한다. 절대로 없다. 일제 식민 사학자들과 현재 한국의 주류 강단 사학계만이 이를 주장하고 있다. 이것은 세계 역사학상 전무후무한 아이러니이다.

담기양 그 역시 학자인지라 양심이 있어 일제 식민 사학자인 세키노 타다시가 학자의 양심에 의하여 '세키노 타다시 코드'를 남겨놓은 것처럼 그도 남겨놓았는지 모른다. 어리석은 후손이 되어 욕망이나 콤플렉스가 아닌 사실 그대로 선조 즉 고조선, 고구려 및 일제 강점기, 대일 항쟁기 시절에 피땀 흘려 가꾼 영토 그리고 역사적 활동을 선조들의 상대방 국가에 스스로 내어주어서는 안 된다. 그리고 욕망과 콤플렉스가 아닌 사료와 유적·유물에 의하여 본 필자가 비판하면서 제시한 주장을 면밀히 따져서 그 잘못됨을 파악하여 본 필자를 비학문적으로가 아니라 전문가인 학자로서 학문적으로 비판해 주길 바란다. 그래서 다시는 이러한 유사, 사이비 역사 나부랭이가 전문가인 학자요 교수님들께 반론을 제기할 수 없게 말이다. 그렇게만 해준다면 앞으로는 비판이 아니라 적극 옹호하는 사람이 되리라는 맹세하는 마음이다. 반드시 소위 '젊은 역사학자 모임' 일원은 그리하길 부탁한다.

> 고조선을 비롯한 우리 고대사 활동 영역이 한반도가 아니라는 주장을 유사, 사이비 역사학자 주장이라고 비난한다. 그러나 반대로 한반도가 아닌 대륙에 만약 실제로 우리 고대사 영역이 존재했었는데 이를 소위 '젊은 역사학자 모임' 일원들이 속한 주류 강단 사학계가 한반도로 축소시킨 논리를 추종하고 있는 것이 사실이라는 전제하에, 본 필자는 무조건 재야 민족 사학계의 주장을 받아들이라는 것이 아니라 객관적으로 판단하여 옳은 방향으로 우리 역사를 정립해야 한다고 제의할 뿐이다.
> 이 글에 의한 사항을 객관적으로 평가하여 옳은 것을 따라서 우리 역사를 정하자는 것일 뿐이다.

> 강박적 쇼비니즘은 우리 시야를 편협하게 만든다. 세계 시민으로서 역사의식을 확장하고자 한다면 이러한 편협함을 버리고 앞으로 나아가려는 마음이 필요하다.

중국이 세계에 배포한 동북아역사지도와 주류 강단 사학계의 논리로 인한 담기양의 지도를 보면 과연 우리 시야가 넓어지고 세계 시민으로서 역사의식을 확장할 수 있겠는가 하는 의문이 든다. 영토가 넓었으면 하는 욕망과 허영심 대신에 오히려 주류 강단 사학계의 논리와 학자적 본분 망각으로 말미암아 식민지 콤플렉스를 본 필자 세대는 물론이고 앞으로 우리 후세까지도 가질까 심히 염려된다. 제대로 알자고 하는 것, 제대로 역사를 펼치자는 것이 어떻게 쇼비니즘이 되는 것인지 소위 '젊은 역사학자 모임' 일원들은 설명해 주길 바란다. '낙랑군 평양설' 같은 잘못된 역사의식이 자리 잡고 있다면 우리 민족은 세계 시민으로서의 역사의식을 가질 수 없다. 우리 것도 제대로 사실대로 펼치지 못하는데 무슨 세계적 의식을 가지겠는가 말이다.

> 소위 '젊은 역사학자 모임' 일원들은 학문적으로 비판하는 상대방을 비학문적으로 비난하기에 앞서 자신들의 유일한 덕목인 연구 성과를 높이고 그다음에 학문적으로 상대방을 비판하여야 한다.

이제 갓 교단에 서서 후세 세대를 가르치는 젊은 학자의 기세가 등등한 것 같다. 경험과 학식이 일천한데 대부분 연배가 높은 재야 사학자들에게 쇼비니즘에 사로잡힌 유사, 사이비 학자라고 비난하는 것을 보니 말이다. 학식과 경력 그리고 양심을 가지라고 충고하는 것보다 지금까지 본 필자가 지적하였듯이 앞으로 학자로서 제대로 역할을 하려면 상대방의 주장이나 비판을 임의로 왜곡하여 비난하는 자세를 고치고 상대방의 주장을 학자로서 제대로 연구하여 상대방을 학문적으로 제압하라고 본 필자는 충고하는 바이다. 앞으로 고구려 전공으로써 전문가라고 알려진 소위 '젊은 역사학자 모임' 일원들이 소속한 주류 강단 사학계의 우리 고대사 전체는 물론 고구려 역사 연구의 빈약함과 허술함을 지적하고자 하니 이를 경청해 주길 바라면서 이 글을 마친다.

III. "광개토왕비 발견과 한·중·일 역사 전쟁 (안정준)"을 반박하여 비판한다

소위 '젊은 역사학자 모임' 일원은 이 글에서 그 주제를 여섯 가지로 정했다.

1. 고구려사와 광개토왕비
2. 광개토왕비 재발견과 임나일본부
3. 일본 학자의 해석과 민족주의 역사학자들의 반격
4. 신묘년조를 둘러싼 논쟁과 능비 조작설
5. "능비 조작설은 없었다", 새롭게 제기된 반론들
6. 고구려인의 '욕망'

이에 대하여 비판함에 있어 전부를 비판하는 것은 불필요하다. 즉 중복되는 면이 있어서 그렇다. 그래서 이 중 오랫동안 논란이 되어온 광개토대왕 비문 해석과 관련 경과 사항 그리고 조작설에 대하여는 다른 사항을 다루다 보면 자연스럽게 다룰 것이기 때문에 별도로 취급하는 것은 생략하기로 한다. 단지 이러한 사항을 다루고 결론을 맺는 기본적인 인식에 대하여 비판하고자 기본적인 고구려 및 광개토대왕 비문과 관련한 왜곡성에 대하여 비판하고 이 비판에 의하여 성립된 올바른 인식으로 광개토대왕 비문을 재해석함으로써 비판에 이은 올바른 역사성을 제시하고자 한다.

소위 '젊은 역사학자 모임' 일원은 이 글 목차에서의 서두이자 이 글의 전제 역사 인식인 1. **고구려사와 광개토왕비**에서 잘못된 식민사관을 기본 전제로 하고 논의를 전개하고 있다. 즉 고구려는,

> 1. 압록강 중류 지역에서 나라를 세웠다.
> 2. 인접 지역에는 한나라가 설치했던 지방 통치기구인 현도군, 낙랑군, 요동군 등에 의해 다스려졌다.
> 3. 이들 지역을 완전히 장악한 것은 서기 400년경이다. 이때가 광개토왕 시절이고, 이것을 드러내고자 한 것이 광개토왕비다.

이라고 하였다. 소위 '젊은 역사학자 모임' 일원이 이 글 즉 광개토대왕 비문 관련 글을 게재한 목적이 드러난다. 즉 식민사관을 내세워 주장하는 것이 근본 목적이다. 소위 '젊은 역사학자 모임' 일원은 광개토대왕 비문을 내세워 그 위치가 고구려 중심지이고 이 근방에 한나라의 우리 민족국가에 대한 식민지가 있었다는 사실 우리 고대 국가는 이 선진 중국 식민지에 의해 영향을 받아 발전했고 우리 고대 국가는 한반도 범주를 벗어나지 못했다는 일제가 정립한 식민지 사관을 내세우고자 하는 주목적을 달성하고자 한다. 그래서 소위 '젊은 역사학자 모임' 일원은 뒤이은 순서인 2. **광개토왕비 재발견과 임나일본부**에서 광개토대왕비가 발견된 경위를 설명하면서,

> "5세기 초반까지 고구려의 수도로서, 또 평양으로 수도를 옮긴 이후에도 별도로서 융성하던 국내성(지린성 지안시) 지역은 668년 고구려가 멸망한 이후 한동안 사람들의 관심에서 벗어나 있었다. 그리고 이 지역에 세워진 광개토왕비 역시 오랫동안 잊힌 채로 기록에 등장하지 않았다."

그리고 이후

> "당시 압록강 이북인 지안 지역은 조선의 영토가 아니었기 때문에 조선 사람들도 매우 제한적으로 접근할 수 있었다."

그러는 당시에는 간혹 눈에 띄었으나 몇 사료에 의하면 금나라 유적으로 인식되었다가 1876년 청나라에 의한 봉금조치가 해제되고 1880년 농부에 의해 발견되어 보고되었으나 별 관심 없이 있다가 1883년 일본군 병사에 의하여 탁본을 구해서 일본에 반입시킨 후 연구가 진행된 다음 1889년 「회여록」이라는 학술지에 보고서가 실린 후 본격적으로 알려지게 된 것이라고 설명하였다. 이렇게 광개토대왕 비문 경과를 설명하면서도 기본적이고 전제적인 인식인 고구려가 이곳 광개토대왕 비문 인근에서 건국되고 이곳을 중심으로 있었다가 평양으로 도읍을 옮긴 후에도 융성하게 있었으나 이후 멸망한 다음에는 우리 영토가 아니므로 잊힌 채 있다가 일본인에게 발견되었다는 것을 나타내었다.

결국은 두 가지이다. 고구려는 이곳에 있었고, 이곳은 이후 우리의 영토가 아니었다는 것이다. 이는 식민사학의 기본 원리이다. 따라서 본 필자는 광개토대왕 비문 관련 논란에 대하여는 많이 알려져 있고 새삼 본 필자가 별도로 비판하거나 설명할 필요가 없기 때문에 지면상 생략하고, 광개토대왕 비문을 재해석하고 이 글에서 기본 전제로 하고 있고 결론으로 도출된 소위 '젊은 역사학자 모임' 일원의 식민사관인 두 가지 사항에 대하여 비판하고자 한다. 이 두 가지 사항은 소위 '젊은 역사학자 모임' 일원이 이 단락에서 기본 전제로 제시하고 나중의 결론과도 관련 있는 것으로 설명하고 제시한 세 가지 사항과 연결된다.

> 1. 5세기 초반까지 지린성 지안시 즉 길림성 집안시가 수도였다가 이후 한반도 평양으로 수도를 옮겼다고 한 점
> 2. 집안시의 국내성이 별도로서 융성하였다는 점
> 3. 당시 압록강 이북 지역이 조선 영토가 아니었다는 인식

이 두 가지 사항 및 세 가지 제시 사항에 대하여 본 필자는 다음과 같은 사항으로 나누어 비판하고 바른 역사 사실을 정립하고자 한다.

> 1. 고구려 초기 도읍지 및 천도 사실
> 2. 광개토대왕 비문 재해석
> 3. 광개토대왕 비문이 발견된 당시에 그 지역이 조선 영토가 아니라고 인식하였다는 사실

이 세 가지 사항 중에 '1. 고구려 초기 도읍지 및 천도 사실'을 살펴보면 당연히 여기서 살펴보고자 하는 "고구려 초기 도읍지가 현재 압록강 중류 지방인지의 여부, 현재의 압록강 인근에서의 고구려, 현토군, 낙랑군, 요동군 위치 여부, 고구려가 압록강 인근 집안시의 국내성에서 도읍하여 활동하다가 한반도 평양으로의 천도 사실 여부, 천도 이후에도 집안의 국내성은 융성하였다는 사실 등도 자연스럽게 밝혀질 것이다. 그럼 순차적으로 이에 대하여 비판하고 제대로 된 역사 사실을 제시하고자 한다.

1. 고구려 초기 도읍지 및 위치 그리고 천도 사실

 과연 고구려는 압록강 중류 지역에 세운 나라인지를 소위 '젊은 역사학자 모임' 일원에게 그 근거를 요구하고자 한다. 반면 본 필자는 앞에서 중국사서의 여러 지리지를 근거로 중국사서는 고구려가 요수 즉 대요수, 소요수의 상류 지역인 현토 지역(본 필자는 현토군과 현도군을 같은 개념으로 인식하고 있다. 따라서 여기서는 통일하여 현토군으로 하고자 한다.)에서 나라를 세운 것으로 인식하고 있었다는 사실을 입증하였고 반면에 실제로는 이보다 남쪽인 산동성 졸본 지방에서 나라를 건국한 후 하북성으로 북상하여 영토를 확대하였다고 설명하였다.

> 【사료24】『후한서(後漢書)』「동이열전」'고구려전'
>
> [漢] 武帝는 朝鮮을 멸망시키고 고구려를 縣으로 만들어서 玄菟에 속하게 하였으며, 북(鼓)과 管樂器와 樂工을 하사하였다.

 이 사서에는 이외에도 주목할 만한 사실이 있다. 한무제 원봉 4년 (B.C. 107)에 현토군을 설치할 당시 이미 고구려가 존재하고 있었다는 사실이다. 물론 여기서의 고구려는 고조선의 하나의 번국이었다. 이는 고구려 900년 설, 800년 설, 700년 설의 논란 중 하나의 근거가 된다. 물론 일제 식민사학을 계승한 주류 강단 사학계의 논리는 현재의 압록강 인근에 현토군이 있었으므로 여기에 고구려가 세워진 것이라고 한다. 하지만 과연 그럴까?

앞에서 확인하였듯이 중국사서는 고구려가 현토군에서 건국된 것으로 인식하고 기록하고 있다. 즉 위의 기록이 그 모태가 되어 고구려 땅에 현토군을 세우고 현토군에 고구려현을 만들어서 소속시킨 것으로 기록하였다. 그래서 이후 사서들은 이곳 고구려현에서 고구려가 건국된 것으로 기록하였다. 하지만 이는 착오에 의한 잘못이다. 한편 원래 설치된 현토군은 나중에 산동성에서 건국한 주몽의 고구려가 하북성으로 영역을 확대하여 고국원 지역 즉 지금의 호타하 북부 지역에 위치할 때 현토군은 이보다 먼저 이곳 남부에 있다가 다시 이곳 서북부로 옮겼기 때문에 고구려 근처에 있었던 연고로 중국사서가 현토군과의 관계성이 깊은 것으로 인하여 고구려가 현토군에서 건국된 것으로 인식하고 착오로 기록하였다. 현토군 고구려현에 있었던 것은 고구려가 아니라 구려로 중국사서상의 이 구려의 별종이 소수맥으로 현토군 고구려현에 있는 소요수 인근에 있었던 것을 중국인과 중국사서들이 고구려와 착각하여 기록하였다.

【사료23】『삼국지(三國志)』〈위서〉「동이전」'고구려전'

또 小水貊이 있다. (고)구려는 大水 유역에 나라를 세워 거주하였는데, 西安平縣의 북쪽에 남쪽으로 흘러 바다로 흘러드는 작은 강이 있어서, (고)구려의 別種이 이 小水 유역에 나라를 세웠으므로, 그 이름을 따서 小水貊이라 하였다. 그곳에서는 좋은 활이 생산되니, 이른바 貊궁이 그것이다.

이 사서【사료23】『삼국지(三國志)』〈위서〉「동이전」'고구려전'에서는 소수맥이 있는 서안평현의 서북쪽인 대수 지역에서 (고)구려가 나라를 세우고 구려의 별종인 소수맥이 소수 유역에서 나라를 세운 것으로 기록하고 있다. 하지만 앞에서 설명한 대로 이 기록상의 앞의 '(고)구려'는 고구려와 구려를 착각한 것이고, 뒤의 '(고)구려'는 구려인 것이다. 따라서 구려의 별종이 소수맥이다. 그래서 현토군의 고구려현도 그렇게 명명하였다. 하지만 고구려는 분명히 이보다 남쪽인 산동성에서 건국하였다가 나중에 이 현토군의 북쪽으로 왔다가 현토군이 옮기어 고구려의 서북쪽에 있게 된다. 구려는 소위 예맥족으로 모용선비족이다. 그들의 본거지는 이곳과 자몽지야 즉 태행산맥 동쪽으로 지금의 석가장시 북쪽 지역이다.

이들은 『후한서』 및 『삼국지』의 '동옥저'전과 '부여전'의 각각 예맥과 선비이다. 이 구려는 고구려와는 다른 고조선의 번국 세력 중 하나로 그 별종 중의 하나인 소수맥 즉 예맥족 즉 모용선비족의 원류인 구려와 착각하여 구려가 이곳 현토군이 있었던 대요수를 중심으로 있었고 소요수 지역에서는 예맥족이 탄생한 것을 두고 고구려가 이곳 현토군에서 건국한 것으로 인식하고 기록하였다. 이는 앞에서도 살펴보았지만 고구려의 초기 도읍지인 현토군 지역과 고구려에 대하여 가장 당시에 인접한 초기 기록으로 본 필자가 인용하여 설명한 【사료22】『한서』「지리지」1. 유주상의 한무제가 설치한 것으로 하고 있는 현토군의 속현으로 고구려현이 있는 기록을 다시 한 번 살펴보자.

【사료22】『한서』「지리지」1. 유주

⑨ 현토군(玄菟郡)

현토군(玄菟郡), 무제(武帝) 원봉(元封) 4년에 열었다. 고구려현(高句驪縣)은 왕망이 하구려(下句驪)로 고쳤으며 유주(幽州)에 속한다.[1] 가구수는 4,5006이고 인구수는 22,1815명이다. 현은 3개이다.

1) 고구려현(高句驪玄), 요산(遼山)에서 요수(遼水)가 나오는데 서남쪽으로 요동군 요대현(遼隊縣)에 이르러 대요수(大遼水)로 들어간다. 또한 남소수(南蘇水)가 있는데 서북쪽으로 새(塞) 밖을 지난다.[2]

2) 상은태현(上殷台縣), 망(莽)은 하은(下殷)이라 했다.[3]
3) 서개마현(西蓋馬縣), 마자수(馬訾水)가 서북쪽으로 염난수(鹽難水)로 들어가는데, 서남쪽으로 요동군 서안평현(西安平縣)에 이르러 바다로 들어간다. (이 강은) 2개의 군(郡)을 지나고 1100리를 흐른다. 왕망은 현도정(玄菟亭)이라고 했다.

[1] 應劭曰故眞番朝鮮胡國. 응초(應劭)가 말하기를 옛 진번조선(眞番朝鮮) 호(胡)의 나라이다.
[2] 應劭曰故句驪胡. 응초(應劭)가 말하기를 옛 구려(句驪) 호(胡)이다.

고구려현은 요산, 요수, 대요수, 남소수와 관련 있으며, 인근에 서개마현이 있으며 이곳에는 마자수와 염난수가 있고 이것은 인근의 요동군 서안평현과 관련 있다. 그러면 현토군과 인근의 요동군 즉 현토군의 하천인 마자수가 바다로 들어가는 곳에 위치한 요동군의 위치가 나타나 있는 사서를 다시 살펴보자.

【사료10】『후한서(後漢書)』「군국지」1. 유주

⑧ 요동군(遼東郡)

요동군(遼東郡), 진(秦)에서 설치하였다. 낙양(雒陽)에서 동북쪽으로 3600리 떨어져 있다.[1] 성은 11개이고 가구수는 6,4158이며 인구수는 8,1714명이다.

1) 양평현(襄平縣). 2) 신창현(新昌縣). 3) 무려현(無慮縣). 4) 망평현(望平縣).
5) 후성현(候城縣). 6) 안시현(安市縣). 7) 평곽현(平郭縣). 철(鐵)이 있다.
8) 서안평현(西安平縣).[2] 9) 문현(汶縣). 10) 번한현(番汗縣). 11) 답씨현(沓氏縣).

[1] 案, 本紀和帝永元十六年, 郡復置. 西部都尉官. 안(案), 본기(本紀) 화제(和帝) 영원(永元) 16년에 군(郡)십육년을 다시 설치하였으며 서부도위(西部都尉)의 관청(官)이다.

[2] 魏氏春秋曰…縣北有小水, 南流入海. 句驪別種, 因名之小水貊. 위씨춘추(魏氏春秋)에서 말하기를 '서안평현 북쪽에 소수(小水)가 있는데 남쪽으로 흘러 바다로 들어간다. 구려(句驪) 별종(別種)이 (있는데), 그것의 이름(즉 소수小水)으로 인하여 소수맥(小水貊)이라 한다.

⑨ 현도군(玄菟郡)

현토군(玄菟郡), 무제(武帝)가 설치하였다. 락양(雒陽)에서 동북쪽으로 4000리 떨어져 있다. 성은 6개이고 가구수는 1594이며 인구수는 4,3163명이다.

1) 고구려현(高句驪縣), 요산(遼山)에서 요수(遼水)가 나온다.[1] 2) 서개조현(西蓋鳥縣, 서개마현). 3) 상은태현(上殷台縣). 4) 고현현(高顯縣), 옛날에 요동군에 속했다. 5) 후성현(候城縣), 옛날에 요동군에 속했다. 6) 요양현(遼陽縣), 옛날에 요동군에 속했다.[2]

[1] 山海經曰…遼水出白平東. 郭璞曰…出塞外御白平山, 遼山小遼水所出. 산해경(山海經)에서 말하기를 요수(遼水)가 백평(白平)의 동쪽에서 나온다고 했다. 곽박(郭璞)은 말하기를 (요수는) 새(塞) 밖의 어백평산(御白平山)에서 나오며 요산(遼山)은 소요수(小遼水)가 나오는 곳이라고 했다.
[2] 東觀書…安帝即位之年, 分三縣來屬 동관서(東觀書)…안제(安帝)가 즉위하는 해에 현을 3으로 나누어 내속(來屬)하였다고 했다.

앞에서 살펴본 【사료22】『한서』「지리지」1. 유주상의 기록과 마찬가지로 현토군에 고구려현이 설치되었고 이 기록이 그대로 요산, 요수 등 여러 사항이 일치한다. 이 현토군은 낙양에서 동북쪽으로 4,000리 거리에 있다고 하였다. 또한 이곳은 인근 바닷가에 있는 낙양에서 3,600리 거리에 있는 요동군의 서북쪽에 있다고 하였다. 앞에서 본 필자가 확인하였듯이 이 수치 기록은 후세에 조작되었다.

원래 요동군은 당시 마자수이자 압록수였던 지금의 호타하가 있고 그 동쪽에 지금도 (하북성 형수시) 안평현이라는 지명이 그대로 남아 있는 이곳에 위치하고 있었다. 이곳은 지금의 석가장시 북부 지방으로 지금의 석가장시 행당현과 심택현 사이이다. 이곳은 요동군 즉 앞에서 살펴본 연장성의 동쪽 기점인 양평(성) 즉 요동군 치소인 양평성 인근이다. 이곳은 또한 연장성의 '요동고새'에 해당하는 진장성의 하나로써 동쪽 기점인 요동은 연 5군의 요동군 위치이다. 물론 이 요동군은 현재 주류 강단 사학계가 정의하는 지금의 요하 동쪽인 요동이 아니라 요서 지역인 이전의 요동이다.

그리고 마자수가 흘러 들어가는 요동군의 서안평(현)을 현재 주류 강단 사학계는 앞에서 살펴본 대로 **"현재의 중국 요녕성 단동시 북쪽이다. 후한대에 요동군에 속해 있었다."** 하여 압록강 인근 단동으로 비정하고 있다. 소위 '젊은 역사학자 모임' 일원이 여기서 고구려를 한반도 압록강 인근으로 한정시키는 것과 맥락을 같이한다. 하지만 한반도 압록강 인근에 요산, 요수, 마자수, 갈석산, 진장성이 있을 수 없다. 이곳은 지금도 그 이름이 당시 마자수이자 압록수였던 지금의 하북성 호타하가 있고 그 동쪽에 (하북성 형수시) 안평현이라고 그대로 남아 있는 이곳 하북성에 위치하고 있었다. 청나라 이후의 중국 학자들과 일제 강점기 일제 학자들의 우리 역사왜곡 아니 파괴는 가히 충격적으로 아무런 근거 없이 저질렀다.

그런데도 해방 후 77년이 지난 지금까지도 이러한 근거 없이 진행된 역사 파괴를 현재 주류 강단 사학계는 아무런 추가 연구 없이 그대로 이어받아 오고 있다. 이것은 본 필자가 누누이 강조하지만 세계 역사학계의 아이러니요 불가사의 한 일이다. 있을 수 없는 일이다. 하지만 현토군의 위치는 이곳이지만 실제 주몽에 의하여 고구려가 건국된 곳은 이곳이 아니다.

[졸본성에 대하여]

우선 고구려의 초기 도읍지를 주류 강단 사학계는 요령성 본계시 환인현 오녀산성으로 비정하고 있다. 이곳은 일개 집단이 도망에 쫓겨 농성하면서 방어하는 곳의 산성으로 도저히 도읍으로는 적합하지 않다. 이곳에서는 나중의 국내성으로 비정하는 집안시와 마찬가지로 고구려 초기 도읍 시기인 1세기 무렵의 유물은 일체 출토되지 않는다. 그리고 아무런 사서기록 근거도 없다. 더군다나 고구려의 도읍 및 위치를 한반도로 기록하였다는『삼국사기』도 이를 제대로 해석하면 한반도가 아닌 하북성 지방이고『삼국사기』가 당시의 중국 및 고려의 역사 인식에 의하여 기록한 지역도 한반도가 아니고 하북성에서 왜곡 이동되었지만 요령성 요양 지방이다.

즉 초기 도읍지인 졸본성은 산동성이고, 평양성은 하북성이다. 이를 왜곡하여 위치 이동시킨 채 비정한 중국 측의 해석을 근거로 하여 졸본성과 국내성은 이렇게 왜곡되었지만 이러한 중국사서의 기록에 따르지 않고 아무런 근거도 없이 요령성 본계시 환인현과 길림성 집안시에 비정하고, 평양성은 한반도 평양으로 비정하였다. 초기 도읍지 졸본에 대하여는 수차례에 걸쳐 자세히 설명하였지만, 이곳은 많은 중국사서가 기록하고 있는 현토군 지역이 아닌 현토군 경계 지역으로 요나라 의주 경계 지역 즉 하북성 남쪽으로 산동성과의 경계지역인 산동성 덕주 지역이다. 이곳은 초기 백제 그리고 신라와 함께 졸본성이 말갈과 연접해 있던 곳으로 이곳에 대한 위치는【사료30】『신당서(新唐書)』「가탐도리기」영주에서 출발하여 안동도호부로 가는 길상의 '평양성'이자【사료29】『요사』「지리지」2. 동경도 해주 남해군상의 초주가 있는 신라와의 경계에 있다고 하는 '옛날 평양성'이다. 이러한 졸본성을 요령성 환인으로 비정한 것은 그야말로 학문이 아니다.

여기에 비정하는 데 한몫을 하는 '낙랑군 평양설'에 맞춘 현토군의 인근 비정 또한 있을 수 없는 비정이고, 이 낙랑군 평양 인근에 있어야 하는 요동군을 한반도 압록강 내지는 청천강에 비정하는 것은 그야말로 조작이다. 그리고 더 전문적인 사항인 선비족과 그 나라인 모용선비의 전연, 후연, 북연 등 삼연과 북위 나라를 고구려와 맞닿게 하느라고 요령성 요하 서쪽까지 비정하는 것은 매국 행위이다.

> **고구려 초기 도읍지는 압록강 중류 지방도 아니고 중국사서상의 현토군 지역인 중국 하북성 지역도 아니고 중국사서 및 『삼국사기』상의 활동지역인 산동성 졸본 지역이다.**

주류 강단 사학계에서는 현토군이 한반도 북부에 설치되었고 이 현토군에서 고구려가 건국한 것으로 비정하고 있다. 도대체 현토군 및 인근에 있다고 각종 중국사서상에 기록되어 있는 요산, 요수, 요동군, 대요수, 마자수가 압록강 근처 어디에 있다는 것인가. 그리고 인근의 요동군인 1) **양평현**(襄平縣). 2) **신창현**(新昌縣). 3) **무려현**(無慮縣). 4) **망평현**(望平縣). 5) **후성현**(候城縣). 6) **안시현**(安市縣). 7) **평곽현**(平郭縣), **철**(鐵)이 있다. 8) **서안평현**(西安平縣).[2] 9) **문현**(汶縣). 10) **번한현**(番汗縣). 11) **답씨현**(沓氏縣). 등이 어디에 있다는 말인가. 앞에서 확인한 대로 고조선을 기자조선의 평양으로 그리고 이것을 다시 고구려 평양과 연관시켜 우리나라 고대 역사를 한반도로 구겨 넣기 위하여 억지로 아무런 근거 없이 무작정 한정시킨 일제 식민 사학자들의 어처구니 없는 악랄한 논리. 그리고 이것을 아무런 추가 연구 없이 그대로 따르면서 이를 비판하면 영토 확장을 욕망하는 비학문적인 사이비 주장이라고 소위 '젊은 역사학자 모임' 일원들은 오히려 비난하고 있다. 이들의 위치 등에 대하여는 앞에서 이미 상세히 설명하였다. 특히 대요수, 소요수, 마자수는 【사료21】『수경주』「대요수」, 「소요수」 등에 의하여 고구려현과 더불어 공손씨가 활동하다가 위나라 사마의에게 토벌당한 한나라 시기 요동군 치소 양평성이자 공손씨 요동성이자 고구려 수당전쟁 시 요동성인 지금의 하북성 석가장시 행당현에 비정되는 것이며, 소요수, 대요수 즉 소수, 대수가 흐르는 서안평은 안평의 서쪽 지방으로 지금도 그 지명이 마자수인 호타하의 동쪽 하류에 남아 있는 하북성 형수시 안평현이다.

고구려의 이 같은 초기 도읍지에 대하여 【사료20】『산해경』「해내동경」 곽박 주석상의 현토군 고구려현, 소요수, 대요(수), 【사료23】『삼국지(三國志)』〈위서〉「동이전」 '고구려전'에서는 요동의 천리 동쪽의 환도의 아래, 【사료24】『후한서(後漢書)』「동이열전」 '고구려전'에서는 요동의 천리 동쪽의 소수맥, 『위씨춘추』를 인용하여 요동군 서안평현 북쪽, 【사료46】『송서(宋書)』 夷蠻列傳 高句驪에서는 "현재 한나라 시기의 요동군을 지배하고 있다."라고 하였다.

또한 【사료88】『위서(魏書)』 列傳 高句麗에서는 "요(수)가 동남으로 일천여 리" "남쪽으로 소해에 이르고", 【사료42】『양서(梁書)』「동이열전」 '고구려'에서는 "요동의 천리 지역에 있고, 한나라 시기의 현토군 지역에 있다. 한나라 무제 때 조선을 멸하여 현토군을 설치하고 고구려를 현으로 삼아 거기에 소속시켰다. 국토 가운데 요산이 있고 요수가 그 산에서 흘러나온다. 왕도는 환도의 아래에 있다."고 하였다.

그리고 【사료89】『주서(周書)』 異域列傳 高句麗에서는 "주몽 흘두골성, 서쪽으로 요수를 건너 2000리에 있고, 국도는 평양성이고 이외에도 국내성, 한성이 있다. 요동, 현토 등 수십 개 성이 있어 통치하였다."고 하였고, 【사료92】『수서(隋書)』 東夷列傳 高句麗에서는 "평양성

(장안성), 국내성, 한성이 있고, 남쪽으로 패수에 닿는다.",【사료90】
『남사(南史)』東夷列傳 高句麗 "요동의 천리 지역에 있고, 요산, 요수가 있다.",【사료91】『북사(北史)』列傳 高句麗 "서쪽으로 요을 넘어 이천리", "홀승골성 도읍, 한나라 무제 때 조선을 멸하여 현토군을 설치하고 고구려를 현으로 삼아 거기에 소속시켰다. 평양성(장안성), 국내성, 한성 등 삼경이 있고, 남쪽으로 패수에 닿는다. 요동, 현토 등 수십 개 성이 있어 이를 통치하였다.",【사료25】『통전(通典)』「변방」'동이 하 고구려' "주몽 : 홀승골성, 요동의 동쪽 천리, 한나라 무제 때 조선을 멸하여 현토군을 설치하고 고구려를 현으로 삼아 거기에 소속시켰다. 왕거주 평양성(장안성), 별도로 국내성, 한성을 두었고 남쪽으로는 패수에 닿는다. 요동, 현토 등 수십 성을 두고 통치하였다. 수나라 시대에는 점차 커져 동서 6000리가 되었다."라고 기록하였다.

또한 광개토대왕 비문에는 "비류곡 홀본서성산"에 도읍하였다고 되어 있다. 또한【사료31】『구당서(舊唐書)』「동이열전 고구려」"平壤城에 都邑하였으니, 곧 漢 樂浪郡의 옛 땅이다. 長安에서 동쪽으로 5천 1백 리 밖에 있다. 동으로는 바다를 건너 新羅에 이르고, 서북으로는 遼水를 건너 營州에 이른다. 동서로는 3천1백 리이고, 남북으로는 2천 리이다."라고 기록하고 있다.【사료26】『신당서(新唐書)』「동이열전 고구려」"~ 서북으로는 遼水를 건너 營州와 접하고, ~ 그 나라의 임금이 살고 있는 곳은 平壤城으로 長安城이라고도 부르는데, 漢代의 樂浪郡으로 長安에서 5천 리 밖에 있다. 山의 굴곡을 따라 外城을 쌓았으며, 남쪽은 浿水와 연해 있다. 王은 그 좌측에 宮闕을 지어 놓았다. 또 國內城과 漢城이 있는데 別都라 부른다.

물은 大遼와 少遼가 있다. 大遼는 靺鞨의 서남쪽 산에서 흘러나와 남으로 安市城을 거쳐 흐른다. 少遼는 遼山의 서쪽에서 흘러나와 역시 남으로 흐르는데, 梁水가 塞外에서 나와 서쪽으로 흘러 이와 합류한다. 馬訾水가 있어 靺鞨의 白山에서 흘러나오는데, 물빛이 鴨頭와 같아서 鴨淥水로 불리운다. 國內城의 서쪽을 거쳐 鹽難水와 합류한 다음, 다시 서남으로 [흘러] 安市[城]에 이르러서 바다로 들어간다. 平壤은 鴨淥江의 동남쪽에 있는데, 큰 배로 사람이 건너다니므로, 이를 해자(天塹)로 여긴다."라고 기록하였다.

　이와 같이 중국사서는 한결같이 고구려의 첫 도읍지를 서안평현 북쪽인 요수의 북쪽(소수, 대수) 현토군을 증거하고 있다. 그러나 『구당서』 이후의 사서들은 중국의 춘추필법과 위치 이동으로 당나라 시대의 하북성 위치 기록에서 현재 요하 지방으로 위치 변동되어 기록하고 있다. 하지만 적어도 현재 우리나라 주류 강단 사학계가 일제 식민사학에 의하여 비정하는 한반도 북부 압록강 이북 지방은 절대 아닌 것을 모든 중국사서가 증명하고 있다.

　즉 위의 사서기록 가운데 설사 요수 내지는 요(수)를 주류 강단 사학계의 비정대로 지금의 요하로 비정하더라도 이곳에서 서쪽으로 2000리가량 있는 곳에 고구려 내지는 고구려의 졸본성이 있다고 기록하고 있다. 물론 이 요수는 왜곡되기 전에는 압록수인 지금의 하북성 석가장시 호타하 북부를 흐르는 자아이고 여기서 남쪽에 졸본성이 있다. 이러한 사실은 앞에서 설명하였듯이 『신당서』「동이열전 고구려」, 『수서』「동이열전 고구려」 등 평양성의 남쪽에 패수가 있다고 한 기록에서의 패수가 있는 평양성은 옛 평양성으로 이 옛 평양성은

【사료30】『신당서(新唐書)』「가탐도리기」

영주에서 출발하여 안동도호부로 가는 길

영주(營州) 서북쪽 100리는 송형령(松陘嶺)이라고 하고 그 서쪽은 해(奚)이며 그 동쪽은 거란(契丹)이 떨어져 있다. 영주(營州)에서 북쪽으로 400리

를 가면 황수(湟水)에 이르고 영주(營州)에서 동쪽으로 180리를 가면 연군성(燕郡城)에 이른다.

또한 (연군성으로부터 동쪽으로) 여라수착(汝羅守捉)을 지나서 요수(遼水)를 건너면 옛날 한국(漢)의 양평성(襄平城)이었던 안동도호부(安東都護府)에 이르기까지 500리이다. (안동도호부에서) 동남쪽으로 평양성(平壤城)까지 800리이고, (안동도호부에서) 서남쪽으로 도리해구(都里海口)까지 600리이며, (안동도호부에서) 서쪽으로 옛 중곽현(中郭縣)이었던 건안성(建安城)까지 300리이며, (안동도호부에서) 남쪽으로 압록강(鴨淥江) 북쪽에 있는 옛 안평현(安平縣)이었던 박작성(泊汋城)까지 700리이다.

안동도호부(都護府)로부터 동북쪽으로 옛 개모성(蓋牟城)과 신성(新城)을 지나고 또한 발해(渤海)의 장령부(長嶺府)를 지나는 등 1500리를 가면 발해(渤海)의 왕성(王城)에 이르는데 발해왕성은 홀한해(忽汗海)를 내려다보고 있다. 발해왕성의 서남쪽 30리는 옛 숙신성(肅慎城)이고 발해왕성(其)의 북쪽으로 덕리진(德理鎭)을 지나서 남흑수말갈(南黑水靺鞨)까지 1000리이다.

【사료29】『요사』「지리지」

동경도
해주 남해군
해주(海州) 남해군(南海軍)이 설치되었으며 절도를 두었다. 본래 옥저국(沃沮國) 지역이며 고구려 때 비사성(沙卑城)으로 당나라 이세적이 공격하였던 곳이다. 발해는 남경남해부(南京南海府)로 불렀다. 돌을 쌓아 성을 만들었는데 너비가 9리나 된다. 옥주(沃州) 청주(晴州) 초주(椒州) 등 3주를 관할하였다. 옛 현은 옥저(沃沮) 취암(鷲巖) 용산(龍山) 빈해(濱海) 승평(昇平) 영천(靈泉) 등 여섯인데 모두 폐지되었다. 태평(太平) 연간(1021~1031)에 대연림(大延琳)이 반란을 일으켰을 때 남해성(南海城)을 굳게 지켜 1년이 지나도록 함락시키지 못하였는데 별부 추장이 모두 사로잡히자 비로소 항복하였다. 그러고나서 반란군을 모두 상경(上京)으로 이주시켜 천료현(遷遼縣)을 설치하였다. 택주(澤州)의 백성을 옮겨 채웠다. 호구수는 1,500이며, 관할 주는 2개이고, 관할 현은 1개이다.
①임명현(臨溟縣)

②요주(耀州)에는 자사를 두었다. 본래 발해의 초주(椒州)이며 옛 현은 초산(椒山)·초령(貂嶺)·사천(澌泉)·첨산(尖山)·암연(巖淵) 등 다섯인데 모두 폐지되었다. 호구수는 700이며 해주(海州)에 예속되었다. 동북쪽 200리에 해주가 있다. 관할 현은 하나이다.
암연현(巖淵縣) 동쪽으로 신라와 경계하고 있다. 옛날 평양성이 현 서남쪽에 있다. 동북쪽 120리에 해주가 있다.

이 두 사서의 기록에 의하여 하북성에 있었던 평주의 장수왕의 평양성이 아니라 『신당서』「가탐도리기」상에 기록되어 있듯이 두 번째 안동도호부인 한나라 시기의 양평성이자 요동씨의 요동성이자 고구려의 수당전쟁 시 요동성이었던 지금의 석가장시 행당현에서 동남쪽으로 800리이자, 『요사』「지리지 동경도 해주 남해군」상의 신라와 경계하고 있는 해주 남해군 암연현의 서남쪽에 있고, 해주의 서남쪽 120리에 있는 옛날 평양성은 산동성 덕주시에 있었던 고구려의 옛날 평양성인 졸본성이다. 이 평양성은

【사료26】『신당서(新唐書)』「동이열전 고구려」

高[句]麗는 본래 扶餘의 別種이다. 국토는 동으로는 바다를 건너 新羅에 이르고, 남으로는 역시 바다를 건너 百濟에 이른다. 서북으로는 遼水를 건너 營州와 접하고, 북은 靺鞨과 접한다.
그 나라의 임금이 살고 있는 곳은 平壤城으로 長安城이라고도 부르는데, 漢代의 樂浪郡으로 長安에서 5천 리 밖에 있다. 산의 굴곡을 따라 外城을 쌓았으며, 남쪽은 浿水와 연해 있다. 王은 그 좌측에 宮闕을 지어 놓았다. 또 國內城과 漢城이 있는데 別都라 부른다.
물은 大遼와 少遼가 있다. 大遼는 靺鞨의 서남쪽 산에서 흘러나와 남으로 安市城을 거쳐 흐른다. 少遼는 遼山의 서쪽에서 흘러나와 역시 남으로 흐르는데, 梁水가 塞外에서 나와 서쪽으로 흘러 이와 합류한다. 馬訾水가 있어 靺鞨의 白山에서 흘러나오는데, 물빛이 鴨頭와 같아서 鴨淥水로

> 불린다. 國內城의 서쪽을 거쳐 鹽難水와 합류한 다음, 다시 서남으로 [흘러] 安市[城]에 이르러서 바다로 들어간다. 平壤은 鴨淥江의 동남쪽에 있는데, 큰 배로 사람이 건너다니므로, 이를 해자(天塹)로 여긴다.

이 사서에도 그대로 기록되어 있다. 물론 주류 강단 사학계에서는 이 압록강을 지금의 압록강으로 보아 그 동남쪽에 있는 지금의 한반도 평양성에 비정하고 있다. 물론 이 기록과 같은 시기에 편찬된

> **【사료25】**『통전(通典)』「변방」'동이 하 고구려'
>
> 고구려
>
> 주몽은 부여에서 도망 나와 동남쪽으로 보술수를 건너 홀승골성에 터를 잡고 구려라 칭하였으며 고씨를 성으로 삼았다. 한 무제가 조선을 멸하고 고구려를 현으로 삼고 현토군에 편입시켰다.
> ~
> (고구려)국은 요동의 동쪽 천리에 있다. ~
> ~
> 한나라 요동군 서안평현 북쪽에 소수가 있는데 남쪽으로 흘러 바다로 들어가며, 구려의 별종으로 소수에 의지하여 살기 때문에 소수맥이라 한다.
> ~
> (생략) 그 후 모용보는 고구려왕 안을 평주목으로 삼아 요동 대방 2국왕으로 하였다. 안(광개토왕)은 당초에 長史 · 司馬 · 參軍官의 관직을 설치하였고 후에 요동군을 경략하였다, 손(아들) 고연(장수왕)에 이르러 동진 안제 의희 연중에 장사 고익을 보내 자백마를 바치매, 연을 영주제군사, 고려왕, 낙랑군공으로 삼았다.
> ~
> 동진(317~420) 이후로 그 왕이 평양성에 살았다.(동천왕 21년 247년) (즉 한 낙랑군 왕험성이다. 모용황이 와서 침공하자 후에 국내성으로 옮겼는데(--->고국원왕 13년 7월 373년 평양 동쪽 황성), 다시 이 성으로 옮겼다.(장수왕 15년 427년)) **장안성이라**

한다. 그 성은 산의 굴곡을 따라 있으며 남으로 패수에 임해 있고, 요동의 남쪽 천여 리에 있다. 성내에는 오로지 곡식창고가 있고, 각종 기계 및 병장기를 저장해 두는데 적이 침범해 오면, 그 성안에 들어가서 방어한다. 왕은 따로 그 성의 측면에 집(왕궁)이 있다. 그 나라의 또 다른 성으로는 국내성(위나암성=불이=구려=개마=현토=예맥-하북성 안평과 그 동남쪽)과 한성이 있는데 또 다른 수도이다. 다시 요동, 현토 등 수십 성을 차지했다. 관리를 두어 서로 연락이 되도록 하여 관리하였다. (그 땅은 후한 때에 사방 2천 리(약 785㎞)였다. 위나라 때 남북이 점점 좁아져서 겨우 1천여 리(약 400㎞)였으며, 수나라 때 점점 커져서 동서가 6천 리(약 2400㎞)가 되었다.)(생략)

갈석산은 한나라 낙랑군 수성현에 있다. 장성이 이 산에서 일어났다. 지금 그 증거로 장성이 동쪽으로 요수를 끊고 고구려로 들어간 흔적이 아직도 남아 있다. (『상서』에서 '갈석을 오른쪽으로 끼고 하로 들어간다.'는 문구를 살펴보면, 우갈석은 하가 해(바다) 근처에 다다르는 곳으로 지금 북평군 남쪽 20여 리에 있다. 그러므로 고구려에 있는 것은 좌갈석이다.)

평양성(平壤城) 동북쪽에 노양산(魯陽山)이 있고 그 정상에 노성(魯城)이 있다. 서남쪽으로 20리에 위산(葦山)이 있는데 남쪽에 패수(浿水)가 가깝다. 대요수는 말갈국 서남산에서 나와 남으로 흘러 안시현에 이른다. 소요수는 요산에서 나와 서남으로 흘러 대양수와 만난다. 대양수는 나라의 서쪽에 있다. 새 밖에서 나와 서남으로 흘러 소요수로 흘러간다. 마자수는 일명 압록수이다. 물이 동북 말갈의 백산에서 나온다. 물의 색이 기러기 머리색을 닮았기 때문에 속되게 부른 이름이다. 요동에서 5백 리 떨어져 있다. 국내성 남쪽을 지나 서쪽으로 흘러 염난수와 만나 두 물이 합하여 서남으로 흘러 안평성에 이르러 바다에 들어간다. 고구려에서 이 강이 제일 크다. 물결이 이는데 푸르고 맑으며, 나루터마다 큰 배가 서 있다. 그 나라에서 이를 천참(천연요새)으로 여긴다. 강의 너비가 3백 보이고, 평양성 서북 450리에 있다. 요수 동남 480리에 있다. (한나라 낙랑군, 현도군 땅이다. 후한 때부터 위나라 때까지 공손씨가 점거하고 있다가 공손연 때 멸망했다. 서진 영가(307~312) 이후 다시 고구려에 함락되었다.~(생략))(생략)

상의 기록에 의하면 장수왕 평양성은 분명 요동군 서안평현이 있고, 소수가 있고 평주인 곳에 갈석산이 있고, 대요수, 소요수가 있고, 안시현이 있고, 압록수인 마자수가 있는 곳 이곳은 하북성 석가장시 인근을 기록하고 있다.

그런데 마지막 부분의 "**평양성 서북 450리에 있다. 요수 동남 480리에 있다.**" 이 기록만은 한반도의 평양과 압록강 그리고 요령성 요하를 기록하려고 후대에 조작한 기록이다. 단지 450리 기록이 탄생한 수나라의 고구려 공격 시의 압록수와 고구려 평양성 간의 거리만 그대로 인용한 채 같은 당나라 시기를 기록한『신당서』「가탐도리기」가 기록한 하북성 고구려 평양성이 아닌 산동성 고구려 평양성의 졸본성에 대한 방향만을 그대로 인용한 채 기록하였다.
이러한 기록에 의하여 영향을 받은『삼국사기』는『신당서』「동이열전 고구려」,『신당서』「가탐도리기」 등을 인용하여 당시 서경인 지금의 요령성 요양으로 장수왕 평양성을 기록하고 있다. 하지만 분명히『신당서』「동이열전 고구려」는 다른 내용상은 하북성 평양성을 기록하고 있는 반면 "**平壤은 鴨淥江의 동남쪽**" 이 기록만은『통전』「변방 동이 하 고구려」 기록과 같이 산동성 졸본성을 가리키는 것이 분명하다. 반면에『신당서』「가탐도리기」는 산동성 졸본성을 기록하고 있으며, 인용한 수양제의 동방 정벌 조서상의 "**패강(浿江)을 횡단하여 멀리 평양(平壤)에 이르렀다.**"는 기록은 산동성 신라 영역인 패강에서 산동성 평양성인 졸본성으로 진입함을 기록한 것을 인용하였다.

【사료52】『삼국사기(三國史記)』「잡지 지리」'고구려' '평양성과 장안성'

~ 평양성(平壤城)은 지금[고려]의 서경(西京)과 같으며, 그리고 패수(浿水)는 곧 대동강(大同江)이다. 어찌 이를 알 수 있는가?《당서(唐書)》에서 이르기를 "평양성(平壤城)은 한(漢)의 낙랑군(樂浪郡)으로 산굽이를 따라 외성을 둘렀고, 남으로 패수(浿水)가 근처에 있다."라 하였으며, 또한 《지

> (志)》에서 이르기를 "등주(登州)에서 동북으로 바닷길을 가서, 남으로 해안에 연하여, 패강(浿江) 입구의 초도(椒島)를 지나면, 신라의 서북에 닿을 수 있다."라 하였다. 또한 수양제(隋煬帝)의 동방 정벌 조서에서 이르기를 "창해(滄海) 방면 군대는 선박이 천 리에 달하는데, 높직한 돛은 번개같이 나아가고, 커다란 군함은 구름처럼 날아 패강(浿江)을 횡단하여 멀리 평양(平壤)에 이르렀다."라 하였으니, 이렇게 말하는 것으로써 지금[고려]의 대동강(大同江)이 패수(浿水)인 것은 명백하며, 곧 서경(西京)이 평양(平壤)이었던 것 또한 가히 알 수 있다. ~

그럼에도 앞에서 살펴본 바와 같이『삼국사기』는 왜곡 조작된 이후의 인식인 요령성 요양으로 장수왕 평양성을 기록하고 있다. 하지만 분명히 당시 대동강이 있었던 서경인 지금의 요령성 요양이다. 그런데도 주류 강단 사학계는 물론 모든 사학계에서는 고대사를 연구한다고 고대사 기록과 그 이후의 기록만을 살펴보아 고대사를 해석하는 오류를 범하고 있다. 분명히 고대사와 현대를 연결해 주는 고리를 연구 조사하여야 바른 해석이 가능하다. 이가 바로『고려사』이다. 이 기록에 분명히 당시 서경인 요령성 요양에 대동강이 있었던 것을『삼국사기』가 고구려 평양성의 패수로 비정하여 기록하였다. 이 대동강이 요령성 평양이 한반도 평양으로 옮겨지면서 그 하천 이름도 같이 옮겨졌다.

당시『삼국사기』가 고구려 평양성의 패수를 기록할 당시의 대동강은 요령성 요양에 있었던 서경에 있었다. 따라서 최소한 왜곡되었지만 고구려 평양성은 요령성 요양이다. 이러한 사실 즉 하북성 지방에서 요하 지방으로 위치가 옮겨진 사실을 아마추어인 비전문가인 유사, 사이비 학자인 본 필자도 알 수 있는 사항을 전문가이면서 수십 년간 역사만을 전공한 교수님들이 모른다는 것은 있을 수 없다.

> 고구려 평양성 남단에 있다는 패수는 산동성 고구려 평양성인 졸본성에 있었다. 이것이 요령성 요양 대동강으로, 다시 한반도 평양 대동강으로 왜곡되어 옮겨졌다.

더군다나 그 이유가 어떠한 고고학적 내지는 문헌학적 근거가 없이 일제 강점기 때 일본인 식민사학들과 식민학자인 이병도 등에 의하여 비정된 것이 해방 후 77년이 지난 현재까지 어떠한 반론이나 새로운 연구 성과가 없이 바뀌지 않고 있다는 것은 세계 역사상 놀라운 해프닝이다. 이에 대하여는 앞으로 자세히 살펴볼 일이다.

> 중국사서는 초기 기록상의 위치가 후대에 이르러 원래의 위치에서 이동되어 기록되었다. 그렇다 하더라도 현재 주류 강단 사학계의 위치는 아니다. 이 같은 사실을 파악할 수 있는데도 한국 사학계는 외면하고 있다.

이와 같이 고구려 건국지가 하북성 현토군 지역이라고 중국사서는 기록하고 있지만 이는 중국사서가 원래 현토군이 설치되었던 지역에 고조선의 번국이었던 고구려 국이 있었던 관계로 혼돈하였거나 고구려와는 다른 구려와 혼돈하거나 고구려가 나중에 현토군 근처로 영역을 확대한 관계로 혼돈한 것에 의하여 기록하였다. 중국사서는 이 하북성에 있었던 고구려 장수왕의 평양성과 옛 평양성인 고구려의 처음 도읍지인 산동성 졸본성과 착각하는 기록을 역시 남겼다.

그럼에도 불구하고 후대에 조작된 기록과 왜곡된 역사 인식에 의하여 장수왕 평양성의 위치가 원래의 위치인 하북성에서 요령성 요양으로 옮겨진 것으로 『삼국사기』는 기록하고 있는 것인데도, 현재 사학계에서는 이를 한반도 평양으로 기록한 것으로 해석하여 주류 강단 사학계는 그들의 식민사학에 이용하고 이를 비판하는 비주류 강단 사학계와 재야 민족 사학계에서는 『삼국사기』의 왜곡성을 비판하여 왔다. 이러한 고구려 장수왕의 평양성의 하북성 위치는 고구려의 초기 도읍지가 요령성 요양 내지는 한반도 북부 환인이나 집안이 아님을 증거하고 있다. 이러한 초기 도읍지 졸본에 대하여 우리나라 사서인 『삼국사기』와 『삼국유사』는 다음과 같이 기록하고 있다.

【사료51】『삼국사기(三國史記)』「잡지 지리」 '고구려' '고구려 초기 도읍 흘승골성과 졸본'

살펴보건대 《통전(通典)》에서 이르기를 "주몽(朱蒙)이 한(漢) 건소(建昭) 2년(기원전 37년)에 북부여(北扶餘)로부터 동남쪽으로 나아가 보술수(普述水)를 건너 흘승골성(紇升骨城)에 이르러 자리를 잡고 국호를 구려(句麗)라 하고 '고(高)'로써 성씨를 삼았다."라 하였으며, 고기(古記)에서 이르기를 "주몽(朱蒙)이 부여(扶餘)로부터 난을 피해 도망하여 졸본(卒本)에 이르렀다."라 하였으니, 곧 흘승골성(紇升骨城)과 졸본(卒本)은 같은 한 곳이다. 《한서지(漢書志)》에서 이르기를 "요동군(遼東郡)은 낙양(洛陽)에서 3천6백 리 떨어져 있으며, 속한 현으로서 무려(無慮)가 있다."고 했다. 곧 《주례(周禮)》에서 보이는 북진(北鎭)의 의무려산(醫巫閭山)이며, 대요(大遼) 때에 그 아래에 의주(醫州)(註 011)를 설치하였다. [또 한서지에] "현도군(玄菟郡)은 낙양(洛陽)에서 동북으로 4천 리 떨어져 있고, 속한 현이 셋이며, 고구려가 그중 하나이다."라 하였으니, 곧 이른바 주몽이 도읍한 곳이라고 말하는 흘승골성(紇升骨城)과 졸본(卒本)은 아마도 한(漢)의 현도군(玄菟郡)의 경계이고, 대요국(大遼國) 동경(東京)(註 013)의 서쪽이며, 《한지(漢志)》에 이른바 현도(玄菟)의 속현 고구려(高句麗)가 이것일 것이다. 옛날 대요(大遼)가 멸망하지 않았을 때에 요(遼)의 황제가 연경(燕京)(註 016)에 있었으니, 곧 우리의 조빙하는 사신들이 동경(東京)을 지나 요수(遼水)를 건너 하루 이틀에 의주(醫州)에 이르러, 연계(燕薊)(註 017)로 향하였음으로 고로 그렇다는 것을 알 수 있다.

註 011
지금의 중국 요령성(遼寧省) 북진현(北鎭縣)으로 이는 북진현(北鎭縣)의 요(遼)나라 시대의 지명이다(정구복 외,《역주 삼국사기》 4 주석편(하), 한국정신문화연구원, 353쪽).

註 013
요(遼)나라의 5경의 하나로, 한(漢)의 요동군과 고구려의 요동성이 있었던 곳이다. 지금의 중국 요령성 요양시 일대이다(역주 이승호).

註 016
요(遼)나라의 5경의 하나로, 지금의 중국 북경시 일대이다(역주 이승호).

註 017
중국 오대(五代)의 혼란기 말엽인 936년에 석경당(石敬塘)이 거란의 원조를 받아 후당(後唐)을 멸하고 후진(後晉)을 세운 대가로 거란에게 할양하여 준 연운 16주의 유주(幽州)와 계주(薊州)의 땅으로 지금의 중국 북경(北京) 동쪽의 천진시(天津市) 일대를 말한다(정구복 외,《역주 삼국사기》 4 주석편(하), 한국정신문화연구원, 354~355쪽).

【사료368】『삼국사기(三國史記)』권 제13 고구려본기 제1 시조 동명성왕(東明聖王)

시조 동명성왕(東明聖王)은 성이 고씨(高氏)이고 이름은 주몽(朱蒙)이다. (추모(鄒牟) 또는 중해(衆解)라고도 한다.) 이에 앞서 부여왕 해부루(解夫婁)가 늙도록 아들이 없자 산천에 제사를 지내어 대를 이을 자식을 찾았다. 그가 탄 말이 곤연(鯤淵)에 이르러서 큰 돌을 보고 마주 대하여 눈물을 흘렸다. 왕이 이를 괴상히 여겨 사람을 시켜 그 돌을 옮기니 어린아이가 있었는데 금색 개구리 모양이었다. (와(蛙, 개구리)자를 와(蝸, 달팽이)자로 쓰기도 한다.) 왕이 기뻐서 말하기를 "이는 바로 하늘이 나에게 자식을 준 것이다." 하고 거두어 기르고, 이름을 금와(金蛙)라 하였다. 그가 장성함에 책립하여 태자를 삼았다. 후에 그 재상 아란불(阿蘭弗)이 말하기를 "일전에 하늘이 나에게 내려와 말하기를 '장차 내 자손으로 하여금 이곳에 나라를 세우게 할 것이다. 너희는 그곳을 피하라. 동해의 물가에 땅이 있는데 이름이 가섭원(迦葉原)이라 하고 토양이 기름지고 오곡(五穀)이 자라기 알맞으니 도읍할 만하다.'고 하였습니다."라 하였다. 아란불이 마침내 왕에게 권하여 그곳으로 도읍을 옮기고 나라 이름을 동부여(東扶餘)라 하였다. 옛 도읍지에는 어떤 사람이 있어 어디서 왔는지 알 수 없으나 스스로 천제(天帝)의 아들 해모수(解慕漱)라고 칭하며 와서 도읍하였다. 해부루가 죽자, 금와가 자리를 계승하였다. 이때에 태백산(太白山) 남쪽 우발수(優渤水)에서 여자를 만났다. 물으니 말하기를 "저는 하백(河伯)의 딸이고 이름은 유화(柳花)입니다. 여러 동생들과 더불어 나가 노는데 그때에 한 남자가 스스로 말하기를 천제의 아들 해모수라 하고 저를 웅심산(熊心山) 아래로 유인하여 압록강(註 022)변의 방 안에서 사랑을 하고 곧바로 가서는 돌아오지 않았습니다. 부모는 제가 중매도 없이 다른 사람을 따라갔다고 꾸짖어 마침내 벌로 우발수에서 살게 되었습니다."라 답하였다. 금와가 이를 이상하게 여겨서 방 안에 가두었는데, 햇빛이 비치어 몸을 끌어당겨 햇빛을 피하였으나 햇빛이 또 따라와 비쳤다. 이로 인하여 아이를 임신하여 알 하나를 낳았는데 크기가 5승(升)쯤 되었다. 왕이 알을 버려 개와 돼지에게 주었으나 모두 먹지 않았다. 또 길 가운데에 버렸으나 소나 말이 피하였다. 나중에는 들판에 버렸더니 새가 날개로 덮어 주었다. 왕이 이를 가르려고 하였으나 깨뜨릴 수가 없어 마침내 그 어머니에게 돌려주었다. 그 어머니가 물건으로 알을 싸서 따뜻한 곳에 두었더니, 한 남자아이가 껍질을 부수고 나왔는데 골격과 외모가 영특하고 호걸다웠다. 나이 일곱 살에 영리하고 예사롭지 않아서 스스로 활과 화살을 만들어 쏘았는데 백발백중이었다. 부여의 속어에 활을 잘 쏘는 것을 주몽(朱蒙)이라 하는 까닭에 이것으로 이름을 지었다. 금와는 일곱 아들이 있어서 늘 주몽과 함께 놀았으나 그 재주와 능력이 모두 주몽에 미치지 못하였다. 그 맏아들 대소(帶素)가 왕에게 말하기를 "주몽은 사람이 낳은 자가 아니어서 사람됨이 또한 용감합니다. 만약 일찍 도모하지 않으면 후환이 있을까 두려우니 그를 제거할 것을 청하옵니다."라 하였다.

왕이 듣지 않고 그에게 말을 기르도록 하였다. 주몽이 날랜 말을 알아보고 적게 먹여 마르게 하고, 둔한 말은 잘 먹여 살찌게 하였다. 왕이 살찐 말은 자신이 타고, 마른 말을 주몽에게 주었다. 후에 들판에서 사냥을 하는데 주몽이 활을 잘 쏘아 화살을 적게 주었으나, 주몽이 잡은 짐승은 매우 많았다. 왕자와 여러 신하들이 또 그를 죽이려고 모의하였다. 주몽의 어머니가 몰래 이를 알아차리고 알려주며 말하기를 "나라 사람들이 너를 해치려 한다. 너의 재주와 지략으로 어디를 간들 안 되겠느냐? 지체하여 머물다가 욕을 당하는 것보다, 멀리 가서 뜻을 이루는 것이 낫겠다."고 하였다. 주몽이 이에 오이(烏伊)·마리(摩離)·협보(陜父) 등 세 사람과 친구가 되어 가다가 엄사수(淹㴲水)(註 033) (일명 개사수(蓋斯水)라고도 하는데 지금의 압록강 동북쪽에 있다.)에 이르러 건너려고 하는데 다리가 없었다. 추격해 오는 병사들이 닥칠까 봐 두려워 물에게 알려 말하기를 "나는 천제(天帝)의 아들이요, 하백의 외손이다. 오늘 도망하여 달아나는데 추격자들이 좇으니 어찌하면 좋은가?" 하였다. 이에 물고기와 자라가 떠올라 다리를 만들었으므로 주몽이 건널 수 있었다. 물고기와 자라가 곧 흩어지니 추격해 오던 기병은 건널 수 없었다. 주몽이 가다가 모둔곡(毛屯谷)에 이르러 (《위서(魏書)》에서 "음술수(音述水)에 이르렀다."고 하였다)(註 037) 세 사람을 만났다. 그중 한 사람은 마의(麻衣)를 입고, 한 사람은 납의(衲衣)를 입고, 한 사람은 수조의(水藻衣)를 입고 있었다. 주몽이 "그대들은 누구인가? 성은 무엇이고 이름은 무엇인가?" 하고 물었다. 마의를 입은 사람이 말하기를 "이름이 재사(再思)입니다." 하고, 납의를 입은 사람이 말하기를 "이름이 무골(武骨)입니다." 하고, 수조의를 입은 사람은 "이름은 묵거(默居)입니다."라 하였으나, 성(姓)은 말하지 않았다. 주몽이 재사에게 극씨(克氏), 무골에게 중실씨(仲室氏), 묵거에게 소실씨(少室氏)의 성씨를 주고, 무리에 일러 말하기를 "내가 바야흐로 하늘의 크나큰 명령을 받아 나라의 기틀을 열려고 하는데 마침 이 3명의 현명한 사람을 만났으니 어찌 하늘이 주신 것이 아니겠는가?" 하였다. 마침내 그 능력을 살펴 각기 일을 맡기고 그들과 함께 졸본천(卒本川)에 이르렀다. (《위서》에는 "흘승골성(紇升骨城)에 이르렀다"고 하였다.註 040) 그 토양이 기름지고 아름다우며, 산과 물이 험하고 단단한 것을 보고 드디어 도읍하려 하였으나, 궁실을 지을 겨를이 없어 단지 비류수(沸流水)(註 041) 가에 오두막을 짓고 살았다. 나라 이름을 고구려(高句麗)라 하였는데 이로 인하여 고(高)로 씨(氏)를 삼았다. 혹 이르기를 "주몽이 졸본부여(註 044)에 이르렀는데, 왕이 아들이 없어 주몽을 보고는 보통사람이 아님을 알고 그 딸을 아내로 삼게 하였다. 왕이 죽자 주몽이 자리를 계승하였다."고 하였다.

註 022
현재의 鴨綠江이다. 일명 '馬訾水'라고도 불렸다. 물빛이 오리의 머리 색깔과 같아서 압록이라는 이름을 얻었다고 전한다(《通典》권186 邊防 2 高句麗傳). 《東明王篇》의 이 부분의 註에서는 "淸河 今鴨綠江也"라 하여 압록강이 '淸河'라고도 칭하여진 것처럼 적고 있으며, 《고려사》도 같은 주장을 하고 있다(《고려사》권12 地理志 義州條). 이에 대해 丁若鏞은 安鼎福의 설을 좇아 '청하=압록강'설이 오류라고 주장하였다(《대동수경》,《여유당전서》 6집, 경인문화사, 1981).

본 필자 주)안정복(安鼎福)의 『동사강목』 부록 하권 「마자수고(馬訾水考)」

《고려사》 지리지에는, "압록강은 일명 청하이다." 하였고, 《여지승람》에도 그러하였으니, 모두 잘못을 답습해서 그런 것이다. 청하는 부여성 북쪽에 있다고 이미 말하였으니, 지금 압록강과는 남북이 판연하게 갈려 있다. ~ 대개 옛날 동북쪽의 물은 압록(鴨綠)으로 이름 한 것이 많았던 모양이다. ~

註 033
淹㴲水의 표기는 문헌에 따라 약간의 차이를 보인다. 廣開土王陵碑에는 '奄利大水', 《論衡》에는 '掩㴲水', 《魏略》에는 '施掩水', 《梁書》《北史》(권94 百濟傳)에는 '淹滯水', 《삼국유사》《隋書》(권81 百濟傳)에는 '淹水'라고 하였다. 《後漢書》《通典》(권185 夫餘傳)은 '掩㴲水'라 하였다. 글자나 음의 착오에 의하여 문헌 간에 차이가 생기게 된 것으로 생각된다. 《魏略》의 '施掩水'는 '掩施水'의 잘못으로 생각된다. 여러 문헌의 표기 예를 통해 볼 때 《삼국사기》 중종 임신간본의 '淹㴲水'를 그대로 채택하는 것이 타당할 것으로 생각한다. 본문의 註에 '盖斯水'라고도 한다는 것은 《삼국사기》에서만 볼 수 있는 것인데 역시 기록 간의 차이를 반영하는 것이다. 한편 《魏書》, 《隋書》, 《北史》 등은 다만 "一大水"라고만 쓰고 구체적으로 물의 이름을 밝히지 않고 있다. 이 강의 현재의 위치에 대하여 지금의 松花江이라는 설(이병도, 《국역 삼국사기》, 217쪽), 渾河(小遼河)라는 설(白鳥庫吉, 《朝鮮古代地名考》, 《白鳥庫吉全集 3》, 1970), 遼河라는 설(이지린·강인숙, 《고구려 역사》, 사회과학출판사, 1976) 등이 있다. 그러나 東明王의 도피 설화 자체가 扶餘와 高句麗에 공통으로 나타나는 것이어서 이 강의 현재 위치를 비정하는 것은 한계가 있다.

註 037
현재 전하는 《魏書》 권100 高句麗傳에 "朱蒙遂至普述水"로 되어 있다. 보술수는 현재의 중국 吉林省의 渾江(佟佳江)이다. 모둔곡은 이 강의 한 유역이었을 것이다.

註 040
졸본천은 《삼국유사》 권1 紀異篇 高句麗條에는 卒本州로 되어 있다. 紇升骨城은 《魏書》에서 고구려가 처음 도읍한 곳으로 적혀진 이래 《周書》 《北史》 《通典》 등이 이를 따르고 있다. 국내 자료로는 廣開土王陵碑에서 "沸流谷 忽本西 城山"에 도읍하였다고 하였고, 《삼국사기》 권37 地理志 高句麗條와 《삼국유사》 권1 紀異篇 北扶餘條에서 인용한 古記에서는 卒本(州)에 도읍하였다고 하였다. 《삼국사기》는 紇升骨城과 卒本을 같은 곳으로 이해하였으며, 《삼국유사》는 흘승골성은 북부여가 도읍한 곳으로, 졸본주는 고구려가 도읍한 곳으로 구분하여 이해하고 있다. 근래에는 흘승골성은 升紇骨城이 전도된 것이며 졸본은 곧 卒忽(솔골) 또는 승흘골의 異稱이라 하여 음운상의 유사성을 근거로 양자가 같은 곳이라고 보기도 한다(이병도, 《국역 삼국사기》, 217쪽. 卒本川은 오늘날의 渾江일 것이다. 본문에서 渾江을 또한 沸流水라 한 것도 있는데 이것은 강의 위치에 따라 달리 불린 데에서 기인한 것으로 생각한다. 渾江 유역의 桓仁은 고구려가 처음 도읍했던 곳이다. 이곳에서 동북쪽에 위치한 五女山에는 고구려의 산성이 남아 있다. 이 산성은 남북 길이 1,000m, 동서 길이 300m가량의 비교적 큰 규모이다. 또한 부근에는 積石塚 등 고구려의 古墳群이 분포하고 있다. 이러한 유적들은 이곳이 고구려 초기 도읍지였음을 증명해 주고 있다(진대위, 《환인현고고조사발굴간보》, 《고고(考古)》 1960).

註 041

현재 중국 吉林省의 渾江을 말한다. 渾江 중에서 桓仁 근처의 강을 비류수라 했던 것 같다.

註 044

현재의 중국 遼寧省 桓仁 지역을 일컫는 말로 여겨진다. 본문의 기록은 동명왕이 졸본 지역에 다다른 후 왕위에 오르는 과정에 대한 또 다른 전승을 전하는 가운데 나오는 것이다. '졸본부여'는 《삼국사기》에서는 이곳에만 유일하게 나타나는 것으로 이 기록에 따르면 졸본에는 이미 졸본부여라는 나라가 있었던 것이 된다. 그러나 《삼국유사》의 일연을 위시한 후대의 학자들은 졸본부여는 곧 고구려라고 이해하였다(《삼국유사》 권1 기이편 북부여조). 실제 이 기록의 문맥만으로 이곳에 이미 졸본부여가 있었다고 할 수 없다. 다만 이 지역에 先住하고 있었던 집단에 대해서 '다른 기록'이 이를 '졸본부여'라고 칭했을 가능성이 있는 것이다. 그래서 《삼국유사》 권2 南扶餘·前百濟·北扶餘條에서는 이 부분을 인용하면서 다만 "(朱蒙)至卒本扶餘 州之王無子 只有三女"라고 한 것이다.

【사료41】『삼국유사』 卷 第一 제1 기이(紀異第一) 고구려(高句麗)

고구려(高句麗)

고구려는 곧 졸본부여이다. 더러는 말하기를 "지금의 화주(和州)(註 371) 또는 성주(成州)(註 372)이다."라고들 하나 모두 잘못이다. 졸본주는 요동 지역에 있다.
≪국사(國史)≫ 「고려본기」에 이른다. 시조 동명성제(東明聖帝)의 성은 고씨요 이름은 주몽(朱蒙)이다. 처음에 북부여왕 해부루가 동부여로 자리를 피하고 나서 부루가 죽으매 금와가 왕위를 이었다. 이때에 왕은 태백산 남쪽 우발수(優渤水)에서 한 여자를 만나서 사정을 물었더니 그가 말하기를 "나는 본시 하백(河伯)의 딸로서 이름은 유화(柳花)인데 여러 아우들과 함께 나와 놀던 중 때마침 한 사나이가 있어 천제의 아들 해모수라고 자칭하면서 나를 유인하여 웅신산(熊神山) 밑 압록강변의 방 속에서 사통(私通)하고는 가서 돌아오지 않았다. (≪단군기(檀君記)≫에 이르기를 "[단]군

(君)이 서하(西河) 하백의 딸과 상관하여 아이를 낳으니 이름을 부루라고 하였다."라고 하였다. 지금 이 기록을 보면 해모수가 하백의 딸과 관계하여 뒤에 주몽을 낳았다고 하였다. ≪단군기≫에는 "아들을 낳으니 이름을 부루이다."라고 하였으니 부루와 주몽은 이복형제(異母兄弟)일 것이다.) 부모는 내가 중매도 없이 외간 남자를 따랐다고 하였다. 그리하여 드디어 이곳에서 귀양살이를 하고 있다."라고 하였다.

~

이에 [주]몽은 오이(烏伊) 등 세 사람과 동무가 되어 엄수(淹水) (지금은 어딘지 자세하지 않다.)까지 와서 물에게 말하기를 "나는 천제의 아들이요 하백의 손자인데 오늘 도망을 가는 길에 뒤따르는 자가 쫓아 닥치니 이 일을 어찌할 것인가?"라고 하였다. 이때에 고기와 자라들이 나와 다리가 되어 물을 건너게 하고 나서 다리는 풀려 버려, 추격하던 말 탄 자들은 물을 건널 수가 없었다. 그는 졸본주(玄菟郡之界 : 현토군의 지역이다.)까지 와서 드디어 여기에 도읍을 하였다. 미처 궁실을 지을 사이도 없어 그저 비류수(沸流水)가에 초막을 짓고 살면서 나라 이름을 고구려라 하고, 따라서 고씨로 성을 삼으니 (본래의 성은 해씨였는데 이제 천제의 아들로서 햇빛을 받고 낳았다 하여 자신이 높을 고자로 성을 삼았다.) 당시의 나이가 열두 살이요, 한나라 효원제(孝元帝) 건소(建昭) 2년 갑신(甲申)에 즉위하고 왕으로 일컬었다. 고[구]려의 전성시대에는 210,508호였다.

註 371
지금의 함경남도 영흥 일대에 해당한다. 이곳은 본래 ≪삼국사기≫ 권37 잡지6 삼국유명미상지분(三國有名未詳地分)조의 고구려 측 지명에 실려 있는 화려성(華麗城)이다. ≪신증동국여지승람(新增東國輿地勝覽)≫ 권48 함경도 영흥대도호부 건치연혁조에 따르면 고려 초에 화주로 삼았다가 원(元)간섭기 때 이곳에 쌍성총관부(雙城總管府)를 설치하였으며, 공민왕대 화령부(和寧府)가 되었다가 조선 태조가 영흥부(永興府)로 고쳤고, 세종이 영흥대도호부(永興大都護府)로 삼았다고 한다.

註 372
지금의 평안남도 성천 일대에 해당한다. ≪신증동국여지승람(新增東國輿地勝覽)≫ 권54 평안도 성천도호부 건치연혁조에는 본래 비류왕(沸流王) 송양(松讓)의 옛 도읍이었다고 기록하고 있다. 이는 잘못된 기록으로 고구려의

> **통치 중심이 대동강 유역으로 옮겨진 후에 이와 같은 전설이 부회된 듯하다**(서일범, ≪북한 지역 고구려산성 연구≫, 단국대 박사학위논문, 1999, 109쪽).

　이 기록들에 대하여는 앞에서 분석하여 설명하였다. 이 사서기록들에서도 중국사서가 기록한 대로 고구려의 건국지인 흘승골성 즉 졸본 지역을 현토군과 연계시켰다. 그러나 중국사서가 현토군 소속에 고구려현이 있다고 기록하면서 고구려를 구려와 혼돈하여 현토군에 있는 대수 유역에서 나라가 세운 것으로 기록하는 등 현토군에서 나라를 세운 것으로 기록한 반면 『삼국사기』와 『삼국유사』는 현토군이 아닌 현토군 경계라고 기록하였다. 이것은 상당히 차이가 있는 중요한 사항이다.

　현토군이라면 당연히 현토군이 있었던 하북성을 의미하지만 현토군 경계라면 그 바깥쪽인 산동성도 해당된다. 이것으로 보아 『삼국사기』가 편찬하면서 참고한 사서가 비록 그 내용은 중국사서의 내용을 주로 싣고 있지만 실제 역사를 기록한 우리 고유의 역사서가 당시에는 존재한 것을 알 수 있다. 이것이 『구 삼국사』이다. 이를 알 수 있는 대표적인 사항이 바로 앞에서 중국사서 『구당서』와 『신당서』의 조작 사실을 확인한 바 있는 고구려 천리장성의 위치 방향 기사이다.

　이 기록에서 『구당서』와 『신당서』는 동북, 서남으로 기록하여 『삼국유사』는 이에 따랐으나 『삼국사기』는 동북, 동남으로 기록하는 독자성을 보였다. 이의 차이점에 대하여는 여러 당시 상황에 대한 증거를 들어 『삼국사기』의 정확성을 확인하였다. 그래서 고구려 천리장성의 축조 배경, 축조 대상 국가, 축조 위치 등을 확인하여 주류 강단 사학계의 역사 조작을 확인한 바 있듯이 『삼국사기』의 기록은 어느 때에는 혼란을 직접 표현하거나 중국사서를 따라 왜곡이 있는 기록도 기록하였지만 때로는 독자적으로 사실 그대로의 역사를 기록하여 중요한 사실을 확인하게 해주기도 한다.

이와 같이 『삼국사기』의 고구려 졸본의 위치인 중국사서와 다른 현토군 경내 기록은 『삼국유사』도 이에 따르고 있다. 『삼국사기』보다 뒤늦게 편찬된 『삼국유사』는 『삼국사기』를 많이 참조하고 따른 것을 알 수 있다. 물론 『삼국유사』 역시 단군 사실 편집 등 『삼국사기』와 다른 독자적인 사실도 기록하고 있는 것이 많다. 이렇게 『삼국유사』도 같이 현토군 경계에 있다고 기록되어 있다. 그런데 역사 인식 부족인지 아니면 생각이 없어서인지 국사편찬위원회 한국사 데이터베이스상에는 『삼국사기』상의 기록에는 원본인 "漢玄菟郡之界"에 대하여는 제대로 "한(漢)의 현도군(玄菟郡)의 경계"라고 해석하여 기록하였지만, 『삼국유사』의 기록인 "玄菟郡之界"에 대하여는 "현토군의 지역이다."라고 해석하여 기록하였다.

> 『삼국사기』와 『삼국유사』는 고구려 졸본성이 현토군 경계에 있다고 하였다. 그런데도 이를 주류 강단 사학계는 현토군 지역이라고 하였다. 현토군 지역에서 고구려가 탄생하였다는 사실에 의하여 우리 고대 위치가 한반도 북부로 왜곡 비정되었다.
> 주류 강단 사학계는 중국사서상의 고구려가 현토군 고구려현에서 탄생하였다는 기록을 그대로 따르는 오류를 보이고 있다.
> 이는 고구려 건국 관련 모든 사서의 기록을 몇 가지에 의하여 잘못 해석한 것이다. 전체적인 관련 역사를 종합하여 파악하면 이 현토군 고구려현이 아니라 산동성 고구려현이라는 사실을 파악할 수 있다. 이는 고구려 관련 기록은 물론 다른 관련 사항 즉 백제, 신라, 말갈, 왜, 낙랑국 사항도 종합하여야 한다. 그럼에도 이를 부정하는 것은 왜곡 인식에 의한 것이거나 고의로 부정하는 것이다.

이는 오류이거나 왜곡이다. 이러한 현토군 경계 지역에 있었다는 흘승골성 즉 졸본에 대하여 『삼국유사』의 다른 기록에서는

【사료429】『삼국유사』 권 제1 제1 기이(紀異第一) (59년 04월 08일(음))

북부여(北扶餘)

≪고기(古記)≫에 이르기를 "≪전한서≫에 선제(宣帝) 신작(神爵) 3년 임술(壬戌) 4월 8일 천제(天帝)가 다섯 마리 용이 끄는 수레(五龍車)를 타고 흘승골성(訖升骨城)(註 363) [(在大遼醫州界)대요(大遼) 의주(醫州)(註 364)지역에 있다.)]에 내려와서 도읍을 정하고 왕으로 일컬어 나라 이름을 북부여(北扶餘)라 하고 자칭 이름을 해모수(解慕漱)라 하였다. 아들을 낳아 이름을 부루(扶婁)라 하고 해(解)로써 씨를 삼았다. 그 후 왕은 상제의 명령에 따라 동부여로 도읍을 옮기게 되고 동명제가 북부여를 이어 일어나 졸본주(卒本州)에 도읍을 세우고 졸본부여가 되었으니 곧 고구려(高句麗)의 시조이다. 아래에 나타난다"라고 하였다.

註 363
고구려 최초의 도성으로 ≪삼국사기≫ 고구려본기 시조 동명성왕조에는 졸본천(卒本川)에 나라를 세웠다고 한다. 지금의 중국 요녕성 환인현 유가구촌 동쪽 산 정상에 위치한 오녀산성(五女山城)에 비정된다.

註 364
요(遼)의 의주는 오늘날 중국 요녕생 북진현(遼寧省 北鎭縣) 일대이다(정구복 외, ≪역주 삼국사기≫ 4 주석편(하), 한국정신문화연구원, 1997, 353쪽).

대요 의주 지역 즉 요나라 동경을 지나 요수를 건너 하루 이틀에 도착하는 의주 지역에 있다고 하였다. 이 의주는 의무려산 아래에 설치하였다고 기록하고 있다. 이에 대하여는 앞에서 자세히 설명하였다. 이 설명에서 확인한 바로는 이에 대하여 위치가 옮겨진 채 역사가 왜곡, 조작되었음을 확인하였다. 즉 여기서의 의무려산이 북진의 의무려산이라는 기록에 따라 현재 북진이라는 지역 명이 지금의 요령성 조양시와 요양시에 실제 존재하고 이 북쪽에 걸쳐 의무려산이 실제 존재하고 있다.

하지만 중국사서들이 증명하고 있듯이 원래 북진과 의무려산은 전국시대에 편찬된『주례』에 나오는 것으로『주례』는 중국 주나라 왕실의 관직제도와 전국시대 각국의 제도를 기록한 유교경전이다. 여기에 나오는 북진의 의무려산은 당시 지방 조직 명인 기주의 북쪽에 위치한 곳이고 그곳의 산이다. 따라서 이곳은 산서성 북쪽의 산인 지금의 태행산맥이다. 당시 요령성 조양시와 요양시 및 이곳의 산은 당시에는 고려 대상이 아니었다. 이곳은 당시 흉노, 조선 등 오랑캐가 살고 있었던 모르는 그리고 알 필요도 없고 그래서 자기들 기록에 없었던 지역이었다. 이러던 것을 사서기록 그대로를 동쪽으로 옮긴 채 이곳에 실제 지방 명칭도 새로 붙이고 산 이름도 원래의 것은 태행산맥으로 한 채 이곳의 이름을 옮긴 곳의 산에 갖다 붙였다.

이러한 예는 수없이 많다. 요수, 요동, 평양, 갈석, 거용관, 탁록, 창려현, 노룡현, 영주, 금주, 개주, 해주, 광녕 등 끝이 없다. 하지만 아직도 많이 남아 있다. 호타, 안문, 상건수, 수성진, 역수, 역현, 안평현, 흑수하, 태백산, 황수하 등이 남아 있어 이를 연계하여 확인하면 왜곡 조작된 역사를 복원할 수 있다. 물론 주류 강단 사학계는 이러한 중국의 왜곡 조작을 그대로 받아들여 북진 의무려산을 지금의 요령성 북진시와 이곳 북쪽에 있는 의무려산으로 비정하고 있다.

이는 왜곡 조작된 역사인 일제 식민사학을 그대로 따른 것과 일맥상통한다. 역사왜곡 조작된 사항을 연구하여 밝혀내지 않고 그대로 따른다. 그런데 그대로 따르면 그나마 괜찮다. 이 왜곡 조작된 졸본의 위치 비정은 그대로 따르면서도 정작 졸본의 위치는 그보다 더 동쪽인 한반도 북쪽의 환인 지방으로 비정하고 있다. 분명히 주류 강단 사학계는 요나라 동경을 왜곡된 것을 따라 현재의 요하 동쪽인 요령성 요양으로 비정하고 있다. 그렇다면 분명히『삼국사기』와『삼국유사』는 고구려 첫 도읍지인 졸본 즉 흘승골성을 요나라 동경을 지나 요수를 건너서 하루 이틀에 도착하는 요나라 의주에 있다고 기록하고 있다. 그런데도 요나라 동경을 왜곡 비정을 따라 지금의 요양으로 비정하면서도 정작 졸본의 위치는 이 요양의 서쪽 요수를 건너 서쪽에 있는 곳에 비정하지 않고 반대로 동쪽의 요령성 환인 지방에 비정하고 있다.

이는 일제 식민사학이 비정한 곳이다. 중국의 왜곡 조작을 따르지 않고 일제 식민사학의 왜곡 조작을 따르고 있다. 물론 중국에서도 정작 고구려의 위치를 자기들 '춘추필법'에 의한 왜곡성 취지에 부합하기에 이곳으로 비정하기도 한다. 그런데도 일제 식민사학을 추종한다고 하면 부정한다. 그리고 주장한다. 일제 식민사학을 극복하였다고 그리고 비난 아닌 비방을 한다. 이러한 추종을 학문적으로 비판하는 비주류 강단 사학계와 재야 민족 사학계에 말이다. 일부 잘못된 주장을 한 것을 전체로 바꾼 다음 『환단고기』에 빠진 환빠들, 유사, 사이비 역사가들이 조상의 땅만 크면 나라가 위대해지는 줄 알고 사료의 근거 없이 주장한다고 한다. 누가 사료의 근거가 없는 주장을 하는가. 일제 식민사학 내지는 식민사학이 근거로 한 명·청시대를 왜곡 조작하는 중국 학자들과 이 왜곡 조작을 그대로 받아들인 조선시대 유학자와 일부 실학자들의 논리를 받아들인 것은 사료의 근거가 있는 것이고, 왜곡 조작되기 전의 사료를 근거로 내세운 비주류 강단 사학계와 재야 민족 사학계는 근거 없다는 것인가.

그리고 위의 기록에 있어서 졸본의 위치를 확인함에 있어 요수를 지금의 요하로 보면 동경이 요하의 동쪽 즉 요양에 있는 것이고 요수를 원래의 마자수가 있고 소요수가 있고 갈석산이 있고 진장성이 있고 마자수인 압록수 호타하가 있는 하북성의 대요수 즉 지금의 자하로 해석한다면 이 자하의 동쪽인 하북성 보정시 인근에 동경이 있는 것이다. 무엇이 맞는지는 앞에서 본 필자가 여러 차례 입증하였다.

> 왜곡되기 이전의 역사 인식에 의하여 사서기록을 파악하여야 한다. 이에 의하여 고구려 졸본 기록을 확인하면 이곳이 한반도가 아니라는 사실이 확인된다.

이렇게 졸본이 위치한 북진 의무려산 그리고 이 의무려산 아래에 설치한 의주는 바로 현토군을 지칭한다. 이러한 기록은 중국사서가 고구려 내지는 고구려의 졸본이 현토군에 있다는 기록을 자체적으로 참조한 우리 고유 사서기록상의 현토군 경계에 있다는 기록을 참조하여 기록하였다. 하지만 같은 사서의 다른 기록은 원래의 졸본 위치에 접근하여 기록하고 있다.

【사료94】『삼국유사』 권 제1 제1 기이(紀異第一) 말갈(靺鞨)과 발해(渤海)

졸본성은 땅이 말갈에 연접해 있다 (0125년 (음))

또 ≪동명기(東明記)≫에 이르기를, "졸본성(卒本城)은 땅이 말갈(혹은 이르기를 "지금의 동진(東眞)이다."라고도 한다.)에 연접하고 있다."라고 하였다. (신)라(羅) 제6대 지마왕(祗摩王) 14년(을축(乙丑))에는 말갈군사가 북쪽 국경으로 크게 몰려와서 대령책(大嶺柵)을 습격하고 니하(泥河)(註 339)를 건넜다.

동진(東眞) : 고려시대, 1217년에 금나라의 요동 선무사인 포선만노가 두만강 건너 간도 지방에 세운 나라

註 339
여러 설이 있지만 오늘날 강릉 부근으로 보는 것이 타당해 보인다. 정약용은 ≪강역고(疆域考)≫에서 "江陵北泥河"라 하였으며, 이병도, ≪역주 삼국유사≫, 동아출판사 1956에서 이하의 위치를 강릉의 성남강(城南江)으로 추정하였다. 한편, ≪신당서(新唐書)≫ 권219 발해전에 '南比新羅以泥河爲境'이라는 기록이 보이는 것으로 보아, 신라와 발해의 접경도 이하였음을 알 수 있다.

이 기록은 소위 삼국시대 초기의 삼국과 역사적 활동을 같이한 말갈과의 『삼국사기』상의 기록을 따랐다. 이에 대하여는 앞에서 강조하여 반복해서 설명하였지만 백제 동쪽에 낙랑과 신라가 있고, 백제와 신라 북쪽으로 말갈이 있고 신라 남쪽에 왜가 있는 곳, 이곳은 한반도가 아니다. 이곳은 한반도가 아니라 하북성 석가장시 남쪽의 대방고지와 남옥저 자리인 산동성 빈주시 인근에서 서쪽의 백제와 그 서쪽의 신라 그리고 그 동쪽의 낙랑국 그리고 그 남쪽의 왜 그리고 이들 백제와 신라의 북쪽에 말갈과 그 북쪽의 고구려가 있음이 여러 사료의 기록과 당시 정황 그리고 역사적 활동 사항이 맞아떨어진다.

　이곳은 또한 당초에는 고구려가 남쪽에 있다가 북쪽으로 영역을 확대한 후 그 중심지를 북쪽 즉 하북성으로 옮긴 것으로 당초 고구려는 이들 인근에 있었다. 즉 백제가 건국한 대방고지가 바로 졸본 지방이고 이곳 동쪽에 신라국 그 동쪽에 낙랑국이 있었고, 당시 즉 고구려 초기에는 고구려 북쪽에 현토군과 낙랑국이 있었다. 이 같은 상황 즉 중국의 북부 지역에 있다가 북쪽으로 옮긴 것에 대하여 다른 시각으로는 동쪽으로 옮긴 것으로 기록하고 있다.

【사료96】『삼국사기(三國史記)』卷第三十七 雜志 第六 지리(地理)四 고구려(高句麗)

고구려는 처음에 중국 북부 지역에 있다가, 곧 점점 동으로 패수(浿水)의 근처로 옮겨갔다. ~ 그 지역의 대부분이 발해말갈(渤海靺鞨)로 편입되고, 신라 또한 그 남쪽 지경을 차지하여, 한(漢)·삭(朔)·명(溟)의 3주와 군현을 설치하여 9주를 갖추었다.

　물론 이 기록은 『수서』, 『구당서』, 『신당서』 기록상의 고구려 평양성 남쪽에 있는 것으로 기록된 패수를 지칭하는 것으로써 해석상 왜곡된 후의 요령성 요양의 고구려 평양성의 패수를 지칭하여 고구려가 하북성에 있다가 요령성으로 옮긴 왜곡된 중국 역사 인식을 나타낸 것으로 해석될 수도 있다. 하지만 이 패수는 앞에서 설명하였듯이 졸본성 남쪽에 있었던 패강을 패수로 여기는 한편, 이 옛 평양성에 있었던 패수가 이후 옮겨진 평양성에도 있는 것으로 기록한 것이다. 그리고 왜곡된 후에 고구려 평양성이 요령성 요양으로 옮겨졌다고 할 수 있지만 실제적으로 고구려는 요령성 요양이나 한반도 평양으로 수도 도읍지를 옮긴 사실이 없는 것이 역사적 진실이다. 이미 인용하여 확인하였듯이 역사 기록에 기록된 바와 같이 나당연합군에 멸망 당시 마지막으로 임시적으로 요령성 요양에 잠시 옮긴 사실밖에 없다. 따라서 위의 기록은 산동성 졸본에 있다가 하북성 평양성으로 옮긴 사실을 기록한 것으로 해석하여야 한다.

그리고 더욱 중요한 사실은 이곳 하북성 호타하 이북 고구려 지역은 발해에 넘겨주었지만 그 남쪽으로부터 신라가 원래 건국되고 원래의 고구려 졸본성이 있었던 산동성 지방은 소위 통일신라가 영역으로 가지고 있었다. 그리고 이후 여기에서 궁예와 왕건이 활동하다가 고려를 건국한 후 축성을 하는 등 관리하다가 소위 강동 6주(8성)를 설치하고 천리관성을 쌓아 요나라와 경계를 하였다는 사실이다. 그리고 이곳은 고구려시대에 온달이 활동하였던 지역이기도 한 남옥저, 죽령 지역이라는 사실이 중요한 사실들이다.

고구려 위치 비정에 대한 것은 졸본(천)(부여)에 대한 것에서 출발한다고 볼 수 있다. 이에 대한 우리나라의 공식적인 입장을 나타내는 국사편찬위원회 데이터베이스상의 『삼국사기』「고구려본기」상의 해설(주석) 즉 공식 견해를 한번 보자. 위에서 인용한 대로 "**졸본천**(卒本川)**에 이르렀다.** 《위서》에서는 "흘승골성(紇升骨城)에 이르렀다."고 하였다.註 040)"에 대한 주석을,

> **註 040**
> 졸본천은 ~ 음운상의 유사성을 근거로 양자가 같은 곳이라고 보기도 한다(이병도, 《국역 삼국사기》, 217쪽).
> 卒本川은 오늘날의 渾江일 것이다. ~ 渾江 유역의 桓仁은 고구려가 처음 도읍했던 곳이다. 이곳에서 동북쪽에 위치한 五女山에는 고구려의 산성이 남아 있다. ~ 또한 부근에는 積石塚 등 고구려의 古墳群이 분포하고 있다. 이러한 유적들은 이곳이 고구려 초기 도읍지였음을 증명해 주고 있다(진대위, 《환인현고고조사발굴간보》, 《고고(考古)》 1960).

 절대적인 식민 사학자요 현재 주류 강단 사학계의 논리 계승자라고 하여 태두라 불리는 이병도의 주장(논리)과 본 필자가 확인한 바에 의하면 우리나라 학자도 아닌 진대위라는 중국 학자의 1992년 중국의 과학출판사(科學出版社)에서 중국어로 발표한 논문에서의 주장(논리)을 우리나라 공식 견해로 나타내고 있다.
 이것이 결국은 우리나라 공식 견해의 근거라고 한다. 여기서는 구체적으로 이병도가 졸본천을 압록강 북부 환인 지역에 비정한 것을 나타내지 않고 중국의 진대위의 견해로 나타내었지만 이도 국민을 현혹시키는 것이라고 본 필자는 판단한다.
 이병도의 견해대로 한 것으로 나타내면 비난받을 것을 염려하여 다른 학자의 견해에 의하여 한 것으로 하고 있다. 그것도 중국 학자인지 모르도록 하였으며 또한 1960년도에 발표한 주장을 나타내고 있다.
 우리나라에는 고대사 특히 고구려사를 전공하는 학자가 없다는 것인가. 그렇게도 이를 비판하는 본 필자 같은 전문가들을 사이비 유사 학자라고 비판 아닌 비난을 하면서 연구는 전혀 안 하고 있다는 것인가 말이다. 앞에서 본 필자가 비판한 바 있는 소위 '젊은 역사학자 모임' 일원의 경우가 소위 고구려 전문가라고 한다. 또한 식민 사학자인 이병도의 저서는 1977년도에 발표하였다. 그동안 우리나라 학자들의 연구는 없었는지 아니면 있었어도 다른 주장을 하는 연구는 없었다는 사실을 증거하고 있다. 이것이 우리나라 사학계의 현실이다.

그러면 이병도 내지는 중국의 진대위가 해석한 졸본천에 대하여 이를 어떻게 비정해야 하는지에 대하여 살펴보고 다음으로 넘어가기로 한다.

졸본천에 대하여 『삼국사기』에 있어서는 (『고구려 본기』) 중국 정사 24사 중의 하나인 『위서』를 인용하여 이곳을 '흘승골성'이라고 하여 졸본(천)과 흘승골성을 동일시하였다(『잡지 지리 고구려』 : 『통전』 인용-흘승골성, 『고기』 인용-졸본, 흘승골성=졸본). 그러나 『삼국유사』에서는 『고기』를 인용하여 부여의 시조인 해모수를 천제로 하여 이가 도읍한 곳을 흘승골성(대요 의주지역)이라고 하였고 고구려 시조인 고주몽을 동명제(북부여조) 내지는 동명성제(고구려조)로 졸본주(현토군의 지역, 요동지역 위치)에 도읍하여 졸본부여 즉 고구려가 되었다라고 하여 졸본(주, 부여)과 흘승골성을 구분하여 흘승골성은 부여, 졸본은 고구려의 도읍으로 구분하였다. 이에 대하여 광개토대왕 비문에는 홀본서성산이라고 하였다.

『삼국사기』와 『삼국유사』가 인용한 중국의 사서들에는 각각 졸본에 대하여는 중국의 어떠한 사서에도 나오지 않는다.

> 고구려 초기 도읍지인 졸본에 대하여는 중국사서에 기록된 것이 없다. 단지 『삼국사기』와 『삼국유사』에만 기록되어 있다.

따라서 『삼국사기』가 인용하여 졸본을 기록한 『고기』는 우리나라 고유의 사서기록인 『구 삼국사』인 것으로 판단된다. 『삼국사기』보다 뒤늦게 편찬했고 곳곳에서 『삼국사기』를 인용한 『삼국유사』는 『삼국사기』의 관련 기록을 인용하면서도 달리 구분하였다. 물론 다른 기록을 인용하였을 수도 있지만 다른 기록상에는 졸본이라는 지명에 대한 기록은 없다. 단지 우리나라 광개토대왕 비문상에 북부여에서 시작한 시조 추모왕이 남하하여 엄리대수를 건너 비류곡의 홀본서성산에 도읍하였다는 비문상에 나올 뿐이다.

물론 『삼국사기』가 그 근거 사료로 삼는 앞서 편찬된 고려 초의 『구삼국사(舊三國史)』상의 기록 여부는 현재 전하지 않아 알 수 없으나 이 사료를 근거로 하면서 김부식을 비롯한 『삼국사기』 1145년 편찬자들이 자세한 동명왕 관계 기사를 생략해 버린 것을 비판하면서 1193년 이규보가 편찬한 『동명왕편』에도 보이지 않는다. 이 『동명왕편』은 『삼국사기』가 같은 사료를 근거로 하면서도 앞의 『동명왕편』을 자세히 싣지 않음은 물론 역사 계통을 신라 중심의 역사를 꾸미면서 고구려 역사를 상대적으로 소홀히 함은 물론 고구려 역사에 당연히 선조 국가로 스스로 싣고 있는 부여와 부여의 선조인 고조선에 이어지는 역사 계통을 세우지 않음에 반하여 고구려 계통의 역사 체계를 꾸며 편찬하였다. 같은 맥락으로 이후에 편찬된 역사서인 『삼국유사』 또한 『삼국사기』가 회피한 '고조선-부여-고구려'로 이어지는 역사학 체계를 꾸며 편찬하였다.

이와 같이 역사적 근거가 모호한 졸본(부여, 주, 천)에 대하여 이를 인용하면서 고구려 도읍지로 기록한 중국 사료상의 흘승골성을 다른 것으로 기록한 『삼국유사』가 있음에도 같은 것으로 한 『삼국사기』의 기록을 현재 주류 강단 사학계는 그대로 따르고 있다. 그 이유는 앞에서 필자가 지적한 만리장성의 동단이 황해도 수안이라는 근거가 별다른 학문상의 고고학적이나 문헌학적 근거가 없이 글자나 발음이 같다는 어처구니없는 이유로 일본의 식민 사학자 논리를 그대로 따른 이병도의 비정을 학문상의 논리가 아니라 교리와 같이 따르고 있기 때문이다.

해방 후 77년이 지난 현재까지 수많은 학자들이 있는데도 불구하고 말이다. 이와 같이 졸본(부여, 주, 천)에 대한 중국사서의 기록은 없으나 단지 광개토대왕 비문의 홀본(서성산)이나 중국사서상의 흘승골성의 흘승과 관련하여 **"졸본은 곧 卒忽(솔골) 또는 승흘골의 異稱이라 하여 음운상의 유사성"** 과 같이 이병도가 비정한 고고학적이나 문헌학적 증거에 의하지 않고 비학문적인 방법에 의하여 같은 곳으로 파악하고 이곳을 현재 요령성 환인 지역으로 비정하였고 현재 우리 주류 강단 사학계는 그대로 따르고 있다. 여기에 오래전에 환인 지역이 고구려 초기 도읍지인 졸본이라는 중국 학자의 논문을 내세우는 한편 이와 같은 결론을 기정사실화하면서도 추가 연구는 여기서 한 발짝도 더 나아가지 않거나 못하면서 여기에 이를 인정하는 사족을 달면서 이러한 주장에 쐐기를 박는 연구서만 내놓고 있다.

> 고구려의 초기 도읍지 '졸본'의 위치 비정을 식민 사학자 이병도의 비학문적 논리를 현재도 그대로 따르고 있다.

고구려와 부여와 관련된 중국사서를 본 필자가 분석하여 연구한 바에 의하면, 앞서 이미 확인한 대로 졸본과 관련된 기록은 없으며, 졸본과 같은 고구려의 도읍지로 한 『삼국사기』와 다른 부여의 도읍지로 한 『삼국유사』상의 흘승골성을 기록한 중국사서는 『삼국사기』가 인용한 『위서』「고구려전」, 『북사』「고구려전」, 『주서』「고구려전」 그리고 이를 바탕으로 편찬한 『통전』「고구려전」들이다. 이들 중 『주서』「고구려전」 만은 다른 사서와 달리 '흘두골성'이라고 기록하였다. 그러면서 이들 사서는 한결같이 이 명칭이 고구려의 주몽과 관련 있는 것으로 하고 있으면서도 졸본이나 부여와는 관련이 있다고 하지 않았다.

더군다나 졸본부여 아닌 원래의 부여 즉 해모수와 관련된 것으로 하지 않았다. 그런데도 『삼국유사』는 흘승(두)골성은 부여 즉 천제 해모수와 관련 있는 것으로 하였고, 졸본(부여)은 고구려와 관련 있는 것으로 하고 있다. 이 중에서 흘승(두)골성을 천제 해모수의 부여와 그리고 졸본(부여)을 고구려로 연관시킨 것은 근거가 없는 것으로 잘못이다. 『삼국유사』 편찬 시 인용하여 참고한 중국사서에 의하면 흘승골성은 분명히 고구려와 관계있는 것으로 하면서도 부여국과 관련 있는 것으로 한 사서는 단 하나도 없는 반면, 부여와 관련이 있는 것은 흘승골성이 아니라 졸본이 없는 부여이다. 반면에 『삼국사기』 「고구려본기」에서는 『위서』를 인용하여 흘승골성을 기록하면서 이를 『삼국유사』와는 달리 고구려와 관련이 있는 것으로 하여서 인용한 것으로 밝힌 『위서』를 비롯한 중국 사서를 근거로 하고 있다.

그러나 동부여를 탈출하면서 기적과 같이 엄사수(개사수)를 건너 이른 모둔곡을 기록하면서 같은 『위서』를 인용하여 이를 '음술수'라고 하였지만 실제로 『위서』에는 '보술수'라고 달리 기록되어 있어 서로 다름을 알 수 있다. 또한 이곳 '음술수(보술수)'를 광개토대왕 비문에서는 '비류곡'이라고 하고 있다. 그리고 여기에서 『삼국사기』 편찬자들은 이설(異說)을 기록하여 "혹 주몽이 졸본부여에 이르렀다."고 하여 이미 졸본부여라는 정치체제 및 국가가 존재한 것으로 기록하였다.

이러한 '졸본부여'를 기록한 이설(異說) 기록은 같은 『삼국사기』의 다른 편인 「백제본기」상의 기록과 일치하고 있다. 이러한 『삼국사기』 「고구려본기」상의 이설(異說)과 「백제본기」상의 '졸본부여' 기록은 학인 결과 '흘승골성'을 기록한 중국사서 중 『북사』 「고구려전」이 아닌 「백제전」에 백제는 "대체로 **馬韓**의 족속이며, **索離國**에서 나왔다." 한 동명을 백제를 건국한 구태를 동명의 후손으로 보았으니 이는 원 부여국과 관련된 동명이 "**夫餘에 이르러 王이 되었다.**"라고 하여 졸본이 없는 부여를 기록하였다. 즉 고구려의 주몽 아닌 부여의 동명이 부여에 도착한 것으로 기록하고 있다.

마찬가지로『수서』「백제전」에는 "百濟의 先代는 高[句]麗國에서 나왔다." "高[句]麗王이 시기를 하므로, 東明은 두려워하여 도망가서 淹水에 이르렀는데, 夫餘 사람들이 그를 모두 받들었다."라고 하였고, 뒤에 백제를 건국한 구태를 여기서의 동명의 후손으로 보았으니 동명을 고구려의 시조로 보고 결국 백제가 고구려로부터 나온 것으로 해석될 수 있으나 구태는 다른 모든 사서가 부여국의 후손으로 보고 있으므로 혼돈되거나 잘못된 기록을『수서』「백제전」에서 하고 있는 것으로 판단된다. 좌우지간 두 사서의「백제전」을 참고하여『삼국사기』편찬자들은 마찬가지로「백제전」을 기록하였다. 하지만 '부여'에 이르러 왕이 되거나 '부여' 사람들이 반겨서 왕이 되었다 하여 부여라는 지역이나 정치체제에 도착한 것을 확실히 확인할 수 없게 기록하였고, 더군다나 졸본이라는 단어도 빠진 것을 '졸본부여'에 이르러 왕이 된 것으로 기록한 것을 알 수 있다.

또한『삼국사기』편찬자들은「고구려본기」및「백제본기」와 다른 편인「잡지 지리 고구려」편을 편찬하면서는『통전』을 인용하여 흘승골성을,『고기』를 인용하여 졸본을 기록하면서 결국 이곳이 같은 곳이라는 결론을 내렸다. 하지만 앞서 확인하였듯이『고기』라고 할 수 있는 중국사서에는 졸본이라는 단어가 보이지 않는다. 따라서『삼국사기』와『삼국유사』의 고구려 건국 기사를 분석하여 확인한 결과,『삼국사기』는 졸본의 출처가 명확하지 않으며, 주몽이 도착한 곳인 부여에 대한 근거가 없으며(중국사서에 부여는 부여국의 동명이 도착한 곳으로 되어 있음), (졸본)부여와 흘승골성이 같은 곳이라고 결론을 내린 것은 잘못으로 보인다. 또한『삼국유사』의 경우에도 졸본(주, 부여)에 대해서는『삼국사기』와 마찬가지로 근거가 없는 한편, 고구려의 주몽과 관련이 있는 흘승골성을 부여의 해모수와 관련이 있는 것으로 한 것은 잘못이다.

> 『삼국사기』와 『삼국유사』는 중국사서를 인용하면서 오류를 범하고 있다. 부여국과 고구려국 기록을 혼돈하여 인용 기록하고 있다.

　더군다나 이미 언급한 대로 『삼국사기』는 주몽이 도착한 내역 및 지명에 대하여 「잡지 지리 고구려」편에서는 졸본이라고 하였지만 「고구려본기」와 「백제본기」에서는 각각 "**혹 이르기를 주몽이 졸본부여에 이르렀는데, 왕이 아들이 없어 주몽을 보고는 보통사람이 아님을 알고 그 딸을 아내로 삼게 하였다. 왕이 죽자 주몽이 자리를 계승하였다.**" "**북부여(北扶餘)에서 난을 피하여 졸본부여(卒本扶餘)에 이르렀다.**"고 하여 졸본부여를 거론하여 졸본과의 관련성을 기록하면서 졸본은 주몽이 도착한 어떤 지명이 아니라 이미 존재한 졸본부여라는 국가 내지는 정치체제로 인용함을 나타내었다.

　그러나 이 졸본부여에 대한 중국사서는 졸본이라는 단어는 없이 『삼국지』〈위서〉「동이전」'부여전'에서는 『위략』을 인용하여 부여의 동명이 부여 지역에 도읍하여 왕이 되었다고 하여 부여국과 부여 시조 동명왕과 관련이 있는 것으로 기록하였고, 『양서』「고구려전」에서도 같은 내용으로 기록하였다.

　이 밖에 앞서 살펴본 바와 같이 『북사』와 『수서』에서는 각각 백제의 시조를 밝히면서 이를 「백제」 전에 마한, 색리국 시조 동명 내지는 고려국 시조 동명을 백제 건국의 시조인 구태의 선조로서 부여와 관련 있는 것으로 밝히고 있는 것으로 보아 중국사서는 물론 이를 절대 참고하여 편찬한 『삼국사기』는 부여 시조 동명과 고구려 시조 동명성왕(『삼국사기』), 동명제(『삼국유사』「북부여」 조), 동명성제(『삼국유사』「고구려」 조)의 건국설화가 똑같거나 비슷한 것으로 인하여 부여 설화인지 고구려 설화인지 혼돈한 것으로 확인된다. 이와 관련하여 중국사서에서는 설화 내용은 같거나 비슷한 것으로 혼돈하여 기록하였으나 분명히 동명과 주몽을 구분하였다. 즉 『위서』, 『북사』, 『수서』조에서는 고구려의 주몽으로 기록하였으나, 이와 같은 사서의 『북사』 및 『수서』의 「백제」조와 다른 사서인 『후한서』 「부여」조, 『삼국지』 「위지」 '부여전'조, 『양서』 「고구려」조, 『통전』 「부여」조, 『논형』 「길험」 편에서는 동명을 부여와 관련 있는 것으로 기록하고 있다. 그리고 광개토대왕 비문에는 추모왕으로만 기록하고 있다. 그러므로 『삼국사기』 「고구려본기」에서 동명성왕 고주몽, 「잡지 지리 고구려」에서 『통전』과 『고기』를 인용하여 주몽, 「백제본기」에서 추모(주몽)를 기록한 것 중 동명성왕은 어떠한 다른 기록을 참고하였거나 부여 동명과 고구려 주몽 설화가 같거나 비슷한 것을 참고하여 쓴 것으로 보인다.

한편 『삼국유사』 「제1기이 북부여」에서 주몽을 동명제, 「제1기이 고구려」에서 동명성제 고주몽, 「제2기이 남부여, 전백제, 북부여」에서 추모왕(주몽), 동명왕이라고 기록한 『삼국유사』 또한 마찬가지이다. 중국사서에서 분명히 구분한 동명과 주몽을 『삼국사기』와 『삼국유사』에서는 동명을 주몽에 연결시킨 것이다. 이것은 분명 오류일 수 있으며 설화가 같거나 비슷할 수도 있으며 실제로 같이 부여나 고구려에서도 시조왕을 같이 동명으로 불렀을 수도 있다.

하지만 근거 자료가 없다. 이러한 근거 없는 기록이 오류일 수도 있으나 이 부분만은 오류가 아닐 수도 있다. 하지만 고구려 초기 도읍지 관련 다른 자료를 근거가 되는 중국사서와 비교하여 살펴보면 『삼국사기』나 『삼국유사』의 오류를 확인할 수 있다. 이는 단순한 오류가 아니라 역사 인식과 위치 비정의 오류를 살펴볼 수 있으므로 이에 대하여 차후 좀 더 살펴보고자 한다.

앞에서 살펴보았듯이 『삼국사기』 편찬자들은 「고구려본기」 및 「백제본기」와 다른 편인 「잡지 지리 고구려」 편을 편찬하면서 【사료51】 『삼국사기(三國史記)』 「잡지 지리」 '고구려' '고구려 초기 도읍 홀승골성과 졸본'상의 기록에서 '졸본'을 나타내면서 『고기(古記)』에서 이르기를 "주몽(朱蒙)이 부여(扶餘)로부터 난을 피해 도망하여 졸본(卒本)에 이르렀다."라 하였으니, 라고 하면서【사료368】『삼국사기(三國史記)』권 제13 고구려본기 제1 시조 동명성왕(東明聖王)상의 『위서』를 인용하여 기록한 흘승골성과 졸본을 같은 것으로 하였고, 『삼국사기』「백제본기」에서 졸본부여를 거론하였다.

하지만 중국사서에 일체 없는 졸본을 『고기』를 인용하여 고주몽과의 관련성을 나타냈다. 이 졸본은 일체 중국사서에는 나타나지 않는데 어떤 『고기』를 인용하였다는 말인가. 확인 결과 부여 시조 동명이 도착한 '부여'가 나타나는 사서는 앞에서 살펴본 대로 『삼국지』〈위서〉「동이전」'부여전', 『양서』「고구려전」, 『북사』 및 『수서』「백제전」 등 4개가 존재하고 있으나 졸본을 나타나는 사서는 없다. 그러나 본 필자가 확인한 바에 의하면 『삼국사기』는 기사상의 『고기』는 중국사서에는 없고, 확인 결과 『환단고기』밖에 없다.

> 『환단고기』, 『북부여기』는 『삼국사기』 등 현재 인정하는 역사서가 풀지 못하는 역사 문제를 해결해 준다.
> 이는 결국 『삼국사기』가 『북부여기』 등 『환단고기』 관련 기록을 참조하였다는 것을 의미한다.

『환단고기』에 관해서는 주류 강단 사학계의 학문적인 비판 대상이 아니라 극도의 혐오 대상이라는 것이 우리나라 역사학계의 현실이다. 물론 그들의 입장에서는 그들의 모든 논리가 깨어지는 내용을 담고 있으면서 본 필자가 현재 비판하고 있는 이 글의 대상인 『욕망 너머의 한국 고대사』의 제목과 의도에서 나타나는 바와 같이 그들의 논리 즉 일본 식민사관을 계승한 '반도사관'에 어긋나서 역사 활동 영역을 원래대로 넓히려고 하면 알레르기 반응을 보이고 극렬히 반대하고 비난하는 것처럼 『환단고기』의 내용은 그들의 논리에 반한다. 물론 지나치게 우리 민족의 역량을 크게 나타낸 내용이 있지만 이는 어느 민족에게나 있는 신화적인 측면으로 보면 되는 것이고 나머지는 잘 받아들여 현재 살펴보고 있는 『삼국사기』나 『삼국유사』와 같이 잘못되고 왜곡된 우리 역사를 보충하는 역할로 활용하면 우리나라 역사가 더욱더 풍부해지고 왜곡된 역사가 바로잡힐 수 있다.

> 『환단고기』는 일부 내용이 과장되어 있으나 이는 어느 민족에게나 있는 신화로 보면 되고, 맞지 않는 것과 맞는 것을 잘 선택하여 기존 역사를 보충하는 데 이용하면 우리 역사가 더 풍부해지고 왜곡된 역사가 바로잡힐 수 있다.

그러한 만큼 『삼국사기』나 『삼국유사』가 펼치고 있는 역사가 설명할 수 없거나 누락된 부분이 명확히 설명될 수 있는 여러 가지가 있다. 여기에는 고조선이나 부여의 상세한 역사적 활동 특히 중국과의 관계에서 '홍범구주'나 '팔조금법' 그리고 허위의 '기자동래설' 해명 등이 있다. 그리고 고구려의 초기 역사 사실로써 풀지 못하는 『삼국사기』상의 고주몽의 13세손 기록과 광개토대왕 비문의 17세손의 차이점 해명 등이 있고 백제와 신라 그리고 가야국의 풍부하고도 미진한 부분을 해소해 주는 역사적 활동 기록이 있다.

따라서 일부 극우 천황 옹호론자들을 제외하고는 자국인 일본의 전문가 대부분들도 신뢰성 없는 역사서로 평가하는 『일본서기』를 신뢰하여 우리 역사를 왜곡시켜 본 필자가 후에 중점적으로 설명할 일본열도에 있었던 임나국을 한반도 가야 지방에 비정시켜 '임나일본부'설을 완성시켜 주면서도 이보다 신뢰성 있는 역사서를 혐오 대상으로 삼는 자체가 바로 식민사학 논리에 젖어 있는 것으로 판단되는데도 불구하고 무조건 혐오 대상으로 금기시하는 현재 우리나라 주류 역사학계의 역사관이다.

> 『환단고기』의 『북부여기』는 광개토대왕 비문 등에 의하여 밝혀진 17세손의 비밀, 고구려 900년설의 기원 등을 해명해 준다.

즉 광개토대왕 17세손의 비밀 그리고 고구려 900년설의 기원 해명 등 여러 가지가 있지만 현재 주제와 관련하여서도 『삼국사기』가 인용한 『고기』가 『환단고기』상의 『삼성기(三聖紀)』·『단군세기(檀君世紀)』·『북부여기(北夫餘紀)』·『태백일사(太白逸史)』에서의 『북부여기』라고 판단된다.

다른 중국사서에는 없고 『삼국사기』의 특성인 고조선 및 부여의 역사를 편입에서 제외시킨 역사관에 의하면 출처를 밝히지 않고 졸본을 『환단고기』의 『북부여기』에서 인용하면서도 이의 출처를 밝히지 않는다.

현재 중국에서는 한국 고대사를 논하면서 『환단고기』를 지명하지 않고 이를 이루고 있는 네 사서를 지목한다고 한다. 이것은 합당한 조치로 『환단고기』는 이들 네 사서로 묶은 임의 제목이기 때문이다. 따라서 우리나라 역사계도 잘못되거나 누락된 부분으로 받아들일 수 있거나 받아들여야만 보충될 수 있는 것은 그 인용을 밝히면서 이들 네 사서를 취사선택하여 받아들여야 한다. 『일본서기』가 일본인 입장에서 쓴 역사서라면 『환단고기』는 우리 입장에서 쓴 역사서이고 많은 잘못된 역사 인식에서 쓰인 『구당서』 등은 중국인 입장에서 쓴 역사서이다.

『삼국사기』가 인용 사서를 명백히 밝히지 않으면서 인용한 '졸본' 관련 사서로 파악되는 『북부여기』에서는, 단군조선의 삼조선 체제 즉 앞선 원래의 삼조선인 진조선, 번조선, 막조선(서쪽으로 중국과의 경계에 있던

번조선은 【사료3】『관자』「제78 규도 13」, 【사료4】『관자』「제80 경중갑 13,20,22」 발조선으로 기록됨. 후의 삼조선 즉 진한, 변한, 마한으로 중국사서 등에 기록됨) 중 단군이 직접 통치한 진조선이 대부여로 계승되어 망하기 직전인 B.C. 239년에 해모수가 북부여를 건립한 것으로 기록되어 있다. 이러한 삼조선 체제는 일찍이 신채호 선생이 주창한 이후 많은 민족 사학자(재야 사학자)들과 일부 강단 사학자들이 주창하였고 주장하였으나 주류 강단 사학계에서는 극력 외면하고 있는 실정이다.

하지만 『환단고기』상의 4개 사서는 물론 여러 중국사서가 앞서의 '발조선' 기록, 마한의 영역 재조명 사실 등 신빙성을 높여주고 있는 것이 엄연한 사실이다. 한편 이러한 해모수가 건립한 북부여에 한나라 무제 시 위만조선을 멸하고 침입하자 별칭으로 동명이라는 고두막한이 의병장으로 나서서 북부여를 한나라로부터 지키고 졸본 지방에 졸본부여를 건국하였다고 한다. 이로부터 22년 후 북부여의 4대 왕 고우루 단군을 쫓아내는 쿠데타를 일으키고 후기 북부여 즉 전체를 졸본부여로 통합, 새로이 졸본부여를 건립하였다. 이때 해모수의 첫째 아들 모수리 단군의 아들인 해부루가 쫓겨 가 동부여를 건립하였다고 한다. 이후 고두막한 아들 고모서 단군 시절에 북부여를 건립한 해모수의 고손자인 고주몽이 동부여로부터 쫓겨 와 고모서 단군의 둘째 딸 소서노와 결혼하여 졸본부여를 이어받아 고구려로 국호를 변경하여 초대 왕이 되었다고 한다. 따라서 고주몽은 북부여를 건립한 해모수의 4대손인 고손자로 "초대 해모수- 1대손 (둘째 아들)고진 - 2대손 불상 - 3대손 (고진 손자)고모수(불리지) - 4대손 (해모수 고손자)고주몽"으로 이어지고, 동부여는 "해모수 - (첫째 아들)모수리 단군 - 불상 - (해모수 증손자)해부루"로 이어진다고 한다. 이로써 혼란되고 불확실한 중국사서 내지는 『삼국사기』상의 13세손보다 역사적 사실에 더 적합한 광개토대왕 비문의 17세손이 『북부여기』상으로 밝혀졌다.

> 광개토대왕의 17세손, 900년 기원 사실은 고구려가
> 부여 계통임을 증거하고 있다.

또한 【사료51】『삼국사기(三國史記)』「잡지 지리」'고구려' '고구려 초기 도읍 홀승골성과 졸본', 『삼국사기』「백제본기」'시조 온조왕'에서는 『통전』을 인용하거나 하여 주몽을 북부여 출신으로 기록하였지만, 물론 탈출지는 동부여로 기록하였지만 동부여 출신인지는 불명확한 것으로 기록한 【사료368】『삼국사기(三國史記)』권 제13 고구려본기 제1 시조 동명성왕(東明聖王)과는 달리 명확히 북부여 출신이라는 것을 확인할 수 있다. 또한 고구려 역사를 정함에 있어 논란이 되어온 기년설을 광개토대왕 비문과 함께 명확히 해석해 주고 있다. 즉 원래『삼국사기』상으로는 B.C. 37년에 건립하여 668년에 멸망한 것으로 되어 있어 700년 역사가 되는 것으로 되어 있다. 하지만 사료상으로는, 즉

【사료504】『삼국사기(三國史記)』권 제22 고구려본기 제10 寶藏王 668년 02월(음)

이적의 당군이 부여성을 빼앗다 (668년 02월(음))

시어사(侍御史) 가언충(賈言忠)이 사명을 받들고 왔다가 요동에서 돌아가니 황제가 "군대 안은 어떠한가?"하고 물었다. 대답하여 말하기를 "반드시 이길 것입니다. 예전에 앞의 황제께서 죄를 물으려다 뜻을 이루지 못한 것은 오랑캐에게 틈이 없었기 때문입니다. 속담에 '군대에 길잡이가 없으면 중도에 돌아온다.'고 하였습니다. 지금은 남생의 형제가 서로 싸워 우리의 길잡이가 되어서 오랑캐의 진정과 거짓을 우리가 모두 알고, 장수는 충성되며 병사는 힘을 다하니 신이 처음부터 '반드시 이긴다.'고 말씀드린 것입니다. 또 고구려비기(高句麗秘記)에 말하기를 '900년이 되지 못하여 마땅히 팔십(八十) 대장이 있어서 이를 멸망시킨다.'고

> 하였는데, 고씨(高氏)가 한(漢)으로부터 나라를 가지고 있은 지 지금이 900년이고, 이적의 나이가 80입니다. 오랑캐는 거듭되는 흉년으로 사람들이 서로 빼앗아 팔고, 땅이 흔들리고 갈라지고, 이리와 여우가 성으로 들어가고, 두더지가 문에 구멍을 뚫고, 인심이 두려워하고 놀라니, 이 원정을 다시 일으키지 않게 될 것입니다."라 하였다."

라고 하여 900년설의 기원이 되었다. 한편 이 같은 900년설과는 달리 800년의 기원이 되는 사료도 있다.

> 【사료505】『삼국사기(三國史記)』권 제6 신라본기 제6 문무왕(文武王) 10년 7월
>
> 안승을 고구려의 왕으로 봉하고 책문을 전하다 (670년 07월(음))
>
> "~ 자손이 서로 잇고 뿌리와 줄기가 끊어지지 않았으며 땅은 천리를 개척하였고 햇수는 장차 800년이나 되려고 하였다."

이와 같은 『삼국사기』 기록의 700년보다 먼저 건립된 것으로 기록하는 사료상의 900년설과 800년설은 단지 고구려가 『삼국사기』상의 건국보다 앞선 시기가 논점이 되는 것이 아니라 앞선 시기에 건국하였다는 것은 고구려의 건국 과정의 의문점이 생기는 것이 되고 그것은 바로 부여와의 관계 내지는 고조선과의 관계에서 고구려가 『삼국사기』에 기록되지 않는 부여 및 고조선과의 관계가 있다는 것이 입증되는 것이기 때문에 우리나라 고대역사의 계통을 찾고 수립하는 데 중요한 요소가 되기 때문이다.

실제로 본 필자가 앞에서 잠깐 소개한 사실이 있지만 고구려가 『삼국사기』상의 기록보다 앞서 존재하였다는 것이 여러 중국사서에서 발견되고 있는 것이다. 앞에서 인용하여 소개한 바 있는 【사료24】『후한서(後漢書)』「동이열전」 '고구려전' "[漢] 武帝는 朝鮮을 멸망시키고 고

구려를 縣으로 만들어서 玄菟에 속하게 하였으며, 북(鼓)과 管樂器와 樂工을 하사하였다."라고 하여 한 무제가 위만조선과의 조한전쟁 승리 후 소위 한사군(실제는 한이군)을 원래의 고조선의 지역인 낙랑과 현토에 낙랑군과 현토군을 만들기 전에 이미 고구려가 존재하던 것을 이곳을 점령하여 현토군을 세우고 그 고구려를 소속 현으로 하였다는 것을 말해 주고 있다. 이와 같은 사실은 중국의 여러 다른 사서에서도 확인할 수 있다.

【사료42】『양서(梁書)』「동이열전」'고구려' 武帝 元封 4년(B.C. 107)
朝鮮을 멸하여 玄菟郡을 설치하고, 고구려를 縣으로 삼아 거기에 소속시켰다.

【사료91】『북사(北史)』列傳 高句麗
한 무제가 조선을 멸하고 고구려를 현으로 삼고 현토군에 편입시켰다.

【사료25】『통전(通典)』「변방」'동이 하 고구려'
한 무제가 조선을 멸하고 고구려를 현으로 삼고 현토군에 편입시켰다.

또한 앞에서의 2)한사군의 실체에서 살펴보았듯이,

【사료11】『사기』「조선열전」'고조선'상에는 "조선의 왕이었던 위만은 옛 연국(燕國) 사람이다. 연국의 전성기 때부터 일찍이 진번과 조선을 침략하여~" "응소가 말하기를 현도(玄菟)는 본래 진번국(真番國)이라고 하였다. 옛 구려(句驪) 호(胡)이다."라고 하여 원래부터 고조선 내지는 위만조선에 진번이 있었던 곳에 구려라는 오랑캐가 있었던 것으로 기록하고 있다.

또한 【사료22】『한서』「지리지」 1. 유주 ⑨ 현토군(玄菟郡) "[1] 應劭曰 故真番朝鮮胡國. 응초(應劭)가 말하기를 옛 진번조선(真番朝鮮) 호(胡)의

나라이다."라고 하여 원래 현토군은 예전 진번조선 나라였던 것을 증거하고 있다.

> 중국 한사군(한이군)의 현토군(고구려현)은 조선의 진번국 지역에 설치(B.C.108~107년) 하였다. 이곳은 고구려가 아닌 구려의 발상지이다. 고구려는 '단군조선-부여-고구려' 계통을 잇는 나라이다.

이와 같은 증거 사료가 그동안 고구려 900년설을 입증하는 자료로 알고 있었다. 하지만 고구려와는 다른 예맥족이자 선비족인 구려가 이 현토군(고구려현) 지역에 있었음에도 나중에 고구려가 이 현토군과 가까이 있음으로 당시 중국의 인식과 중국사서의 편찬자들이 구려와 고구려를 착각하여 구려를 고구려로 기록하였다.

이러한 착각과 이 착오에 의한 기록에 의하여 당나라 시기까지 고구려가 이 시기부터 존재한 줄 알고 900년 기원설이 있었다. 따라서 이러한 중국사서 기록에 의한 고구려 900년설은 구려와 고구려를 착각하여 발생한 오류이다. 그러나 일부 비주류 강단 사학자나 재야 민족 사학자들이 주장하는 고구려 900년설은 중국사서와 중국사서를 주로 인용하여 편찬한『삼국사기』가 아닌『환단고기』「북부여기」기록과 이에 의한 광개토대왕 비문상의 고구려 기원을 북부여로부터 삼는다는 것에 의한다.

> 고구려 900년 기원설은 소위 한사군인 현토군 고구려현이 설치되기 이전에 이미 고구려가 존재하였다는 것이 아니다. 이는 고구려가 현토군 고구려현에서 건국되었다는 중국사서의 왜곡을 따른 것이 된다. 고구려가 부여 계통임에 따라 부여 역사를 그 기원으로 삼은 것에 따른다.

『환단고기』「북부여기」에 의하면 고구려의 기원을 해모수부터 시작됨이 확인되어 B.C. 239년에 해모수가 북부여를 건립한 것을 고구려의 기원으로 고구려인들은 인식하고 있었고, 이러한 사항을 900년설의 기원인 가언충이 언급한 '고구려 비기'에 나와 있고, 광개토대왕 비문에 고구려가 북부여에서 시작됨을 확실히 한 것에서 입증된다. 이와 같은 여러 증거 사실로 보아 고구려가 『삼국사기』상의 내용처럼 B.C. 37년에 건국되어 668년에 멸망하여 700년이 이어진 것이 아니라 B.C. 239년에 해모수가 북부여를 건립한 것을 고구려의 기원으로 보아 900년이 이어진 것이고, 고구려는 부여를 그 선조 계통으로 삼았고, 다시 북부여는 고조선의 계통을 이어받은 것임을 밝혀주어 우리나라 고대사는 물론 전체 역사의 정통 계보가 완성된다. 하지만 『삼국사기』는 이러한 민족 정통 국가 계통을 알면서도 고의로 무시한 것을 빌미 삼아 일제 식민사학에 의하여 정통 국가 계통을 무시함을 정립시킨 것을 해방 후 77년이 지난 이후까지 다시 세우지 못하고 있는 실정이다.

더욱이 현재 주류 강단 사학계는 분명히 고구려의 선조 국가가 『삼국사기』를 비롯한 모든 중국사서는 물론 실증적인 자료인 광개토대왕 비문이 고구려의 기원을 부여로 삼는데도 불구하고 부여에 대한 연구는 전혀 이루어지지 않는다 해도 과언이 아닐 정도의 상태에 있다. 『삼국사기』상 광개토대왕의 13손과 광개토대왕 비문 17세손의 4세대 차이의 세습이 누락된 것에 대하여도 그 원인을 고구려 태조왕 시기 즈음의 비정상적이거나 부자 세습이 아닌 형제 세습 방식의 왕권 교체 및 태조왕의 119세 수명과 93년간의 재위 기간이 그 원인으로써 이에 의하여 4세손이 차이가 나는 것으로 해석까지 하는 실정이다.

이러한 해석도 일리가 있을 수 있지만 분명히 비문상에 그 기원을 부여로 삼는 것에 그 해답이 있는데도 이를 애써 부정하고 있다. 이는 엄연히 학자로서 내지는 국가적으로 직무유기이다. 그 이유 중의 가장 큰 사유는 다름 아닌 고구려를 왜곡 내지는 조작하여 허위로 엉뚱한 변방의 한반도 북부에 비정해 놓으니 이의 선조 국가이면서 출발점인 부여에 대하여 연구할 여지가 없어졌다. 부여를 연구하여 그 결과가 밝혀지면 그동안 정립하여 놓은 허구의 고구려가 무너지기 때문에 연구를 못 하는 것이 가장 큰 이유이다. 그렇다면 이와 같은 이유로 본 필자는 고구려의 위치를 역으로 부여를 밝힘으로써 입증할 수 있고 그럼으로써 부여의 역사도 밝혀 우리나라 고대 국가 계통을 세우고자 한다.

현재 우리나라는 고조선도 신화로 취급하거나 엉뚱한 한반도 구석에 자리 잡은 국가로 취급하고 이를 중국 식민지로 전락하였다가 이들 식민지의 높은 문화에 영향받아 계통도 뿌리도 없는 삼한시대에서 고구려와 백제 신라가 나타나는 것으로 역사를 꾸미고 있다. 뿌리도 계통도 없는 나라가 우리나라이다. 하지만 고조선을 누락시킨 『삼국사기』에서도 고구려의 선조 국가는 분명히 부여라고 하였고, 백제는 분명 부여에서 출발한 것으로 되어 있고, 그 부여는 고조선에서 출발함을 중국사서들이 입증하고 있다. 신라 또한 『삼국사기』에서는 그 뿌리를 고조선임을 기록하고 있으며, 고구려 신라 백제가 모두 단군을 시조로 삼는다는 것을 증거하고 있다.

> 조선 영조시대까지도 현재 없는 「단군편」이 있는 『고려사』가 별도로 있었다. 신라, 백제도 단군에게 1년에 두 번 제사를 지냄으로써 단군을 시조로 인식하였다.

이러한 내용은 현재 전해 오는 『고려사』에는 없으나 조선시대 영조대왕까지만 해도 『고려사』에 「단군편」이 있었음이 『승정원 일기』에서 확인되고 있다. 『승정원 일기』 영조 44년(1768) 5월 22일 편에 영조 임금이 『고려사』의 「단군편」을 읽으라고 명하자 신하 이명훈이 그것을 읽었다는 기록이 있다. 또한 영조 47년(1771) 10월 7일 편에 신라, 백제에서 단군왕검께 제사 지낸 달을 알아오라는 명령에 신라, 백제에서 1년에 두 번 2월과 8월에 제사 지냈다는 보고를 받았다는 기록이 있다. 이러한 『고려사』의 내용이 현재 전해지는 『고려사』에는 없는 것으로 보아 원래는 「단군편」과 단군 제사 내용이 있었던 것이 조선 궁내에 전해지나 없어졌고, 그 「단군편」과 제사 내용을 없애버린 『고려사』가 현재까지 내려오고 있다.

실제로 조선 초기 요동정벌의 기회를 위화도 회군으로 쿠데타를 일으킨 이성계 초기 조선 집권 세력의 신하들이 『고려사』를 세종 31년인 1449년에 편찬하여 문종 원년인 1451년에 완성할 때 명나라에 극도의 사대를 하며 쿠데타 인정을 받으려는 의도에서의 사대 모화사상에 의한 역사 편찬의 굴곡이 있었다. 이후 계유정난에 의한 쿠데타를 명나라로부터 인정받으려는 것이 국가 최대의 관심사였던 세조에 의거 『조선왕조실록』 세조 3년(1457) 5월 26일자 기사에 의하면 팔도 관찰사에게 명령하여 사대 모화사상에 위배되는 상고 역사서 즉 『고조선 비사』, 『조대기』, 『성밀기』, 『삼성기』 등 『환단고기』의 근간을 이루는 사서들을 수거하라는 명을 내려 백성들에게 금지령을 내린 바 있다.

『삼국사기』와 『삼국유사』의 고구려 초기 도읍지와 관련한 기록을 중국사서와 비교하여 추가 살펴보면, 『삼국사기』 「고구려본기」에서 동명성왕 고주몽이 부여를 탈출한 하천을 '엄사수'라 하면서 일명 '개사수'로 하여 이를 지금의 압록강 동북쪽에 있는 것으로 판단한 것을 기록하였다. 그리고 이어 '모둔곡'에 이르렀는데 이곳을 『위서』를 인용하여 '음술수'라고 하였다. 다른 편인 「잡지 지리 고구려」조에서는 북부여로부터 탈출할 때 '보술수'를 건너 '흘승골성'에 이르렀다고 하였다. 이에 대하여 『삼국유사』 「고구려」조에서는 이를 '엄수'라고 하면서 지금은 어디인지 자세하지 않다고 판단한 것을 기록하였다. 이러한 기록을 하면서 참고한 것이 확실한 중국사서를 보자. 우선 '엄사수'라고 기록한 『삼국사기』 「고구려본기」상의 같은 내용상의 다른 명칭인 '졸본천'을 기록하면서 이를 인용하여 '흘승골성'이라고 한 중국사서인 『위서』의 기록을 살펴보면 여기에는 이와는 달리 '대수'라고 하였다. 그리고 이 『위서』상의 기록은 『삼국사기』가 인용하면서 '음술수'라고 기록한 것과는 달리 '보술수'라고 하여 서로 다르다. 이것만 보면 『삼국사기』 「고구려본기」상의 기록은 인용한 중국사서인 『위서』와 달라 『삼국사기』의 신빙성이 의심된다.

더군다나 『삼국사기』 다른 편인 「잡지 지리 고구려」조에서는 『위서』와는 같게 그리고 같은 『삼국사기』의 다른 편인 「고구려본기」의 '음술수'하고는 다르게 '보술수'라고 기록하고 있는 것이다. 더군다나 다른 중국사서를 살펴보면 『위서』와 마찬가지로 『북사』 「고구려」, 『수서』 「고구려」는 모두 고구려의 주몽과 관련하여 탈출 시 건넌 하천을 단지 '대수'라고 하였다. 반면 부여국의 동명과 관련한 하천을 『논형』 「길험편」 '엄표수', 『후한서』 「부여」 '엄사수', 『삼국지』 「부여」 '시엄수', 『양서』 「고구려」 '엄체수', 『북사』 「백제」 '엄체수', 『수서』 「백제」 '엄수', 『통전』 「고구려」 '엄호수'라고 각각 달리하였다.

한편 광개토대왕 비문에는 '엄리대수'로 기록하였다. 따라서 중국사서는 모두 '대수'가 고구려와 관련이 있는 것으로 기록하였고, 『삼국사기』 「고구려본기」상의 기록에는 '엄사수' 그리고 이와 비슷한 하천은 모두 부여 동명과 관련이 있는 것으로 기록하였다. 따라서 『삼국사기』 「고구려본기」상의 기록인 주몽과 관련하여 기록한 '엄사수'는 잘못이다. 마찬가지로 『삼국유사』 「고구려」조에서는 이를 '엄수'라고 기록한 것도 잘못이다. 또한 다음에 기록하는 【사료67】 『후한서(後漢書)』 「동이열전(東夷列傳)」 부여(夫餘)의 '엄사수'에 대한 국사편찬위원회의 데이터베이스상의

> 註 037
> 掩㴸水 : 『論衡』에는 '掩㴸水', 『魏略』에는 '施掩水', 『梁書』에는 '淹滯水', 『隋書』에는 '淹水'로 되어 있는데, 朱蒙神話에 나오는 淹水(奄利大水)와 같이 '큰 물'을 의미하는 말로 생각되며, 松花江 또는 그 지류를 가리키는 것으로 추정된다.

과 같이 고구려 주몽이 아니라 부여의 동명과 관련된 『논형』, 『위략』, 『양서』, 『수서』(백제전)상의 '엄표수', '시엄수', '엄체수', '엄수' 등 유사명 하천들과 주몽신화에 나온다는 것 중의 '엄수'(『삼국유사』의 오류)는 전부 부여 동명과 관련 있는 반면, 주몽신화에 나온다는 것 중의 다른 하나인 '()'의 엄리대수(광개토대왕 비문)와 여기서는 거론하지 않은 『위서』 그리고 『북사』 및 『수서』의 「고구려전」상의 '대수'만이 고구려 주몽과 관련 있는데도 불구하고 모두 같은 것으로 취급하여 이를 송화강 또는 그 지류로 비정한 것은 다음의

> 【사료68】『삼국지(三國志)』〈위서〉「동이전」 부여(夫餘)
>
> 이에 東明은 달아나서 남쪽의 施掩水(註 055)에 당도하여 ~
>
> 註 055
> 施掩水 ~
> ≪參考文獻≫
> 李丙燾, 「夫餘考」 『韓國古代史硏究』 1976.
> 白鳥庫吉, 「夫餘國の始祖東明王の傳說に就いて」 『白鳥庫吉全集』 卷5, 1970.

와 같이 부여 동명과 관련 있는 '시엄수'에 대한 국사편찬위원회 한국사 데이터베이스상의 주석상에 다른 주장은 일체 없이 식민 사학자 이병도와 일본 식민사관의 대표자이며 만선사관과 반도사관의 주창자인 일본인 시라토리 구라키치[白鳥庫吉]의 주장만을 인용한 것으로

보아 이들의 주장인 송화강 또는 그 지류로 비정한 것을 그대로 따른 채 해방 후 77년이 지난 오늘까지 이르러 현재 주류 강단 사학계의 공식 통설이 된 것으로 이는 커다란 오류이다. 이와 같이 현재 주류 강단 사학계는 새로운 연구 없이 일제 식민사학을 그대로 추종하고 있음을 보여주는 일례이다.

『삼국사기』「고구려본기」상의 기록인 주몽과 관련하여 기록한 '엄사수'는 그 명칭의 일치상『후한서』「부여」전의 기록을 따르고 또한 일명 '개사수'라고 한 것도 역시 같은『후한서』「부여」전의 주석을 인용한 것으로 확인된다.

【사료67】『후한서(後漢書)』「동이열전(東夷列傳)」 부여(夫餘)

初, 北夷 索離國王出行, (「索」或作「槀」, 音度洛反.【集解】沈欽韓曰, 論衡古驗篇, 作槀離. 案晋書, 有神離國, 在肅愼西北, 馬行可二百日, 疑此是也. 隋書以爲高麗, 非.) 其侍兒於後姙身, (姙音人鴆反.) 王還, 欲殺之, 侍兒曰:「前見天上有氣, 大如雞子, 來降我, 因以有身.」 王囚之, 後遂生男. 王令置於豕牢, 牢, 圈也. 豕以口氣噓之, 不死. 復徙於馬蘭, 蘭卽欄也. 馬亦如之, 王以爲神, 乃聽母收養, 名曰東明. 東明長而善射, 王忌其猛, 復欲殺之. 東明奔走, 南至掩淲水(註037), (今 高麗中有蓋斯水, 疑此水是也.【集解】惠棟曰, 北史作掩滯水. 沈欽韓曰, 魏志注作施掩水. 隋, 百濟傳作掩水. 李注以蓋斯水, 此乃前志西蓋馬之馬訾水, 今鴨淥江也.) 以弓擊水, 魚鱉皆聚浮水上, 東明乘之得度, (【集解】惠棟曰, 魏略云, 魚敝鱉浮爲橋, 東明得度, 魚鱉乃解散, 追兵不得度.) 因至夫餘而王之焉.

註 037
掩淲水 :『論衡』에는 '掩淲水',『魏略』에는 '施掩水',『梁書』에는 '淹滯水',『隋書』에는 '淹水'로 되어 있는데, 朱蒙神話에 나오는 淹水(奄利大水)와 같이 '큰 물'을 의미하는 말로 생각되며, 松花江 또는 그 지류를 가리키는 것으로 추정된다.

≪參考文獻≫
「廣開土王陵碑文」

『三國史記』卷13「高句麗本紀」1 始祖 東明聖王條.
『三國遺事』卷1「紀異」1 高句麗條.
『論衡』2「吉驗篇」
『三國志』卷30「東夷傳」所引『魏略』
『梁書』卷54「東夷列傳」高句驪條.
『隋書』卷81「東夷列傳」百濟條.

위의 ( )안의 내용 즉 주석인 "(장회 : 이름이 이현으로 당(唐)나라 제3대 황제 고종(高宗)과 측천무후(則天武后)의 둘째 아들로서 태자의 자리까지 오른다. 『후한서』의 주는 대부분 달았다.) 현재 고려에 '개사수'가 있으니 이것이 그것이다. (사기집해)에서는 혜동(중국 청대의 학자)이 이르기를 『북사』의 엄체수라고 하였고, 심흠한(중국 청대의 학자)은 『위지』의 시엄수, 『수서』「백제전」의 엄수, 개사수, 『한서』「지리지」의 서개마현의 마자수로 현재 압록강(鴨淥江)이다."를 인용하여 엄사수를 일명 개사수라고 하였다. 이 같은 주석 내용은,

【사료68】『삼국지(三國志)』〈위서〉「동이전」부여(夫餘)

其印文言「濊王之印」, 國有故城名濊城, 蓋本濊貊之地, (晋書, 夫餘, 在玄菟北千餘里. 其王印文稱, 穢王之印. 國中, 有古濊城. 魏書, 豆莫婁國, 在勿吉國北千里, 去洛六千里, 舊北夫餘也. 在室韋之東, 或言本濊地.) 而夫餘王其中, 自謂「亡人」, 抑有(似)[以]也. (何焯曰, 似當作以.)

(魏略曰: 舊志又言, 昔北方有高離之國者, 豪, 宋本作高. 元本・馮本作槀, 范書作索, 章懷注, 索, 或作槀. 音度洛反. 御覽, 作槀.其王者侍婢有身, 王欲殺之, 婢云:「有氣如雞子來下, 我故有身.」後生子, 王捐之於溷中, 豬以喙噓之, 徙至馬閑, 閑, 范書作蘭, 章懷注蘭, 卽欄也.馬以氣噓之, 不死. 王疑以爲天子也, 御覽, 子, 作生. 乃令其母收畜之, 名曰東明, 常令牧馬. 東明善射, 王恐奪其國也, 欲殺之. 東明走, 南至施掩校水,(註055) 范書, 作南至掩淲水. 章懷注, 今高麗中, 有蓋斯水. 疑此水是也. 惠棟曰, 北史, 作掩滯水, 沈欽韓曰, 隋百濟傳, 作掩水. 此乃前志西蓋馬之馬訾水, 今鴨淥江也. 丁謙曰, 施掩水, 後漢書作掩淲水, 疑刊刻倒誤. 梁

書作掩滯水, 當卽水經注馬訾水, 新唐書, 馬訾水, 出靺鞨長白山, 色若鴨淥, 號鴨淥江. 夫餘國, 最平敞, 與今松花江左右情形, 甚合. 以弓擊水, 魚鼈浮爲橋, 東明得度, 魚鼈乃解散, 追兵不得渡. 東明因都王夫餘之地. 范書東夷傳, 初, 北夷索離國王出 ~

註 055
施掩水 : 施掩水는 掩施水의 誤記로 보이며, 『後漢書』에는 '掩滯水'『廣開土王陵碑文』에는 '掩利大水'로 되어 있는데, 江을 뜻하는 amur의 변형으로 보아 현재의 Amour(黑龍)江으로 비정한 견해가 있으나, '큰 강'을 뜻하는 의미로 현재의 松花江 또는 그 지류를 가리키는 것으로 보는 견해가 일반적으로 받아들여지고 있다.

<참조>
『後漢書』夫餘傳 註 7)
掩㴲水
『論衡』에는 '掩㴲水', 『魏略』에는 '施掩水', 『梁書』에는 '淹滯水', 『隋書』에는 '淹水'로 되어 있는데, 朱蒙神話에 나오는 淹水(奄利大水)와 같이 '큰 물'을 의미하는 말로 생각되며, 松花江 또는 그 지류를 가리키는 것으로 추정된다.
≪參考文獻≫
「廣開土王陵碑文」
『三國史記』卷13「高句麗本紀」1 始祖 東明聖王條.
『三國遺事』卷 1「紀異」1 高句麗條.
『論衡』2「吉驗篇」
『三國志』卷30「東夷傳」所引『魏略』
『梁書』卷54「東夷列傳」高句驪條.
『隋書』卷81「東夷列傳」百濟條.
≪參考文獻≫
李丙燾,「夫餘考」『韓國古代史研究』1976.
白鳥庫吉,「夫餘國の始祖東明王の傳說に就いて」『白鳥庫吉全集』卷5, 1970.

에서도 동일하게 확인된다. 그리고 『삼국유사』「고구려」조에서의 '엄수'라고 기록한 것은 『수서』「백제」를 인용한 것으로 확인된다. 하지만 두 사서 모두 부여의 동명과 고구려의 주몽과의 내용을 그 명칭에서와 같이 혼동한 것으로 오류이다. 이 같은 분석에 의하여 몇 가지 사실을 확인할 수 있다.

1) 『삼국사기』와 『삼국유사』는 부여 시조 동명설화와 고구려 시조 주몽의 설화를 혼동하고 있고 이를 사서에 그대로 나타내고 있다. 이 같은 사실은 이들이 참고하여 인용한 중국사서에서 확인할 수 있다.
2) 중국사서는 고구려 시조 주몽과 관련 있는 것은 '대수'라고만 하였고, 이에 비하여 엄사수 및 이와 유사한 것으로 중국사서가 기록한 하천은 부여 시조 동명과 관련 있는 것으로 확실히 구분하여 싣고 있다.
3) 『삼국사기』가 참조한 『후한서』「부여」전 주석 내용 그리고 이와 같은 내용을 싣고 있는 『삼국지』「부여」전 내용에 의하면 엄사수 및 이와 유사한 것으로 중국사서가 기록한 하천은 장회(이현 태자) 당시 즉 당나라 시기에는 고구려 영역에 있던 개사수로 비정하고 있는 반면, 청나라 시대 학자인 심흠한은 이 하천을 『한서』「지리지」상의 현토군 서개마현에 있는 마자수로 보고 있는데 당시의 압록강(鴨淥江)으로 비정하고 있다. 당시의 압록강은 현재의 요하로 비정된다.
4) 부여 그리고 부여의 동명과 관련한 강으로 기록되어 있는 엄사수, 시엄수, 엄호수, 엄체수, 엄수 등에 대하여 현재 우리나라 주류 강단 사학계에서 장악한 국사편찬위원회의 한국사 데이터베이스상의 주석 즉 국사편찬위원회의 공식 견해이자 주류 강단 사학계의 공식 견해이자 우리나라 사학계의 통설로서는 "**註 037**"과 같이 현재의

압록강 동북쪽에 있는 송화강 내지는 그 지류로 비정하고 있다.
5) 위의 부여 및 부여의 동명과 관련한 강으로 기록된 강과는 달리 고구려 주몽과 관련한 강으로 기록된 강은 엄사수(일명 개사수)(삼국사기), 엄수(삼국유사), 엄리대수(광개토대왕 비문), 대수(중국사서 통일)이다. 이들을 부여 및 부여 동명과 비교하여 확인하여 보면 가장 역사적 사실 즉 진실에 가까운 기록은 역시 당대의 기록이자 당사자들이 직접 기록한 광개토대왕 비문으로 고구려의 시조는 동명도 아니요 (고)주몽도 아닌 추모왕이, 엄사수 등도 아니요 대수도 아닌 엄리대수를 건너 모둔곡도 아니요 졸본천도 아닌 비류곡 홀본서성산에 도읍한 것이 정답이다.

따라서 광개토대왕의 17세손과 북부여를 시조로 한 고조선과 부여를 계통으로 한 '고구려 900년설'이 정답이다. 그리고 광개토대왕은 고구려가 점차 산동성에서 북상하여 하북성 즉 고조선의 옛 땅이자 위만조선의 땅이었던 북쪽 지역을 '다물'이라는 국시에 따라 고조선의 영토를 전부 회복하여 이곳 중국 하북성 평주에 도읍을 옮기는 것이 역사적 사실이다. 따라서 이에 따라 고구려 역사를 정립시켜야 한다. 이는 욕망에 의한 비학문적 증거에 의한 것이 아니라 모든 중국사서가 이를 입증해 주는 것이고 이를 밝히는 것이 현재 본 필자가 하고 있는 작업이다.

중국사서는 물론 『삼국사기』와 『삼국유사』 모두 혼돈하여 제대로 기록하지 못하고 있다.
광개토대왕 비문에 있다고 해서가 아니라 여러 기록을 분석한 결과 결국 광개토대왕 비문상의 용어가 올바르다. 결론은 고구려 추모왕은 엄리대수를 건너 비류곡 홀본서성산에 도읍하였다. 이에서 조금 변형되지만 또 다른 맞는 명칭은 '추모왕-대수-졸본성'이다.

"1)"과 관련하여 『삼국사기』의 혼돈되고 잘못된 오류에 대하여는 이미 설명하였고, 다른 오류는 분명 『삼국사기』상에 이 엄사수를 『후한서』「부여」전 주석 내용을 따랐으면서도 『후한서』「부여」전 주석 내용상 당시 당나라 시기에 고구려 영역상의 개사수라고 분명히 지적하였는데 이에 대하여는 언급이나 고려 없이 당시의 압록강 동북쪽에 있는 하천이라고 하면서 특정하지 않고 애매하게 지정하였다. 이에는 『삼국사기』 내지는 『삼국사기』 편찬자들에게 몇 가지 문제가 있다.

①장회가 지적한 고구려 중의 개사수를 찾아 어느 하천인지 지명하고 이의 위치를 밝혀야 함에도 그러지 않고 위치만 당시의 압록강(鴨綠江) 동북쪽이라고 하였다.

②만약 고의로 그리하였더라도 지정한 다음 그렇기 때문에 위치를 압록강(鴨綠江) 동북쪽이라고 하여야 맞는 것이기 때문에 잘못이거니와 실수이거나 무지로 소치로 그리하였다면 역사서로서는 가치가 없는 것으로 만든 잘못이 있다.

③당시에는 밝혀지지 아니 하였지만 현재의 연구 성과로는 후의 청나라 시기에 이에 대하여 '심흠한이 『위지』의 시엄수, 『수서』「백제전」의 엄수, 개사수, 『한서』「지리지」의 서개마현의 마자수로써 현재 압록강(鴨淥江)이다.'라고 한 것을 알 수 있다. 따라서 당시인 『삼국사기』의 편찬 당시에도 그 하천 즉 엄사수(개사수)가 『한서』「지리지」상의 현토군 서개마현의 마자수인 것을 알 수 있었는데도 고의 내지는 무지의 소치로 볼 수 있는데 여러 다른 사항에 의하면 둘 다 가능하다. 하지만 주된 원인은 참조한 중국사서들의 원 기록은 하북성을 가리키는데 반하여 당시의 역사 인식은 요령성인 관계로 이로 인하여 혼돈된 인식에 의하여 편찬하였을 가능성 더 크다.

④『삼국사기』 편찬 당시에도 현재의 인하대 고조선 연구소의 연구

결과와 같이 압록강의 위치를 알고 있었을 가능성을 확인할 수 있겠다. 즉 당시 즉 『삼국사기』 편찬 당시에는 압록강은 물론 고구려와 관련된 수도와 관련된 곳을 본 필자가 확인한 바로는 모두 지금의 요하 및 인근으로 하고 있었다. 물론 이후 이를 한반도 인근으로 옮겨 비정하고 이후 일제 강점기를 맞이하여 식민사학이 완성된다. 따라서 『삼국사기』가 기록한 압록강(鴨綠江)의 동북쪽에서 압록강이 지금의 요하라면 그 동북쪽은 요하 동북쪽으로 한반도와 현재 압록강의 동북부와는 관계가 멀다.

⑤그러나 현재 인하대 고조선 연구소의 연구 결과에 의하면 요하를 압록강으로 비정할 때는 압록강의 한자가 鴨淥江이고 현재의 압록강을 압록강으로 비정할 때는 그 한자가 『삼국사기』에 기록된 鴨綠江이라고 한다. 그렇다면 당시에는 요하의 압록강으로 비정될 때이므로 『삼국사기』가 기록할 때는 鴨淥江으로 기록하여야 할 텐데 鴨綠江이라고 기록하였다면 이는 인하대 고조선 연구소가 잘못 연구한 결과이거나 『삼국사기』가 기록할 때의 오타이거나 아니면 후세의 즉 일제 강점기 등의 조작의 의심이 있게 된다.

⑥ ⑤'에서의 분석 결과에 따라 후세의 조작이 아니라면 현재 주류 강단 사학계는 두 가지 커다란 잘못이 있게 된다.

즉 첫 번째㉠는, 『삼국사기』가 고구려 시조 주몽이 건넌 엄사수 즉 개사수를 즉 **"지금의 압록강 동북쪽에 있다."**는 것으로 하였으면 당연히 그 압록강을 지금의 요하로 비정하여 그 위치 즉 엄사수 즉 개사수의 위치를 지금의 요하 동북쪽으로 비정하여야 한다. 그리고 만약 『삼국사기』상의 그 압록강을 현재의 압록강이라고 한다면 현재의 압록강 동북쪽의 어느 강을 비정하여야 한다. 그러나 현재 주류 강단 사학계는 이전의 이병도 등이 부여 관련 기록상의 시엄수 내지는 엄시수를 지금의 송화강으로 비정하였는데도 이 부여를 탈출하여 주몽이 건넜다는 엄사수 내지는 개사수 즉 "지금의 압록강 동북쪽에 있다."
는 그 강도 마찬가지로 이병도의 송화강을 비롯하여 혼하 등으로 비정
하는 것에 대하여 일본인 학자 칸자키 마사루[神崎勝]의 주장을 따라
"註 034 ~실존한 특정 하천을 말하는 것이라기보다(神崎勝, 271~272쪽),
부여와 고구려 지배 집단이 동형(同型)의 건국신화를 지니고 있던 데
기인한 현상이다. 이러한 관점에서 보자면 굳이 특정 하천으로 볼 필
요는 없다. 고구려에서 부여와 경계를 이루는 지점에 위치한 하천을
건국신화에서 말한 엄사수·엄체수 혹은 엄리대수로 여겼다는 정도
로 이해하면 좋을 것이다.~"로 변명한 채 제대로 비정을 못 하고 있
다. 이는 일본인 학자의 논리를 따른 것도 문제이지만 지금의 압록강
동북쪽과 부여의 송화강 사이에 비정할 만한 강이 곤란하기 때문이다.
이는 그들의 대부인 이병도가 먼저 부여 관련 하천을 송화강으로 비정
하여 놓았기 때문이기도 하다. 이를 배척하고 다른 강으로 한 채 다시
이에 따라 고구려 주몽 관련 강을 비정할 수 없기 때문이기도 하다.
그래서 결국은 고구려 주몽 관련 강에 대한 이병도 같은 강 비정만을
무시한 채 비정을 하지 않는다. 부여 관련 강만은 전체 그들의 논리상
부정할 수 없어 일본인 학자의 논리를 들어 비정을 하지 않는다. 하지
만 실상은 한반도 북부는 고구려와 부여의 원래 지역이 아니기 때문에
비정을 할 수 없다. 다른 곳 원래 위치에서는 비정이 가능하다.

> 고구려 주몽이 건넜다는 강에 대하여 변명을 하지만 비정을
> 못 하고 있다. 결국 이는 한반도 북부가 원래 맞는 부여와
> 고구려의 위치가 아니기 때문이다.

두 번째 ㉡는 분명히 주몽이 부여를 탈출하여 왔는데, 그 부여에 있
던 주몽의 부모인 해모수와 유화부인이 만난 압록강에 대하여 주류

강단 사학계는

"註 023 압록강[鴨綠] : 오늘날의 압록강이다. 압록강은 '마자수(馬訾水)'라고도 불리었는데, 『통전(通典)』 권186 변방2 동이 하 고구려조에서는 물빛이 오리의 머리 색깔과 같아서 압록이라는 이름을 얻었다 ["水色似鴨頭, 故俗名之."]라고 전한다. 「동명왕편」에서는 각주를 통하여 압록강이 '청하(淸河)'로 칭해졌다고 기술하고 있으며[淸河 今鴨綠江也], 『고려사』 찬자도 같은 주장을 하고 있다(『고려사』, 권58 지12 지리3 북계 의주조). 그러나 정약용은 『대동수경(大東水經)』에서 이를 부정하였다."

와 같이 현재의 한반도 북부 압록강으로 비정하고 있다. 그렇다면 이 부여에서 탈출한 주몽이 나라를 세운 곳은 이보다 남쪽인 한반도 안이어야 하는데 주류 강단 사학계는 이 압록강의 북쪽인 요령성 환인시로 비정하고 있다. 이는 잘못이다. 더군다나 이로 말미암아 여기서 탈출하여 건넌 엄사수 내지는 개사수를 제대로 비정을 못 한다. 즉 부여 관련 기록상의 시엄수 내지는 엄시수를 지금의 송화강으로 비정함에 따라 중간에 비정하여야 하는데 비정을 할 수가 없다.

> 남쪽에 있어야 할 고구려 초기 도읍지가 압록강 북쪽에 있는 것은 잘못이다.

세 번째 ㉢는 위와 같이 "지금의 압록강 동북쪽에 있다."는 부여를 탈출하여 주몽이 건넜다는 엄사수 내지는 개사수를 결국 비정을 못 하면서 또한 남쪽으로 되어 있는 졸본천 역시

"註 043 졸본천(卒本川) : 고구려 초기 중심지인 졸본 근방을 흐르던 하천을 말한다. 다만 이어지는 문장에서는 주몽이 비류수(沸流水) 가에 초막을 지어 살았다고 나온다. 이에 비류수 가운데 졸본 지역을 흐르던 특정 구간을 지칭한다고 보기도 한다(余昊奎, 55쪽; 李道學, 14쪽)."

라고 하면서 일정하게 비정을 하지 못하고 있다. 단지 기록상 이 졸본천에 이어지는 문장상의 비류수와 같이 보는지 비류수는

"註 045 비류수(沸流水) : 고구려 초기 중심지를 흐르는 하천. 본서 권14 고구려본기 제2 대무신왕 4년(21) 12월조에서는 부여 정벌 시 고구려군의 이동 경로 중에 언급되고 있으며, 『삼국지』 권30 위서30 동이 고구려전에 따르면 이이모(伊夷模)와의 왕위 계승 전쟁에서 패배한 발기(拔奇)와 연노부(涓奴部) 세력이 거주한 곳이기도 하며["拔奇怨爲兄而不得立, 與涓奴加各將下戶三萬餘口詣康降, 還住沸流水"], 같은 책 권28 위서28 관구검전에서는 조위(曹魏)의 침공에 대한 고구려군의 진군 경로상에서 등장한다["正始中, … 句驪王宮將步騎二萬人, 進軍沸流水上, 大戰梁口"]. 본서 권37 잡지6 지리4 삼국유명미상지분(三國有名未詳地分)조에도 기재된 것으로 보아 본서의 찬자도 그 위치를 몰랐던 것으로 보인다. 오늘날의 훈장[渾江] 강에 비정하는 경우가 일반적이나, 그 지류인 푸얼강[富爾江]으로 보기도 한다(노태돈, 2012, 「고구려초기 천도에 관한 약간의 논의」, 『한국고대사연구』 68, 29쪽)."
와 같이 다른 역사적 사실을 연계시킨 채 혼강 등으로 비정하고 있다. 이는 해모수와 유화부인의 압록강에 대한 현재의 압록강 비정과 『삼국사기』 기록상 편찬자의 부여를 탈출하여 주몽이 건넜다는 엄사수 내지는 개사수에 대한 기록인 "지금의 압록강 동북쪽에 있다."상의 압록강에 대한 비정을 제대로 못 하면서 이렇게 비정하는 것은 문제가 있다. 더군다나 비류수의 혼강 등의 비정에 근거로 든 사항은 다른 곳에 비정하여야만 더 합당한 사항이다.

> 부여를 탈출하여 주몽이 건넜다는 엄사수 내지는 개사수를 비정 못 하면서 또한 남쪽으로 되어 있는 졸본천 역시 비정 못 하면서 졸본천 지역에 있다는 비류수를 비정한 것은 잘못이다.
> 더군다나 비류수를 혼강 등으로 비정한 것은 잘못이다.

비류수는 앞에서 많이 살펴보았지만 송양의 비류국에 있는 것으로 위의 마음대로 비정할 수 있는 사건 기록 외에도 많은 사서기록상에 등장한다. 특히 지리지상에

> 【사료29】『요사』「지리지」
>
> 2. 동경도(東京道)
> 녹주 압록군
> ⑤정주(正州) 본래 비류왕(沸流王)의 옛 지역으로 공손강(公孫康)에게 병합되었다. 발해가 비류군(沸流郡)을 설치하였다. 비류수(沸流水)가 있다.

> 【사료54】『고려사』지 권제12 지리3「북계」
>
> 성주
> 성주(成州)는 본래 비류왕(沸流王) 송양(松讓)의 고도(故都)로, 태조 14년(931)에 강덕진(剛德鎭)을 두었다. 현종 9년(1018)에 지금 이름으로 고치고 방어사(防禦使)로 삼았다가, 뒤에 지군사(知郡事)로 하였다. 별호(別號)는 송양(松讓)【성종[成廟] 때 정하였다.】이다. 온천이 있다.

기록되어 있듯이 이곳은 당시 마자수이자 압록수였던 현재의 하북성 호타하 북부 지역으로 발해 시기에는 서경 압록부이자 고구려 때에는 고국원 지역이다. 이곳에서 공손씨가 활동하였다. 이에 대하여는 앞에서 대방군과 관련하여 살펴보았지만 이곳은 낙랑군의 남쪽에 있었던 대방군 지역이기도 하다. 이곳을 한반도 북부 및 이곳에 있었던 비류수를 혼강에 비정하는 것은 공손씨 활동 지역은 물론 대방군 지역을 이곳에 비정하는 바와 같이 커다란 오류이다.

> 비류수는 사서기록상 하북성 호타하 북부인 고구려 고국원 지역으로 이전에는 공손씨가 활동하였던 대방군 지역이고 나중에 발해의 서경 압록부 지역으로써 고구려 멸망 후에는 신라가 이어받아 고려에 물려주는 지역이다.

이와 같이 물론 어느 한두 가지 근거만으로 비정한 것이 아니라고 변명하겠지만 이렇게 비정한 것은 단지 일제 식민사학의 변하거나 무시해서는 안 되는 절대불변의 교리인 '낙랑군 평양설'에 맞추기 위하여 중국사서상 낙랑군과 같이 소위 한사군이 있어야 하므로 한반도 북부에는 한사군이 있어야 하므로 그 위쪽인 지금의 길림성 집안시 인근 및 북쪽에 고구려를 둘 수밖에 없어서 비정한 비학문적인 목적 있는 비정이라고 결론 내릴 수밖에 없다.

분명히 사서기록상의 압록강을 현재의 압록강으로 비정한다면 그보다 남쪽일 수밖에 없는 엄사수(일명 개사수)(삼국사기), 엄수(삼국유사), 엄리대수(광개토대왕 비문), 대수(중국사서 통일)는 그 압록강보다 남쪽이어야 맞는 것이기 때문에 절대 한반도 북쪽 길림성 집안시가 될 수 없고 한반도 압록강 남쪽이어야 한다. 따라서 이곳 고구려의 발상지는 한반도일 수가 없다.

> 고구려 시조 주몽(추모왕)이 건넌 강을 제대로 비정 못 하고 관련 사실들을 제대로 정하지 못하는 것은 원래의 맞는 위치가 한반도 인근일 수 없기 때문이다.
> 원래의 맞는 위치는 하북성과 산동일 수밖에 없다.

왜냐하면 앞에서 (1)고조선, (2)고구려 등을 비롯하여 수많은 사항에 의하여 이미 입증하였듯이 소위 한사군의 위치도 한반도가 아니라 한사군을 설치한 위만조선 및 고조선의 위치가 연나라 옆 동쪽이기 때문에 그리고 모든 사서가 입증하고 있듯이 하북성이기 때문이다. 그리고 이곳 부여 지방에 있던 압록수 내지는 압록강은 지금의 한반도 압록강도 아니고 요령성 요하도 아니고 하북성에서 마자수이자 청하이자 압록강 내지는 압록수였던 호타하이기 때문이다.

따라서 고구려가 이 호타하 지방에서 남하한 곳은 산동성 지방일 수밖에 없다. 이의 위치는 『신당서』「가탐도리기」, 『요사』「지리지 동경도」 등이 입증하고 있으며, 여기에서의 활동사항은 수많은 사서가 입증한다. 이러한 모든 사서를 충족시켜 주는 곳은 신라의 발상지인 남옥저 죽령 지방과 가까운 산동성 덕주시 인근인 평원현이 첫 도읍지 졸본성이 될 수밖에 없고 추모대왕이 압록강인 호타하 지방에서 남하하여 건넌 강은 지금의 산동성 덕주시 평원현의 북쪽에 걸쳐 있는 강인 마협하(Majia River, 马颊河)이다.

이에 대하여는 앞에서 충분히 입증하여 설명하였지만 이 마협하인 대수와 나란히 같이 흐르는 패수인 산동성 덕주시 평원현 남부의 도해하(Tuhai River, 徒駭河)는 사서기록상 백제의 패수(패하)이자, 고구려의 패수이자 신라의 패강이다. 이 두 강은 단지 각각 고구려의 추모대왕이 건넌 『삼국사기』「고구려전」상의 엄사수(개사수)이자 광개토대왕 비문상의 엄리대수이자 중국사서상의 대수일 뿐 아니라 고구려 평양성 남부를 흐르는 사서기록상의 두 번째 패수이다. 따라서 이 두 하천은 고구려의 위치는 물론 백제의 위치 그리고 신라의 위치를 알려준다.

> 고구려 주몽(추모대왕)이 건넌 강은 산동성 덕주시 평원현 북쪽에 걸쳐 있는 강인 마협하(Majia River, 马颊河)이고 탈출한 부여의 해모수와 유화부인이 만난 압록강은 마자수이자 압록강인 현재의 하북성 호타하이다.

【사료368】『삼국사기(三國史記)』 권 제13 고구려본기 제1 시조 동명성왕(東明聖王)

동명성왕이 고구려를 건국하다(기원전0037년 (음))

~ 주몽이 이에 오이(烏伊)·마리(摩離)·협보(陜父) 등 세 사람과 친구가 되어 가다가 엄사수(淹㴲水)(註 034)(일명 개사수(蓋斯水)라고도 하는데 지금의 압록강 동북쪽에 있다.)에 이르러 건너려고 하는데 다리가 없었다. ~

註 034

엄사수(淹㴲水) : 주몽이 부여를 탈출할 때 건넜다는 강의 이름이다. 본문에서는 '엄사수'라 하였으나, 「광개토왕릉비」에서는 '엄리대수(奄利大水)', 「동명왕편」에서는 '엄체(淹滯)[수]', 『삼국유사』 권1 기이1 제1 고구려조에서는 '엄수(淹水)'라고 전한다. 본서 권37 잡지6 지리4 삼국유명미상지분(三國有名未詳地分)조에 나오는 엄표수(淹㴲水)도 동일한 하천을 말한다고 여겨진다. 표기 면에서는 문헌에 따라 약간의 차이가 있으나 기본적으로 '엄[奄·淹]'자를 공유하고 있다. 한편 『위서』·『북사』·『수서』 등 중국측 사서에서는 구체적인 이름을 말하지 않고 '하나의 큰 강[一大水]'이라 하였다. 규모가 제법 큰 하천으로 여겨졌음을 엿볼 수 있다.

주목되는 점은 부여 시조 동명 전승에서도 비슷한 이름을 지닌 강이 나타난다는 사실이다. 동명이 건넌 하천에 대해 『논형』 권2 길험편에서는 '엄표수(掩㴲水)', 『삼국지』 권30 위서30 동이 부여전에 인용된 『위략』에서는 '시엄수(施掩水)', 『후한서』 권85 열전75 동이 부여전 및 『태평환우기(太平寰宇記)』 권174 사이3 동이3 부여국조에서는 '엄사수(掩㴲水)', 『양서』 권54 열전48 동이 고구려전 및 『북사』 권94 열전82 사이 상 백제전에서는 '엄체수(淹滯水)', 『수서』 권81 열전46 동이 백제전에서는 '엄수(淹水)'라고 하였다. 이때 『위략』의 '시엄수'는 '엄시수(掩施水)'를 바꿔 표기한 것으로 보면, '엄' 자를 공유하고 있을 뿐 아니라 '엄사수'나 '엄체수' 등 명칭이 고구려의 경우와 같은 사례도 존재한다.

종래 주몽이 건넌 엄사수에 대하여 쑹화강[松花江](이병도, 329쪽), 훈허[渾河]강(白鳥庫吉, 1970), 랴오허[遼河] 강(리지린·강인숙, 1976) 등에 비정하기도 하였으나 주몽이 실재한 강을 건넜다면 부여 시조 동명이 건넌 강과 같을 수 없다. 고구려와 부여의 지리적 위치가 다르기 때문이다. 따라서 이는 실존한 특정 하천을 말하는 것이라기보다(神崎勝, 271~272쪽), 부여와 고구려 지배 집단이 동형(同型)의 건국신화를 지니고 있던 데 기인한 현상이다. 이러한 관점에서 보자면 굳이 특정 하천으로 볼 필요는 없다. 고구려에서 부여와 경계를 이루는 지점에 위치한 하천을 건국신화에서 말한 엄사수·엄체수 혹은 엄리대수로 여겼다는 정도로 이해하면 좋을 것이다. 참고로 그 의미를 '엄니' 혹은 '엄내'로 보아 '대수(大水)'와 통한다는 설(이병도, 329쪽)도 있으나, 그렇게 상정할 경우 엄리대수는 같은 표현이 중복되므로 따르기 주저된다. 아울러 본문에서는 주(註)를 통하여 '개사수(蓋斯水)'라는 다른 이름을 전하고 있는데, '개(蓋)'와 엄사수의 '엄(掩)'이 의미상 서로 통하는 데 기인한 결과로 여겨진다.

〈참고문헌〉
白鳥庫吉, 1970, 「朝鮮古代地名考」, 『白鳥庫吉全集 3』, 吉川弘文館
리지린·강인숙, 1976, 『고구려 역사』, 사회과학출판사
神崎勝, 1995, 「夫餘·高句麗の建國傳承と百濟王家の始祖傳承」, 『日本古代の傳承と東アジア』, 吉川弘文館
이병도, 1996, 『삼국사기 상』, 을유문화사

고구려 주몽(추모대왕)이 건넌 대수 그리고 그 아래에 있는 패수는 이후 다시 백제의 시조인 비류와 온조가 건넌 강이다.

> 고구려 추모대왕이 건넌 대수 그리고 그 아래에 있는 패수는 이후 다시 백제의 시조인 비류와 온조가 건넌 강이다.

【사료285】『삼국사기(三國史記)』 권 제23 백제본기 제1시조 온조왕(溫祚王) 원년

백제가 건국되고 온조왕이 즉위하다 (기원전 18년)

~ 마침내 그의 동생과 함께 무리를 거느리고 패수(浿水)(註 032)와 대수

(帶水)(註 033)를 건너 미추홀에 와서 살았다. ~

註 032

패수(浿水) : 패하(浿河)·패강(浿江)이라고도 하는데, 그 위치는 시대에 따라 차이가 있다. 고조선 시기의 패수에 대해서는 ① 청천강(淸川江)으로 보는 견해(李丙燾, 1976), ② 압록강(鴨綠0江)으로 보는 견해(丁若鏞,「浿水考」,『我邦疆域考』), ③ 요서 지방의 다링허[大凌河]로 보는 견해(리지린, 1963) 등이 있다. 한편 삼국시대의 패수도 여러 기록에 등장하는데, 본서 권23 백제본기1 온조왕 13년(B.C. 6)조의 영역 획정 기사에 나오는 '북지패하(北至浿河)'와 온조왕 38년(20)에 왕이 순무했던 북쪽의 경계로 나오는 패하에 대해서도 대동강설, 재령강설, 예성강설이 있지만 대체로 예성강설이 받아들여진다(임기환, 38쪽).

〈참고문헌〉

리지린, 1963,『고조선연구』, 과학원출판사

李丙燾, 1976,「眞番郡考」,『韓國古代史硏究』, 博英社

임기환, 2014,「백제의 동북방면 진출 -문헌적 측면」,『근초고왕 때 백제 영토는 어디까지였나』, 한성백제박물관

註 033

대수(帶水) : 임진강으로 추정된다. 온조 집단이 고구려를 떠나 서해안 항로를 타고 남하했거나, 평안도 지역을 관통하여 (패수와 대수를 건너) 한강 유역에 정착한 것으로 보는 것이 일반적이다(李丙燾, 1976,『韓國古代史硏究』, 博英社, 470~471쪽).

이 강은 이후 백제의 역사에 그대로 등장한다.

【사료249】『삼국사기(三國史記)』권 제23 백제본기 제1 시조 온조왕(溫祚王) 37년 4월

흉년이 들어 고구려로 도망간 사람이 많이 나타나다 (19년 04월(음))

〔37년(19)〕 여름 4월에 가물었는데 6월에 이르러서야 비가 왔다. 한수(漢水)의 동북쪽 부락에 흉년이 들어, 고구려로 도망해 간 자들이 1천여 호나 되니, 패수(浿水)와 대수(帶水) 사이가 텅 비어 사는 사람이 없었다.

【사료471】『삼국사기(三國史記)』권 제23 백제본기 제1 시조 온조왕(溫祚王) 38년

지방을 순방하다 (20년 02월(음))

38년(20) 봄 2월에 왕이 〔지방을〕 순행하고 위무하여 동쪽으로는 주양(走壤), 북쪽으로는 패하(浿河)에 이르렀다가 50일 만에 돌아왔다.

여기서 알 수 있듯이 고구려와 백제 사이 그리고 백제에 있어서 패수와 패하는 같은 것임을 알 수 있다. 이 패수와 패하가 있는 곳은 초기 백제가 도읍한 곳이 확실하다. 이 패수와 패하에 대하여 주류 강단 사학계는 한반도 황해도 예성강으로 근초고왕 시기에 고구려를 물리친 곳과 같이 비정하고 있다. 이는 놀라운 것이다. 초기 백제가 예성강까지 진출하였다니. 이 패하는 한반도 패하가 아니다. 한수 동북쪽에 패수와 대수가 있다고 하였다. 이 대수에 대하여 임진강으로 해석하고 있다. 이러한 대수와 패수에 대한 주류 강단 사학계의 비정에 대하여도 앞에서 지적하였지만 학설이나 학문상 논리나 주장이 아니라 그야말로 잡지 수준이다. 학문이나 학술 이론 수준이 아니다. 즉,

①먼저 고구려 추모대왕이 고구려를 건국하고자 부여를 탈출하여 건넌 강을 분명히 사서상에 『삼국사기』「고구려전」상의 엄사수(개사수)라고 하였고, 광개토대왕 비문상에는 엄리대수로, 중국사서상에는 일관되게 대수라고 하였다. 이를 『삼국사기』「고구려전」상에 주석을 붙이기를 "**지금[고려]의 압록강 동북쪽에 있다.**"라고 하였다. 그런데 이를 주류 강단 사학계는 註 034와 같이 "~ 주몽이 실재한 강을 건

넜다면 부여 시조 동명이 건넌 강과 같을 수 없다. 고구려와 부여의 지리적 위치가 다르기 때문이다. 따라서 이는 실존한 특정 하천을 말하는 것이라기보다(神崎勝, 271~272쪽), 부여와 고구려 지배 집단이 동형(同型)의 건국신화를 지니고 있던 데 기인한 현상이다. 이러한 관점에서 보자면 굳이 특정 하천으로 볼 필요는 없다.~"고 주석하여 종래에는 이병도의 주장대로 당시 압록강 동북쪽에 있는 송화강으로 비정하였던 것을 현재에는 제대로 비정을 하지 못한다. 그 이유를 사서 기록상 특히 중국사서상에 부여의 시조 동명이 건넜다는 강으로 기록된 여러 명칭의 강이 모두 고구려 시조 추모대왕이 건넌 강과 같은 강으로 비정되기 때문이라고 하였다. 하지만 이를 이유로 부여 시조 동명이 건넌 것으로 비정한 송화강으로 같이 비정하지 못한다는 것은 문제가 있는 회피성 논리이다.

표면적으로 보기에는 이 논리가 합당한 것으로 보이지만 사실은 잘못된 논리이다. 즉 비록 중국사서상에 비슷한 강으로 같이 기록된 것으로 보이지만 이는 『삼국사기』「고구려전」에서 오해하게끔 엄사수(개사수)라고 기록하여서 그렇지 사실 중국사서에는 부여 시조 동명이 건넌 강은 여러 비슷한 강으로 『삼국사기』「고구려전」에서 고구려 추모대왕이 건넌 강으로 기록한 엄사수(개사수)와 비슷한 강으로 기록한 반면, 정작 추모대왕이 건넌 강은 분명히 대수라고 일치하여 구분하여 기록하였다. 결국 살펴보면 『삼국사기』「고구려전」에서 고구려 추모대왕이 건넌 강을 대수라고 하지 않고 부여 시조 동명이 건넌 강으로 오해하게끔 기록한 것이 잘못이거나 오류이다. 이러한 사실은 당연히 현재 주류 강단 사학계도 파악할 수 있다. 그럼에도 이를 핑계로 종래에 비정해 오던 이병도의 송화강이나 대표적인 일제 식민 사학자 시라토리 구라키치[白鳥庫吉]의 혼강이나 북한 리지린의 지금의 요하 등으로 비정을 못 한다는 것은 잘못 판단한 것이거나 고의적인 회피 논리이다. 잘못 판단한 것이어도 우리나라를 대표하는 전문가들의 수준이 이러면 안 된다.

이것도 문제이지만 더욱더 문제인 것은 고의적인 회피 논리에 의한 것이다. 왜냐하면 사실 송화강, 혼강, 요하 등도 모두 잘못된 것으로 문제가 있지만 종래에 주류 강단 사학계가 비정해 온 이병도의 송화강 비정은 커다란 문제가 있었다. 이러한 문제가 현재 겨우 발견되어 이를 따르지 않고 제대로 비정을 못 하는 것이지 그 핑계로 삼은 부여 시조 동명과의 같은 강이므로 그렇다는 것은 위에서 밝힌 대로 핑계이다. 솔직히 이병도의 잘못된 식민사관을 정면으로 비판하지 못하기 때문이다. 이는 결국 현재의 주류 강단 사학계의 식민사학 논리를 스스로 비판하는 것이기 때문이다. 왜냐하면 이미 이에 대하여도 앞에서 밝혔듯이 『삼국사기』「고구려전」에서 편찬자들은 이 강을 **"지금[고려]의 압록강 동북쪽에 있다."**라고 하였다. 그러면 먼저 이 기록에 대한 분석이 앞서야 하고 그 분석을 하자면 당시 고려의 압록강이 어디인가를 확인하여야 한다. 그리고 이 분석에 따라 과연 이 기록상의 비정이 맞는 것인지 여부를 분석하여 그 위치 즉 추모대왕이 건넜다고 하는 강에 대한 위치 비정을 하여야 한다.

그런데 문제가 생겼다. 벌써 주류 강단 사학계는 사서기록상의 압록강을 모두 현재의 한반도 북부 압록강으로 고정하여 비정하여 놓았기 때문이다. 그래서 이미 고구려 시조 추모대왕이 고구려를 건국하기 위하여 부여를 탈출하여 오기 위해서 건넌 강 이전에 추모대왕의 부모가 만난 강으로 기록된 압록강을 당연히 지금의 한반도 북부 압록강으로 비정하였기 때문이다. 그런데 분명히 『삼국사기』「고구려전」에서는 이후의 고구려 시조 추모대왕이 건넌 강을 이 압록강의 동북쪽에 있다고 기록한 반면, 사실 고구려 시조 추모대왕이 건넌 강은 부여에 있던 추모대왕의 부모가 만난 이 압록강과 같은 강이거나 아니면 더 남쪽의 강이거나 하여야 한다. 왜냐하면 탈출하여 다른 곳 남쪽으로 갔기 때문이다.

그렇게 하여야 맞는데 이병도는 그 북쪽의 송화강으로 하여 맞지 않는데다가(사실 이병도는 이러한 점 즉 추모대왕의 부모가 만난 강보다 위여야 하고 부여를 송화강 인근에 비정하고 고구려를 그 이남에 비정하였기 때문에 단순히 송화강으로 비정하였다.) 압록강은 무조건 주류 강단 사학계의 원리대로 지금의 압록강으로 하였으므로 이 압록강을 만약 추모대왕이 건너서 나라를 건국하였으면 그들의 논리대로 한반도 북부에 고구려가 건국되어 있는데다가 남쪽에는 당시에 현토군과 낙랑군이 있어야 하기 때문에 그들의 논리에 의하여 불가능하다.

더군다나 『삼국사기』 「고구려전」상에는 이를 압록강의 동북쪽으로 기록하고 있기 때문에 이병도의 송화강은 아닌데 도저히 비정을 할 수가 없다. 이러한 속내를 밝힐 수 없으니 부여 동명과의 같은 강을 이유로 비정하기 곤란하고 이를 탈출구인 **실존한 특정 하천을 말하는 것이라기보다**[神崎勝, 271~272쪽] 일본 학자 칸자키 마사루[神崎勝]의 논리를 이용하여 비정을 안 한다. 이는 파렴치한 행위이다. 결국 본 필자가 이 글 전체에서 밝히고 있듯이 한반도에 모든 것을 잘못 비정한 관계로 모든 것을 제대로 비정을 못 하고 있다. 잘못 비정하여 놓은 바탕에 어떠한 것은 겨우 비정을 해놓으면 다른 것이 맞지 않게 된다.

그럼 이를 확인해 보자. 우선 확인하였듯이 비록 『삼국사기』 「고구려전」상에서 중국사서가 엄격히 구분하여 추모대왕이 건넌 강은 분명히 대수라고 한 것을 중국사서가 여러 비슷한 명칭으로 기록한 부여 시조 동명이 건넌 강으로 기록한 엄사수(개사수)로 기록한 것도 문제이지만 더욱이 이를 당시 고려의 압록강 동북쪽이라고 단서 내지는 해석을 붙여놓은 것이 문제이다.

그렇다면 이후에 확인하겠지만 고구려 시조 주몽이 건넌 강은 중국사서가 구분하여 명확히 표현한 대로 대수가 맞는 것이 확실하다. 그리고 이 강에 대하여 당시 고려의 압록강 동북쪽이라고 한 것에서 당시 고려의 압록강이 어디를 가리키는 것인가를 해석하는 것이 관건이 된다.

최근 인하대학교 고조선연구소의 2개의 압록강 연구에 따르면, 이 압록강은 '록'자가 『삼국사기』「고구려전」상에 '綠'자로 되어 있기에 요령성 요하의 압록(淥)강이 아니라 현재의 압록(綠)강이 된다. 그렇다면 이 압록강의 동북쪽은 이병도의 송화강이 된다. 그러나 본 필자의 판단에 의하면 당시 고려가 인식한 압록강은 인하대학교 고조선연구소와는 달리 '록'자 여부와 관계없이 지금의 요하인 것으로 판단된다.

하지만 『삼국사기』「고구려전」이 기록한 고구려 시조 추몽왕이 건넌 강과 관련된 사항을 기록한 원전상의 압록강은 지금의 하북성 호타하를 기록하였다.

그렇지만 이 『삼국사기』「고구려전」상의 원전에 붙인 주석인 이 부분은 후대의 조선시대의 1512년(중종7) 정덕본에 의하여 새로이 판각될 때 붙인 것에 의한다면 이는 지금의 압록강을 의식하여 붙인 것으로 판단된다.

따라서 이 기록은 판단이 곤란한 것이거니와 그래서 판단을 유보한다기보다는 불명확하고 왜곡에 휩쓸릴 수 있는 것에 의한 판단을 하지 않는다. 그러기보다는 확실한 판단을 하기 위해서이다. 즉 올바른 인식에 의하여 왜곡되거나 조작된 가능성을 둘 다 두기 때문에 이 둘 중의 하나를 판단 내리지 않을 뿐이다.

사실 본 필자가 이렇게 분석하는 것 그대로 주류 강단 사학계도 판단하여야 한다. 그럼에도 불구하고 이렇게 하지 않고 자기들 식민사학 논리가 드러내지 않게 하기 위하여 사실과 다른 부여 시조 동명이 건넌 강과 같다는 이유로 비정을 하지 못한 채 또 다른 잘못된 일본인 학자의 비정을 따르는 것은 잘못이다. 더군다나 제대로 해석할 수 있는데도 불구하고 이렇게 회피하는 것은 자기들 논리의 옹호를 위해서이므로 마땅히 지탄받고 시정해야 한다.

즉 잘못된 회피 논리로 종전에 따르던 이병도 송화강 비정을 따르지도 못하고 자기들 논리로 인하여 새로이 비정을 못 하는 것은 지탄받아야 마땅하다. 하지만 이는 당연하다. 원래의 위치가 아닌 곳에 비정하였기 때문이다.

> 원체적으로 잘못되었기에 비정을 제대로 못 하는 것을 변명으로 회피한 채 결국 제대로 비정을 못 하는 것은 지탄받아 마땅하다. 하지만 전체를 바꾸기 전에는 비정을 할 수가 없다. 한반도에 비정한 전체를 바꾸어야 한다.

②그리고 이러한 비판을 받아야 하는 그들의 회피이자 변명이라는 사실은 앞으로 확인할 사항에 의하여도 더욱 드러난다. 그것은 앞에서 지적하였듯이 추모대왕이 건넌 강에 대하여 『삼국사기』「고구려전」 기록이 잘못 기록하였는지 아니면 원래 이것이 맞는지 모르나 부여 기록과 혼돈한 채 엄사수(일명 개사수)라고 기록하였지만 중국사서는 명확히 부여 기록과 구분하여 대수라고 통일하여 일관되게 기록하였다. 이렇게 언급하는 것은 이후 『삼국사기』 기록상에는 정작 같은 강인 이 강을 중국사서와 같이 대수라고 기록하였기 때문이다.

물론 『삼국사기』 편찬자는 이 『삼국사기』「고구려전」상의 추모대왕이 건넌 강인 엄사수(일명 개사수)가 나중의 다른 기록상의 '대수'와 다른 것으로 하여 기록한 것일 수도 있다. 물론 이에는 다르게 판단될 수도 있겠다. 그것은 자기들이 알기에 분명히 다르기 때문에 별도로 기록하였는지 아니면 같은 것이라는 것을 모르고 착오로 다르게 기록하였는지 아니면 같은 것인데도 고의로 다르게 기록하였을지 모른다. 하지만 여러 상황을 종합하면 분명히 같은 강이라는 사실이 확인된다. 즉 주몽 즉 추모대왕이 북쪽인 부여에서 졸본 땅에 가기 위해 건넌 강과 다시 비류와 온조가 고구려 땅인 졸본 지역에서 다시 한성 지역으로 가기 위해 건넌 강은 같은 강일 가능성이 더 크다. 물론 다를 수도 있다. 즉 경로상 추모대왕은 도착하는 졸본 전에 이 강이 존재하고 있는데, 비류와 온조의 경우 졸본에서 떠나는 관계로 졸본 후에 이 강이 있다. 사실상 이런 관계로 사서기록상 그 위치가 반대로 기록되어 있는 경우가 있다.

하지만 같은 졸본 지역이라도 추모대왕이 올 때는 이 강 남쪽에 졸본이 작게 있었지만 이후 비류와 온조가 떠날 때에는 이 졸본 지역이 커져서 이 강 위에까지 이어지거나 이 강 위에 있다가 다시 이 강을 건너 남쪽 한강 지역으로 갔을 가능성도 있다. 따라서 같은 강이라는 사실에는 커다란 문제가 없다.

따라서 『삼국사기』가 추모대왕이 건넌 강을 중국사서 기록에 의하여 부여와 혼돈하여 엄사수(일명 개사수)라고 기록하고 같은 강인 비류와 온조가 건넌 강은 다시 중국사서 기록상 고구려 주몽과 관련한 강으로 기록한 대수를 정작 「고구려」전 건국 기록에는 기록하지 않다가 비류와 온조 기록에서는 이 대수로 기록한 것은 문제이다. 『삼국사기』는 이렇게 많은 문제점과 함께 다른 주체적인 기록도 남기고 있지만 정작 문제인 것은 이와 같은 개념상 현재 주류 강단 사학계는 같은 강인 이 강을 전혀 같은 강으로 하지 못하고 있다는 사실이다.

그것은 물론 이병도가 부여 관련 강과 같이 송화강으로 비정하는가 하면 현재 주류 강단 사학계는 이와 같이 같은 강으로 보기 어렵다고 한 채 개념을 달리하여 비정하지 않다가 정작 같은 강인 비류와 온조가 건넌 강은 이와는 전혀 달리 임진강으로 비정하는 오류를 보이고 있다. 그 이유는 단 하나 주류 강단 사학계의 논리 때문에 어쩔 수 없기 때문이고, 그 논리는 모든 왜곡의 주범인 '낙랑군 평양설' 때문이다.

즉 그들의 논리상 낙랑은 평양에 고구려는 현토군과 함께 북쪽에, 백제는 낙랑군과 대방군의 남쪽인 한강 유역에 있어야 하기 때문이다. 그래서 이러한 논리 때문에 문제도 있지만 억지로 아니면 무조건 이것저것 볼 것 없이 무조건 낙랑군 북쪽에 있는 고구려에서 낙랑군과 대방군을 경과하여 백제가 있어야 되는 서울 한성 지역으로 가서 백제를 건국하여야 한다. 그래서 대수를 임진강으로 비정하였다. 그리고 이때 같이 건너되 먼저 건넌 강으로 기록된 패수는 이 논리상 어쩔 수 없이 예성강으로 비정하였다.

하지만 이에는 무리가 따른다. 즉 이미 언급하였듯이 비류와 온조가 낙랑군과 대방군을 경과하는 문제이다. 낙랑군과 대방군을 뚫고 여기까지 남하하였다고 하기에는 무리가 따른다. 그래도 염치 불고하고 무리해도 어쩔 수 없이 이병도의 무리한 주장 즉 서해안을 통해 왔다든지 관통하여 왔다든지 하여 그의 주장대로 이곳에 비정한다. 그리고 다른 무리수는 통상적으로 사서기록상의 패수를 주류 강단 사학계는 그들의 논리상 낙랑군의 북쪽에 두어야 하기 때문에 청천강이나 대동강으로 비정하고 있었다. 물론 압록강으로 비정하기도 한다. 그런데 남쪽인 예성강은 불편하다. 이와 같이 잘못된 모든 사항에 의하여 모든 것이 뒤틀려버린다. 같은 강을 같다고도 못 하고 무리수를 두어 비정할 수밖에 없다.

이와 같은 무리수는 이미 같은 이 고구려 건국 상황에서 이루어졌다. 이와 같이 같은 강인 엄사수(일명 개사수)와 대수를 앞에서 확인한 바와 같이 이병도의 송화강을 종래에는 따르거나 시라토리 구라키치의 혼강이나 북한 리지린의 지금의 요하 등으로 비정된 바를 따르지 못하거나, 또다시 일본 학자의 논리를 따른 채 정확한 비정을 못 하거나 같은 강으로 비정을 못 하는 것은 결국 한 나라를 대표하는 전문가 집단인 주류 강단 사학계에 대해서는 도저히 묵과할 수 없는 무책임한 직무유기 행위이고 또한 분노하게 되는 왜곡 행위이다.

이는 도저히 있을 수 없는 한 국가의 학문의 수준을 보여주고 있다. 이는 국사편찬위원회 한국사 데이터베이스 해설상의 개인적인 일탈이 아니라 현재 주류 강단 사학계의 현주소이고 이러한 사례는 본 필자의 이 글 전체에서 밝히고 있는 수많은 사례에 해당된다. 이는 본질적으로 주류 강단 사학계의 우리 역사 논리가 잘못되었음을 입증하며, 그 잘못된 논리는 오로지 하나 우리 역사를 한반도로 귀착시켜 비정한 이유 때문이다. 이러한 모든 역사의 위치는 한반도가 아니다.

> 같은 강을 같은 강이라고 하지 못하면서도 한강은 제대로 비정 못 하고 다른 강은 무리하게 자기들 논리와도 위배되게 비정하는 것은 지탄받아 마땅하다.

③주류 강단 사학계의 잘못을 입증하는 사항은 또한 패수의 비정에 의해서도 드러난다. 주류 강단 사학계는 패수가 패하이자 패강이라는 것은 위의 비정에 의하여 인정하고 있다. 그런데 이 강이 백제의 시조가 위에서 설명한 대수 즉 고구려를 탈출하여 내려올 때 건넌 위 대수와 같이 건넌 강이자 건국 후 백제의 북쪽 영역이 되고, 여기서 고구려와 자주 싸웠던 강이라는 것에 의해서라도 이 강에 대한 주류 강단 사학계의 예성강 비정은 도저히 있을 수 없는 비정이다.

더군다나 잘못된 비정인 대수의 임진강 비정에 의하면 더욱 그러하다. 우선 주류 강단 사학계는 패수를 전통적으로 청천강(이병도)이나 대동강 등으로 해석하는 바와는 달리 백제와 관련하여서는 예성강으로 비정하고 있다. 이는 백제와 관련된 것인데 백제를 한수, 한성 지방으로 비정한 지금의 한강 이남으로 비정하였기 때문에 어쩔 수 없이 전통적이거나 다른 것은 무시하고 예성강으로 비정하였다. 이는 지금의 주류 강단 사학계의 심각한 문제이다.

이러한 사실을 온 국민이 안다면 교과서 파동이 일어나야 한다. 모든 고대 국가의 비정이 잘못되었으니 말이다. 이는 고조선, 낙랑군, 고구려 기록상의 패수와는 다른 비정이다. 기록상 패수는 한 가지여야 한다. 그리고 그 위치도 한 가지여야 한다. 단지 중국사서가 이를 다르게 기록한 것뿐이고 이를 우리 사서인『삼국사기』가 그대로 따른 것일 뿐이다. 중국사서상 비록 오류나 혼란스럽게 기록하여서 그렇지 패수는 단 두 가지이고 그 위치는 각각 단 하나씩뿐이다. 즉 ①한나라와 위만조선 간의 경계이자 나중의 낙랑군 동쪽의 강이자 고구려 하북성 평양성 서남쪽에 있었던 강과 ②산동성 고구려 평양성인 졸본성 남단에 흐르는 강으로 이는 서쪽의 백제 북쪽을 동으로 흘러 고구려 졸본성 남쪽을 지나 동으로 흘러 신라의 북쪽을 흐르는 강인 패하이자 패강인 이들 단지 2개뿐이다.

【사료26】『신당서(新唐書)』「동이열전 고구려」

山의 굴곡을 따라 外城을 쌓았으며, 남쪽은 浿水와 연해 있다.

중국사서들이 고구려 평양성으로 흔히 혼돈하여 기록하는 실제 산동성 졸본성 남쪽에 있는 패수는

【사료30】『신당서(新唐書)』「가탐도리기」

1 영주에서 출발하여 안동도호부로 가는 길
~ (안동도호부에서) 동남쪽으로 평양성(平壤城)까지 800리이고, ~

【사료29】『요사』「지리지」

동경도
해주 남해군

암연현(巖淵縣) 동쪽으로 신라와 경계하고 있다. 옛날 평양성이 현 서남쪽에 있다. 동북쪽 120리에 해주가 있다.

이 지역에 있는 것으로 백제의 시조 비류와 온조가 그의 아버지 추모대왕이 부여를 탈출하여 건넌 졸본성인 옛날 평양성이 있는 졸본 땅의 대수를 지나 이 지역에 있는 이 강 패수를 건넌 것이며, 이 강은 백제의 북쪽 경계가 되었고 이 강은 동으로 흘러 신라의 패강이 된다.

【사료250】『삼국사기(三國史記)』卷第八 新羅本紀 第八 성덕왕(聖德王) 三十四年

당 현종이 패강 이남의 땅을 주다 (735년 (음))

김의충(金義忠)이 돌아가는 편에 패강(浿江) 이남의 땅을 주었다.

【사료356】『삼국사기(三國史記)』권 제9 신라본기 제9 선덕왕(宣德王) 三年春二月

백성들을 패강진으로 옮기다 (782년 02월(음))

2월에 왕이 한산주를 두루 돌며 살펴보고 백성들을 패강진(浿江鎭)으로 옮겼다.

【사료254】『삼국사기(三國史記)』권 제10 신라본기 제10 헌덕왕(憲德王) 十八年秋七月

> **백영에게 패강장성을 축성케 하다** (826년 07월(음))
>
> 18년(826년) 가을 7월에 우잠(牛岑) 태수 백영(白永)에게 명하여, 한산(漢山) 북쪽 여러 주군(州郡)의 인민 1만 명을 징발하여 패강장성(浿江長城) 3백 리를 축성케 하였다.

이 강은 또한 기록과 같이 한수인 황하의 동북쪽에 대수와 같이 있다. 주류 강단 사학계는 이 한수를 지금의 서울의 한강으로 비정하고 백제의 도읍을 이곳 남쪽으로 비정하고 있다. 그러면 이곳 동북쪽에 패수와 대수가 있어야 하고 이곳 바로 위에 고구려 졸본성이 있어야 하고, 그 동쪽으로 강이 흘러 그곳에 신라가 있어야 한다. 이는 한반도에서는 있을 수 없다.

이 모든 것이 맞게 되는 곳은 오로지 산동성밖에 없다. 한수는 지금의 황하이고, 패수는 지금의 산동성 덕주시 평원현 남부의 도해하(Tuhai River, 徒駭河)이고 대수는 이 패수 북쪽에 나란히 흐르는 지금의 산동성 덕주시 평원현 북쪽에 걸쳐 있는 강인 마협하(Majia River, 马颊河)이다.

이에 대하여는 앞에서 충분히 입증하여 설명하였다. 이 강들이어야만 이외에도 모든 중국사서는 물론 『삼국사기』와 『삼국유사』상의 모든 기록이 맞는다. 이 강들의 위치가 고구려는 물론 백제와 신라의 역사적 활동 기록을 모두 합당하게 적용해 주는 것으로 소위 삼국의 위치를 바르게 비정하여 준다.

> 모든 기록에 맞는 산동성에 있는 패수를 한반도 이 강 저 강에 비정한 채 자기들 논리에도 맞지 않게 비류와 온조가 건넌 패수는 한반도 예성강으로 비정하는 것은 역사 조작이다. 이 패수 역시 대수, 한수와 마찬가지로 산동성의 정해진 강으로 비정되어야 모든 사항에 맞게 된다.

이와 같이 우리 고대사에 있어서 중요한 강인 두 강 즉 패수와 대수가 우리 고대사의 위치는 물론 소위 삼국의 위치인 산동성으로 비정해 주는 단서가 되는 것임은 모든 중국사서와 『삼국사기』와 『삼국유사』상의 모든 기록이 맞는 것에 의해서도 입증된다. 이에는 우선 지금까지는 기존의 일제 식민사학과 이를 추종하는 주류 강단 사학계의 왜곡된 논리로 인하여 왜곡 해석함으로써 한반도로 귀착하는 기록으로 해석되어 왔지만 왜곡된 인식에 의하지 않고 원래의 제대로 된 인식에 의하면 제대로 해석하여 제대로 된 위치에 비정하는 것임은 앞의 '(5)낙랑'에서 입증하였지만, 우리 고대사를 정하는 데 있어 우선적으로 자료로 활용하는 『후한서』 및 『삼국지』의 「예」, 「한」, 「고구려」전에 의하더라도 우리 소위 삼국의 위치는 물론 우리 고대사와 관련된 옥저, 예, 삼한, 낙랑, 대방의 위치가 제대로의 위치인 산동성임이 확인된다.

이는 다음에 살펴볼 중국 정사들의 고구려, 백제, 신라 등의 기록에 의하여도 입증된다. 이는 제대로 된 원래의 역사 인식에 의하여만 가능한 것이지 일제 식민사학과 이를 추종하는 주류 강단 사학계의 왜곡된 인식에 의한다면 도저히 왜곡되게 한반도 말고는 비정할 수가 없다. 이러한 비정이 일제 식민사학과 이를 추종하는 주류 강단 사학계의 비정이 왜곡되었다고 하면서 정작 본 필자가 근거 없이 치우친 사고에 의하여 잘못 비정하였다고 할지 모른다.

하지만 무엇이 옳은지는 직접 판단해 보면 알게 된다. 단지 이 글 부분과 본 필자의 이 글 전체를 객관적인 시각으로 읽고 판단하면 알 것이다. 현재 주류 강단 사학계의 비정이 잘못된 반면 본 필자의 비정이 올바른지를. 그리고 물론 그럴 리는 없겠지만 주류 강단 사학계는 물론 본 필자의 이러한 비판과 비정에 이의가 있거나 본 필자와 토론을 원하는 분은 언제, 어디서 어떠한 방식으로든 할 용의가 있을 뿐더러 바라는 바이다.

■ 『후한서』 및 『삼국지』의 한전 위치

바다	낙랑	예맥	바다
	대방	진한	
	마한	변진(한)	
	왜		

■ 『후한서』 및 『삼국지』의 예전 위치

고구려	(남)옥저	
낙랑	예	바다
	진한	

■ 『후한서』 및 『삼국지』의 고구려전 위치

부여	
고구려	옥저
예맥	조선

327

먼저 '한'전에 의하면,

①두 사서의 「동이전」 '한'전 기록상에 마한이 낙랑 내지는 대방과 접해 있다고 하는데, 이 낙랑과 대방이 반드시 한나라 군현인 낙랑군과 대방군을 일컫는 것은 아니다. 낙랑은 위만조선의 땅이었던 전체 큰 의미의 낙랑 즉 중국사서상에 현토군과 낙랑군이 설치된 지역으로 이전의 조선 땅이었다가 나중에 신라 지역으로 옮겨 신라와 관계있는 낙랑 땅을 그리고 대방은 대방고지 등 대방 땅을 의미한다.

물론 낙랑 땅과 대방 땅은 각각 마한 위에 있었던 고구려를 포함한 지역과 그 북쪽 지역으로써 여기에 중국사서의 기록대로 대방고지인 졸본 지방에는 고구려, 그 위의 낙랑 땅에 현토군, 낙랑군 등이 있게 된다. 설사 이 기록상의 낙랑과 대방이 낙랑 땅과 대방고지가 아니고 한나라 군현인 낙랑군과 대방군이라고 하더라도 이 대방군과 낙랑군이 하북성에 있었으므로 남쪽에 있다는 마한은 당연히 산동성 지역이라는 것이 입증된다.

②또 다른 증거는 이미 설명하였듯이 두 사서의 「동이전」 '한'전 기록상에 마한 북쪽에 있다는 예맥의 경우 두 사서의 다른 편인 '예'전의 기록상의 예인 것은 '예'전상의 기록에 이 예의 북쪽에 있다는 옥저의 기록에 의한다. 이 옥저는 위 두 사서의 '동옥저'전상의 고구려 북쪽 등에 있다는 동옥저, 북옥저가 전혀 아니므로 이는 남옥저이다. 이 남옥저는 신라가 개척한 죽령 땅인 것으로 신라의 발상지이다. 이 남옥저는 사서기록상 북옥저에서 800여 리 떨어져 있다. 이곳은 산동성이다. 따라서 이는 또 다른 신라의 위치는 물론 삼한의 위치가 한반도가 아닌 산동성임을 입증하는 자료이다.

③이러한 사항을 입증하는 사항은 또한 마한은 물론 진한의 남쪽

에 있다는 변진(한)의 남쪽에 육지로 접해 있다는 왜의 존재이다. 이 왜는 가까이 있어 신라를 수시로 침략한 채 신라 경내에 가득히 있어 신라를 괴롭힌 이곳은 한반도일 수가 없다.

④물론 이 기록상에 동쪽과 서쪽이 바다로 접해 있다는 기록에 의하여 일제 식민사학과 이를 추종하는 주류 강단 사학계가 한반도로 비정하고 이것이 타당한 것으로 해석하고 있다. 하지만 이는 다른 모든 사항이 한반도에 맞지 않고 이것만 틀리는데도 이를 한 가지에 의하여 한반도에 비정하는 것도 잘못이다. 더군다나 고대 기록상 바다는 반드시 현재 개념의 바다가 아닌 것은 너무나 당연한 사실이다. 고대 중국사서 기록상의 하북성 및 산동성 기록상 바다는 호타하나 황하이거나 수로 및 남사호 같은 큰 호수를 가리키는 것이므로 이 기록의 해석을 반드시 바다로 하여 한반도로 비정하는 잘못을 범하지 말아야 한다.

⑤이러한 판단의 근거인 삼한은 두 사서의 「동이전」 '한'전 기록은 물론 전체 「동이전」의 다른 기록에 의하여 그리고 나중에 백제와 신라 관련 기록에 의하여 삼한은 고구려가 먼저 생긴 산동성 지방 이남과 그 동쪽을 가리키는 것으로 이곳 마한과 진한 일부 지방에서 백제와 신라가 탄생하였다. 결국 두 사서의 「동이전」 '한'전 기록상의 삼한 즉 마한, 진한, 변한의 기록은 한반도의 기록으로 잘못 판단하고 비정한 것으로써 이 삼한 기록은 원래의 위치인 중국 대륙 산동성에서의 기록이 맞는다. 이 삼한의 78개 소국 중의 하나인 마한의 백제(伯濟)와 진한에서의 진나라에서 망명 온 집단인 나중의 신라가 바로 이곳에 있었다. 이 삼한은 분명히 한반도의 삼한이 아니다.

다음으로 '예'전에 의하면

① 이 '한'전과 마찬가지로 마한의 동북쪽 땅을 떼어서 백제, 마한의 동쪽 땅을 떼어서 신라 땅이 되었다고 하였듯이, 백제 동쪽에 신라가 있어 서로 동서로 있었다. 그리고 백제 동쪽에 낙랑(국)이 있고 신라(의 인근 즉 서쪽)에 낙랑이 있어 이 낙랑이 수시로 백제와 신라를 괴롭혔다. 여기서 백제는 기록상 생략하였다. 그리고 여기의 낙랑 즉 백제의 동쪽이자 신라의 서쪽에 있었던 (최씨)낙랑국의 북쪽에 있었던 고구려는 당연히 하북성 고구려가 아니고 산동성 고구려이다.

② 그리고 『삼국사기』상의 낙랑공주와 호동왕자 기록에 의하여 옥저 지방(이 옥저는 고구려 및 신라의 건국지를 감안할 때 신라의 북쪽 즉 진한의 북쪽에 있는 옥저로 신라와 관계가 있는 것이므로 중국사서 및 『삼국사기』상의 신라와 관계있는 신라가 개척한 죽령 땅인 남옥저이다.) 즉 남옥저에서 만난 낙랑국의 최씨 왕과 만난 북국의 고구려 왕자 만남 사실은 '예'전의 기록이 정확한 것으로 이는 예이자 진한이자 신라의 북쪽인 것으로 이 신라 즉 진한의 남쪽인 변진의 남쪽에 왜가 있는 산동성이다. 한반도가 될 수 없다.

③ 또한 이후의 신라, 백제 초기 기록에 의하면 신라는 예족이고 이 예족이 하서회랑 서쪽 진나라에서부터 동쪽으로 건너와 산서성 동쪽, 하북성 서쪽 탁수 즉 거마하 지역으로 왔다가 남쪽인 남옥저 지방으로 와서 신라를 건국한 역사에 의하면 이 '예'전상의 예는 신라의 예 그리고 옥저는 남옥저를 거론한 것이다. 이러한 예와 신라의 관계는 다른 여러 사서는 물론 이 기록상의 신라의 노인과 연관 기록에 의해서도 확인된다. 이 두 사서의 「동이전」의 두 편의 '예'전 기록과 '한'전 기록에 의하면 이곳은 산동성 지역으로 그 서쪽인 마한의 동쪽 지역인 진한과 그 북((남)옥저, 고구려)과 서((최씨) 낙랑)를 기록하였다.

④ 또한 초기 신라의 기록을 보면 남쪽에 왜와 접하여 수시로 괴롭힘

을 당한 것과 이 '예'전상의 진한 위치와 '한'전상의 진한의 남쪽에 있는 변진(한)의 남쪽에 왜가 육지로 접해 있다는 사실과 부합된다.

⑤위의 기록상에 **"오늘날 朝鮮의 동쪽이 모두 그 지역이다." "예 및 옥저·고구려는 본디 모두가** [옛] **朝鮮의 지역이다."**라는 기록 중 주류 강단 사학계는 조선을 한반도로 설정한 다음 이 동쪽 즉 동해안의 예를 비정하였다. 이른바 동예이다. 이는 얼마나 수준 낮은 비정인지 여러 기록을 살펴보면 확실히 알 수 있다. 이 기록상의 조선은 예와 함께 그 남쪽의 진한이 있는 서쪽에는 마한이 있다. 따라서 이 조선은 전체 삼한 즉 한이거나 마한을 나타내었다. 그것은 다음 기록인 예 등이 조선의 지역이라는 것에서 확실히 알 수 있다. 이는 예가 전체 삼한 즉 한의 동쪽 지역에 진한과 같이 있으므로 동쪽이라고 하였지 이것이 한반도를 나타낸 것은 아니다.

⑥여기서의 바다는 당연히 지금 개념의 바다이다. 본 필자가 오락가락한다고 할지 모르나 제대로 된 위치 개념에 의한 해석이다. 위의 '한'전 기록이 주류 강단 사학계의 비정대로 맞는다면 이 '예'전상의 바다 기록도 서쪽의 낙랑 서쪽에도 바다가 있어야 한다. 그러나 이 '예'전은 한반도 기록이 아니라 본 필자가 비정하는 대로 산동성 기록이기 때문에 낙랑의 서쪽에는 백제가 있어야 하기 때문에 이에 맞게 기록상 바다가 기록되지 않았다. 그리고 옥저 즉 남옥저의 경우 그 위치가 산동성 신라의 북쪽 지방이므로 그 동쪽에 실제로 바다인 천진만이 있는 것이 맞는다.

⑦이 두 사서의 같은 「동이전」상의 '예'전을 보면 마한 즉 '한'전상의 마한 위에 대방 내지는 낙랑이 있다는 마한의 기록에 대한 기록은 생략한 채 '한'전상에 마한의 동쪽에 있다는 진한 위에 예가 있고 그 예의 서쪽에는 낙랑이 있고 북쪽에는 고구려와 옥저가 있다고

하였다.
⑧따라서 이 두 사서의 「동이전」의 두 편의 '예'전 기록과 '한'전 기록 그리고 이후의 백제와 신라 기록에 의하면 이 진한과 변한 그리고 마한은 산동성 지역이다.

다음으로 '고구려'전에 의하면
①고구려는 산동성과 하북성 두 가지 중심지가 있었다. 즉 산동성에서 하북성으로 영역을 넓혀 북상하였다. 이 '고구려'전의 고구려 기록은 산동성 고구려가 아니고 이후에 북상한 고구려를 기록하였다.
②이 기록상의 북쪽의 부여는 맞고,
③동쪽의 옥저는 앞에서 본 필자가 옥저는 고구려의 서쪽 내지는 남쪽에 있다고 한 사실과 배치된다. 물론 이는 고구려가 하북성에 있는 것에 의한다. 하지만 이는 앞에서 누누이 설명하였듯이 중국사서가 계속하여 구려와 고구려를 착각한 것이다. 즉 구려는 개마대산 동쪽에 있고 이 구려 동쪽에 (동)옥저가 있는 것에 의하여 이 구려를 고구려로 보아 고구려 동쪽에 구려가 (동)옥저가 있다고 하였다. 하지만 고구려는 이 구려와 달리 (동)옥저 동쪽에 있었다. 물론 중국사서가 착각하듯이 산서성 고구려와 산서성 남옥저 경우에는 고구려 동쪽에 남옥저 그리고 신라가 있는 것에 의하여 고구려 동쪽에 옥저가 있는 것이 맞는 기록이다. 즉 고구려의 동쪽에 있는 것은 '예'전상의 산동성의 진한 즉 신라 북쪽에 있는 남옥저이다. 하북성에 있었던 동옥저는 개마대산의 동쪽 즉 고구려의 서쪽 즉 현토군에 있었다.
④이들 기록상의 예맥은 두 가지로 분류하여 생각할 수 있다. 이는 전형적인 중국사서의 착오 내지는 무지에 의한 기록이다. 즉 ㉠기록 그대로 예맥이라면 당연히 하북성에 있었던 선비족을 일컫는

다. 그러므로 '부여'전의 기록과 같이 선비로써 부여 서쪽 내지는 남쪽에 있었으므로 하북성 고구려에는 서쪽인 것인데 남쪽이라고 하였다. 이는 위치상 맞기도 하다. 예맥은 선비족으로 그 위치가 대수 및 소수 지역에 있었으므로 고구려 서쪽 내지는 남쪽에도 있었다. 그런데 이미 "다음으로 '예'전에 의하면 상의 ①"에서 살펴본 대로 위 두 사서의 「동이전」 '한'전 기록상에 마한 북쪽에 있다는 예맥의 경우, 이 두 사서의 다른 편인 '예'전의 기록상의 예인 것에 의하여 이 예맥이 산동성의 진한 즉 신라 북쪽에 있었던 예를 착오로 기재한 경우에는 고구려 남쪽에 당연히 백제와 신라가 건국된 마한, 진한, 변한이 없었기 때문에 '조선'이 있는 것이 맞는 한편 그 동쪽 즉 고구려의 또 다른 남쪽은 바로 신라가 건국된 진한 위에 예가 있기 때문에 고구려 남쪽에 예(예맥)가 있는 것이 맞는다. 즉 이 「고구려전」 기록은 고구려가 하북성에 있는 것과 산동성에 있는 것을 복합적으로 기술한 것으로 판단된다. 양쪽으로도 다 맞는다. 이는 한반도에서는 도저히 맞을 수가 없다. 앞에서 살펴본 대로 소위 '젊은 역사학자 모임' 일원은 여기서의 고구려 남쪽에 있다는 '조선' 즉 산동성 삼한(마한, 진한, 변한)의 조선을 낙랑군 조선현의 조선으로 해석하는 기발함을 보여 자신의 논리에 이용한 바 있다.

⑤그리고 조선은 한으로써 마한, 진한, 변한이다. 이는 '한'전의 기록과 같이 산동성 고구려 남쪽에 있었다. 이를 복합적으로 해석하여 산동성과 하북성의 고구려 비정을 같이한 것이다.

이와 같이 『후한서』 및 『삼국지』의 「예」, 「한」, 「고구려」전에 의해서도 고구려는 물론 신라, 백제 등 삼국의 위치가 한반도가 아니고 산동성임을 입증해 준다. 이렇게 입증되는 소위 삼국이 한반도가 아니고 하북성 및 산동성에 위치함은 또다시 『후한서』 및 『삼국지』 기록은 물론 다른 중국 정사 「고구려전」, 「백제전」, 「신라전」에 의하여도 입증된다. 물론 나중에는 고구려와 백제 둘 다 하북성과 산동성 양쪽에 영역을 가지게 된다.

먼저 이들에 의하면,

물론 이들 중 사서기록들은 고구려에 대하여 하북성 고구려와 산동성 기록을 혼돈하여 기록하고 있다. 이에 따라 하북성 고구려를 기록한 것도 있지만 분명히 산동성 고구려를 기록한 것이 확실한 사항이라는 것을 기록에 의하여 입증하면,

---

【사료88】『위서(魏書)』 列傳 高句麗 요동에서 남쪽으로 일천여 리 떨어진 곳으로서, 동쪽으로는 柵城, 남쪽으로는 小海에 이르고

【사료89】『주서(周書)』 異域列傳 高句麗 그 지역은 동쪽으로는 新羅에 이르고

【사료91】『북사(北史)』 列傳 高句麗 遼東에서 남쪽으로 1천여 리 떨어진 곳에 있으며, 동쪽으로는 柵城, 남쪽으로는 小海 ~ 그 나라는 동쪽으로는 新羅에 이르고

【사료114】『위서(魏書)』 列傳 百濟 小海의 남쪽에 위치하였다.

【사료117】『북사(北史)』 列傳 百濟 서남쪽으로는 모두 大海로 경계 지어져 있고 小海의 남쪽에 위치하는데

【사료98】『구당서(舊唐書)』 東夷列傳 百濟

百濟

百濟國도 본래는 扶餘의 別種이다. 일찍이 馬韓의 옛 땅으로서 京師에서 동으로 6,200리 밖에 있으며, 大海의 북쪽, 小海의 남쪽에 위치한다. 동북으로는 新羅에 이르고, 서쪽으로는 바다를 건너 越州에 이르며, 남쪽으로는 바다를 건너 倭國에 이르고, 북쪽으로는 바다를 건너 高[句]麗에 이른다. 또 王이 사는 곳에는 동·서로 두 城이 있다.

물론 이에 대하여도 앞에서 살펴보았지만

①사서들 중 특히 『위서』 '고구려'전은 확실히 산동성 고구려를 분명히 기록하고 있다. 즉 요동에서 남쪽 1천여 리에 있다면 이는 분명히 산동성이다. 물론 주류 강단 사학계는 요동을 지금의 요령성 요하 동쪽으로 비정하지만 이는 왜곡 조작으로써 원래의 요동은 하북성 지방이다. 따라서 여기서 남쪽은 산동성이다.

②이를 입증하는 것이 바로 동쪽으로 책성이 있고 소해가 있다는 기록이다. 책성에 대하여는 이미 [책성에 대하여]에서 입증하여 설명하였듯이, 책성은 신라 북쪽에 있는 것으로써 이는 이전의 동부여의 중심지였다. 물론 이에 대하여 주류 강단 사학계는 동옥저의 지역으로 보아 동옥저로 비정되는 두만강 하류 지역으로 비정하지만 이는 수준 이하의 역사 조작 비정이다. 이곳은 지금의 하북성 창주시 인근이다. 따라서 이곳 서쪽 이남에 위치한 고구려는 산동성 고구려이다.

하북성 고구려는 이곳에서 서북쪽으로 요동의 동쪽이지 남쪽이 아니다.

③그리고 남쪽에 소해가 있고, 동쪽에 신라가 있다고 하였다. 소해는 대해의 북쪽이자 소해의 남쪽에 있다고 기록한 백제의 북쪽 경계로 기록하고 있다. 이 소해가 고구려와 백제의 경계이다. 이에 대하여는 앞에서 이미 확인하였지만 주류 강단 사학계는 고구려, 백제, 신라 등 모든 우리 고대사의 영역을 한반도로 왜곡 비정한 일제 식민사학과 이를 추종하는 주류 강단 사학계는 일본인 학자 사카모토 요시타네[坂元義種]의 1976년도 논문과 이병도와 천관우의 주장에 의하여 한반도 인근으로 비정한 채, 소해를 경기만이나 아산만으로, 대해를 서해나 제주해협으로 하고 있다.

그러나 앞에서 본 필자가 이미 소해와 대해에 대하여 설명하였

335

듯이 소해는 고구려와 백제의 경계인 지금의 도해하로써 당시 패수이자 패하이자 패강으로써 백제의 초기 영역상 북쪽 경계이자 고구려 졸본성 남쪽을 흐르는 하천이다. 산동성에서 백제와 고구려는 이 패수(패하, 패강)로써 소해를 북쪽 경계로 하고 있다가 사서의 기록대로 고구려가 북쪽의 하북성 요동을 점령하고 북상하자, 백제도 하북성의 요서를 점령하여 요서 백제로 진출하였다. 대해는 소해와 마찬가지로 지금의 개념인 바다가 아니라 산동성 백제의 초기 남쪽 경계로 백제가 한수(한강)인 황하 남쪽의 한수 이남 지역을 고구려 장수왕에게 빼앗긴 후 천도한 웅천(웅진) 지역으로 초기 백제의 남쪽 경계였던 지금의 남사호(南四湖)(남양호/독산호/소양호/미산호)로 이루어진 바다로 표현된 이곳이다. 이곳은 나중에 나당연합군에 의한 백제 공격 시 당나라의 소정방이 바다를 이용하여 배를 타고 백강으로 와서 백제를 정벌하는 공격 루트상 바다로 기록한 곳이다.

④또한 고구려 동쪽에 신라가 있다고 하였다. 주류 강단 사학계가 비정한 한반도에서는 가능하지 않은 기록이다. 산동성 고구려는 신라 서쪽에 있었다.

⑤이와 같은 기록은 위에 인용한 대로 이미 설명한『위서』「고구려전」은 물론『주서』「고구려전」,『북사』「고구려전」,『위서』「백제전」,『북사』「백제전」에도 그대로 기록되어 입증하고 있다.

⑥이는 다시『구당서』「백제전」에서도 일부 거리 수치 기록의 왜곡은 있지만 같은 기록으로써 백제가 대해의 북쪽이자 소해의 남쪽에 있다고 한 것을 비롯하여 마한의 옛 땅인 산동성 마한의 동북쪽 땅을 얻어 건국한 백제를 기록하고 있다. 더군다나 이『구당서』「백제전」은 거리 수치 왜곡에도 불구하고 월주 지역과 왜국에까지 그 영역이 있는 것을 기록하고 있으면서 동시에 동서

양쪽에 도읍이 있는 것으로 하여 중국 본토는 물론 한반도에도 그 영역을 가지고 있음을 증거하고 있다.

지금까지 살펴본 중국사서 기록들만 보더라도 삼국시대 초기에는 삼국 모두 한반도는 물론 고구려와 백제, 신라는 각각 하북성 남부인 산동성에 남옥저 지역과 졸본 및 대방고지에 위치해 있다가 고구려는 점차 북상하여 요동을 정벌하여 하북성에 진출하는 형국이었고 백제 역시 고구려가 요동을 정벌하자 요서를 정벌하여 하북성의 요서 지역에 진출하였고 신라는 산동성 빈주시 지방을 차지하고 있는 형국이었다. 고구려와 백제에 대한 이 '소해의 북쪽 및 남쪽' 기록, 백제의 '소해의 남쪽이자 대해의 북쪽' 기록은 본 필자가 누누이 강조하여 설명하였던 하북성 및 산동성에서의 역사적 활동을 입증해 주는 기록이다. 여기에 이 고려의 천리관성이 삼국시대의 고구려와 신라 영역 그리고 이를 물려받은 통일신라의 영역 그리고 이를 그대로 고려에 물려준 사실을 입증해 준다. 더군다나 여러 역사적 활동 사항 및 위치를 한반도에 비정할 수 없거나 각 사항에 맞게 한 군데에 맞게 비정할 수 없다는 것은 한반도가 맞지 않는 것이라는 것을 드러낸다. 이들 모두에 맞는 곳은 오로지 산동성과 하북성밖에는 없다. 이곳에 모든 우리 역사 장소가 있는 것이다. 이에는 대표적으로 갈석산, 진장성, 압록수, 대요수, 소요수, 패수와 대수 등이 있다.

지금까지 『삼국사기』와 『삼국유사』의 기록을 바탕으로 이 기록을 중국의 사서와 비교 검토하여 기록상의 졸본(천, 주, 부여)의 증거 사료 없이 인용된 『고기』의 『환단고기』『북부여기』의 관련성, 동명의 고구려와의 관련성 없음과 부여국과의 관련성, 엄사수 및 관련 유사 하천 기록의 관련 없음과 부여국과의 관련성, 대수와의 고구려 관련성 등을 분석함으로써 『삼국사기』와 『삼국유사』의 모순점과 잘못을 파악하였다. 한편 이에 따른 현재 주류 강단 사학계의 위치 비정 오류에 의한 역사 조작을 확인하는 한편 올바른 제대로의 위치를 비정하였다.

> 위치 기록에 의하여도 고구려, 백제, 신라의 위치가 한반도가 아니라는 사실이 입증된다. 더군다나 모든 활동 기록에 의하여도 입증된다.

그렇다면 이제부터는 본격적으로 고구려 초기 도읍지 위치에 대하여 살펴보기로 한다. 이에 대하여는 혼돈되고 잘못된 역사 인식에 의한 기록 오류를 『삼국사기』나 『삼국유사』도 저질렀으나 앞에서 본 필자가 살펴보아 확인하였듯이 고구려의 초기 도읍지는 수많은 중국사서가 하북성 현토군 지역에 도읍한 것으로 기록한 사실을 확인하였다. 그러나 이후 당나라의 '춘추필법' 및 요나라의 위치 이동에 의하여 지금의 요하 지방으로 이동된 기록에 위치 비정이 된 것을 당시에 이미 도입된 유교에 의한 사대 모화사상에 의거하여 기자(조선)의 한반도 평양으로의 도입과 『구당서』의 고조선의 도읍지인 평양과 고구려의 도읍지를 동일시하는 역사 인식 『삼국사기』나 『삼국유사』 편찬 당시에 우리나라에 널리 보편적으로 인식되었다. 따라서 이러한 역사 인식에 의하여 『삼국사기』나 『삼국유사』는 같이 기록되었으나 적어도 이러한 역사 인식 즉 당시의 중국사서 및 중국 역사 인식 및 이를 받아들인 고려의 역사 인식은 적어도 고조선의 도읍지 및 고구려의 도읍지는 원래의 하북성은 아니더라도 지금의 요하 동쪽 지방으로 확실히 인식하였다.

물론 이러한 역사 인식은 『삼국사기』가 기록한 내용으로 보면 잘못되고 혼돈된 것 즉 추모대왕이 동부여를 탈출하면서(『삼국사기』는 동부여라고 하였지만, 광개토대왕비문은 추모왕의 출신을 북부여라고 분명히 기록하고 있다.) 건넌 개사수를 당시의 압록강(鴨綠江) 동북쪽이라고 기록하여 지금의 요하 동북쪽으로【사료368】『삼국사기(三國史記)』권 제13 고구려본기 제1 시조 동명성왕(東明聖王) 동명성왕이 고구려를 건국하다(기원전 37년 (음))상에 기록하고 있어 요하 동쪽으로 인식하는 기록을 하고 있으나, 그래도 다른 편의 기록은 지금의 요하 동쪽도 아닌 서쪽 지방으로 인식하여 기록한 것은 확실하다.

『삼국유사』의 경우【사료41】『삼국유사』卷 第一 제1 기이(紀異第一) 고구려(高句麗)에서는 "엄수(淹水) (지금은 어딘지 자세하지 않다.)까지 와서 물에게 말하기를"라고 하여 혼돈되거나 참조한 중국사서와 『삼국사기』상의 혼돈된 역사 인식을 그대로 계승하여 보여주고는 있으나 "졸본주는 요동 지역에 있다.", "그는 졸본주(현토군의 (경계 : 본 필자 추가)지역이다.)까지 와서 드디어 여기에 도읍을 하였다."라고 하여 중국사서상의 하북성의 현토군 경계지역 내지는 요동 지역에 도읍을 정한 것을 그대로 인용하여 "고구려 때의 도읍은 안시성(安市城), 일명 안정홀(安丁忽)로서 요수(遼水)의 북쪽에 위치해 있었고~"라고도 기록하여 정확한 위치는 기록하고 있지 않지만 하북성에서 요령성까지의 지역으로 기록하고 있다.

그러나 다른 기록에 의하면【사료41】『삼국유사』卷 第一 제1 기이(紀異第一) 고구려(高句麗) "졸본주(玄菟郡之界 : 현토군의 지역이다.)까지 와서 드디어 여기에 도읍을 하였다."라고 하여 많은 중국사서가 기록하고 있는 고구려 현토군 건국설 기록을 그대로 따르거나,【사료429】『삼국유사』권 제1 제1 기이(紀異第一) 북부여(北扶餘) "흘승골성(訖升骨城) [(在大遼醫州界)대요(大遼) 의주(醫州) 지역에 있다.)]" 『삼국사기』및 중국사서가 고구려의 건국지로 기록하고 있는 '흘승골성'을 북부여의 건국지로 기록하면서 이를 『삼국사기』와 마찬가지로 '대요 의주' 지역으로 기록하는가 하면,【사료94】『삼국유사』권 제1 제1 기이(紀異第一) 말갈(靺鞨)과 발해(渤海) "또 ≪동명기(東明記)≫에 이르기를, "졸본성(卒本城)은 땅이 말갈 (혹은 이르기를 "지금의 동진(東眞)이다."라고도 한다.)에 연접하고 있다."라고 하였다. (신)라(羅) 제6대 지마왕(祗摩王) 14년(을축

(乙丑))에는 말갈군사가 북쪽 국경으로 크게 몰려와서 대령책(大嶺柵)을 습격하고 니하(泥河)를 건넜다."라고 기록하여『삼국사기』상에 기록된 소위 초기 삼국시대 삼국의 활동지역과 관련된 말갈, 대령책, 니하 등을 거론하여 이곳이 중국 산동성 지역임을 기록하기도 하였다.

한편『삼국사기』경우에도 마찬가지로【사료51】『삼국사기(三國史記)』「잡지 지리」'고구려' '고구려 초기 도읍 홀승골성과 졸본'상의 기록상 처음에는 당시 중국사서상의 원래의 도읍지인 하북성을 기록한 것을 그대로 "≪한서지(漢書志)≫에서 이르기를 "요동군(遼東郡)은 낙양(洛陽)에서 3천6백 리 떨어져 있으며, 속한 현으로서 무려(無慮)가 있다."고 했다." "≪주례(周禮)≫에서 보이는 북진(北鎭)의 의무려산(醫巫閭山)이며, 대요(大遼) 때에 그 아래에 의주(醫州)를 설치하였다." "또 ≪한서지≫에 "현도군(玄菟郡)은 낙양(洛陽)에서 동북으로 4천 리 떨어져 있고, 속한 현이 셋이며, 고구려가 그중 하나이다." "한(漢)의 현도군(玄菟郡)의 경계이고, 대요국(大遼國) 동경(東京)의 서쪽이며, ≪한지(漢志)≫에 이른바 현도(玄菟)의 속현 고구려(高句麗)가 이것일 것이다."라고 인용하여 원래의 위치를 비정하는 당대의 기록인『한서』「지리지」와 후대의 위치 이동 후 현도군을 이동시킨 이후의 기록을 같이 기록하면서 옛날 대요(大遼)가 멸망하지 않았을 때에 요(遼)의 황제가 연경(燕京)에 있었으니, 곧 우리의 조빙하는 사신들이 동경(東京)을 지나 요수(遼水)를 건너 하루 이틀에 의주(醫州)에 이르러, 연계(燕薊)로 향하였음으로 고로 그렇다는 것을 알 수 있다.라고 하여 하북성에서의 고구려 위치를 기록하고 있다.

그리하여 이 기록상으로는 김부식 등『삼국사기』편찬자들은 혼돈되는 역사 인식이 있었지만 그래도 인용한 원래의 중국사서가 기록하고 있는 대로 고구려의 초기 도읍지를 하북성 현토군 경계지역으로 비정하고 있다. 그럼으로써 앞에서 살펴본 대로【사료368】『삼국사기(三國史記)』권 제13 고구려본기 제1 시조 동명성왕(東明聖王) 一年에서는 주몽이 이에 오이(烏伊)·마리(摩離)·협보(陜父) 등 세 사람과 친구가 되어 가다가 엄사수(淹㴲水)(일명 개사수(蓋斯水)라고도 하는데 지금의 압록강 동북쪽에 있다.)에 이르러 건너려고 하는데 다리가 없었다.상에 기록한 엄사수의 위치 비정을 압록강(鴨綠江) 동북쪽이라고 기록한 것은 현재의 압록강이 아니라 당시의 압록강인 지금의 요하임이 분명하다.

이는 【사료52】『삼국사기(三國史記)』「잡지 지리」'고구려' '평양성과 장안성'에서 평양성을 당시의 서경인 지금의 요령성 요양으로 비정한 것에서 알 수 있다. 그런데도 인하대학교 고조선 연구소의 연구 결과에 의한다면 당시 요하의 압록강(鴨淥江)이 아닌 현재의 압록강인 압록강(鴨綠江)으로 기록되어 있는 것은 이상하다.

이와 같은 중국사서와 『삼국사기』, 『삼국유사』의 기록을 분석한 바에 의하면 고구려의 출발점은 적어도 하북성이나 요하 동북쪽이지 현재 주류 강단 사학계의 비정처럼 현재 압록강 동북쪽인 길림성 만주지방으로써 한반도 북동부는 아니다. 하지만 현재 주류 강단 사학계의 해석대로라면 지금의 압록강 동북쪽에 있는 것으로 되어, 앞서의 기록에서의 요하 서쪽 지방에서의 비정을 동쪽으로 옮겨서 지금의 압록강 (동)북쪽으로 비정하는 혼돈을 보이게 된다.

지금의 압록강 동북쪽은 현재 주류 강단 사학계가 비정하는 환인 지역과 일치하는 곳이다. 하지만 앞에서 확인하였듯이 중국사서나 우리나라 사서상의 압록강은 앞서 본 필자가 설명한 요동, 요수, 패수와 마찬가지로 현재의 어떠한 일정한 한 가지만을 나타내는 것이 아니다. 특히 고려시대의 압록강이라는 하천의 명칭에 대하여 현재 인하대학교 고조선연구소에 의하여 연구되어 발표되었듯이 고려시대의 압록강은 현재의 압록강이 아니고 요하 등을 나타낸 것으로 밝혀진 만큼 이『삼국사기』상의 기록인 '압록강'이 현재의 압록강이 아니라 요하임이 분명하다. 그리고 편찬자들의 해석은 분명 지금의 요하이고 그 근처이다.

> 『삼국사기』상의 고구려 초기 도읍지 위치 기록인 '압록강'은 현재의 압록강이 아니라 왜곡된 요하임이 분명하다. 하지만 관련 기록은 중국사서 기록을 인용한 하북성 내지는 산동성 위치 기록이다.

하지만 분명히 『삼국사기』와 『삼국유사』상에 중국사서를 인용하여 기록한 바는 하북성 내지는 산동성의 위치를 기록하고 있다. 그런데 위의 중국사서 【사료67】 『후한서(後漢書)』 「동이열전(東夷列傳)」 부여(夫餘), 【사료68】 『삼국지(三國志)』 〈위서〉 「동이전」 부여(夫餘)에 붙인 주석과 같이 심흠한, 정겸, 혜동 등 청대 학자 이후에는 이를 지금의 요하로 이동시켜 왜곡 비정하고 있고, 이를 『삼국사기』와 『삼국유사』가 따르면서 하북성에서의 위치를 기록하는 중국사서를 그대로 인용하여 기록하면서도 이를 요령성 요양으로 인식하여 기록하고 있다. 그러면서도 이에 따른 혼돈과 오류를 보여주고 있다. 그런데 일제 식민 사학자들과 이를 추종하는 주류 강단 사학계는 이를 다시 지금의 압록강으로 이동시켜 그 북부로 왜곡 비정하고 있다.

> 『삼국사기』와 『삼국유사』 그리고 왜곡된 청대의 중국 학자들도 분명히 현재 주류 강단 사학계 통설상의 고구려 초기 도읍지 위치 비정을 하지 않았다.

앞서 언급하였지만 『삼국사기』는 고구려의 역사를 전하면서 그 출처가 부여라는 것을 알고 있었지만 부여에 관한 것을 그 제목인 『삼국사』대로 삼국만의 역사를 전한다는 명목하에 전하지 않고 더군다나 이러한 부여 및 삼국의 선조가 명백하다는 것을 인식하였으면서도 같은 『구 삼국사』를 참조한 『동명왕편』의 비판대로 또한 『삼국유사』 또한 제목대로 삼국의 역사를 전하면서도 편제에 포함시킨 고조선의 역사를 전하지 않음은 분명히 잘못이 있다. 『삼국사기』의 잘못은 이외에도 나중에 본 필자가 언급하여 설명하겠지만 중국사서상 명백히 기록된 백제 및 신라의 대륙 및 한반도 그리고 일본열도에서의 역사적 활동을 전부 한반도로 축소시킨 커다란 과오 또한 존재하리만큼 우리나라 거의 유일한 고대 사료로 삼기에는 커다랗게 부족하고 잘못된 사서임은 명백하다.

하지만 그래도 있는 그대로의 중국 대륙에서의 소위 삼국시대 초기의 역사적 활동을 기록하고 있다. 다만 후손들이 이를 부정하는 일제 및 주류 강단 사학계를 비판하면서도 그들의 왜곡에 어느새 깊숙이 젖어 이를 제대로 해석하지 못하고 있다. 여기서의 고구려의 위치에 중요한 초기 도읍지 관련 잘못된 기록은 앞에서 설명한 바와 같으나 이외에도 수많은 확실한 증거가 추가로 있다. 이와 같이 고구려의 초기 도읍지와 관련된 사료는 무궁무진하다. 앞서 살펴본 사료도 많았지만 아직 인용하지 않은 중국 사료도 수많이 존재한다. 이들 사료는 모두 압록강 인근 내지는 요하 지금의 요하 이동 즉 나중의 요동지방임을 절대 부정하고 있다.

결국 고구려는 전성 시에 **"요동, 현토 등 수십 성을 두고 통치하였다. 수나라 시대에는 점차 커져 동서 6000리가 되었다."** 라고 기록될 만큼 엄청난 넓은 영토를 차지하였기에 평양성(장안성), 국내성(위나암성, 불이성), 한성의 3경 체제를 가졌다. 그래서 서쪽으로 고조선의 옛 땅을 전부 다시 차지하여 하북성까지 그 영역으로 하였다. 그리고 고구려의 평상시 영역도 "서쪽으로 요하까지가 아니라 요하 건너 넘어서까지이다. 그리고 남쪽은 한반도 그리고 한반도의 백제가 아니라 산동성의 백제의 북쪽인 소해의 북쪽인 지금의 황하까지였다." 물론 요하 넘어서의 요하는 지금의 요령성 요하가 아니라 당시의 요하인 요수이자 대요수인 지금의 하북성 자하이다. 고구려는 이곳 동북쪽에 있었고 이곳부터는 소위 삼연인 전연, 후연, 북연의 영역이었다가 나중에 고구려가 전부 차지하자 수나라와 당나라가 공격하였다.

이것은 본 필자의 개인적인 생각이나 판단이 아니라 중국사서가 그것을 말해 주고 있다. 그리고 나중에 살펴보겠지만 백제와 신라의 영역, 소위 통일신라 즉 남북국시대의 신라와 발해의 영역, 이를 이어받은 고려의 영역, 조선시대의 영역 모두 현재 주류 강단 사학계의 비정이 잘못되어 있다. 중국사서가 비록 '춘추필법'에 의하여 왜곡되어 있지만 그래도 어느 정도 제대로 정리해 놓은 것을 고려 및 조선시대를 거쳐 소중화 사대주의 사상에 의하여 왜곡된 후 일제 강점시대에 식민 사학자들에 의하여 한반도 안으로 고착화된 것을 해방 후 77년이 지난 이후까지 제대로 새로이 연구하지 않고 식민사학을 그대로 이어받아 우리 역사학을 파괴한 채 교과서에 나타내 국민을 기만하고 미래 세대에게 굴절된 역사를 가르치고 있다. 이것은 근거 없이 개인적인 독단적인 판단에 의한 것이 아니다.

현재 인하대학교 고조선 연구소를 비롯하여 강원대 등 수많은 학자들이 이러한 사실을 연구하여 발표하고 있다. 그런데도 현재 주류 강단 사학계가 장악하고 있는 국사편찬위원회와 국립중앙박물관, 한국학중앙연구원, 문교부, 대학 강단, 초중고 강단, 대학 및 초중고 교과서에는 이를 반영하지 않고 있다. 제대로 반대 의견이나 비판도 하지 않은 채 말이다. 본 필자도 이에 대하여 이 글에서 피력하겠지만 우선 고구려와 관련된 것만 우선 드러내고자 한다. 본 필자가 고조선과 고구려 관련 자료를 연구하다 보니 얼마나 주류 강단 사학계가 식민사학을 유지하기 위해 역사를 왜곡 아니 조작하고 있는지 알게 되었다. 왜곡은 조금 구부린 것이지만 우리 역사는 조금만 구부린 것이 아니라 아예 새로 잘못 만들고 있다. 그 현장을 현재 본 필자가 논하고 있는 부분에 한하여 조금 밝혀보고자 한다.

한 국가의 역사와 관련한 공식적인 견해는 국립중앙박물관의 유물 전시나 해설 그리고 교과서 등에 나타나고 있지만 국사편찬위원회의 견해가 공식적인 견해이다. 국사편찬위원회의 이러한 견해는 『삼국사기』와 『삼국유사』를 비롯한 우리나라 역사사서 및 중국 정사 등을 게재하고 이에 대하여는 해석 내지 주석 내용에서 알 수 있다. 그런데 주류 강단 사학계가 장악한 국사편찬위원회에서는 그 견해를 한국사 데이터베이스에서 나타내고 있는데 앞에서 지적하였지만 일제 식민사학 계승자라고 비판받는 이병도의 경우 『삼국사기』 등 주석에 980여 개나 올리고 있고, 일본인 일제 식민 사학자들의 주석을 아직도 수많이 올리고 있는 반면, 이러한 식민사학을 비판하는 민족사학 논리를 주장하는 윤내현 교수의 경우 중국정사 등에 54여 개를 올리고 있다.

그리고 현재 주류 강단 사학계의 식민사학 논리를 반대하는 대응 논리를 펴는 비주류 강단 사학자들의 견해나 재야 사학자들의 논리는 전혀 올리거나 반영하지 않고 있다. 그렇다면 일제 식민 사학자들과 같은 부류인 이병도 그리고 주류 강단 사학자들의 논리가 그 근거가 되는 중국사서를 제대로 반영하여 정당한 논리라면 당연히 이를 반영하고 따라야 한다. 하지만 전혀 아무런 근거 없이 이전의 소중화 사대주의 및 이후 식민사학에 의하여 정립한 한반도 고착화를 위한 반도사관이라면 당연히 새로이 연구하여 이를 해체하고 새로운 역사관을 정립하여야 한다. 그런데 잘못된 역사관에 대하여 전혀 새로운 연구 없이 그 역사학과 역사관을 그대로 계승하여 아직도 일제 식민사관 논리에 의한 역사학과 역사관이 우리나라를 장악하고 있다. 이러한 사례는 앞에서도 몇 가지 지적하여 살펴보았지만 여기서 다른 사례를 살펴보자.

앞에서 본 필자가 언급하였지만 중국 정사 즉 중국 24사 중에 고구려, 백제, 신라에 대한 자료가 풍부하게 남아 있다. 이들 사료는 모두 다른 사실도 증거하고 있지만 고구려의 영역을 증명하고 있다. 그런데 이에 대한 국사편찬위원회의 역사왜곡 아닌 조작은 심히 놀라울 따름이다. 반도사관에 철저히 맞추기 위하여 역사 조작을 서슴지 않는다. 이제라도 국민들이 이에 대하여 온몸과 마음 그리고 재산과 목숨을 바쳐 일제에 대항하는 독립정신으로 항거해야 한다.

앞에서 잠깐 언급하였지만 고구려의 위치 내지는 강역에 대하여 중국 정사 즉 중국 24사 중의 일부 사서 아니 거의 전체 사서를 언급하고 있다. 물론 고구려의 영역에 대하여 우리나라 주류 강단 사학계에서는 각종 교과서와 종식 견해를 서쪽으로 지금의 요령성 요하 지방까지로 한정하고 있다. 철저한 일제의 반도사관에 의한 것으로 이를 계승하고 유지하기 위해 중국 정사마저도 왜곡 아닌 조작을 서슴지 않고 있다.

고구려의 위치나 영역에 대한 국사편찬위원회의 잘못된 견해에 대해서는 앞에서 본 필자가 지적하였다. 즉 중국 정사 【사료23】『삼국지(三國志)』〈위서〉「동이전」·'고구려전'에 있어서 **"高句麗在遼東之東千里"**에 대한 해석을 **"高句麗는 遼東의 동쪽 천 리 밖에 있다."**고 하여 **"고구려는 요동의 동쪽 천 리에 있다."**는 것으로 해석되는 것을 왜곡 내지는 조작하였다. 이것은 고구려를 축소시키려는 의도로밖에 볼 수가 없다. 이것을 소위 '젊은 역사학자 모임' 일원이 그대로 인용하여 사용하였듯이 주류 강단 사학계의 해석대로라면 "요동 전체가 있으면 그 요동을 다 지난 다음 그 동쪽으로 천 리에 있다."는 것으로 그 의미가 전혀 달라지는 것을 고구려의 위치를 머나먼 동쪽 변방으로 고착시키기 위한 의도에서 조작한 것이라고 본 필자는 설명하였다.

우리나라 역사학에서는 제대로 된 고구려의 위치 및 강역을 기록하지 않고 있다. 이것을 기록할 수 있는 권한은 오직 주류 강단 사학계이다. 그들이 인정하지 않고 그들이 서술하고자 하지 않으면 하지 않는다. 이 기록은 수많은 중국사서가 인정하고 있고 우리나라 역사에 불리한 '춘추필법'에 의하여 쓰인 것으로 알려진 『신당서』와 『신당서』에도 나와 있는 것을 은폐하고 있다. 즉 고구려의 강역은 지금의 요하까지가 아니라 "서북으로는 **遼水**를 건너 **營州**에 이른다."와 같이 비록 '춘추필법'에 의하여 위치가 원래의 자리에서 옮겨진 왜곡된 인식에 의한 대로 해석하더라도 적어도 요하까지는 아니고 요하 건너이다.

그리고 요동 동쪽 천 리에 고구려가 있다고 한 기록 역시 요동을 주류 강단 사학계의 비정대로 지금의 요하 동쪽으로 해석한다면 주류 강단 사학계의 비정대로 현재의 한반도 압록강 북쪽에 고구려가 위치함이 사서기록과 맞는 것이지만 만약 요동을 옮기기 전의 원래 요동인 하북성 요하인 자하 내지는 요동군의 요동 동쪽으로 해석한다면 당시 요동이 지금의 석가장시 인근이었으므로 이곳에서 동쪽은 지금의 하북성 보정시 남쪽으로 해석된다. 또한 그리고 영주는 앞서 살펴보았듯이 하북성 석가장시 북부를 지칭한 것인데 중국의 '춘추필법'에 의한 왜곡으로 요령성 조양시로 옮겨졌다. 원래의 고구려 강역은 다른 여러 중국 정사가 증거하고 있듯이 하북성 예전의 낙랑군, 대방군, 현토군을 아우르고 있었다. 주류 강단 사학계의 이러한 비정은 낙랑군과 마찬가지로 중국사서의 근거가 전혀 없는 것으로 단지 원래의 사료를 왜곡된 이후의 인식에 의하여 해석하거나 청나라 시대 심흠한, 정겸, 혜동 등이 원래의 사서기록에 주석을 붙인 '춘추필법'에 의하여 왜곡시킨 것을 근거로 한 것에 지나지 않는다. 원래의 1차 사료인 중국사서의 내용을 종합하여 판단하면 즉 소요수, 대요수, 마자수, 갈석산, 진장성, 평주, 서안평 등이 같이 있는 위치를 확인하면 이곳이 고구려가 활동하였던 위치였다.

> 주류 강단 사학계는 우리 역사를 왜곡 아닌 조작을 하고 있다.
> 명백한 사료에 의한 기록도 무시한다.
> '낙랑군 평양설'에 위배되는 모든 것을 배척한다.

고구려 주몽의 첫 도읍지인 졸본성에 대하여 중국사서와 우리 사서는 현토군 내지는 현토군 경계에 있는 것으로 기록하고 있다.

그러면 여기서 고구려의 건국지와 관련하여 살펴보면서 이미 인용하여 살펴본 『삼국사기』와 『삼국유사』를 다시 한 번 살펴보자.

【사료368】『삼국사기(三國史記)』 권 제13 고구려본기 제1 시조 동명성왕(東明聖王) 一年

동명성왕이 고구려를 건국하다(기원전 37년 (음))

주몽이 이에 오이(烏伊)·마리(摩離)·협보(陜父) 등 세 사람과 친구가 되어 가다가 엄사수(淹㴛水)(一名盖斯水, 在今鴨綠東北 : 일명 개사수(蓋斯水)라고도 하는데 지금의 압록강 동북쪽에 있다.)에 이르러 건너려고 하는데 다리가 없었다.

【사료41】『삼국유사』 卷 第一 제1 기이(紀異第一) 고구려(高句麗)

나라 이름을 고구려라 하고

이에 [주]몽은 오이(烏伊) 등 세 사람과 동무가 되어 엄수(淹水) (지금은 어딘지 자세하지 않다.)까지 와서 물에게 말하기를 "나는 천제의 아들이요 하백의 손자인데 오늘 도망을 가는 길에 뒤따르는 자가 쫓아 닥치니 이 일을 어찌할 것인가?"라고 하였다.

여기서의 '엄수'를 『삼국사기』 편찬자들은 '엄사수'라 하여 지금의 압록강(鴨綠江) 동북쪽에 있다고 하였다. 그런 반면 『삼국유사』 편찬자들은 '엄수'라고 하면서 '모른다'고 하였다. 이에 대하여는 앞에서 자세히 살펴보았다. 알고도 모른다고 하였는지 아니면 자신들은 이를 멀지 않은 요동 지방 내지는 현재의 압록강 중류 지방에 비정하려고 하는데 자신들이 참고하여 인용하는 자료는 머나먼 중국 하북성 지

역에 있다고 기록되어 있어서 고의로 그랬는지 의심스럽다.

하지만 『삼국사기』와 『삼국유사』 편찬자들은 역사 인식 부족이나 오류 등으로 잘못 기록하여 원래의 위치를 비정하지는 못하였으나 최소한 현재의 비정과는 다르게 당시 중국사서가 비정하는 요하 동쪽 지방(당시 압록강 동북쪽)으로 비정한 것을 현재 주류 강단 사학계는 왜곡한 채 자신들의 논리에 맞추어 위치를 옮기고 현재 압록강 동북쪽으로 비정하는 역사 조작을 하고 있다. 이 '엄사수' 내지는 '엄수'는 바로 현재의 '압록강'이 아닌 이전의 압록강인 요하로 보았다. 하지만 이렇게 옮겨진 바와 같이 원래의 압록강은 하북성에 있었던 중국 1차 사료의 기록에 등장하는 '압록수'이자 '마자수'이다. 그리고 그 위치는 나중의 요서 지방이요 원래의 요동 지방인 하북성 지방에 있었던 것이 『삼국사기』와 『삼국유사』 편찬 당시에 중국사서의 역사 인식상 지금의 요하 인근으로 이동하였다.

『삼국사기』와 『삼국유사』는 편찬 시 혼돈된 역사 인식을 가지고 있었다.

앞서 인용하여 살펴본 중국 사료를 다시 살펴보고 이것에 대하여 논증해 보자. 모든 사서가 이를 알려주고 있고 이를 제대로 확인만 하면 된다. 고구려의 초기 도읍지가 압록강 중류 지방이 아니듯 『삼국사기』상의 기록대로 **"지금의 압록강 동북쪽에 있다."**가 현재의 압록강 동북쪽도 아니고 이보다 먼저 옮긴 지금의 요하도 아닌 것을 증명하고 있다.

【사료22】『한서』「지리지」 1. 유주

⑨ **현토군**(玄菟郡)

> 1) 고구려현(高句驪玄), 요산(遼山)에서 요수(遼水)가 나오는데 서남쪽으로 요동군 요대현(遼隊縣)에 이르러 대요수(大遼水)로 들어간다. 또한 남소수(南蘇水)가 있는데 서북쪽으로 새(塞) 밖을 지난다.[2]
>
> [2] 應劭曰故句驪胡. 응초(應劭)가 말하기를 옛 구려(句驪) 호(胡)이다.
>
> 3) 서개마현(西蓋馬縣), 마자수(馬訾水)가 서북쪽으로 염난수(鹽難水)로 들어가는데, 서남쪽으로 요동군 서안평현(西安平縣)에 이르러 바다로 들어간다. (이 강은) 2개의 군(郡)을 지나고 1100리를 흐른다. 왕망은 현도정(玄菟亭)이라고 했다.

압록수인 마자수가 요동군 서안평현으로 바다로 들어간다고 되어 있다. 여기서의 서안평현은 안형현, 안시현으로 지금도 그 이름이 남아 있는 하북성 형수시 안평현이다. 또한 염난수와 만나는 것으로 되어 있다. 이곳은 요령성이 아닌 유주로 하북성 지역이다.

【사료26】『신당서(新唐書)』「동이열전 고구려」

> 高[句]麗는 본래 扶餘의 別種이다. 국토는 동으로는 바다를 건너 新羅에 이르고, 남으로는 역시 바다를 건너 百濟에 이른다. 서북으로는 遼水를 건너 營州와 접하고, 북은 靺鞨과 접한다.
> 그 나라의 임금이 살고 있는 곳은 平壤城으로 長安城이라고도 부르는데, 漢代의 樂浪郡으로 長安에서 5천 리 밖에 있다. 산의 굴곡을 따라 外城을 쌓았으며, 남쪽은 浿水와 연해 있다. 王은 그 좌측에 宮闕을 지어 놓았다. 또 國內城과 漢城이 있는데 別都라 부른다.
> 물은 大遼와 少遼가 있다. 大遼는 靺鞨의 서남쪽 산에서 흘러나와 남으로 安市城을 거쳐 흐른다. 少遼는 遼山의 서쪽에서 흘러나와 역시 남으로 흐르는데, 梁水가 塞外에서 나와 서쪽으로 흘러 이와 합류한다. 馬訾水가 있어 靺鞨의 白山에서 흘러나오는데, 물빛이 鴨頭와 같아서 鴨淥水로 불린다. 國內城의 서쪽을 거쳐 鹽難水와 합류한 다음, 다시 서남으로 [흘

> 러] 安市[城]에 이르러서 바다로 들어간다. 平壤은 鴨淥江의 동남쪽에 있는데, 큰 배로 사람이 건너다니므로, 이를 해자(天塹)로 여긴다.

여기서의 모든 기록 내용은 위의『한서』「지리지」상의 기록과 같이 염난수와 만나고 안시(성)에서 바다로 들어가는 내용 등 하북성에서의 기록이다. 하지만 앞에서 살펴본 바와 같이『후한서』「군국지」상의 기록과 같이 그 위치 거리는 후대에 조작된 채 요령성 요양에 맞추어져 있다. 여기서 평양이 압록강의 동남쪽에 있다고 기록된 기록을 주류 강단 사학계를 비롯하여 심지어 비주류 강단 사학계나 재야 민족 사학계에서도 이를 현재의 한반도 압록강이나 요령성 요하로 비정하고 있다. 하지만 이는 앞에서 이미 설명하였듯이 분명히 같은 기록인『신당서』「가탐도리기」상의 평양성 기록과 같이 위의『한서』「지리지」상의 마자수인 지금의 하북성 석가장시 호타하의 압록강을 가리키고 여기서 동남쪽은 고구려 초기 도읍지인 흘승골성, 졸본성인 옛 평양성이다. 이러한 압록강의 하북성 호타하의 비정은

> 【사료28】『원사』「지리지」 요양등처행중서성 동녕로
>
> 동녕로(東寧路). 본래 고구려(高句驪) 평양성(平壤城)으로 또한 장안성(長安城)이라고도 하였다. 한(漢)이 조선(朝鮮)을 멸하고 낙랑(樂浪)·현토군(玄菟郡)을 설치하였는데, 이것이 낙랑 지역이었다. 진(晉) 의희(義熙) 연간 후반에 그 왕 고련(高璉)이 처음으로 평양성(平壤城)에 머물렀다[居]. 당(唐)이 고려(高麗)를 정벌할 때 평양(平壤)을 공략하여 그 나라가 동쪽으로 옮겨 압록수(鴨綠水)의 동남쪽 1,000여 리 되는 데에 있었는데, 평양의 옛터가 아니었다. 왕건(王建)에 이르러 평양이 서경(西京)이 되었다. 원(元) 지원(至元) 6년(1269)에 이연령(李延齡)·최탄(崔坦)·현원열(玄元烈) 등이 부주현진(府州縣鎭) 60개 성(城)을 가지고 와서 귀부하였다. 〈지원〉 8년(1271)에 서경을 고쳐 동녕부(東寧府)라고 하였다.

이 기록에서와 같이 옛 고조선의 땅인 낙랑 땅으로써 여기는 평주이자 유주였던 하북성이다. 물론 이곳은 앞선 산동성 졸본성에서 북상한 고구려가 위치한 하북성 고구려 지역이다. 이 하북성에 있는 호타하인 압록수의 동남쪽 1000리에 있는 곳인 비록 방향은 조금 모호하지만 당시의 인식상 동남쪽인 고려 때의 서경은 바로 지금의 요양이다. 이 서경인 요양에서 서북쪽 1,000리에 있는 압록수는 분명 하북성 호타하이다. 이 압록수 또한 지금의 요하로 비정하기도 하지만 이는 잘못이다. 이는 고려 때 서경을 지금의 평양으로 보는 것인데 이에 대하여는 앞에서 입증하여 설명하였듯이 분명히 고려 때 서경은 지금의 평양이 아니라 요령성 요양이다. 이렇게 비정하는 것은 왜곡에 의한 비정으로 주류 강단 사학계의 비정이다. 이러한 사항은 『고려사』「지리지」가 충분히 입증한다. 물론 일제 식민사학은 동녕부를 지금의 평양 일대로 비정하고자 역시 이 평양을 지금의 평양으로 비정하였다. 1269년에 매국노 최탄 등이 고려의 영역 일부를 원나라에게 넘기자 여기에 원나라가 동녕부를 설치한 곳은

【사료54】『고려사』지 권제12 지리3「북계」

원종 10년(1269)에 서북면병마사영(西北面兵馬使營)의 기관(記官) 최탄(崔坦)·삼화현(三和縣)의 교위(校尉) 이연령 등이 반란을 일으켜 유수(留守)를 죽이고 배반하여 서경과 여러 성(城)을 바쳐 몽고(蒙古)에 귀부하였다. 몽고는 서경을 동녕부(東寧府)라 하고 관리를 두어 자비령(慈悲嶺)을 경계로 삼았다. 충렬왕 16년(1290)에 원(元)나라에 귀부하였던 서경과 여러 성(城)을 마침내 다시 서경유수관으로 하였다. 공민왕 18년(1369)에 만호부(萬戶府)를 설치하였다. 뒤에 평양부(平壤府)라 고쳤다.
~

이 서경에 설치한 동녕부는 자비령을 경계로 삼은 곳으로 이곳은 고려의 서경유수관이었다. 이 서경유수관은

【사료450】『고려사』 권3 세가 권제3 성종(成宗) 9년 9월 990년 9월 7일 (음) 기묘(己卯)

왕이 서경을 순시한다는 교서를 내리다

상에 서경이 웅도 평양이고 요성이라는 기록과 고려 시기의 왕들의 순시 기록들에 의하면 분명히 요령성 요양이다. 그리고 동녕부의 경계인 자비령 또한 일제 식민 사학자들이 왜곡하여 지금의 황해도 수안으로 비정하였지만 이곳은 요령성 본계 사산령 지역이다. 이곳 서경으로 고구려가 당나라와의 전쟁 시 잠시 옮기기 전의 평양성과 관련된 압록수가 있던 곳은 이곳 서경인 요령성 요하에서 서북쪽인 지금의 하북성 호타하이다. 이 호타하가 있는 곳은

【사료25】『통전(通典)』「변방」 '동이 하 고구려'

대요수는 말갈국 서남산에서 나와 남으로 흘러 안시현에 이른다. 소요수는 요산에서 나와 서남으로 흘러 대양수와 만난다. 대양수는 나라의 서쪽에 있다. 새 밖에서 나와 서남으로 흘러 소요수로 흘러간다. 마자수는 일명 압록수이다. 물이 동북 말갈의 백산에서 나온다. 물의 색이 기러기 머리색을 닮았기 때문에 속되게 부른 이름이다. 요동에서 5백 리 떨어져 있다. 국내성 남쪽을 지나 서쪽으로 흘러 염난수와 만나 두 물이 합하여 서남으로 흘러 안평성에 이르러 바다에 들어간다. 고구려에서 이 강이 제일 크다. 물결이 이는데 푸르고 맑으며, 나루터마다 큰 배가 서 있다. 그 나라에서 이를 천참(천연요새)으로 여긴다. 강의 너비가 3백 보이고, 평양성 서북 450리에 있다. 요수 동남 480리에 있다. (한나라 낙랑군, 현도군 땅이다. 후한 때부터 위나라 때까지 공손씨가 점거하고 있다가 공손연 때 멸망했다. 서진 영가(307~312) 이후 다시 고구려에 함락되었다.~(생략))(생략)

이 기록상에 기록된 곳으로 이곳의 대요수, 소요수, 마자수, 안시현은 앞에서의 【사료22】『한서』「지리지」 1. 유주 ⑨ 현토군(玄菟郡)상에

기록된 곳이다. 하지만 여기에도 일부 기록에 후대의 조작이 이루어 졌지만 나머지 대부분의 기록은 원래의 사서와 같은 하북성 유주 지역의 내용이다. 분명히 원래의 압록수인 마자수는 요하와 더불어 흘러 결국 서안평, 안평성(현), 안시현에서 만나 바다로 흘러 들어간다. 모든 기록은 하북성 기록을 하여 놓고 정작 압록수 위치 관련 기록만 방향과 함께 평양성의 서북 450리, 요수 동남 480리 떨어진 것으로 기록하였다. 물론 중국사서상에 평양성이 압록수인 마자수가 450리 떨어진 것으로 기록된 것은 모두

> 【사료35】『삼국사기(三國史記)』 권 제20 고구려본기 제8 영양왕(嬰陽王) 二十三年秋七月
>
> 을지문덕이 살수에서 수의 군대에 대첩을 거두다 (612년 07월(음))
>
> 가을 7월에 살수(薩水)에 이르러 군사가 반쯤 강을 건넜을 때 아군이 뒤에서 후군을 공격하니 우둔위장군 신세웅(辛世雄)이 전사하였다. 이에 여러 군대가 함께 무너져서 걷잡을 수 없게 되어 장수와 사졸들이 달아나 돌아가는데, 하루 낮 하룻밤에 압록수에 도달하였으니 450리를 행군하였다.

이 기록에 의한다. 물론 여기서의 압록강은 지금의 하북성 호타하이고 압록강까지 450리 출발점은 고구려 평양성 인근의 살수에서이다. 살수대첩에서 참패한 후 일부 살아남은 병력이 450리를 행군하여 압록강에 도착한 것을 기록하였다. 물론 이 살수는 동쪽으로 건넌 살수이고 이곳 고구려 평양성은 하북성 평주에 장수왕이 천도한 평양성으로써 이곳에서 수당전쟁을 치렀다. 이곳은 하북성 보정시 만성구이다. 이곳은 압록수이자 마자수인 호타하에서는 석가장시 기준으로 보면 동북쪽이다. 즉 평양성에서 석가장시의 호타하는 서남쪽이다.

물론 호타하는 중국 산서성 흔주시 번치현(繁峙縣) 태희산(泰戱山) 고

산 일대에서 발원하여 산서성과 하북성을 두루 돌아 흐르므로 발원지를 기준으로 하면 평양성은 동남쪽, 평양성에서 이곳 호타하는 서북쪽이 되어 사료상의 방향과 맞게 된다. 하지만 앞서 살펴보았듯이 『수경주』에서 패수의 흐름 방향이 실제와는 맞지 않듯이 『수경주』에서의 마자수 즉 압록수로 비정되는 백랑수를 비롯한 모든 하천과 『한서』「지리지」상의 대요수, 소요수, 마자수 등의 물의 흐름 기록은 하북성에서의 하천은 물론 요령성에서의 하천의 흐름과 맞지 않는다. 이는 기록상의 오류로 판단된다.

그러나 마자수이자 압록수인 호타하의 경우 하북성 중부와 산서성 북부 사이에서 발원하여 서남쪽으로 흐르다가 남쪽으로 흘러 다시 동남쪽으로 흐르다가 다시 동쪽으로 흘러 소위 서안평, 안평현, 안시현으로 흐르는 등 소위 한 바퀴를 도는 흐름을 보이기 때문에 그 방향 기록에 착오가 생기게 된다. 즉 어느 한 부분만을 보면 이쪽으로 흐르기도 하고 저리 흐르기도 한다.

마찬가지로 어느 쪽을 기준으로 보느냐에 따라 그 방향도 달라진다. 다음 기록은 『만주원류고』와 마찬가지로 여러 사서를 인용한 채 모두 참고하여 종합적으로 기록한 사서로 참고한 여러 중국사서의 혼란성으로 인하여 마찬가지로 일부 오류가 있는 등 정사보다는 신뢰성에 있어서 평가를 받지 못하지만 중국사서의 기록과 역사 인식의 방향 등을 살펴볼 수 있다는 점에서 참고할 만한 사료인 『한원』이다.

【사료367】『한원(翰苑)』 번이부 고려(蕃夷部 高麗)

〈한서지리지〉가 말했다.: 현도군 서개마현의 마자수는, 서북쪽으로 흘러 염난수에 들어가서, 서남쪽으로 서안평에 이르러 바다에 들어간다. 두 군郡을 지나며, 2천1백 리 흘러간다. 응소는 "마자수는 서쪽으로 흘러 염택에 들어간다."고 말했다. 〈고려기〉가 말했다.: 마자수는, 고[구]

> 려에서는 엄수라고도 하며 지금 이름은 압록수다. 그 나라에 내려오는 이야기에 이르길, '물줄기는 동북 녘 말갈국 백산에서 비롯돼 나온다. 빛깔이 오리 대가리를 닮았고, 때문에 흔히 압록수라 부른다'고 한다. 요동[성]에서 5백 리 떨어져 있다. 국내성 남녘을 지나며, 또한 서녘에서 한 물줄기와 합치는데 바로 염난수다. 두 물줄기가 흐름을 합쳐 서남쪽으로 흘러 안평성에 이르러 바다로 들어간다. 고[구]려 가운데 이 물줄기가 가장 크고, 맑고 시원하게 물결이 일며, 지나는 곳 나루터마다 큰 배가 모여 있다. 그 나라는 이 물줄기를 천참天塹으로 믿어 기댄다. 지금 살피니, 그 물줄기 넓이는 3백 걸음이고 평양성에서 서북쪽 450리에 있다. 도刀는 작은 배다. 〈시경〉이 말하길, "누군가가 하의 넓음을 말했노라. 일찍부터 도刀는 받아들이지 않았노라."고 했다.

이 사료상에도 마찬가지로 중국사서의 오류와 혼란상을 그대로 보여주고 있다. 특히 마자수 즉 압록수를 고구려 시조 추모대왕이 동부여를 탈출하여 건넌 엄사수, 엄수, 엄리대수를 엄수라 비정하였지만 본 필자는 이를 오류라고 본다. 또한 이 마자수이자 압록수인 하천이 평양성에서 서북쪽 450리에서 450리라는 숫자가 나온 것은 이미 확인하였듯이 수나라의 고구려 공격 시 압록수 내지는 요수를 건너고 다시 동으로 건넌 평양성 인근의 살수에서 참패한 후 일부 잔여 병력이 이곳에서 450리 거리의 압록수에 도착하였다는 기록에서 전해진 것이다. 하지만 450리에 대한 방향은 기록에 나오지 않는다.

하지만 당시의 전쟁 경로 및 당시의 고구려 평양성의 위치는 장수왕이 천도한 평주의 평양성으로 지금의 하북성 보정시 만성구로 비정하는 곳이다. 이곳은 마자수이자 압록수인 호타하의 발원지에서 보면 동남쪽으로 사료상의 방향인 동남쪽과 일치하지만 중심부인 석가장시에서 보면 서북쪽으로 사료상의 방향과 맞지 않는다. 하지만 통상 방향은 중심부를 기준으로 하는 것이기 때문에 당시 이 평양성은 중심부인 석가장시에서 보면 서북부인 것으로 사료상의 방향과 맞지 않는다. 따라서 이 사료상의 방향인 호타하의 중심부인 석가장시 북부에서 동남쪽은 고구려 초기 도읍지인 졸본성으로 비정되는 산동성 덕주시 평원현을 가리킨다. 따라서 결론은 중국사서의 기록자들이 고구려 평양성의 위치에 있어서 거리는 수나라 전쟁 기록을 기준으로 삼았고 방향은 이미 확인하여 살펴보았듯이 다음 사료인,

【사료30】『신당서(新唐書)』「가탐도리기」

영주에서 출발하여 안동도호부로 가는 길

영주(營州) 서북쪽 100리는 송형령(松陘嶺)이라고 하고 그 서쪽은 해(奚)이며 그 동쪽은 거란(契丹)이 떨어져 있다. 영주(營州)에서 북쪽으로 400리를 가면 황수(湟水)에 이르고 영주(營州)에서 동쪽으로 180리를 가면 연군성(燕郡城)에 이른다.
또한 (연군성으로부터 동쪽으로) 여라수착(汝羅守捉)을 지나서 요수(遼水)를 건너면 옛날 한국(漢)의 양평성(襄平城)이었던 안동도호부(安東都護府)에 이르기까지 500리이다. (안동도호부에서) 동남쪽으로 평양성(平壤城)까지 800리이고, (안동도호부에서) 서남쪽으로 도리해구(都里海口)까지 600리이며, (안동도호부에서) 서쪽으로 옛 중곽현(中郭縣)이었던 건안성(建安城)까지 300리이며, (안동도호부에서) 남쪽으로 압록강(鴨淥江) 북쪽에 있는 옛 안평현(安平縣)이었던 박작성(泊汋城)까지 700리이다.
안동도호부(都護府)로부터 동북쪽으로 옛 개모성(蓋牟城)과 신성(新城)을 지나고 또한 발해(渤海)의 장령부(長嶺府)를 지나는 등 1500리를 가면 발해(渤海)의 왕성(王城)에 이르는데 발해왕성은 홀한해(忽汗海)를 내려다보고 있다. 발해왕성의 서남쪽 30리는 옛 숙신성(肅慎城)이고 발해왕성(其)의 북쪽으로 덕리진(德理鎭)을 지나서 남흑수말갈(南黑水靺鞨)까지 1000리이다.

【사료29】『요사』「지리지」

동경도

> 해주 남해군
> 해주(海州) 남해군(南海軍)이 설치되었으며 절도를 두었다. 본래 옥저국(沃沮國) 지역이며 고구려 때 비사성(沙卑城)으로 당나라 이세적이 공격하였던 곳이다. 발해는 남경남해부(南京南海府)로 불렀다. 돌을 쌓아 성을 만들었는데 너비가 9리나 된다. 옥주(沃州) 청주(晴州) 초주(椒州) 등 3주를 관할하였다. 옛 현은 옥저(沃沮) 취암(鷲巖) 용산(龍山) 빈해(濱海) 승평(昇平) 영천(靈泉) 등 여섯인데 모두 폐지되었다. 태평(太平) 연간(1021~1031)에 대연림(大延琳)이 반란을 일으켰을 때 남해성(南海城)을 굳게 지켜 1년이 지나도록 함락시키지 못하였는데 별부 추장이 모두 사로잡히자 비로소 항복하였다. 그리고 나서 반란군을 모두 상경(上京)으로 이주시켜 천료현(遷遼縣)을 설치하였다. 택주(澤州)의 백성을 옮겨 채웠다. 호구수는 1,500이며, 관할 주는 2개이고, 관할 현은 1개이다.
> ①임명현(臨溟縣)
> ②요주(耀州)에는 자사를 두었다. 본래 발해의 초주(椒州)이며 옛 현은 초산(椒山)·초령(貂嶺)·사천(澌泉)·첨산(尖山)·암연(巖淵) 등 다섯인데 모두 폐지되었다. 호구수는 700이며 해주(海州)에 예속되었다. 동북쪽 200리에 해주가 있다. 관할 현은 하나이다.
> 암연현(巖淵縣) 동쪽으로 신라와 경계하고 있다. 옛날 평양성이 현 서남쪽에 있다. 동북쪽 120리에 해주가 있다.

이 사료상의 기록과 같은 인식에 의하여 기록한 것이 기준이 되어 이후 모든 중국사서가 이를 바탕으로 기록하였다고 판단된다. 즉 이 두 사료상에서 가리키는 평양성 내지는 옛 평양성이 산동성 덕주시 평원현에 위치한 고구려 초기 도읍지 흘승골성, 졸본성이다.

중국 사서상의 평양성은 하북성 평양성과 산동성 평양성이 있다. 산동성 평양성은 위의 두 기록에 의하여 대표적으로 입증이 된다. 산동성 평양성은 고구려 초기 도읍지인 졸본성이다.

앞에서 살펴보았듯이 이곳 남단에 패강이 있던 것을 이를 패수로 한 채 『사기』 및 『한서』상에 위만조선과의 경계에 있던 패수 인근의 위만조선의 왕험성에 고구려가 평양성을 두고 있음으로 하여 후의 중국사서에서는 이 같은 혼용된 인식하에 고구려 평양성에는 모두 남단에 패수가 있는 것으로 기록하였다. 『신당서』「고구려전」 등의 평양성 남단에 패수가 있는 것은 그리한 것이다. 이러한 혼돈된 인식은 고구려의 평양성과 압록수와의 방향과 위치에도 그대로 나타난다. 당나라 시기의 고구려 평양성은 분명히 하북성 보정시 만성구에 있어 압록수인 호타하의 중심부인 석가장시 기준으로 보면 분명 평양성은 압록수(강)의 동북쪽에 있다. 동남쪽은 졸본성이다. 그런데도 위의 【사료25】 『통전(通典)』 「변방」 '동이 하 고구려' 기록은 한반도의 평양과 한반도 북부의 압록강 그리고 요령성 요하로 비정하게끔 없던 방향과 수치를 기록하였다. 이것이 이렇게 위치를 왜곡하려고 조작한 기록이라고 하는 것은 원래의 사서기록에 없던 방향과 다른 사서에는 일체 없던 요수와의 거리 수치가 있는 것에 의하여 입증된다. 즉 같은 시기 즈음에 편찬된 사서인 위의 『한원』 기록은 원래의 수치에 없던 방향을 나타내어 하북성 고구려 평양성이 아닌 산동성 고구려 졸본성을 나타내고는 있다. 이는 조작 기록이 있는 『통전』보다 이후에 편찬된

【사료37】『무경총요』 1044년 권22 압록수

압록수, 고구려高句麗國의 서쪽에 있다. 수원은 백산白山이다. 물색이 압두(鴨頭 오리머리)와 같고 요동에서 5백 리 떨어져 있다. 고구려에 있다. 이 하천이 가장 크며 물이 맑고 천참天塹이 된다. 강폭은 3백 보이고 평양성 서북 450리에 있다. (압록)수는 동남쪽 20리쯤에서 갈라져서 신라국新羅國의 흥화진興化鎭에 도달한다. : 황토암 20리 서북에서 (요나라 초기) 동경까지 850리이다. 남쪽 해변까지는 60리이다.

에도 같이 이것밖에 기록되지 않는 것에 의하여도 입증된다. 그럼에도 불구하고 후의 기록에도 없는 압록수의 요수와의 거리와 방향을 새로 넣는 것은 의심대로 그 위치를 왜곡하고자 후대에 조작하여 삽입한 것으로밖에 볼 수 없다.

지금까지의 사서기록을 살펴보고 확인한 바에 의하면 다음과 같은 사항을 파악할 수 있다.

1) 이미 앞에서 고조선과 낙랑군과 관련하여 중국사서상에 우리 민족 고대 국가인 고조선 고구려와 관련된 위치 비정이 원래 하북성 호타하 지방이었다가 요수 등 고대 지명의 위치 개념 이동과 중국 당나라 시대 이후의 소위 '춘추필법'에 의한 왜곡된 위치 변경 그리고 요나라 시대(916~1125) 이후 행정기관 및 명칭 이동에 따라 현재의 요하 지방으로 옮겨졌다는 것을 확인할 수 있었다. 따라서 이러한 사실을 파악하고 중국사서상의 위치를 파악하여야 함에도 고려시대 『삼국사기』와 『삼국유사』 편찬자들도 이러한 위치 개념과 역사 인식이 혼돈되어 있었음을 알 수 있었다.

이후 유교에 의한 그것도 주자학 일변도의 중국 모화 사대주의 사상의 지배하에 조선시대를 거쳐 실학자들도 한반도로 끌어들였다. 이러한 것을 일제 식민지 사학자들이 식민사학 논리에 이용하여 '한반도 고착화'라는 식민사학을 완성하기에 이르렀던 것임을 확인할 수 있었다. 그렇다면 설사 이전에는 그랬다 하더라도 해방 후 77년이 지난 지금에도 이러한 위치 변경 개념과 역사 인식의 부족으로 제대로 된 위치 비정을 역량상 못 한다고 볼 수 없다. 이는 기존의 식민사학을 유지하고 여기서 벗어나면 매장당하는 카르텔이 우리 역사학계에 형성되어 새로운 연구 진행을 못 하거나 안 하는 것이 명백한 것이라는 것을 알 수 있다. 이 사항이 제일 중요하다.

2)고구려의 시조인 추모대왕의 부모가 만난 『삼국사기』상의 압록강을 주류 강단 사학계는 그들의 전통적인 압록강 비정대로 지금의 한반도 북부의 압록강으로 비정하고 있다.
3)하지만 이 압록강은 당시 중국사서상의 부여와 고구려의 위치 기록 등과 당시 마자수이자 압록수와 관련된 소요수, 대요수, 갈석산, 안평현 등의 위치에 의하여 원래의 압록수이자 마자수이자 청하로 불렸던 현재 하북성 호타하로 비정된다.
4)이 압록강은 『한서』「지리지」, 『수경주』, 『통전』상에 기록된 하북성 호타하이다. 이 압록강은 고구려에 이어 통일신라로 이어진 다음 고려에 그대로 전달된 채 고려시대에는 청하로 불리면서 여기서부터 천리관성 및 소위 서희 강동 6주(8성)가 세워지는 곳이다.
5)고구려 추모대왕이 부여를 탈출하면서 건넜던 하천에 대하여 『삼국사기』는 '엄사수(개사슈)'로 당시 압록강 동북쪽에 있는 것으로 하였고, 『삼국유사』는 '엄수'로써 잘 모르는 것으로 기록하고 있다. 광개토대왕 비문상에는 엄리대수로 기록되어 있다.
6)반면 중국사서는 명확히 대수라고 일관되게 기록하고 있다.
7)이 '엄사수' 내지는 '엄수'를 중국의 청대 학자 심흠한은 당시의 압록강 즉 요하로 보고 있다.
8)이 고구려 추모대왕의 하천인 『삼국사기』의 '엄사수(개사슈)'에 대하여 주류 강단 사학계는 종래에는 이병도의 송화강으로 비정하였다.
9)그러나 현재에는 맞지 않는 문제로 종래에 비정해 오던 이병도의 송화강이나 대표적인 일제 식민 사학자 시라토리 구라키치의 혼강이나 북한 리지린의 지금의 요하 등으로 비정을 못 하는 이유를 중국사서가 부여의 동명왕이 건넌 강과 동일하다는 이유로 송화강 등으로 비정을 못 하고 일본인 학자의 칸자키 마사루의 논리를 이용하여 별다른 비정을 안 하고 있다.

10) 이는 회피적인 변명으로 중국사서는 부여 동명왕이 건넌 하천과 고구려 추모대왕이 건넌 하천을 분명 구분한 채 이를 대수라고 기록하고 있다.

11) 이 하천은 역사상 이후에 백제 시조 비류와 온조가 이 하천인 대수를 다시 건너 백제를 건국하였다.

12) 이 고구려 시조 추모대왕과 백제의 시조 비류와 온조가 건넌 하천이 모두 같은 대수임에도 이 백제의 같은 대수 하천에 대하여 주류 강단 사학계는 그들이 비정한 백제의 한반도 위치만을 감안하여 지금의 임진강으로 비정하고 있다. 이는 위의 고구려 추모대왕의 하천 비정과 맞지 않는다.

13) 더군다나 백제의 시조 비류와 온조가 이 대수와 같이 건넌 패수에 대하여는 주류 강단 사학계는 지금의 예성강으로 비정하고 있다. 이는 패수에 대한 전통적인 주류 강단 사학계의 비정인 청천강, 대동강 등과 맞지 않는다. 이는 자기모순이다.

14) 백제의 시조 비류와 온조가 대수와 같이 건넌 하천인 패수는 바로 패수에 있어서 두 번째 패수로써 산동성 고구려 평양성인 졸본성 남단을 흐르는 하천으로 대수와 같은 흐름으로 산동성에서 흐르는 하천으로써 이는 서쪽 백제의 북쪽을 흘러 동쪽의 고구려 졸본성 남쪽을 흘러 다시 동쪽의 신라 북쪽으로 흐르는 패수이자 패하이자 패강이다.

15) 『삼국사기』는 고구려의 초기 도읍지인 졸본의 위치를 북진 의무려산 아래 의주인 현토군 경계지방이라고 기록하였고, 『삼국유사』는 『삼국사기』와 마찬가지로 현토군 경계지역인 졸본주, 대요 의주 경계지역의 흘승골성이라 하였는가 하면, 신라 초기 말갈이 습격하고 경계로 삼고 나중에 발해와 경계로 한 니하가 있는 말갈에 연접한 산동성 고구려 평양성 졸본성이라고 하였다.

16) 마자수이자 압록수인 하북성 호타하의 동남쪽 450리에 평양성이 있었다고 기록하였다.
17) 이 평양성은 산동성의 고구려 첫 도읍지 졸본성이다.
18) 이 산동성 졸본성을 중국사서들은 하북성 고구려 평양성으로 오인하여 기록하고 있다. 당시 고구려의 수도는 하북성 평양성이다.
19) 고구려는 나당연합군에 의한 고구려 공격 시 잠시 압록강(수)인 호타하 동남쪽 1,000리 즉 고려시대 서경인 지금의 요양으로 잠시 도읍을 옮겼다가 멸망하였다.
20) 당나라의 안동도호부는 처음 고구려의 평양성이었던 하북성 장수왕의 평양성에 설치되었다.
21) 이와 같은 사실은 『후한서』 및 『삼국지』를 비롯한 모든 중국 정사 사서는 물론 『삼국사기』 및 『삼국유사』에 의하여 입증된다.

> 모든 기록을 제대로 해석하면 그 위치는 한반도가 아닌 하북성과 산동성이다. 중국사서는 역사적 활동 위치를 변경하여 기록하였다.
> 원래의 위치인 하북성에서 요령성으로 옮겨 기록하였다.
> 또한 실제로 중국은 수많은 지명을 아예 옮겨버렸다.
> 이러한 사실을 인식하고 중국사서를 해석하여야 하는 것이 당연한데도 『삼국사기』이래로 고려 및 조선시대 그리고 일제 식민사학 그리고 현재 주류 강단 사학계까지 이러한 경위를 무시한 채 오히려 이를 한반도로 왜곡하였다.

물론 다른 사실들도 있지만 이에 대하여는 앞에서 이미 전부 자세히 확인하였다. 여기서는 일단 논하고자 하는 범위 내에서의 중요한 부분만을 다시 확인하고자 한다.

앞에서 상세히 분석하여 살펴보았듯이 같은 『삼국사기』 「지리지」 상의 【사료51】 『삼국사기(三國史記)』 「잡지 지리」 '고구려' '고구려 초기

도읍 흘승골성과 졸본'상의 졸본 위치에 대한 기록을 왜곡되기 전의 원래 위치로 해석한다면 어느 정도 제대로 확인할 수 있다. 즉 이 기록상의 의무려산은 왜곡되어 옮기기 전인 지금의 하북성과 산서성 사이에 있는 태행산맥이고, 요나라 동경은 하북성 보정시 일대, 요수는 동경을 지나 요수를 의주를 건넌다고 하였듯이 지금의 호타하 북부의 자하로, 연경은 즉 연나라 수도는 사서상의 연군 그리고 계현과 탁군과 같은 곳으로 이곳은 유주 지역으로써 지금의 석가장시 서북부, 의주 지역 경계지역 즉 연계 경계지역은 바로 고구려가 나중에 대방고지 땅인 지금의 산동성 덕주시 지역과 경계지역으로 제대로 해석한다면 『삼국사기』의 고구려 첫 도읍지인 흘승골성 즉 졸본에 대한 위치 기록은 정확하다.

그런데도 주류 강단 사학계는 대표적으로 요나라 동경을 지금의 요령성 요양으로 비정한 채 중국의 역사왜곡을 따르면서도 정작 고구려의 첫 도읍지인 졸본 즉 흘승골성이 이 동경을 지나 서쪽으로 요수를 건너 하루 이틀에 도착하는 요나라 의주에 있다고 하는 『삼국사기』와 『삼국유사』상의 기록을 따르지 않고 이보다 동쪽인 요령성 환인에 비정하고 있다. 이러한 비정도 잘못에 잘못을 저지르는 것 즉 왜곡을 따르면서도 다른 사안에는 이렇게 왜곡을 따른 것도 무시한 채 따르지 않는 것이지만 원래의 잘못인 왜곡을 따른 요나라 동경을 요령성 요양으로 비정한 것은 먼저 분명히 잘못이다. 요나라 동경은 요령성 요양이 아니라 하북성 평주라는 것을 다음 기록이 증명해 준다.

【사료29】『요사』「지리지」

한나라 말기에 공손탁(公孫度)이 점거하여 아들 공손강(公孫康)을 거쳐 손자 공손연(公孫淵)은 스스로 연왕(燕王)을 자칭하고 소원(紹漢)이라는 연호를 사용하였다. 위(魏)나라가 멸망시켰다. 진(晉)나라가 고려(高麗 ; 고구려)

를 함락시켰고, 나중에는 모용수(慕容垂)에게 귀속하였다. 아들 보(寶)는 고구려왕 안(安 ; 광개토왕)을 평주목(平州牧)에 임명하여 거주케 하였다. 원위(元魏 ; 북위) 태무제(太武帝)가 그들이 거주하는 평양성(平壤城)에 사신을 보냈으니, 요(遼)나라 동경(東京)이 바로 이곳이다. 당(唐)나라 고종(高宗)이 고구려를 평정하고 여기에 안동도호부(安東都護府)를 설치하였지만, 나중에 발해(渤海)의 대씨(大氏)가 차지하였다.

고구려 장수왕이 천도한 평양성이 있는 평주 땅이다. 평주는 앞에서도 설명하였듯이 진나라 시기에 석가장시 서북부에 있었던 유주가 확장됨으로써 이를 나누어 설치한 것으로 축소 시에는 석가장시 북부, 확장 시에는 이곳에서부터 하북성 정주시까지를 그 영역으로 하고 있었다.

【사료16】『진서』「지리지」 '평주', '유주'

평주는 생각건대 우공의 기주 지역이며, 주나라의 유주이며, 한나라의 우북평군에 속했다. 후한 말에 공손도가 스스로 평주목을 칭했다. 그의 아들 공손강과 강의 아들 공손연이 모두 제멋대로 요동에 의거하니 동이 9종이 모두 복속하였다.

【사료251】『진서(晉書)』卷十四 志 第四 地理上 惠帝卽位, 改扶風國爲秦國

(惠帝卽位, 改扶風國爲秦國 ~) 滅燕之後, 分幽州置平州, 鎭龍城, ~

연나라를 멸망시키고 난 후 유주를 나누어 평주를 설치하고 용성을 지켰다.

이 평주는 기주에 속하였던 유주를 나누어 설치한 것이다. 이곳은 공손씨가 활동한 요동군 양평 지역이다. 이곳은 공손씨가 활동하다가 조조의 위나라에 죽임을 당한 대요수 인근에 있는 나중의 고구려 요동성으로써 지금의 하북성 석가장시 행당현이다. 이곳 남쪽에 삼연 즉 선비족 국가인 전연, 후연, 북연의 수도였던 용성이 지금의 하북성 석가장시 정정현에 있었다. 이 평주 지역에 있었던 지역을 나누어 설치한 유주는 원래 기주를 나누어 하북성 석가장시 서북부에 설치하였다.

【사료29】『요사』「지리지」

〈서문〉
제(帝) 요(堯)는 천하를 가지런히 하여 9개의 주(州)로 하였다. 순(舜)은 기주(冀)와 청주(青)의 땅이 커서 유주(幽) 병주(幷) 영주(營)로 나누어 12주(州)로 하였다. 유주(幽州)는 발해(渤)와 갈석(碣)의 사이에 있고, 병주(幷州)는 북쪽으로 대군(代)과 삭방(朔)이 있으며, 영주(營州)는 동쪽으로 요해(遼海)에 미친다.

이곳 기주는 지금의 태행산맥을 기준으로 나누어 산서와 산동으로 한 것에서 산서성이 된 이곳에 설치한 유주이다. 이곳은 지금의 산서성과 하북성 경계에 있었다. 이것이 확장되자 이곳에 평주를 설치하였다. 평주를 지금의 진황도시나 그 동쪽으로 비정하는 것은 역사 조작이다. 평주는 현재 이곳 하북성 호타하시 동북부로부터 가장 넓게는 지금의 하북성 정주시 인근까지가 그 지역 범위이다. 보정시 인근까지도 아니다. 이 유주 내지는 평주에 있었던 요동군의 치소이자 공손씨의 양평성은 나중에 고구려의 수당전쟁 시 요동성이 되었다가 당나라가 고구려를 멸하고 처음에 고구려 도읍이었던 하북성 평양성에 안동도호부를 두었다가 요동군의 옛 성으로 옮겼다는 두 번째 안동도호부를 둔 곳이다. 그러다 발해가 이곳을 차지하게 된다. 따라서 위의 기록은 요나라 동경의 위치, 공손씨의 활동지역, 장수왕의 평양성의 위치, 발해의 위치 등을 모두 밝혀주는 기록이다. 그래서 우리 주류 강단 사학계는 예전의 조선시대 유학자들과 일부 실학자들이 고의로 무시하여 회피하였던 바와 같이 『요사』와 『요사』 지리지를 『금사』, 『원사』와 더불어 오류가 많다는 등의 이유로 무시한 채 회피하고 있다. 물론 이전의 조선시대 유학자들과 일부 실학자들이 무시하여 회피한 이유는 오랑캐 들이 쓴 것으로 중국 정사에 어긋난 기록이 많다는 이유였다. 이러한 이유는 중국 정사가 그들의 소위 '춘추필법'에 의한 우리 고대사를 왜곡한 것을 그대로 따르겠다는 의지의 표현이고, 이러한 왜곡을 따르는 것을 방해하는 사료 등은 취급하지 않는다는 의미이다. 물론 일부 오류가 있을 수 있지만 오류와 가공의 수준은 가히 『일본서기』를 따를 수 없다. 비교 자체가 안 되는 것이지만 우리 주류 강단 사학계는 『일본서기』는 따르면서 『삼국사기』는 의심하고 『요사』는 배척한다. 이는 일본 식민 사학자들의 행태와 일맥상통한다. 결국은 일본의 식민사학에 방해가 되기에 배척한다. 더군다나 왜곡된 인식에 의하여 해석함으로써 이에 대한 신빙성이 떨어진다고 하는 것이지, 사실은 모든 중국사서를 면밀히 제대로 해석하면 이들 사서가 위의 사서들의 신빙성을 입증하고 있다.

> 『삼국사기』가 기록한 졸본성의 위치인 요나라 동경은 왜곡시킨 요령성 요하 인근이 아니라 하북성 평주이고 이 평주가 당연히 하북성임은 모든 사서기록이 입증한다.
> 이 평주에 고구려가 도읍하였다는 것도 기록에 의하여 입증된다. 그럼에도 주류 강단 사학계는 이를 부정함은 물론 자기들 논리에 방해가 되는 사서인 『요사』 등은 배척하고 유리한 사서인 『일본서기』는 오히려 편애한다.

이렇게 『요사』가 고구려 장수왕이 천도한 것으로 『삼국사기』가 기록한 평양성 위치는 중국 명·청대 이후의 사학자들과 우리나라 고려 및 조선시대 유학자들과 일제 식민 사학자들 그리고 현재 주류 강단 사학계가 비정하는 한반도 평양도 아니고 명·청대 이전, 당나라 이후 중국 사학자들과 『삼국사기』가 비정하는 요령성 요양도 아닌 원래의 모든 중국사서들과 『요사』, 『금사』, 『원사』들이 비정하는 하북성 지방이다. 물론 이 평양에의 도읍은 중국사서가 불명확하게나마 광개토대왕 내지는 장수왕이 천도한 것으로 기록한 이것이 처음이 아니라, 그 이전의 247년 동천왕 21년 평양, 343년 고국원왕 13년 평양성 동쪽 (동) 황성, 427년 장수왕 15년 평양성, 586년 평원왕 28년 평양 장안성으로의 천도 등 장수왕 이전에 두 차례, 장수왕 이후 장수왕 포함 두 차례 도합 네 차례 이루어진 것으로 『삼국사기』는 기록하고 있다. 물론 주류 강단 사학계는 313년 한반도 평양에 낙랑군이 설치되어 313년 중국 요서 지방으로 교치되어 옮기는 것으로 하기 때문에(물론 낙랑군은 평양에도 없었고 313년에 옮기지도 않았거니와 더군다나 한반도에서는 옮기지 않았다.) 그 이전에 평양으로 천도한 247년 동천왕 21년의 평양 천도를

> 註 002
> 평양성(平壤城) : 이 기사의 평양성 위치에 대해서는 현 북한 평양설(채희국, 25~26쪽 ; 정찬영, 14쪽; 손영종, 153~154쪽), 현 북한 자강도 강계설(이병도, 373쪽; 徐永大, 114~137쪽). 현 지안시 동대자(東台子)유적설(魏存成, 33쪽), 현 지안시 양민지역설(張福有, 14~15쪽; 임기환, 252쪽), 환런[桓仁] 지역 나합성설(조법종, 188~194쪽), 현 집안현성[국내성]설(심광주, 181쪽; 김희선, 154~155쪽; 여호규, 76쪽, 강진원, 211~213쪽; 기경량, 254~260쪽) 등이 있다.
> 현 북한 평양설은 북한학계의 주류 견해인데, 당시는 북한 평양 지역에 낙랑군이 존재하고 있었으므로 수용하기 어렵다. 여러 견해 중 현 지안시 평지성인 집안현성[국내성]이 다수의 지지를 받는 견해이다. 그런데 현재 남아 있는 이른바 국내성에 대한 지금까지의 성벽 및 성 내부 발굴조사 결과 3세기 후반 이상으로 올라가는 유적을 찾기 힘들다. 이 때문에, 동천왕 때에 과연 현존 국내성의 성벽이 축조되었는지에 대해서는

> 의문이 남아 있다. 성벽 축조는 인정하지 않더라도 현 국내성 일대가 도읍으로서 거주지가 되었다는 점은 인정할 수 있다고 본다. 그리고 '평양'이란 이름은 고구려왕의 장지명인 동양(東壤), 중양(中壤), 서양(西壤), 호양(好壤)이란 지명에서 유추하자면 집안 일대의 너른 평지를 가리키는 뜻으로 해석할 수 있을 것이다. 동천왕 21년(247)의 평양성 위치에 대한 논란에 대해서는 권순홍, 5~14쪽 참조.

라고 해설하여 부인한 채 여전히 국내성으로 비정하는 한반도 북부 길림성 집안시 일대로 비정하고 있다. 이에 대하여는 앞에서도 언급하여 비판한 바 있듯이 이 해설상에도 나타나 있는 바와 같이 그들의 기본적 논리인 '낙랑군 평양설'에 어긋나기 때문에 이 평양을 한반도 평양으로도 비정하지 못하고 다른 곳으로 비정한다. 주류 강단 사학계의 많은 사람들이 고구려 국내성이 있다고 하는 현 길림성 집안시로 비정하는 것이다. 이곳에는 당시 유적·유물이 전혀 발굴되지 않는데도 불구하고 그들의 논리이자 교리만을 보호하고자 하는 것이다. 이는 변명 회피 논리이다. 그들의 절대 교리인 '낙랑군 평양설'을 보호하기 위해서이다. 아니 이것 때문에 이곳에 오게 하지를 않는다. 이렇게 하니 또 문제가 생긴다. 이곳이 같은 평양 천도 기록상에, **"평양은 본래 선인(仙人) 왕검(王儉)의 땅이다."**라는 기록이 있기 때문이다. 이것은 '낙랑군 평양설'상의 기본 논리 구조 속에 들어가 있다. 즉 한반도 평양에 고조선 왕험성이 있었고 위만이 이를 찬탈하였다가 여기에 낙랑군이 세워진다는 것이다. 그런데 이 평양 즉 왕험성을 '낙랑군 평양설'을 보호하기 위하여 다른 곳에 비정하면 그 낙랑군도 그곳에 따라가야 한다.

그런데 이를 보고만 있을 전문가들이 아니다. 그래서 들고 나온 것이 주류 강단 사학계의 '낙랑군 평양설'을 비판하면서 재야 민족 사학계가 내세운 논리인 너른 평지라는 보통명사 이론을 길림성 집안시 일대로 한정한 채 도입하여 이용하였다. 즉 항상 주류 강단 사학계는 제대로 비정하지 못한 채 왜곡되어 엉뚱한 곳에 비정하다 보니 어긋나게 되어 있고 이것을 변명 논리로 일관하다 보니 말을 어렵게 하는 것이 그들의 주특기이다. 그래서 웬만한 전문가가 아니면 그 말을 잘 이해하지 못한다. 그들은 이것을 또 이용하는 것이다. 못 알아듣는 것을 원한다. 전문가들이 이야기하는 것을 몰라야 잘못된 것도 모르고 따르기 때문이다.

위의 주류 강단 사학계의 비정은 결국 이 이야기이다. 동천왕 평양 천도는 한반도 평양으로 천도한 것이 아니다. 왜냐하면 그곳에는 낙랑군이 있기 때문이다. 천도한 평양은 집안시의 너른 평지를 가리키는 것으로 이곳도 평양이라고 불렸다고 한다. 모두 거짓이다. 고구려가 천도한 평양은 모두 한 곳이다. 그곳은 한반도 평양도 아니고 집안시도 아니다. 그리고 낙랑군은 이 한반도 평양에 없었다. 이것이 진실이다. 어느 사서에 어느 근거에 의하여 집안시의 너른 평지를 평양이라고 하였다는 것인가. 그리고 고구려가 옮긴 수도 평양이 길림성 집안시, 한반도 평양 등 여러 속에 위치한다는 것은 어느 근거에 의한 것인가. 밝혀야 한다. 그리고 두 번째 평양 천도인 343년 고국원왕 13년 평양성 동쪽 (동)황성에 대하여도,

> 註 018
> ~ 平壤을 國內 즉 지금의 集安으로 여기고 黃城을 그 동쪽에 있는 지금의 중국 길림성 東台子遺蹟으로 본다. 그러나 평양을 지금의 자강도 강계로 보고 동황성은 그곳에 있는 성명이라 여기는 견해도 있다(이병도, 《한국고대사연구》, 박영사, 1976, 370~373쪽 참조). 또는 이것을 지금의 평양으로 볼 가능성을 제기하기도 한다(차용걸, 「고구려 전기의 도성」, 《국사관논총》 48, 1993).

또 다른 곳으로 보고 있는 것이 다수설이다. 또한 마지막 586년 평원왕 28년 평양 장안성으로의 천도에 대하여는, 『삼국사기』상에 평양

장안성이라 하지 않고 장안성이라고만 하였기 때문에 이에 대한 해설은 없다. 하지만 중국사서인 『신당서』상에,

> 그 나라의 임금이 살고 있는 곳은 平壤城으로 長安城이라고도 부르는데, 漢代의 樂浪郡

라는 기록에 평양성과 같은 것으로 하여 있는 것에 대하여,

> 註 167
> 平壤城 : 高句麗가 首都를 平壤으로 옮긴 것은 長壽王 15年(427)의 일로 이때의 都城은 지금의 平壤市가 아니라 그 東北인 大城山城과 그 아래 소위 安鶴宮址로 비정된다. 이후 陽原王 8年(552)에 長安城을 수축하고, 平原王 28年(586)에 이 長安城으로 首都를 옮겼는데, 이곳이 지금의 平壤市로 비정된다.

라고 해설을 붙여 이제서는 같은 한반도 평양으로 비정하고 있으면서 지금의 평양시로 보고 있으며 이전의 장수왕의 평양성은 평양시가 아니라 그 이웃인 대성산성과 안학궁지로 비정하고 있다.

이는 중국사서와 우리나라 『삼국사기』 및 『삼국유사』의 모든 기록과 배치된다. 중국사서는 물론 『삼국사기』상의 수당과의 전쟁 시 기록상의 임유관, 마수산, 살수, 안시성 등 모든 성과 하천 그리고 위치 등은 모두 필자가 입증하였듯이 하북성을 나타내고 있다. 이곳에 있던 고구려 평양성을 공격하기 위해서이다. 그리고 분명히 앞에서도 살펴보았듯이 고구려의 첫 도읍지인 졸본 즉 흘승골성에 대하여 『삼국사기』 및 『삼국유사』는 북진 의무려산 아래 의주 경계이자 현토군 경계지방이라고 기록하였고, 중국사서들은 고구려 발상지를 현토군 대요수라고 기록하고 있어 하북성 내지는 하북성과의 경계지방인 산동성을 나타내고 있다.

한편 중국사서 중 『요사지리지』는 해주 남해군 암연현 서남쪽에 옛 평양성이 있다고 하였고, 『신당서』 「가탐도리기」 역시 평양성인 졸본성을 산동성으로 기록하고 있다. 특히 졸본인 흘승골성이 "**在大遼醫州界, 대요 의주 경계지역에 있다.**"고 (주류 강단 사학계의 국사편찬위원회 한국사 데이터베이스상에는 '대요 의주 지역'에 있다고 해석함)한 '대요 의주 지역'은 현토군 지역으로 이곳은 하북성으로써 비록 산동성은 아니지만, 대요 의주 경계지역은 현토군 경계지역으로 하북성 경계지방인 산동성 경계지방으로 산동성 덕주시가 포함되는 것으로 엄격히 다르다. 이러한 점을 알고 그랬는지 아니면 오류로 그랬는지 모르나 경계지역이라고 하여야 당연한 기록을 같은 지역 내로 표현하였다.

이는 앞에서 ■三國志 魏書 30 東夷傳 高句麗상의 기록인 "**高句麗在遼東之東千里**"를 "고구려는 요동의 동쪽 천 리에 있다."라고 해석하여야 할 것을 ("高句麗는 遼東의 동쪽 천 리 밖에 있다."고 해석하는 것과 같은 맥락이다.) 하는 한편,

---

【사료94】『삼국유사』卷第一 제1 기이(紀異第一) 말갈(靺鞨)과 발해(渤海)

졸본성은 땅이 말갈에 연접해 있다

또 ≪동명기(東明記)≫에 이르기를, "졸본성(卒本城)은 땅이 말갈 (혹은 이르기를 "지금의 동진(東眞)이다."라고도 한다.)에 연접하고 있다."라고 하였다. (신)라(羅) 제6대 지마왕(祗摩王) 14년(을축(乙丑))에는 말갈군사가 북쪽 국경으로 크게 몰려와서 대령책(大嶺柵)을 습격하고 니하(泥河)를 건넜다.

이 졸본성이 신라 초기 신라 북쪽에 있어 신라와 백제를 괴롭히던 말갈과의 경계인 니하가 있는 곳임을 기록하고 있어 위의 고구려 초기 도읍지인 졸본성 즉 옛 평양성이 산동성에 있는 것으로 기록한

【사료30】『신당서(新唐書)』「가탐도리기」상의 초주, 【사료29】『요사』「지리지」 동경도 해주 남해군상의 초주가 있는 암연현, 【사료37】『무경총요』1044년 권22 압록수상의 압록수 동남쪽 450리 등과 『삼국사기』 및 『삼국유사』는 북진 의무려산 아래 의주 경계이자 현토군 경계지방 기록들이 산동성 덕주시를 가리키고 있다.

물론 그 수치 기록은 하북성 고구려 평양성이고 그 방향은 산동성 고구려 평양성인 졸본성 기록이다. 또한 이곳 졸본성 즉 흘승골성 동쪽은 역시 마찬가지로 【사료30】『신당서(新唐書)』「가탐도리기」상의 "오목도와 패강구와 초도를 지나면 신라의 서북쪽", 【사료29】『요사』「지리지」 동경도 해주 남해군상의 "암연현 동쪽으로 신라와 경계", 【사료94】『삼국유사』卷第一 제1 기이(紀異第一) 말갈(靺鞨)과 발해(渤海) 졸본성과 신라의 말갈과의 경계 니하 기록에 의하여 신라가 여기에 있음을 증거하고 있다.

이렇게 하북성 남부 및 산동성 북부에서 건국된 고구려가 언제 어떻게 한반도 평양으로 도읍을 옮길 수 있다는 것인가. 더군다나 『삼국사기』는 평양성을 비록 고려의 서경이었던 요령성 요양으로 비정하고 있지만 중국사서인 『통전』, 『요사』, 『원사』 등은 하북성 평주에 평양성이 있었음을 분명히 기록하고 있는데 무슨 근거로 고구려의 평양성을 길림성 요양 내지는 한반도 평양에 비정한다는 것인가. 『삼국사기』의 평양성 기록상으로 평양성을 한반도 평양으로 비정하는 근거인 고려 서경 및 대동강은 『고려사』 기록상 분명히 요령성 요양이며 대동강 역시 이곳에 있었던 강이 한반도 평양으로 옮겨졌다.

이는 사서기록을 조금만 연구하여도 알 수 있는 것인데도 이를 수용하지 않는 것은 고의에 의한 왜곡이다. 이와 같이 고구려의 첫 도읍지 및 다른 도읍지인 평양성의 위치를 확인하면서 『한서』「지리지」 등의 현토군 그리고 『수경주』 등의 요수, 마자수 등의 기록에 의하면 사서기록상의 압록강(㊀)은 한반도 압록강이 아니고 하북성의 마자수이자 압록수였던 호타하임은 당연히 알 수 있는 사실이다. 그런데도 우리 주류 강단 사학계에서는 이러한 사실을 알고도 감추는지 아니면 학문적 자질이 없어 연구하지 못하였는지, 아니면 기존 주류 학설인 식민사학에 벗어나지 않으려고 벗어나면 매장당하기 때문에 못 하는지 이에 대한 연구 내지는 이에 따른 역사 재정립이 이루어지지 않고 있다. 고구려를 지금의 압록강 북부에 위치해 있는 것으로 놔두어야 한다.

> 주류 강단 사학계는 사서기록상 장수왕 이전에도 평양으로 천도하였다는 기록이 있는데도 이도 부정하고, 그 평양도 하북성 평주 지역임에도 이를 부정하고, 졸본성은 사서기록상 옛 평양으로써 산동성 졸본성을 나타내는데도 이를 인식하지 못하거나 고의로 무시하여 부정하고 있다.
> 또한 『삼국사기』상의 평양은 왜곡되었어도 요령성 요양인데도 관련 기록을 왜곡하여 한반도 평양으로 비정하고 있다.

현재 주류 강단 사학계는 우리 고대사에 대하여 원천적인 잘못을 저지르다 보니 모든 것이 엉망이 되어버리는 것이 현재 주류 강단 사학계의 현실이며 이러한 것을 고치려고도 하지 않는다. 고칠 수가 없다. 단지 식민사학에 의한 일제 강점기 학자들과 동북공정에 의한 중국 학자들의 연구 결과만 그대로 따르고 있다. 이러한 연구와 사고에는 일률천편적인 역사적 사고가 자리 잡고 있기 때문이다. 고대의 지명은 불변이라는 개념을 가지고 있다. 그러면서도 이 같은 기록을 또 왜곡하여 일정한 논리에 맞추어 해석하고 있다. 앞에서 본 필자가 반복해서 강조하여 설명하였고 이것이 우리 고대사 정립에 가장 중요한 인식이고 인식 전환이라고 하였지만 우리나라 고대 국가와 관련된 지명과 명칭은 중국사서상 그 위치가 변하여 왔으므로 그 명칭의 위치가 여러 개이다. 대표적인 것이 요수이고 여기에 따른 요동의 개념 변화, 평양, 패수 그리고 여기에 압록강도 포함된다. 이미 본 필자가 위의 【사료368】『삼국사기(三國史記)』권 제13 고구려본기 제1 시조 동명성왕(東明聖王) 一年 '동명성왕이 고구려를 건국하다(기원전 37년 (음))'에 대한 국사편찬위원회의 데이터베이스상의 주석 '註 022'에 대하여 본 필자 주를 붙인

> 본 필자 주)
> 【사료506】『동사강목』부록 하권 「마자수고(馬訾水考)」 [안정복(安鼎福)]
>
> 《고려사》 지리지에는, "압록강은 일명 청하이다." 하였고, 《여지승람》에도 그러하였으니, 모두 잘못을 답습해서 그런 것이다. 청하는 부여성 북쪽에 있다고 이미 말하였으니, 지금 압록강과는 남북이 판연하게 갈려 있다. ~ 대개 옛날 동북쪽의 물은 압록(鴨綠)으로 이름 한 것이 많았던 모양이다. ~

상에 나와 있는 바와 같이, 1778년 탈고한 이 저서에서도 안정복도 압록강이라고 이름 한 것이 많았다고 하면서 압록강 역시 여러 위치를 변하여 옴에 따라 여러 개가 존재함을 알고 있었다. 그럼에도 학문이 발전하고 여러 중국사서를 더 볼 수 있고 많은 연구가 진행되어 왔는데도 이러한 인식을 가지지 못하면서 요수도 하나, 요동도 하나, 평양도 하나, 패수도 하나라는 인식을 가지고 있는 것이 현재의 주류 강단 사학계인 것이다. 아니면 알면서도 일제로부터 내려와 자신들이 승계한 논리가 무너질까 봐 고의로 거부하고 있는 것이라고 해석할 수밖에 없다.

그리고 이 마자수이자 압록수를 청하라고 하였다는 『동사강목』과

註 022 해설상에 소개한 『고려사』 「지리지」 기록은 이미 소위 강동 6주(8성)와 안시성을 살펴보면서 확인하였듯이,

【사료54】『고려사』 지 권제12 지리3 「북계」

안북대도호부
인주
인주(麟州)는 본래 고려의 영제현(靈蹄縣)이다. 현종 9년(1018)에 인주방어사(麟州防禦使)라 불렀다. 〈현종〉 21년(1130)에 영평진(永平鎭)의 주민을 옮겨 이곳을 채웠다. 고종 8년(1211)에 반역(叛逆)이 일어나 사인(舍仁)으로 강등시켰다. 뒤에 지군사(知郡事)로 고쳤다. 옛날 장성(長城) 터가 있다【덕종 때에 평장사(平章事) 유소(柳韶)가 쌓은 것으로, 인주의 압록강이 바다로 들어가는 곳에서부터 동계(東界)의 화주(和州) 바닷가까지 이른다.】.

의주
의주(義州)는 본래 고려의 용만현(龍灣縣)으로, 또 화의(和義)라고도 부른다. 처음에 거란(契丹)이 압록강의 동쪽 언덕에 성(城)을 쌓고 보주(保州)라고 불렀는데, 문종대에 거란이 또 궁구문(弓口門)을 두면서 포주(抱州)라고 불렀다【파주(把州)라고도 한다.】. 예종 12년(1117)에 요(遼)나라 자사(刺史) 상효손(常孝孫)이 도통(都統) 야율녕(耶律寧) 등과 함께 금(金) 병사를 피해 바닷길로 들어오면서 우리의 영덕성(寧德城)에 문서를 보내어 내원성(來遠城)과 포주(抱州)를 우리에게 귀속시키니 우리 병사가 그 성(城)에 들어가서 병장기 · 재물과 곡물을 수습하였다. 왕이 기뻐하며 의주방어사(義州防禦使)로 고치고 남쪽 지방의 인호(人戶)를 데려다가 그곳을 채웠다. 이때에 다시 압록강(鴨綠江)을 경계로 관방(關防)을 설치하였다. 인종 4년(1126)에 금(金)도 역시 의주를 우리에게 귀속시켰다. 고종 8년(1221)에 반역(叛逆)이 일어났다 하여 함신(咸新)으로 강등시켰다가 얼마 후에 예전대로 복구하였다. 공민왕 15년(1366)에 목(牧)으로 승격시켰다. 〈공민왕〉 18년(1368)에 만호부(萬戶府)를 두었다. 별호(別號)는 용만(龍灣)이다. 압록강(鴨綠江)이 있다【마자수(馬訾水) 혹은 청하(靑河)라고도 한다.】.

이 압록강 즉 마자수 혹은 청하로부터 고려가 천리관성을 쌓고 이곳 인근에 소위 강동 6주(8성)가 설치되는 곳이고, 이 청하 인근에 있었던 청천강인 살수에서 고구려 을지문덕 장군이 수나라를 상대로 살수대첩을 일으킨다. 청천강은 한반도 청천강이 아니라 이 압록강이자 마자수인 청하의 지류이다. 그 명칭 자체가 이를 신빙성 있게 해준다. 이곳은 앞에서 설명하면서 입증하였듯이 내원성이 있는 곳으로

【사료29】『요사』「지리지」

동경도
보주 선의군(保州 宣義軍)
보주(保州) 선의군(宣義軍)이 설치되었으며 절도를 두었다. 고려가 설치한 주이며 옛 현은 래원(來遠) 하나이다. 성종(재위:982~1031)이 고려의 국왕 순(詢 ; 현종)(8대, 재위:1009~1031)이 멋대로 즉위한 것을 문죄하였으나 불복하였다. 개태(開泰) 3년(요 성종 1014)에 보주(保州)와 정주(定州)를 취하였다. 통화 말년(요 성종 983~1011)에 고려가 항복하였는데 그곳(보주 정주)에 각장(榷場 ; 고려 시대에, 지금의 의주와 정평에 두고 거란·여진과 무역하던 장)을 두었다. 동경통군사에 예속되었으며, 주와 군 두 개와 현 하나를 관할하였다. 내원현(來遠縣) 처음 요서 지역의 백성을 옮겨 채웠고, 다시 해(奚)와 한(漢)의 병사 700명을 옮겨 지키게 하였다. 호구수는 1,000이다. 선주(宣州) 정원군(定遠軍)이 설치되어 있으며 자사를 두었다.

요나라 동경 보주 선의군이다. 이곳 내원현도 요서 지역의 백성을 옮겨 채우고, 이곳 옆에 있는 정주 보녕군도

정주 보녕군(定州 保寧軍)
정주(定州) 보녕군(保寧軍)은 고려가 설치한 주이다. 옛 현은 하나로 그 이름은 정동(定東)이다. 성종 통화(統和) 13년(995)에 군으로 승격되어 요서 지역의 백성을 옮겨 채웠다.

고려가 설치한 곳으로 요서 백성을 옮길 만큼 가까운 요서 지역이고,

철주 건무군

철주(鐵州) 건무군(建武軍)이 설치되었으며 자사를 두었다. 본래 한나라 안시현(安市縣)으로 고구려 때는 안시성(安市城)이었다.

현주 봉선군

①봉선현(奉先縣) 본래 한나라 무려현(無慮縣)으로 바로 의무려(醫巫閭)이다. 유주(幽州)의 진산(鎭山)이다. 세종이 요동 장락현의 백성을 나누어 능을 지키는 민호로 삼아 장녕궁에 예속시켰다.
⑤요서주(遼西州) 부성군(阜成軍)을 설치하였는데 중급이며 자사를 두었다. 본래 한나라 요서군(遼西郡) 지역이다.

이곳 인근에는 고구려 국내성이자 환도성인 안시성이 있는 안시현의 철주 건무군이 있고, 그 옆은 지금의 태행산맥이 있는 한나라 시기의 (북진)의무려산이 있는 요서군 지역이다. 여기 (북진)의무려산 아래의 의주 지역에 현토군이 있었고 이 현토군 경계지역에 졸본성이 있었다. 이곳은 하북성 석가장시 인근이고 이 마자수이자 압록수이자 청하는 지금의 호타하이다. 따라서 고구려 당시에는 압록수가 마자수라고도 불렸지만 고려시대에는 청하라고도 불렀다. 그런데도 『동사강목』에서 이 청하를 부여성 북쪽에 있는 것으로 당시 압록강인 지금의 압록강과 다른 것으로 하였다. 그러면서 이 청하가 압록강으로 불리는 이유는 옛날 동북쪽 물은 압록이라고 이름 한 것이 많은 것으로 하고 있다. 이에 대하여 정약용도 같은 의견인 것으로 소개하고 있다.

이것을 주류 강단 사학계가 註 022 해설상에 소개한 이유는 이들이 주장하는 압록강이 지금의 압록강이지 다른 곳『고려사』「지리지」나 『동명왕편』에서 주장하는 청하로 안정복과 정약용의 주장대로 부

여성 북쪽에 있는 것으로 비정한 청하와는 다른 것이라는 근거를 대기 위해서 그리하였다. 그러나 이는 같은 것이다. 단지 기록상의 압록강(수)을 다른 곳으로 왜곡하여 옮겨 비정하는 것이 잘못이다.

따라서 『고려사』「지리지」나 『동명왕편』의 기록은 안정복과 정약용의 주장과는 반대로 오류가 아닌 정확한 것이고 안정복과 정약용의 인식에 오류가 있었다. 이와 같이 특히 정약용의 경우 우리 고대 역사 활동무대를 모두 한반도로 비정한 역사 인식은 가히 문제가 심각한 것으로 일제 식민사학을 능가하는 오류투성이인 것이 본 필자의 여러 사항에 의한 판단이다. 더군다나 정약용이 같이 의견을 모은 안정복의 청하가 부여성 북쪽에 있다고 한 것은 역사 인식이 잘못되었거나 역사 지식수준이 낮음을 알 수 있다. 통상적으로 지금도 주류 강단 사학계로 말미암아 부여에 대한 인식이 잘못되었다. 안정복과 정약용도 마찬가지이다.

> 고구려 졸본성의 위치 비정상 중요한 압록강은 하북성 호타하이다.
> 이것이 변하여 여러 압록강으로 나타나고 있다.
> 이러한 사실을 모르거나 무시한 채 모든 사서기록상의 압록강을 한반도 압록강으로 비정하는 것은 심각한 수준의 역사 인식이다.
> 마찬가지로 요수도 하나, 요동도 하나, 평양도 하나,
> 패수도 하나라는 인식이나 이를 모두 요령성 내지는
> 한반도로 비정하는 것은 심각한 오류이다.
> 안정복과 더불어 정약용의 역사 인식 문제가 심각한 수준이다.
> 현재 주류 강단 사학계는 고의성이 있어 더 심각한 문제이다.

통상적으로 고구려에 대한 비정을 한반도 북부에 비정하는 관계로 부여를 이 고구려의 북쪽 송화강 인근으로 비정하고 있다. 하지만 부여는 고구려와 마찬가지로 하북성과 산서성 그리고 산동성에 걸쳐

있었다. 이러한 부여에 대한 설명은 잠시 후에 자세히 하고자 한다. 『삼국사기』의 편찬자들은 유화부인과 관련된 하천인 압록이 있는데도 주몽이 나중에 동부여를 탈출하면서 건넌 하천인 엄사수에 대하여 당시 압록강 동북쪽에 있다고 주석한 것은 결국 만약 압록강이 고주몽 당시인 고구려시대나 『삼국사기』 편찬 시기인 고려시대에도 한가지이면 현재의 주류 강단 사학계의 비정의 문제점과 같이 유화부인의 동부여 소재 압록보다 동부여를 동남쪽으로 탈출하여 건넌 엄사수 즉 압록이 동북쪽으로 위쪽에 있다는 모순이 있는 기록으로 편찬한 것이 된다.

만약 고려시대 편찬 시에도 압록이 여러 개 즉 고구려시대와 고려시대 압록이 서로 다르게 존재한다는 인식이 있었다면 이에 대한 해설이 엄사수에 대한 해설처럼 있어야 할 것이었다. 하지만 없다는 것은 이러한 인식 없이 일정한 압록이 존재한다는 인식하에 단지 엄사수는 편찬 당시 고려시대의 압록 동북쪽에 있고, 유화부인의 압록도 마찬가지로 부근에 있었다고 인식하였던 것이 된다. 하지만 앞에서 살펴본 대로 인하대 고조선 연구소의 연구 결과와 같이 유화부인의 압록상의 '록(淥)' 자와 주몽의 엄사수에 대한 주석상 압록상의 '록(綠)' 자를 다르게 표기하여 구분하였고, 위치 오류를 범할 리가 없으며 별도로 달리 해석이 없는 것으로 보아 압록이 여러 개 존재하였던 사실과 함께 유화부인의 압록강은 지금의 요령성 요하로, 주몽의 엄사수에 대한 주석상 압록강 동북쪽에 있다는 압록강은 현재의 한반도 북부 압록강 동북쪽에 위치한 어느 강으로 인식하였는지도 모른다.

하지만 이는 『삼국사기』 자기 기록상 내용과 모순되는 사항이다. 자기 부모는 요령성 요하 인근에서, 주몽은 이곳에서 동쪽에서 남쪽으로 내려왔다는 것은 모순이다. 이는 『삼국사기』 편찬자들이 이 같은 사건이 실제로 일어난 하북성과 산동성에서의 기록을 요령성으로 가져오면서 혼돈을 일으킨 채 제대로 파악하거나 맞추지 못하고 비정한 것이다. 그런데도 현재의 주류 강단 사학계는 이보다 못한 역사 인식으로 이를 한반도 압록강으로 비정하여 앞에서 살펴본 대로 우리 고대사를 혼미 속으로 빠트리고 있다.

중국사서 기록상 마자수인 압록수에 대하여는 앞에서 상세히 살펴보았다. 압록수이자 마자수를 기록한 중국사서와 우리나라 사서는 『한서』「지리지」, 『통전』, 『한원』, 『신당서』「고구려전」, 『고려사』「지리지」 등이다. 고구려 이전부터 압록수와 마자수는 같이 불렸다. 그동안 우리 고대사에 있어서는 우리 고대 국가의 활동 영역 위치와 관련된 지표로 여기는 관계로 패수, 요수, 요동 그리고 이와 관련된 소위 연 5군과 한사군(한이군)이 논란이 되어 왔다. 물론 일제 식민사학은 그렇다 치고 해방 후 77년이 지난 동안 우리나라 역사의 통설을 주도하는 현재의 주류 강단 사학계가 왜곡과 조작을 하지 않고 제대로 우리 고대사를 펼친다면 논란의 여지도 없지만 역사적 진실 내지는 사실과 다르게 역사를 정립하는 까닭에 논란이 되어 왔다. 하지만 우리 역사를 제대로 밝힐 진정한 지표는 압록수(강)이다. 우선 이 마자수이자 압록수인 이 하천 인근에서 부여 즉 (본)부여가 있었다가 일부 세력은 동쪽으로 이동하여 동부여가 되었고, 일부 세력은 북으로 이동하여 북부여가 되었으며, 일부 세력은 남으로 내려가 졸본부여를 형성하게 되었다.

고구려 시조 추모대왕의 부모인 해모수와 유화부인은 이 본부여가 있었던 압록수이자 마자수인 지금의 하북성 호타하에 있어 추모대왕과 같이 있다가 추모대왕이 이곳에서 남하하여 졸본부여가 있는 북쪽의 엄사수(개사수)이자 엄리대수이자 대수인 지금의 산동성 마협하를 건너서 졸본부여에 와서 이를 접수한 채 이곳 졸본에 도읍을 정하고 고구려를 건국하였다. 이후 북상하여 원래의 고향인 (본)부여가 있고 (본)

부여의 종주국인 고조선이 있었던 하북성 지역인 압록수이자 마자수인 지금의 하북성 호타하 동북부 지역을 '다물정신'에 의하여 회복하여 진출한 후 이 압록수 인근의 소요수와 대요수 인근을 그들의 탄생지이자 근거지인 소위 '자몽지야'로 위치하고 있었던 선비세력과 함께 이 인근에 설치된 요동군을 비롯하여 한나라 군현인 현토군, 낙랑군을 두고 다투었다. 이러한 압록수가 후대 중국의 역사가에 의하여 요령성 요하 내지는 인근 강으로 왜곡 조작 변경되더니 나중에는 다른 여러 사항의 왜곡 조작 위치 비정과 마찬가지로 한반도 압록강으로 변함으로써 모든 우리 고대 국가의 역사적 활동 무대가 한반도로 왜곡 비정되었다. 그럼에도 불구하고 이러한 왜곡과 조작을 비판하는 비주류 강단 사학계마저도 역사적 사실과 다르게 압록수가 왜곡 조작되어 옮긴 사실을 파악하지 못하고 이 압록수가 요령성 요하 내지는 인근 강에서 시작하는 것으로 하고 있다. 또 다른 역사왜곡이다.

【사료507】『자치통감(資治通鑑)』卷一百八十一　隋紀五　煬皇帝　(大業八年 (612) 五月 壬午)

'班志(반고(班固)가 지은 한서(漢書)의 지리지)는 현도군 서개마현에 마자수가 있다'고 했고 '신당서는 마자수가 말갈의 백산에서 나오는데 색이 오리 머리와 비슷하다 해서 압록수라 한다. 평양성이 압록수 동남쪽에 있다. 金나라인들은 압록수를 혼동강이라 한다'고 했으며 '두우는 이르기를 압록수 너비는 300보이며 평양 서북쪽 450리에 있고 요수 동남 480리에 있다'고 했다.

이 기록에서 알 수 있듯이 이 압록수이자 마자수는 원래『한서』「지리지」상 현토군의 마자수로서 하북성에 위치하였다가 이후 이동하여 현재의 요수 내지는 요수 인근의 혼강을 지칭하고 있다. 앞에서 살펴본 요수와 마찬가지로 그 위치를 변경하여 달리한다. 또한 이 기록으로 보아도 설사 마자수라 불린 이 압록수의 원래 마자수가 『한서』「지리지」상 현토군의 기록대로 원래 위치인 하북성으로 기록되어 있는 대로 그 위치 비정은 제대로 하지 못하더라도 이 기록상으로도 마자수는 압록수이고 그 압록수는 요·금나라 사람들은 혼동강으로 지금의 요하라고 하였음을 알 수 있음에도 압록수가 지금의 압록강이라고 비정하는 것은 잘못이다. 그런데 이『자치통감』역사서는 북송(960~1127)의 사마광이 1084년에 찬술했다. 즉 해당 시기의 역사서가 아니라 후대의 기록이다. 이는 인용하여 해설하였듯이 두우의 『통전』즉 당나라(618~907)의 두우가 801년 편찬한 기록을 그대로 인용하였다.

이『통전』의 이 기록 즉 압록수 기록에 대하여는 상세히 설명하였다. 압록수의 위치와 관련된 거리 수치는 후대인 당나라 이후의 조작이 있었다. 이는 이를 그대로 인용하여 기록한 후대의 이 기록에 나타난 것에 의하여도 입증된다. 이 기록은『통전』의 이 기록 즉 압록수 기록과 같으나 단지 압록수를 혼동강으로 기록한 것이 다르듯 후대에 첨가한 기록이다. 이 기록은 다른 여러 사항과 마찬가지로 우리 고대사와 관련된 많은 지명과 하천, 산 등이 원래의 위치에서 왜곡되어 변하여 동쪽으로 이동되었다는 것을 단적으로 보여주고 있다.

즉『한서』「지리지」상의 현토군 서개마현의 마자수 즉 말갈의 백산에서 나온다고 해서 압록수라 불리는 하천은 금나라인들이 혼동강이라고 부르기 전에 하북성에서 소요수와 대요수가 만나 지금의 하북성 형수시 안평현으로 들어가는 호타하이다. 백산은 말갈 족속 중 백산말갈의 근거지인 산서성 대동시 영구현 태백산(Taibai Mountain. 太白山)이고 이 백산을 수원지로 하는 곳 즉 현재 중국 보정시 서부, 대동시 남부, 삭주시 동부, 석가장시 북부로써 네 도시의 가운데 위치인 중국 산서성 흔주시 번치현(繁峙縣)의 태희산(泰戱山) 고산 일대에서 발원하는 것이 마자수이자 압록수인 호타하이다. 이 호타하 발원지 인근에 연나라가 있었고 이곳 북쪽에 부여가 동쪽에 고조선이 있었고 이곳에 소위 한사군(한이군)이 들어섰고 다시 이곳 인근에 고구려가 북상하여 도읍하였고 이곳에서 수당전쟁이 벌어졌고 이 호타하인 청하 지류인 청천강에서 살수대첩이 있었고, 이곳을 신라가 차지하였다가 고려에 물려주어 고려에서는 이곳 압록수 즉 청하가 시작되는 곳에 소위 강동 6주(8성)를 설치하는가 하면 천리관성을 설치하였고 이 호타하 인근에서 귀주대첩이 있었다.

이러한 압록수를 요령성 요하 그리고 다시 한반도 압록강으로 왜곡 이동시킴으로써 위의 모든 역사적 활동과 사실이 한반도로 옮겨지게 되었다. 이렇게 됨으로써 유화부인의 압록을 지금의 압록강으로 비정하고『삼국사기』편찬자들이 고려시대 당시의 압록강 동북쪽에 있다고 한 추모대왕이 탈출하면서 건넌 엄사수를 지금의 압록강 동북쪽에 있다고 한 관계로 이를 송화강이라고 하여 유화부인의 압록강과 그 위치가 역으로 잘못 비정하는 잘못을 저질렀다. 이에 따라 고구려는 원래의 위치에서 벗어나 현재의 혼강 유역에서 도읍을 정하였고 이곳에 한나라 군현인 현토군이 있었다고 하는 식민지 사관 논리를 주창하고 있는 것이 우리 역사학계의 현실이자 주류 강단 사학계의 논리이다.

【사료56】『삼국유사』「흥법」'순도조려'

살펴보면, 고구려 때의 도읍은 안시성(安市城), 일명 안정홀(安丁忽)로서 요수(遼水)의 북쪽에 위치해 있었고, 요수는 일명 압록(鴨淥)으로 지금은 안민강(安民江)이라고 한다. 송경(松京)의 흥국사의 이름이 어찌 [이곳에] 있을 수 있겠는가?

그러나 중국사서 기록상의 압록수를 단 한 가지로 하여 이를 지금의 압록강이라는 주류 강단 사학계를 비판하면서도 이 사료가 가리키는 압록수를 현재의 요하 내지는 위의 『자치통감』 기록과 연관시켜 만주의 혼동강으로 해석하고 있는 비주류 강단 사학계와 재야 민족사학계의 비정은 역사적 인식 부족을 드러낸 또 다른 역사왜곡이다. 이 기록이 가리키는 것은 하북성의 마자수이자 압록수인 호타하이다. 특히 안시성이 압록수인 호타하 북쪽에 있다는 것은 앞에서 입증하였듯이 위의 『삼국유사』 기록에서도 북쪽에 있다고 하였다. 물론 요수와 압록수를 같이 보고는 있다. 하지만 이는 이미 앞에서 입증하여 설명한 바와 같이 중국사서가 수나라와 당나라의 하북성 고구려 공격 시 기록에서도 이를 같이 보고 기록한 것에 따른다.

따라서 여기서의 요수는 하북성 압록수도 되고 대요수로써 요수인 지금의 하북성 자하도 된다. 당시 안시성은 안평현, 서안평현과 같이 취급되어 하북성 압록수와 요수 북쪽에 위치한 안시현에 위치하고 있었던 것이고 이를 기록하였다. 현재 주류 강단 사학계가 비정하는 요령성 해성시 영성자산성인 안시성은 압록수라고 하는 요하의 북쪽이 아닌 동쪽에 있다. 그러므로 비주류 강단 사학계의 압록수 비정은 오류이다. 더군다나 주류 강단 사학계가 압록수로 비정하는 현재의 압록강과는 안시성이 멀리 떨어져 있다. 동쪽도 북쪽도 아니다. 따라서 주류 강단 사학계의 압록수와 안시성 비정은 오류이다. 아니 이는 오류가 아니라 일제 식민사학 제일의 논리인 '낙랑군 평양설'에 맞추기 위하여 고구려를 현재 주류 강단 사학계가 비정하는 한반도 압록강 북부로 비정하기 때문에 어쩔 수 없이 비정한 조작이다.

그러나 이러한 주류 강단 사학계의 일제 식민사학 추종을 위한 압록수 왜곡보다 더 잘못은 이를 비판하면서 또 다른 왜곡을 하는 비주류 강단 사학계이다. 앞에서 살펴본 바와 같이 『신당서』 「고구려전」이나 『통전』, 「고구려전」 등의 사서기록상의 압록수 기록상에 일부 오류와 조작이 있지만 이를 주류 강단 사학계의 한반도 압록강으로 비정하는 것을 비판하면서도 이를 요령성 요하 내지는 인근 강으로 비정하는 것은 또 다른 왜곡이다.

> 주류 강단 사학계의 잘못된 압록수 비정을 비판하면서도 이를 왜곡된 요령성 요하와 한반도 압록강으로 비정하는 비주류 강단 사학계나 재야 민족 사학계도 왜곡을 비판하면서 또 왜곡하고 있다. 이는 왜곡을 더 악화시키는 왜곡이다.

이 사서기록은 물론 『원사』, 「지리지」, 『고려사』, 「지리지」 등 모든 중국 정사 및 우리 사서기록상의 압록수는 요령성의 요하가 아니라 하북성의 호타하이다. 물론 『삼국사기』, 「고구려본기」상의 수당전쟁 시의 압록수는 물론 『수서』나 『당서』상의 수당전쟁 시의 압록수도 하북성 호타하이다. 물론 명·청대 이후의 중국사서는 이 압록수를 요하 내지는 요하 인근의 강으로 왜곡하여 위치 이동시켰으나 이전의 사서기록상의 압록수는 모두 하북성 호타하이고 이는 고려시대의 기록까지 이어졌다. 이 고려시대의 기록이 오히려 이를 입증하는 증거가 된다.

그리고 이 두 번째 압록수인 요하 내지는 인근 강이 세 번째 압록수인 지금의 압록강으로 변하는 것은 연구 결과에 의하면, 청나라 시기에 편찬된 『성경통지』, 「장백산도」 초간본과 3차본의 바뀐 사항인 지금의 혼동강이 지금의 압록강으로 오늘날 길림성의 합달령의 장백산이 오늘날 백두산으로 바뀐 것을 알 수 있어 이때 바뀐 것으로 확인된다. 강원대학교 사학과 남의현 교수에 의하면 여러 사료와 그 사료의 내용을 연구한 바에 의하면, 수나라 이후 명·청시대 전까지의 압록수는 현재의 요하를 가리키는 것으로 확인하였다. 이후 현재의 압록강 이남으로 우리 조선국의 영토가 한정된 이후 압록강이 현재의 압록강으로 확정되었다고 한다.

이는 명백한 오류로 또 다른 역사왜곡이다. 이는 압록강의 위치뿐만 아니라 고구려의 위치와 수당전쟁의 위치도 요령성 요하로 비정하는 오류를 범하는 것이다. 남의현 교수를 비롯한 인하대학교 고조선 연구소의 복기대 교수 등은 우리 민족의 활동 위치가 하북성이고 이를 중국사서가 기록하고 있으며 하물며 『고려사』까지 기록하고 있음을 모르거나 간과하고 있다는 점에서 아쉬움을 본 필자는 가지고 있다. 이러한 점은 윤내현 교수도 마찬가지로 한민족 국가의 역사적 활동 위치를 중국사서상 옮긴 후의 위치를 기준으로 삼아 우리 고대 역사를 정립하였는데 이는 잘못이며 오류라고 지적하는 바이다. 하지만 그동안 비주류 강단 사학계의 연구 성과는 해방 후 77년 동안 주류 강단 사학계의 연구 실적이 없는 것과는 달리 그 성과는 77년 동안 이루지 못했던 커다란 성과이다.

인하대 고조선 연구소와 이 대학 융합고고학과 교수인 허우범 교수의 연구에 의한 논문 「고려말 조선초 서북 국경선 연구(2020.06.30.)」에 의하면 조선 후기까지도 현재의 압록강이 압록수 내지는 압록강으로 지칭하지 않았다고 한다. 가령 조선 후기 안정복의 '대동지지'나 청나라의 공식 요청에 서양 학자들이 그린 청나라와 우리나라의 영역도인 레지선, 당빌선, 본느선 등에는 우리나라의 영역이 압록강이 아니라 그 이북 지방과 요동반도에 걸쳐 있는 것으로 확인되고 있다고 한다.

고려 말과 조선 초기의 압록수는 만주 지방의 여러 지류인 혼강 등을 지칭하는 것으로 확인되었다고 연구 결과를 내놓았고, 여러 고려 말의 위치를 선정할 수 있는 서경, 동녕부, 자비령, 철령, 위화도, 가도, 파저강, 올라산성을 일제 식민 사학자인 야나이 와타리[箭內亘]의

〈만주 역사지리(1913)〉, 쓰다 소키치[津田左右吉]의 〈조선역사지리(1913)〉 등에 의하여 고의로 조작 비정하여 결국 식민사관인 반도사관을 완성하여 모든 역사적 활동을 한반도 안 내지는 압록강 안으로 구겨 넣은 것을 식민 사학자였던 이병도, 신석호가 계승한 다음 이를 다시 이기백이 이어받아 현재 주류 강단 사학계를 형성하였다고 한다.

이러한 사실이 명백하다고 입증한 것을 연구 발표하였는데도 주류 강단 사학계가 장악한 우리 역사학계는 이를 외면한 채 당연히 해야 할 반론이나 비판도 하지 않고 계속 이전의 논리를 그대로 유지하고 있다. 있을 수 없는 학문 학계가 존재하는 것이 우리 역사학계이다. 이제는 분명 바꿔야 한다. 욕망에 의한 것이 아니라 사실에 의거해서 말이다. 그들 즉 소위 '젊은 역사학자 모임' 일원들이 사이비, 유사 역사학자들이라고 비난하는 본 필자 같은 사람도 각종 사료를 보면 파악할 수 있는 사항 즉 원래의 위치에 있던 것이 결국 옮겨지고 이것을 그들이 비난하는 이념에 의하여 한반도 안으로 옮겨지고 일제 식민지 사관에 의하여 다시 한반도 안으로 고착된 것을 알 수 있는데 전문가로서 몇십 년간 연구한 사람들이 해방 후 77년이 지난 지금까지 파악하지 못했다는 것은 있을 수 없는 일이다. 그 있을 수 없는 일이 우리나라에서 일어나고 있다.

고구려는 물론 백제와 신라 그리고 소위 통일신라 즉 남북조시대의 발해와 신라 그리고 고려와 조선의 영역과 경계는 일본 제국주의 식민학자들이 조작하여 놓은 것을 주류 강단 사학계가 아무런 연구나 이의 없이 그대로 받아들여 계승하여 국사 편찬을 하여 교과서에 나타내고 중국의 동북공정에 대처하고 있어 결국 장래에 문제가 생길 때 한반도의 대부분을 중국의 영토 연고권을 우리 스스로 인정해 주게 된다. 중국과 일본에서는 동북공정 등 교과서 왜곡에 항의하는 우리나라에 현재 이렇게 대처하고 있다고 한다. "당신네 학계가 우리 주장을 그대로 인정해 주고 주장하고 있는데 무슨 이야기를 하느냐. 해방 전에는 몰라도 77년이 지난 지금도 그때와 변함없이 우리가 주장하는바 그대로 한다."

> 현재 주류 강단 사학계는 연구에 의하여 명백히 밝혀진 압록강, 고려 및 조선의 영역 사실에 대하여도 반론하지 않고 인정도 하지 않으면서 그들의 논리를 바꾸지 않는다.

한편 『삼국사기』와 『삼국유사』는 수당시대 이전의 기록들 즉 『한서』 「지리지」들의 기록인 하북성 위치 기록을 인용하여 전하면서도 혼돈스러운 '춘추필법' 및 위치 변경에 의한 개념에 따라 요령성 요하 인근으로 일부 비정하고 있다. 하지만 그래도 기자조선을 빌미로 한반도로 끌어들인 소중화 사대주의 사상에 의하여 한반도로 비정하는 당시 인식에 대하여는 동의하지 못하면서도 혼돈스러워하여 "알 수 없다", "혼돈스럽다"를 토로하는 역사 저술 태도를 보이고 있다.

이것이 본 필자의 결론이고 이것이 우리 민족국가의 고대 국가 역사적 활동에 대한 중국사서와 우리나라 사서의 정답이다. 이상으로 살펴본 바에 의하면 하북성에 있었던 우리 고대 국가와 관련된 모든 지명이 지금의 요하와 요양 지방으로 옮겨진 것과 마찬가지로 하북성에 있었던 고구려가 나당연합군의 고구려 공격 시 이 사서기록과 같이,

> 【사료28】『원사』「지리지」 요양등처행중서성 동녕로
>
> 동녕로(東寧路). 본래 고구려(高句驪) 평양성(平壤城)으로 또한 장안성(長安城)이라고도 하였다. 한(漢)이 조선(朝鮮)을 멸하고 낙랑(樂浪)·현토군(玄菟郡)을 설치하였는데, 이것이 낙랑 지역이었다. 진(晉) 의희(義熙) 연간 후반에 그 왕 고련(高璉)이 처음으로 평양성(平壤城)에 머물렀다[居]. 당(唐)이

> 고려(高麗)를 정벌할 때 평양(平壤)을 공략하여 그 나라가 동쪽으로 옮겨 압록수(鴨綠水)의 동남쪽 1,000여 리 되는 데에 있었는데, 평양의 옛터가 아니었다. 왕건(王建)에 이르러 평양이 서경(西京)이 되었다

요령성 요양으로 옮겼다가 나라가 멸망하게 되었다. 지금의 평양은 고구려의 어느 시절에도 수도인 사실이 없었다. 이 사료상에서 옮긴 고려 왕건 때의 평양인 서경은 지금의 요령성 요양으로 이곳을 기준으로 삼은 압록수는 원래의 압록수이자 이전의 압록수인 하북성 호타하이다. 나중에 살펴보겠지만 지금의 한반도 평양은 고구려시대에서는 평양으로 불린 사실이 없었고 고구려 당시 내지는 중국사서상이나 『삼국사기』 등에 평양으로 불리거나 기록된 곳은 고구려의 초기 도읍지인 산동성 졸본성과 장수왕 이전 및 장수왕 시기에 고구려 수도였던 하북성 평양성과 당나라와의 전쟁 시에 잠시 옮겼고 나중에 고려의 서경이 된 요령성 요양밖에는 없다.

【사료63】『광개토대왕비문』

八年戊戌(398), ~ 王巡下平穰.

팔년 무술에, ~ 왕이 하평양으로 순수하였다.

주류 강단 사학계를 비판하는 일부 재야 민족 사학계에서는 광개토대왕 비문상의 하평양을 지금의 평양으로 비정한 채 주류 강단 사학계의 고조선 및 고구려 한반도 평양설을 비판하고 있다. 물론 주류 강단 사학계의 평양 관련 비정에 대하여는 차후에 자세히 입증하여 비판하겠지만, 고조선 및 위만조선 왕험성의 평양에 대한 한반도 평양 비정에 이은 한나라 군현 낙랑군의 한반도 평양 비정 그리고 고구

려 장수왕 천도지 평양 비정은 변함없이 이루어지고 있다. 그러나 앞에서 확인하였듯이 사서기록상에 분명히 기록되어 있는 고구려 장수왕 이전에 이루어진

- 고구려 동천왕 21년(247년)(선인 왕검의 땅인 평양성)
- 고구려 고국원왕 13년(343년)(평양 동황성)

에 대하여는 ①길림성 집안시로 비정하는가 하면

- 백제 근초고왕 26년(371년) **평양성** (공격 고구려 고국원왕 전사)
  (『삼국사기』 지리지 및 『삼국유사』상 남평양으로 기록)
- 『신당서』「동이열전 고구려」상의 고구려 3경 중 한성

에 대하여는 ②한반도 황해도 재령시로 비정하는가 하면

- 백제 근구수왕 3년(377년) **평양성** (공격)
- 고구려 장수왕 15년 427년 평양성 천도

에 대하여는 ③한반도 평양으로 비정하는가 하면

- 백제 근초고왕 26년(371년) **평양성** (공격 고구려 고국원왕 전사)
  (『삼국사기』 지리지 및 『삼국유사』상 남평양으로 기록)
- 광개토대왕 비문상의 하평양 순시(399년)
- 551년 백제와 신라가 연합하여 고구려를 공격하여 백제 한성 및 신라의 남옥저 죽령 지방 탈환 시 백제의 고구려 평양성 선제공격 시 평양성

에 대한 남평양 내지는 하평양에 대하여는 이병도의 비정을 따라 한반도 서울의 ④북한산성으로 비정하고 있다. 우선 이와 같은 비정은

같은 평양성 내지는 하평양(남평양)을 어느 일정한 장소에 비정하지 못하는 등 혼란상을 보여주고 있다. 이는 원래의 위치가 아닌 한반도에 비정하다 보니 그리고 제대로 비정을 하지 못하니 당연히 발생하는 현상이다. 이러한 현상은 모든 주류 강단 사학계의 우리 고대사 비정에 해당된다는 것을 이 글 전체에서 입증하여 설명하고 있다.

특히, ①사항은 이미 언급하였듯이 분명히 평양이라고 하였음에도 주류 강단 사학계의 논리상 한반도 평양에는 당시에 한나라 군현인 낙랑군이 있어야 하기 때문에 그리고 장수왕 시기에만 이곳으로 천도하는 것으로 정한 것에 따른다. 이는 잘못된 설정에 따른 잘못된 비정이 이루어지는 잘못된 왜곡의 반복이다. 더군다나 동천왕 시기의 평양 천도는 그들이 한반도 평양에 비정하는 고조선 및 위만조선의 왕험성이라고 하였다. 그렇다면 그들의 비정상 길림성 집안시가 고조선 및 위만조선의 왕험성이어야만 한다. 그렇다면 그들의 원래 원칙인 한반도 평양의 고조선 및 위만조선의 왕험성 및 한나라 군현인 낙랑군설은 거짓임을 스스로 드러내는 것으로 스스로의 모순이다.

②백제 근초고왕이 공격한 평양에 대하여는 황해도 재령시, 같은 사건을 기록하면서 이 평양성을 남평양이라고 기록한 것에 대하여는 한반도 서울의 북한산성으로 비정하는 모순을 보이고 있다. 더군다나 고구려 3경의 하나인 한성에 대하여도 황해도 재령시로 비정하였다. 한성은 우리 고대사에 있어서 전통적으로 백제의 처음 도읍지였다. 이것을 무시하고 황해도 재령시로 비정한 것은 잘못된 한반도에 비정한 것에 연유한다.

③백제 근구수왕의 평양성 공격은 분명히 앞서 이루어진 근초고왕의 평양성(남평양) 공격과 같은 평양성이 분명하다. 그런데도 이는 근초고왕의 평양성에 대한 이중적인 비정 즉 황해도 재령시 및 서울의 북한산성 비정과는 다른 당시 고구려 수도가 길림성 집안시이며 이

전의 ①동천왕 및 고국원왕의 천도지 평양은 이곳 집안시로 비정하였음에도 나중에 장수왕 시기에 천도할 한반도 평양성으로 비정하는 것은 모순이다.

④의 비정은 이미 확인한 대로 위의 ②와 같이 같은 사건을 황해도 재령시로 비정하였음에도 같은 사건을 기록한 다른 기록에서는 서울의 북한산성으로 비정하는 것은 자체 모순으로 잘못이다. 더군다나 551년 사건은 백제가 개로왕 시기(고구려 장수왕 시기)에 빼앗긴 한성 지방을 되찾은 사건이다. 그런데 되찾은 한성 바로 위인 북한산성에 고구려 제2수도나 마찬가지인 남평양(하평양)이 있었다는 것은 상식 밖의 일이다. 이는 잘못된 남평양(하평양)에 대한 이병도의 비정 주장을 그대로 추종한 결과로 이병도의 그늘에서 벗어나지 못한 오류를 범하고 있다는 증거가 된다. 이는 도저히 있을 수 없는 한심한 비정이지만 현재의 주류 강단 사학계는 이에서 벗어나는 새로운 연구도 못 한 채 그대로 추종하고 있다. 이에 대하여는 이 글에서 자세히 입증하여 설명하였다.

이와 같은 잘못된 비정은 단 한 가지 이유 및 원인에 의한다. 잘못된 한반도 비정에 의한다. 이미 앞에서 살펴본 바와 같이 551년 백제와 신라가 연합하여 백제가 고구려 평양성(남평양(하평양))을 선제공격함으로써 이루어진 것은 사서에 명백히 기록되어 있듯이 백제의 한성 지역과 신라의 남옥저 죽령 지역이다. 물론 주류 강단 사학계는 한성을 한반도 서울, 남옥저는 함경도 죽령 이곳저곳에 비정하고 있다. 하지만 남옥저 죽령 지방은 신라가 초기에 개척한 땅이다. 함경도 지방을 신라가 초기에 개척하였다는 것은 주류 강단 사학계의 비정상 있을 수 없는 일이다. 이곳은 산동성 신라의 북쪽이고, 한성 지역은 이 남옥저 죽령 지방 서남쪽에 있었고, 여기서의 고구려 평양성(남평양(하평양))은 고구려 초기 도읍지인 산동성 졸본성이다. 이곳에 있어야만 모든 사건이 맞아떨어진 채 한 곳에 비정될 수 있는 것이다. 물론 고구려 천도 사항에 있어서의 평양성은 하북성 평양성으로써 고구려 수도이다. 이곳에 평양성이 있기에 남쪽의 산동성 졸본성을 남평양(하평양)이라고 하였던 것이고 편한 대로 하북성 평양성과 마찬가지로 평양성으로 하였기 때문에 많은 중국사서가 이를 혼란되게 인식한 채 기록하였고 이후『삼국사기』및『삼국유사』도 혼란스럽게 인식하여 기록하였고, 이후 모든 사서와 역사가들도 혼란스럽게 인식하였다. 이는 본 필자가 갈석(좌갈석, 우갈석), 요동고새, 요동외요, 삼한, 고구려 · 백제 · 신라의 건국 지역, 패수, 살수, 만번한, 영동 7현, 고구려 천리장성, 신라 남옥저 죽령 지방, 고려 천리장성, 서희의 강동 6주(8성) 사항과 더불어 오랜 기간 동안의 논란을 정리하여 정립한 사항이다. 본 필자의 이러한 정립 사항은 우리 고대사 정립에 획기적인 사항으로 이에 의하여 우리 고대사가 정립되어야 할 사항이다. 이 정립 사항이 우리의 모든 고대사 사항에 맞는 원래의 것이다. 이를 위하여 본 필자가 이 글을 쓴 것이고 이 글 전체가 이에 대한 것이다. 이는 본 필자의 허황된 자랑이 아니라 자부심이고 반드시 이것이 맞으므로 이에 의하여 우리 고대사가 정립되어야 한다는 당위성을 강조하기 위함이지 개인적인 오만을 위함이 아니다.

당시 고구려의 중심지 및 주요 활동무대 그리고 도읍지는 한반도 북부가 아니고 평주이었던 하북성이었기 때문에 이 하평양은 당연히 여러 사서기록상의 남평양이자 고구려 첫 도읍지인 산동성 졸본성이다. 중국사서는 우리 고대 국가에 대한 인식이 부족하여 이 졸본성을 옛 평양성 내지는 여전히 평양성으로 부르고 있는 한편 이곳에서의 주변 상황을 이후 하북성 및 옮긴 평양성에도 그대로 적용하고 있다. 이의 대표적인 것이 평양성 남단의 패수이다.

또한 고구려 연개소문의 셋째 아들로『삼국사기』상에 '평양'에서 당군에 항복한 것으로 기록된 천남산의 묘지가 중국 낙양에서 발견되었다. 이 묘지명에 천남산은 평양성이 아닌 '한성'에서 항복한 것으로 기록되어 있는 이 한성이 『당서』 등에 기록된 고구려 3경 체제의 하나였던 한성으로써 이 하평양과 같이 한반도 평양이라는 주장을 함으로써 장수왕 시기 천도한 이후 계속하여 한반도 평양이 고구려 수도 평양이라는 주류 강단 사학계의 주장을 비판하면서 비주류 강단 사학계와 재야 민족 사학계에서는 이를 주장하였다.

> ■ 천남산(泉男産) 묘지명
>
> 당에 속해 원방(遠方)에 봉해져 한성(漢城)을 지키지 않음에 미쳐 맥궁(貊弓)이 입헌(入獻)되고 호시(楛矢)가 왕에게 바쳐졌다.

그러나 본 필자는 『당서』 등에 기록된 고구려 3경 체제의 하나였던 한성과 천남산(연남산) 묘지명의 한성은 같은 것이고, 이것은 사서의 기록대로 475년 고구려 장수왕이 백제 개로왕을 살해하고 백제의 수도였던 한성을 고구려가 차지하였다가 551년 백제와 신라 연합군에 이곳을 다시 내어줄 때까지 3경의 하나인 한성으로 고구려가 관리한 것을 『당서』 등 중국사서들이 고구려 3경 체제의 하나인 한성으로 기록하였고 이곳에 천남산(연남산)이 멸망 시점에 와서 항거하다가 항복한 것이라고 본다.

이는 광개토대왕 비문상의 하평양인 것으로 판단하고 있는 고구려 첫 도읍지 산동성 졸본성과도 다르다. 당시 평주 지방인 지금의 하북성 보정시 지역에 평양이라는 수도를 두고 있던 상황에서 하평양 즉 남쪽 평양이면서 고구려 수도와 연관이 있던 곳은 당연히 그들의 첫 도읍지인 졸본성이었다.

하북성에서 주로 활동하였던 당시에 한반도 평양을 하평양이라고 할 수 없다. 그리고 한성, 한수, 한산, 한강 등은 백제가 탄생하여 활동한 한성과 같이 이 고구려 산동성 평양성인 졸본성의 서남쪽에 있던 한수인 지금의 황하 남쪽 산동성 지역을 가리킨다. 물론 현재 주류 강단 사학계에 의하여 형성된 통설과 상식으로는 백제가 탄생하고 활동한 주요 지역은 한반도 한강 이남이다.

하지만 고조선, 부여 그리고 고구려가 하북성에서 생성되고 활동하였다면 여기서 파생된 백제는 당연히 이곳 하북성 내지는 산동성에 있는 것이 당연하다. 더군다나 한반도 평양을 광개토대왕 비문상의 하평양으로 설정하는 자체가 고구려가 한반도 북부에 있었다는 것을 인정하고 그 전제하에 의해서만 가능하다. 따라서 주류 강단 사학계를 비판한다면서 주류 강단 사학계가 설정한 일부분을 기정사실로 한 채 이를 전제로 다른 것을 설정하면서 비판한다는 것은 왜곡에서 벗어나지 못하였다는 것을 스스로 드러내는 것이다.

상식적으로 평양의 밑 즉 남쪽에 하평양이 있다. 장수왕 시기에 천도한 평양이 한반도 평양도 아니고 요령성 요양도 아니라 하북성 평양인 것은 앞에서 설명하여 입증하였듯이 『당서』, 『통전』을 비롯한 모든 중국사서가 입증한다.

그리고 천남산(연남산) 묘지명의 한성은 당시 당나라의 공격이 강하게 하북성 평양으로 집중하여 밀어붙이자 일부 세력은 『원사』 「지리지」상의 기록과 같이 요령성 요양으로 옮겨 저항했고, 천남산(연남산)은 나머지 세력과 함께 『양서』 「백제전」, 『남사』 「백제전」 등 많은 사서상에 백제가 산동성의 한성에서 남한 지역 즉 원래 남쪽 경계지방이었던 웅진(웅천) 지역으로 옮긴 채 원래의 도읍이었던 한성 지역 그 자리를 관리하던 곳으로써 이미 고구려의 3경 체제 속 한성으로 되어 있는 그곳으로 가서 저항하다가 항복하였다. 주류 강단 사학계가 왜곡하여 비정하는 고구려와 고구려 평양성을 비판하면서도 정작 이러한 왜곡에서 벗어나지 못한 채 그 둘레 안에서 다른 것을 주장하는 것은 또 다른 왜곡이다.

> 장수왕 천도지 평양은 한반도 평양이 아니라 하북성 평주 평양성이다. 이를 요령성 요양으로 비정하는 것은 또 다른 왜곡이다.
> 고구려 3경의 한성도 한반도 평양이 아니라 산동성 옛 백제의 도읍이었던 한성이다.

이에서 당연히 벗어나 왜곡 이전의 인식으로 올바른 우리 민족 고대사를 확인하여야 할 것이다. 현재 일제 식민사학들이 수립하여 현재까지 주류 강단 사학계가 승계한 바에 따르면 고구려 초기 도읍지를 현재 압록강 인근의 요령성 환인 지방의 오녀산성으로 비정하고, 【사료499】『삼국사기(三國史記)』권 제37 잡지 제6 지리(地理)四 고구려(高句麗) '국내성'상의 첫 번째 천도 및 두 번째 도읍지인 국내성을 길림성 집안으로 비정하고 있다.

하지만 이러한 위치 비정은 '임나일본부설'에서의 위치 비정과 같이 우리 민족의 고대 활동 영역을 한반도로 한정시키려는 목적으로 일제 식민사학들이 아무런 고증 없이 비정한 것을 어떠한 반성이나 연구 없이 현재 주류 강단 사학계가 이어받은 전혀 근거 없는 것이다. 역사학의 전문가라고 하면서 4년간 학부를 마치고 석사, 박사 학위를 받아 교수의 자리에 앉은 지 무려 십여 년 내지는 몇십 년이 지났으면서도 제대로 연구하지 않은 것은 아이러니라고 할 수밖에 없다. 이는 선배들과 형성된 카르텔이 연구를 못 하게 하지 않고는 도저히 있을 수 없는 일이다. 철저히 반성하여야 한다.

> 고구려 주류 강단 사학계가 두 번째 도읍이라는 국내성으로 비정한 길림성 집안은 전혀 근거도 없고 증거도 없다. 고구려의 또 다른 천도 지역인 국내주(국내 지역)는 하북성 호타하 이남 지방이다.

필자가 앞에서 여러 중국사서를 증거로 고구려 초기 도읍지를 입증하였거니와 주류 강단 사학계가 식민사학 논리에 의하여 아무런 증거 없이 주장하고 있는 바, 설사 있더라도 후에 '춘추필법' 내지는 위치 이동 후의 상황 그리고 '소중화' 사상에 의하여 기록된 우리나라 사서에서 주장하는 바의 중국 요령성 본계시 환인현 오녀산성 내지는 두 번째 도읍지라는 길림성 집안시 국내성 지방에는 고구려 도읍 시기 및 초기 활동 시기인 B.C. 1세기 내지는 A.D. 1세기 무렵의 유물은 일체 출토되지 않는다. 도대체 증거 자료가 없다. 그럼에도 불구하고 앞에서도 분석 판단하여 설명하였지만 결정적으로

【사료96】『삼국사기(三國史記)』雜志第六 지리(地理)四 고구려(高句麗) 고구려 멸망과 이후 상황

~ 고구려는 처음에 중국 북부 지역에 있다가, 곧 점점 동으로 패수(浿水) 근처로 옮겨갔다.

상과 같이 『삼국사기』가 중국사서를 인용하여 기술할 때는 중국 북부 지역인 하북성 현토군 경계지방인 북진 의무려산의 아래 즉 현재의 태행산맥 아래에 설치한 의주 경계지방에 즉 졸본, 흘승골성 지방에 처음 도읍한 것으로 하였던 것과 같이 이곳에 도읍한 후 하북성으로 진출한 후 멸망 시 요령성 요양 지방으로 옮긴 것으로 주류 강단 사학계가 비정하는 한반도 북부 만주 지방인 요령성 환인시에서 건국된 후 이웃의 길림성 집안시에 있었던 나라가 아닌 것이다. 또한 고

구려 건국 과정과 관련된 사항인 엄사수 역시

> **【사료368】**『삼국사기(三國史記)』권 제13 고구려본기 제1 시조 동명성왕 (東明聖王) 一年
>
> **동명성왕이 고구려를 건국하다**(기원전0037년 (음))
>
> **주몽이 이에 오이(烏伊)·마리(摩離)·협보(陜父) 등 세 사람과 친구가 되어 가다가 엄사수(淹㴲水)(일명 개사수(蓋斯水)라고도 하는데 지금의 압록강 동북쪽에 있다.)에 이르러 건너려고 하는데 다리가 없었다.**

압록강 동북쪽 즉 인용한 중국사서가 가리키는 하북성 압록수인 호타하를 가리키는 것을 그대로 기록하였으나 편찬 당시의 역사 인식 즉 중국 측의 왜곡된 위치 변동에 의거 지금의 요하 지방으로 나타내었다. 이러한 것을 주류 강단 사학계는 이 기록상의 압록강을 지금의 한반도 압록강으로 왜곡 해석한 채 모든 사항을 한반도 인근으로 비정하고 있다. 그러나 모든 중국사서는 하나에서 열까지를 부정하고 있다. 고구려의 역사를 한반도로 귀착시키려다 보니 자연히 북부여 내지는 동부여의 위치를 비슷한 곳으로 할 수밖에 없었다.

따라서 고구려의 위치 비정, 고구려의 초기 도읍지를 비정하는 데 있어 부여의 위치 재조명이 필수적인 것이다. 부여에 대하여는 고구려의 천도 사실을 살펴본 후 다음에 자세히 살펴보기로 한다.

이와 같이 지금까지 살펴본 중국 사료와 이를 바탕으로 쓰이면서 혼돈되거나 오류의 역사 인식을 보여준『삼국사기』나『삼국유사』에 의한 고구려 초기 도읍지 관련 기록과 이와 관련된 중국사서의 기록을 토대로 확인한 결과, 본 필자가 인용한 많은 중국사서와 혼돈되지만 일부를 인정하거나 애써 부정한『삼국사기』와『삼국유사』에서는 이러한 식민사학 논리에 벗어나는 진정한 역사 사실은 은폐되어 알려지지 않는 것들을 알 수 있다. 본 필자가 『삼국사기』나 『삼국유사』 고구려 초기 도읍 관련 기록과 중국사서들과의 비교 검토 결과 살펴보아 비판한 졸본과 엄사수(개사수) 등의 기록에서 나타난 『삼국사기』나 『삼국유사』상의 오류나 역사 인식 부족과 오류 그리고 현재 주류 강단 사학계의 역사왜곡 내지는 조작 사실은 그만두고라도 지금까지 살펴본 여러 사서들의 기록에 의하면 현재 주류 강단사학이 펼치는 역사 사실과 다르게 가장 두드러지게 나타나는 것으로 초기 도읍지 위치 비정과 이후 천도 사실과 그 위치와 관련하여서는,

1. 고구려의 초기 도읍지 : ①중국사서 착오 기록 - 한나라 현토군 경계 지역 - 하북성 지역   ②중국사서, 『삼국사기』, 『삼국유사』 - 산동성 지역
2. 산동성 졸본에서 건국된 후 북상하여 하북성으로 진출하여 위만조선 도읍지인 평양성에 도읍
3. 고구려라는 존재가 고조선의 제후국으로 존재하다가 위만조선 멸망 이후 추모대왕에 의하여 고구려국이 재건되는 등 고구려의 기원이 부여임을 고구려인들이 인식하고 있었다는 사실 - 고조선 계승 국가 - 고구려 건국 900년설 입증
4. 평양성, 국내성, 한성 3경 체제가 있었다는 사실
5. 요동, 현토 지역(수십 개 성)을 통치하였다는 사실 - 고구려 초기 요서 지역 공략 및 점령 사실 증명 - 주류 강단 사학계는 부정(『삼국사기』 초기 기록 불신론'의 원인)
6. 주류 강단 사학계의 주장인 313년까지 낙랑군이 평양에 있을 시기인 247년 동천왕 21년 평양으로 천도 사실, 302년 미천왕 현토군 포로 평양으로 옮긴 사실과 배치 - 그래서 주류 강단 사학계는 이를 변명코자 427년 장수왕 시기에야 평양 천도 주장 - 그러나 이 평양 천도지는 하북성 평주
7. 고구려 강성 시(수나라 시기) 최대 영역이 동서 6000리로 최대 서쪽 북경

>   지역 서쪽 산서성 지역에서 동쪽 만주 길림성 동해안까지로 하였다는 사실
> 8. 중국사서 기록상 고구려 영역은 요하 너머 영주까지이다. 여기서 영주는 하북성 호타하시 북부, 요하는 하북성 자하
> 9. 국내성은 평양성과 하북성 평양성 남쪽의 호타하 남쪽 인근에 있었다.
> 10. 고구려 3경 체제상의 한성은 백제의 옛 도읍지 산동성 한수인 황하 이남의 한성 지역
> 11. 당나라 이후 중국사서는 고구려 평양성을 한나라의 낙랑군과 연계시키고 있다.
> 12. 요수, 압록강, 평양성을 일제 식민사학과 이를 추종하는 주류 강단 사학계는 '한반도 고착화' 논리에 따라 한반도 인근 한 곳으로 고정시킨 채 비정하고 있다.

등이다. 이에 대하여는 앞에서 충분히 검토하여 현재 주류 강단 사학계의 논리를 비판하였고 이에 반한 새롭게 정립하여야 할 사항에 대하여도 조명하여 보았다. 이렇게 살펴본 사항을 바탕으로 고구려의 도읍 천도 사실과 그 위치를 살펴보면 다음과 같다.

[고구려 수도 천도 사실에 대하여]

■ [그림62] 고구려 수도 천도(주류 강단 사학계)

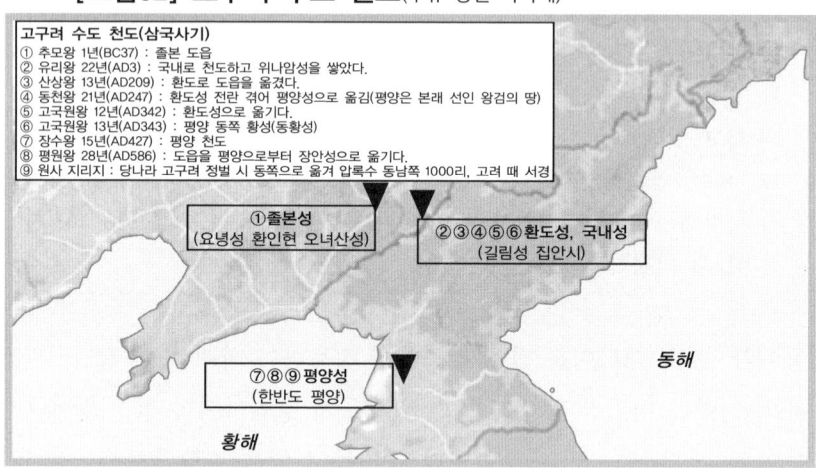

■ [그림63] 고구려 수도 천도

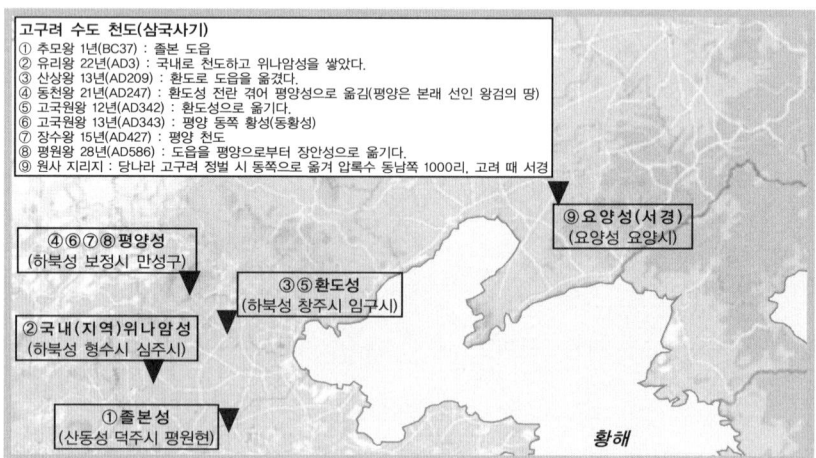

> 고구려는 여덟 번 수도를 천도하였다.
> 지금의 한반도 평양으로는 천도한 사실이 없다.
> 그런데 주류 강단 사학계는 두 번만 옮긴 것으로 하고 있다.
> (환인시(졸본성) -> 집안시(환도, 국내, 평양) -> 평양시(장수왕) : 멸망)

■ [도표25] 고구려 천도 사실

- 여러 중국사서가 각각 기록한 주몽이 처음 도읍한 홀승골성, 흘두골성, 비류곡 홀본서성산으로서 고구려는 이곳에서 나라를 건국하였다가
- AD 3년 제2대 유리왕 22년에 초기 도읍지 인근의 국내(위나암성, 불이성)로 천도하였다.(평양~국내성 간 17개의 역, 북조 경내, 어느 곳 알 수 없다.)
- AD 209년에는 산상왕 13년 환도성으로 옮기고
- AD 247년 동천왕 21년 평양으로 천도하였고,
- AD 342년 고국원왕 12년 환도성(『삼국유사』「왕력」:안시성)으로 천도하였고,
- AD 343년 고국원왕 13년 평양성 (동쪽) (동)황성(『삼국사기』상 : 고려 서경의 동쪽 목멱산 가운데 - 옳고 틀림 알 수 없다.)으로 옮겼고,
- AD 427년 장수왕 15년 평양성으로 천도하였다.
- AD 586년 평원왕 28년 평양 장안성(『삼국사기』상 : 평양성과 장안성이 동일 여부와 서로 멀리 떨어진 것인지, 가까운 것인지 알 수 없다.),
- AD 668년 보장왕 27년 나당연합군에 패전 즈음에 요령성 요양 등 다른 곳으로 옮긴 후 나라의 종언을 고한다.

이러한 사실에 대한 기록은 다름 아닌 우리나라 대표적 고대 사서인 『삼국사기』와 『삼국유사』에 명백히 나와 있다. 그리고 이러한 사실은 중국사서에서도 입증된다. 그런데도 우리나라 주류 강단 사학계는 일제 강점기 시대부터 지금까지 드러내지 않고 소위 은폐하고 있

다. 놀라울 따름이다. 그 이유는 크게는 한 가지이고 작게는 네 가지이다. 한 가지는 우리 민족의 활동 영역을 고조선부터 시작하여 고구려까지 모두 한반도 안에 고착시켰기 때문이다. 더 나아가봤자 요하 이동 지방이다. 하지만 주요 활동무대는 역시 압록강 중류 지역이라고 하고 있다. 네 가지는 1)'낙랑군 평양설' 유지이다. 2)'『삼국사기』 불신론'이다. 3)'임나일본부설' 유지이다. 4)이 세 가지의 서로 연관성이다.

1) 고구려가 압록강 중류 지역에 있지 않고 요서 지방에 있었다면 고조선도 그곳에 있어야만 하므로 '낙랑군 평양설'이 무너진다. 더군다나 '낙랑군 평양설'이 무너지면 한민족 고대 국가인 고구려와 백제 등 삼국이 한나라 식민지인 낙랑군 대방군의 선진문화로부터 고대 국가가 형성되었다는 '한민족 타율성'이 무너지기 때문이다.

2) 『삼국사기』 불신론'의 이유는 더 크게는 '임나일본부설' 유지이지만 한반도 고착화를 위해서는 『삼국사기』상의 고구려 초기 기록인 요서 지방 경략 및 진출의 부정이다. 이는 식민사관 논리상 있어서는 안 되고 있을 수 없는 일이다. 왜냐하면 한반도 북부 만주 압록강 중류 지역에 있어야만 하는 고구려가 그곳에서부터 머나먼 요서로 진출해서는 안 되고 할 수 있으면 안 되기 때문이다. 이를 인정하면 고조선도 그곳에 있어야만 하므로 결국 1)'낙랑군 평양설'이 무너지게 되기 때문이다. 그러므로 이를 기록한 『삼국사기』 초기 기록은 잘못된 것이므로 신뢰할 수 없는 것으로 만들어야만 한다.

3) '임나일본부설' 유지를 위해서는 고구려가 요서를 침범할 정도로 강력하다면 고구려와 쟁패를 벌인 백제와 신라도 기원 전후 강력하였다는 것이 되므로 이는 피하여야 한다. 즉 삼국이 초기에 나약하여야 일본열도의 일본이 한반도로 진출하여 가야 지방을

점령하고 식민지인 임나일본부를 설치할 수 있기 때문에 고구려는 약하여야만 하고 그래서 압록강 중류 지방에 있어야 하는데 고구려가 강하고 요서 지방까지 세력을 펼쳤다고 기록한 『삼국사기』 초기 기록은 불신되어야 하는 것이 식민사학에 주어진 사명이기 때문이다. 그러므로 이러한 사실을 기록한 『삼국사기』 초기 기록은 불신되어야 한다.

주류 강단 사학계의 고구려 수도 천도 사실과 위치 왜곡은 '낙랑군 평양설' 등 식민사학 논리 유지를 위한 것이다. '낙랑군 평양설' 유지를 위하여 모든 근거를 무시한 채 길림성 집안시를 벗어나면 안 된다.

고구려는 고구려 초기부터 선조 국가인 고조선의 영역을 다시 회복하여야 한다는 국시인 '다물정신'에 의하여 『삼국사기』상의 고구려 초기 기록인 원래의 고조선 영토인 지금의 요서, 즉 당시 요동 지방을 끊임없이 경략 및 진출에 의한 결과로

【사료29】『요사』「지리지」 2. 동경도 1)동경요양부(東京遼陽府) "~ 아들 보(寶)는 고구려왕 안(安 ; 광개토왕)을 평주목(平州牧)에 임명하여 거주케 하였다."

【사료28】『원사』「지리지」 요양등처행중서성 동녕로 "~ 이것이 낙랑 지역이었다. 진(晉) 의희(義熙) 연간 후반에 그 왕 고련(高璉)이 처음으로 평양성(平壤城)에 머물렀다[居] ~"

와 같이 광개토대왕과 장수왕 시기에 이곳을 완전 점령한 채 이곳에 수도까지 옮기게 되었다. 이러한 사실은 여러 중국사서가 교차적으로

입증한다. 그렇다면 만약 일제 식민사학을 계승한 주류 강단 사학계의 논리대로 현재의 압록강 인근에 현토군이 있었고 여기에 고구려가 세워졌고 고구려가 요하까지를 활동 영역이라고 한다면 『삼국사기』와 중국의 『후한서』상에 기록된 고구려 모본왕의 소위 연 5군 지역인 북평, 어양, 상곡, 태원 지역 공격과 태조왕 시기의 요서 10성 축성과 서안평 습격과 낙랑과 대방 공격, 미천왕 시기의 요서 낙랑군 대방군 침략 등이 많은 요서 지방 즉 당시 요동 지방의 공격이 어떻게 머나먼 압록강 지역에서 가능한지 이 글의 소위 '젊은 역사학자 모임' 일원과 주류 강단 사학계는 설명하여야 한다. 그래서 일본 식민 사학자들과 같은 부역자인 이병도 그리고 이를 계승한 주류 강단 사학계는 이러한 『삼국사기』의 기록 및 중국의 『후한서』 기록마저 신빙성이 없다고 한다. 학자로서는 도저히 있을 수 없는 행태이다.

또한 초기 도읍지인 흘승골성, 졸본에서의 고구려 천도 사실을 나타낸 『삼국사기』의 기록과 중국사서 기록을 확인하면,

【사료499】『삼국사기(三國史記)』권 제37 잡지 제6 지리(地理)四 고구려(高句麗) '국내성'

주몽(朱蒙)이 흘승골성(紇升骨城)에 도읍을 세움으로부터 40년이 지나 유류왕(孺留王) 22년(3년)에 도읍을 국내성(國內城) (혹은 이르길 위나암성(尉那巖城)이라고도 하고 혹은 불이성(不而城)이라고도 한다.)으로 옮겼다. 《한서(漢書)》를 살펴보건대 낙랑군(樂浪郡)에 속한 현으로 불이(不而)가 있고, 또 총장(總章) 2년(669년)에 영국공(英國公) 이적(李勣)이 칙명을 받들어 고구려의 모든 성에 도독부와 주·현을 설치하였는데, 목록(目錄)에서 이르길, "압록(鴨綠) 이북에서 이미 항복한 성이 열하나인데, 그중 하나가 국내성(國內城)이며, 평양(平壤)으로부터 이 성에 이르기까지 17개의 역(驛)이 있었다." 라 하였으니, 곧 이 성 역시 북조(北朝)(註 026) 경내에 있었으나, 다만 그곳이 어느 곳인지 알 수 없을 뿐이다.

註 026

『삼국사기』가 편찬된 시기는 고려 인종(仁宗, 재위 기간은 1122~1146년) 시대 말년으로 당시 중국에는 남송(南宋)과 금(金)이 이었으니, 여기서의 북조는 금(金)을 말한다(역주 이승호).

【사료52】『삼국사기(三國史記)』「잡지 지리」'고구려' '평양성과 장안성'

국내(國內)로 도읍하여 425년이 지나 장수왕(長壽王) 15년(427년)에 평양(平壤)으로 도읍을 옮겼다. 156년이 지나 평원왕(平原王) 28년(586년)에 장안성(長安城)으로 도읍을 옮겼으며, 83년이 지나 보장왕(寶臧王) 27년(668년)에 멸망하였다. (옛사람들의 기록에 시조 주몽왕(朱蒙王)으로부터 보장왕(寶臧王)에 이르기까지의 역년(歷年)은 틀림이 없고 상세한 것이 이와 같다. 그러나 혹은 이르기를 "고국원왕(故國原王) 13년(343년)에 (왕이) 평양 동황성(東黃城)으로 이거하였는데, 성은 지금[고려] 서경(西京)의 동쪽 목멱산(木覓山) 가운데 있다."라 하니, 옳고 틀림을 알 수 없다.) 평양성(平壤城)은 지금[고려]의 서경(西京)과 같으며, 그리고 패수(浿水)는 곧 대동강(大同江)이다. 어찌 이를 알 수 있는가? 《당서(唐書)》에서 이르기를 "평양성(平壤城)은 한(漢)의 낙랑군(樂浪郡)으로 산굽이를 따라 외성을 둘렀고, 남으로 패수(浿水)가 근처에 있다."라 하였으며, 또한 《지(志)》에서 이르기를 "등주(登州)에서 동북으로 바닷길을 가서, 남으로 해안에 연하여, 패강(浿江) 입구의 초도(椒島)를 지나면, 신라의 서북에 닿을 수 있다."라 하였다. 또한 수양제(隋煬帝)의 동방 정벌 조서에서 이르기를 "창해(滄海) 방면 군대는 선박이 천 리에 달하는데, 높직한 돛은 번개같이 나아가고, 커다란 군함은 구름처럼 날아 패강(浿江)을 횡단하여 멀리 평양(平壤)에 이르렀다."라 하였으니, 이렇게 말하는 것으로써 지금[고려]의 대동강(大同江)이 패수(浿水)인 것은 명백하며, 곧 서경(西京)이 평양(平壤)이었던 것 또한 가히 알 수 있다. 《당서(唐書)》에서 이르기를 "평양성(平壤城)은 또 장안(長安)이라고 불렀다."라 하였고, 그리고 고기(古記)에서 이르기를 "평양(平壤)으로부터 장안(長安)으로 옮겼다."라 하였으니, 곧 두 성이 동일한 것인지 아닌지, 서로 멀리 떨어져 있었는지 가까웠는지에 대해서는 곧 알 수가 없다.

이에 대하여는 앞에서 자세히 살펴보았다. 본 필자가 이 글에서 비판하고 있는 소위 '젊은 역사학자 모임' 일원의 이 글에서의 주장인 "**1. 5세기 초반까지 지린성 지안시 즉 길림성 집안시가 수도였다가 이후 한반도 평양으로 수도를 옮겼다고 한 점**"과 주류 강단 사학계의 주장은 동일하다. 즉 소위 '젊은 역사학자 모임' 일원과 주류 강단 사학계는 427년, 장수왕 15년 한반도 평양으로 천도하기 전까지는 이곳 국내성 지역으로 비정하는 집안시에 고구려가 계속 수도로 삼고 있었다는 주장이다. 하지만 분명히 이 이전에도 국내 지역 위나암성 이외에도 209년 산상왕 13년에는 환도성으로 옮겼다가 245년 동천왕 21년에는 평양, 342년 고국원왕 12년에는 다시 환도, 343년 고국원왕 13년에는 평양 동쪽 동황성으로 옮겼다가 위의 장수왕 때 평양성으로 옮겼다는 것이 『삼국사기』에 분명히 기록되어 있다.

> 【사료508】『삼국사기(三國史記)』권 제13 고구려본기 제1 유리왕(琉璃王) 22년 10월
>
> 국내로 천도하고 위나암성을 쌓다 (3년 10월(음))
>
> 22년(3) 겨울 10월에 왕이 국내(國內)로 도읍을 옮기고 위나암성(尉那巖城)을 쌓았다.

또한 국내 즉 위나암성, 불이성, 불내성에 대하여 주류 강단 사학계는 지금의 길림성 집안시로 비정한다. 즉 초기 도읍지인 졸본으로 비정하는 요령성 환인 오녀산성에서 멀지 않다. 그러나 앞에서 살펴본 대로 졸본성이 요령성 환인이 아니라 산동성 지역이라면 이 졸본에서 가까운 국내 위나암성 역시 산동성에서 가깝다. 이에 대하여는 다음에 자세히 살펴볼 것이고, 고구려는 이곳에서 다시 환도성으로 천도하였다.

【사료509】『삼국사기(三國史記)』 권 제16 고구려본기 제4 산상왕(山上王) 13년 10월

환도로 도읍을 옮기다 (209년 10월(음))

〔13년(209)〕 겨울 10월에 왕이 환도로 도읍을 옮겼다.(註 001)

註 001

환도로 도읍을 옮겼다. : 환도(丸都) 천도에 대해서는 『삼국지』 권30 위서30 동이 고구려전의 "이이모가 다시 새 나라를 만들었는데, 지금 위치한 곳이다."라는 기사와 연관하여, 새롭게 나라를 만든 것이 곧 천도로 보고, 산상왕 시기에 졸본에서 국내 지역으로 천도가 이루어졌다고 보는 견해가 있다(白鳥庫吉, 29쪽; 鳥居龍藏, 47쪽; 三品彰英, 37~41쪽; 池內宏, 258~267쪽; 武田幸男, 416~417쪽; 심광주, 193쪽; 김희선, 149~150쪽; 노태돈, 2012, 19~22쪽). 한편 졸본에서 국내 지역으로의 천도는 태조왕대 이루어졌으며, 이때 도성은 지안[集安] 마셴거우[麻線溝] 일대이며 산상왕대에는 환도성을 축조하고 이도(移都)한 것으로 보는 견해도 있다(余昊奎, 2005; 권순홍, 2015: 2019). 환도성으로 비정되는 산성자산성에 대한 지금까지의 발굴 조사에서는 3세기 초 이전의 유적이 확인되지 않아(吉林省文物考古硏究所·集安市博物館, 2004) 고고 유물상으로는 환도성으로의 이도가 산상왕 이후에 이루어졌을 가능성은 어느 정도 설명되고 있다. 국내 천도 시기와 관련해서는 본서 권13 고구려본기1 유리왕 22년(3) 10월조 참조.

〈참고문헌〉

白鳥庫吉, 1914, 「丸都城及国内城考」, 『史学雑誌』 25-4·5

鳥居龍藏, 1914, 「丸都城及び国内城の位置に就きて」, 『史学雑誌』 25-7, 東京大学文学部内史学会

三品彰英, 1951, 「高句麗王都考-三国史記高句麗本紀の批判をもとめて-」, 『朝鮮学報』 1

池內宏, 1951, 『滿鮮史研究-上世篇-』, 吉川弘文館

魏存成, 1985, 「高句麗初·中期的都城」, 『北方文物』 1985-2, 北方文物雜志社

> 武田幸男, 1989, 『高句麗史と東アジア-「広開土王碑」研究序説-』, 岩波書店
> 吉林省文物考古研究所·集安市博物館, 2004, 『丸都山城』, 文物出版社
> 김미경, 2005, 「高句麗 琉璃王代 政治勢力의 再編과 對外政策」, 『北方史論叢』 4
> 심광주, 2005, 「高句麗 國家 形成期의 城郭研究」, 『고구려의 국가 형성』, 고구려연구재단
> 余昊奎, 2005, 「高句麗 國內 遷都의 시기와 배경」, 『韓國古代史研究』 38
> 김희선, 2010, 「高句麗 國內城 研究」, 『白山學報』 87
> 노태돈, 2012, 「고구려 초기의 천도에 관한 약간의 논의」, 『韓國古代史研究』 68
> 권순홍, 2015, 「고구려 초기의 都城과 改都-태조왕대의 왕실교체를 중심으로-」, 『韓國古代史研究』 78
> 奇庚良, 2017, 「高句麗 王都 研究」, 서울대 박사학위논문
> 권순홍, 2019, 「고구려 도성 연구」, 성균관대 박사학위논문
> 노태돈, 2020, 『고구려 발해사 연구』, 지식산업사

물론 위의 기록에 대한 주류 강단 사학계의 비정을 보면 환도성을 집안시의 산성자산성(한국민족문화대백과사전 : 중국 길림성(吉林省) 집안현(集安縣)에 있는 고구려의 도성지(都城址). ㅣ 내용 집안현성의 북쪽 2.5㎞ 지점의 해발 676m 환도산(丸都山)에 위치하고 있어 환도산성이라고도 부른다.)으로 비정하여 같은 집안시 위치로 비정하기 때문에 집안시를 떠나지 않는 것으로 하고 있다. 더군다나 이곳에 현재 환도산이 있어 이곳을 고구려 환도성으로 비정하게 하는 요인이 된다.

이러한 실제 우리 고대 국가의 역사적 활동 사항에 등장하는 하천이나 산 그리고 지역명이 실제로 하북성 원래의 자리에서 동쪽이나 동쪽 요령성 쪽으로 옮겨진 사례가 많다. 이는 전통적인 중국의 '춘추필법'에 의한 역사왜곡의 실제 이동 사례로 그 사례가 많다. 따라서 이에 따라 원래의 역사적 활동 위치를 비정하는 것은 중국의 전통적인 역사왜

곡을 그대로 추종하여 우리 역사를 조작하는 일이므로 삼가야 한다. 더군다나 주류 강단 사학계가 환도성으로의 천도가 국내성이 있는 집안시로 이루어진 것은 자기들의 주석인 註 001과 같이 대표적인 일제 식민 사학자로서 만선사관과 반도사관의 주창자로서 A급 전범인 시라토니 구라키치[白鳥庫吉], 고려 강역을 한반도 내로 설정한 이병도의 스승인 이케우치 히로시[池內宏] 등의 주장을 그대로 따른 것이다.

물론 이 주장을 참조하여 합당한 것이므로 따른 것이라고 하려고 이러한 견해가 있다고 하였으나 실질적으로는 이를 추종한 채 해방 후 77년이 지났다. 물론 이러한 견해가 합당한 것이라면 비록 식민사관에 의한 것이지만 학문이라는 차원에서 다시 여과한 채 바르게 따라야 한다. 하지만 같은 해석에서 기록되어 있는 바와 같이 이곳에 천도하였다는 3세기 유물이 이곳에서는 발견되지 않는 것을 스스로 인정하고 있다. 그것도 중국의 유적 발굴 조사 결과에 의한다. 물론 일제 식민 사학자들에 의하여 주창된 후 이 결과 시점까지 우리 주류 강단 사학계 학자들은 이를 추종하는 논문과 연구서를 발표하여 이 주장을 추종하여 왔었다.

하지만 결과는 고고학적으로 입증되지 않는 것으로 나왔다. 이것이 위의 기록상 2004년도이다. 그런데 아직도 주류 강단 사학계는 이 논리를 수정하지 않은 채 그들의 제자 격인 본 필자가 비판하는 소위 '젊은 역사학자 모임' 일원은 그대로 이 논리를 따라 주장하고 있다. 당연히 환도성이 이곳이 아닌데도 일제 식민사학들이 이곳에 비정한 것이므로 이곳에 고고학적 유물이 나오지 않는다.

이렇듯 주류 강단 사학계는 국내성과 환도성을 모두 집안시로 비정함으로써 집안시를 장수왕 평양 천도 이전까지는 벗어나지 않았다고 비정한다. 그러나 위와 같이 환도성의 경우 일제 강점기 식민 사학자들에 의한 유적 발굴 조사 보고서에 의하면 고구려 도읍 관련 유적·유물이 발견되지 않는 것은 물론 길림성 집안시의 국내성 및 평양성(소위 '젊은 역사학자 모임' 일원을 비롯하여 주류 강단 사학계는 장수왕 평양 천도 이전의 동천왕 시기 245년 평양 천도, 고국원왕 시기 343년 평양 동쪽 황성(동황성) 천도 기록도 집안시를 벗어나지 않았다고 하고 있다.) 유적도 고구려 중기 이후의 것만 일부 발견되고 있다.

그리고 이전의 고구려 초기 수도로 비정하는 요령성 환인 일대에도 고구려 유적·유물도 전혀 발견되지 않는 한편 장수왕 시기 427년 천도하여 멸망 시기인 668년까지 있었다고 비정하는 한반도 평양의 평양성 비정 지역에도 이미 설명하였듯이 각종 발굴 조사 결과 소위 통일신라시대 및 고려시대 유적·유물만 발굴되는 실정이다. 따라서 문헌학적으로도 그렇고 고고학적으로도 주류 강단 사학계가 비정하는 한반도 북부 및 한반도 평양에는 고구려가 존재하고 있지 않았음이 입증된다.

> 고구려 수도 집안이나 환도는 고고학적 유적·유물이 없다는 것은 이를 비정한 일제 식민 사학자들과 중국 학자들도 인정한 사실이다. 문헌학적 고고학적으로도 한반도 북부 및 한반도 평양은 고구려 위치가 아니다. 그런데도 현재 주류 강단 사학계와 소위 '젊은 역사학자 모임' 일원은 이를 무조건 주장하고 있다. 이는 학문도 아닌 세계 역사학상 아이러니이다.

하지만 설사 이것이 사실이라고 하더라도 『삼국사기』 기록상의 247년, 동천왕 21년에 평양으로 천도한 것과 343년, 고국원왕 13년 평양성 동쪽 (동)황성으로 천도한 사실에 대하여는 침묵하거나 부정하고 있다. 특히 동천왕 21년의 평양 천도 사실에 대하여는

> 평양성(平壤城) : 이 기사의 평양성 위치에 대해서는 현 북한 평양설(채희국, 25~26쪽; 정찬영, 14쪽; 손영종, 153~154쪽), 현 북한 자강도 강계설(이병도, 373쪽; 徐永大, 114~137쪽), 현 지안시 동대자(東台子) 유적설(魏存成, 33쪽), 현 지안시 양민지역설(張福有, 14~15쪽; 임기환, 252쪽), 환런[桓仁]지역 나합성설(조법종, 188~194쪽), 현 집안현성[국내성]설(심광주, 181쪽; 김희선, 154~155쪽; 여호규, 76쪽; 강진원, 211~213쪽; 기경량, 254~260쪽) 등이 있다.
> 현 북한 평양설은 북한학계의 주류 견해인데, 당시는 북한 평양 지역에 낙랑군이 존재하고 있었으므로 수용하기 어렵다. 여러 견해 중 현 지안시 평지성인 집안현성[국내성]이 다수의 지지를 받는 견해이다. 그런데 현재 남아 있는 이른바 국내성에 대한 지금까지의 성벽 및 성 내부 발굴조사 결과 3세기 후반 이상으로 올라가는 유적을 찾기 힘들다. 이 때문에 동천왕 때 과연 현존 국내성의 성벽이 축조되었는지에 대해서는 의문이 남아 있다. 성벽 축조는 인정하지 않더라도 현 국내성 일대가 도읍으로서 거주지가 되었다는 점은 인정할 수 있다고 본다. 그리고 '평양'이란 이름은 고구려왕의 장지명인 동양(東壤), 중양(中壤), 서양(西壤), 호양(好壤)이란 지명에서 유추하자면 집안 일대의 너른 평지를 가리키는 뜻으로 해석할 수 있을 것이다. 동천왕 21년(247)의 평양성 위치에 대한 논란에 대해서는 권순홍, 5~14쪽 참조.

본 필자가 앞에서 언급하여 비판하였지만 노골적으로 아니 당연히 해야 할 것으로 하는 듯이 이때 낙랑군이 평양에 있었으므로 이 사실을 부정하고 있다. 그리고 평양에 대하여는 주류 강단 사학계가 평양을 한반도의 평양으로 고집하고 있는 것에 대하여 비판하고자 재야 민족 사학계에서 평양은 고유명사가 아니라 보통명사로 '너른 평야'를 가리키는 것으로 우리 고대 국가 고조선 및 고구려가 평야에 도읍을 정하였을 경우 어디서나 사용한 용어이기 때문에 평양이 여러 곳에 있을 수 있어 하북성이나 요령성에도 있는 것이라고 주장한 것을 자기들의 변명을 삼고 고립된 자기들 논리를 회피하고자 이러한 재야 민족 사학계의 논리를 이용하고 있다. 그러면서도 자기들의 논리인 평양의 한반도설은 고집하고 있는 것이 현재 주류 강단 사학계이다. 그러면서도 평양의 용어를 자기들 논리에만 맞게 '집안 일대의 너른 평지를 가리키는 것'이라고 한정시켜 놓고 있다.

과연 이것이 학문인가. 낙랑군은 한반도 평양에 없었고, 고구려 평양성도 한반도 평양이 아니기 때문에 겹치지 않는다. 주류 강단 사학계의 비정대로라면 겹친다. 변명하여 다른 곳으로 비정하는 것은 학문이 아니다. 오류이며 왜곡이며 조작이다. 그리고 주류 강단 사학계가 장수왕 이전의 고구려 평양성 천도를 '낙랑군 평양설'과 겹치어 충돌하므로 부정하며 이를 결국 마찬가지로 장수왕 이전에 천도한 바 있는 환도성과 함께 집안시로 비정한 채 장수왕 이전에는 국내성으로 비정되는 집안시를 떠난 적이 없는 것으로 고구려 역사를 꾸미고 있다.

이는 결국 국내성, 장수왕 이전의 평양성, 환도성 모두 국내성과 같이 현재의 집안시에 있다는 논리이다. 그래서 자기들의 교리인 '낙랑군 평양설'을 지키고 있다. 하지만 국내성, 불내성, 불이성, 위나암성 역시 고구려 초기 도읍지인 졸본, 흘승골성과 마찬가지로 한반도 북부 즉 그들의 논리인 평양의 낙랑군 위의 현토군 내에 고구려가 있는 것으로 하여야 하기 때문에 국내성, 환도성, 장수왕 이전의 평양성 모두 길림성 집안에 있어야 하지만 사실은 여기에 있지 않았다.

이는 스스로의 모순에 빠지는 것이다. 앞에서도 본 필자가 강조하여 언급하였지만 잘못 비정하다 보니 모든 것이 엉망이 되었다. 그러니 바로잡을 엄두가 나지 않는다. 모든 것을 부정하고 고쳐야 하기 때문이다. 그러므로 모든 것을 부정하고 고치자니 차라리 억지로 변명하고 회피하고 심지어 상대방을 비학문적으로 비난하면서 버틴다. 이 길이 가장 나은 방법이다. 왜냐하면 그동안 축적된 거짓말이 있기 때문이다. 쉽게 깨트려지지 않는다. 그러므로 쉽게 깨트려지지 않게 하려고 내부 결속 즉 학문 카르텔을 강화한다. 그들의 리그를 강화시킨다. 그래야 그들의 논리가 허물어지지 않고 유지될 수 있기 때문이다.

> 해괴한 논리 즉 상대방의 비판 논리를 오히려 이용하여 평양 천도 사실을 부정하면서 지키고자 하는 것은 '낙랑군 평양설'이다. 이것이 무너지면 모든 것이 무너지므로 무조건 지키고자 하고 있다.

이렇게 지키는 국내성과 환도성도 졸본과 마찬가지로 역시 중국사서와 『삼국사기』, 『삼국유사』가 분명히 증언하고 있다. 환도성에 대하여 살펴보면,

【사료55】『삼국사기(三國史記)』 卷第三十七 雜志 第六 지리(地理)四 백제(百濟)

압록수 이북의 항복하지 않은 성

안시성(安市城)(註 468)은 옛날 안촌홀(安寸忽) (혹은 환도성(丸都城)이라고도 이른다.)이다.

註 468
지금의 중국 요녕성(遼寧省) 해성시(海城市) 동남 영성자(英城子山城)이다. 645년의 당(唐) 태종(太宗)의 침공을 물리친 중요한 성이다(정구복 외, 《역주 삼국사기》 4 주석편 (하), 한국정신문화연구원, 1997, 429~430쪽).

『삼국사기』는 압록수 이북의 안시성으로 기록하고 있다. 이 안시성에 대하여 주류 강단 사학계는 고구려의 수당전쟁 시의 안시성과 마찬가지로 지금의 요령성 해성시로 비정하고 있다. 그러나 『삼국사기』

는 이 안시성을 환도성으로 밝히고 있다. 그런데도 주류 강단 사학계는 이 환도성을 길림성 집안시로 비정하고 있다. 물론 요령성 해성시도 그렇고 길림성 집안시도 그들이 지금의 압록강으로 고집하여 비정하는 압록수 이북에 있다. 그래서 주류 강단 사학계는 현재 비주류 강단 사학계인 인하대학교 고조선 연구소가 주장하는 요수의 압록강(수) 주장을 수용하지 않는다.

【사료38】『삼국사기(三國史記)』卷第三十七 雜志 第六 지리(地理)四 백제(百濟)

압록수 이북의 항복한 성

"국내주(國內州)(註 472)(한편 불내(不耐)라고도 이르고 혹은 위나암성(尉那巖城)이라고도 이른다.)"

註 472
지금의 중국 길림성(吉林省) 집안시(集安市) 국내성지(國內城址)이다. 고구려가 장수왕(長壽王) 15년(427)에 평양(平壤)으로 천도하기까지 수도였다(정구복 외,《역주 삼국사기》4 주석편 (하), 한국정신문화연구원, 1997, 431쪽).

주류 강단 사학계는 다시 그들을 비판하는 대로 이를 부정할 것이다. 즉『삼국사기』는 국내성과 환도성을 모두 압록수 이북이라고 하였다. 압록수가 요수라면 요수는 남북으로 흐르는 강이므로 북쪽이 성립 안 된다. 따라서 지금의 압록강 이북인 요령성 해성시와 길림성 집안시에 각각 있는 것이 맞는 것이라고 말이다. 하지만 환도성인 안시성을 요령성 해성시로 비정하면서도 정작 환도성은 길림성 집안시로 비정하는 것은 모순으로 이는 명백히 잘못이다. 그러면 이렇게 변명할 것이다. 위의【사료55】『삼국사기(三國史記)』卷第三十七 雜志 第六 지리(地理)四 백제(百濟) '압록수 이북의 항복하지 않은 성'상의 안시

성을 환도성으로 기록한 『삼국사기』가 오류라고 말이다. 이런 식이다. 그러나 분명히 다른 사서기록에는

> **【사료513】『삼국유사』 권 제1 왕력(王曆)**
>
> 동진(東晉) 중종(中宗) 건무(建虎)~간문제(簡文帝) 함안(咸安) 이년(二年)(317~371년)
>
> **高句麗 AD342년**
> 제16대 국원왕(國原王) 이름은 쇠(釗) 또는 사유(斯由)이며, 혹은 강상■(岡上■)이라고도 한다. 신묘(辛卯)년에 즉위하여, 40년간 다스렸다. 갑오(甲午)년에 평양성(平壤城)을 증축하였다. 임인(壬寅)년 8월에 안시성(安市城)으로 도읍을 옮기니, 즉 ■도■(■都■)(註 070)이다.
>
> 註 070
> ■都■에서 순암수택본에는 앞의 탈자에 '丸'이 덧칠되어 있고, 조선사학회본에는 '丸'으로 되어 있고, 동경제국대학연인본·속장경본·최남선교주본·이병도역주본·이재호역주본·권상로역해본에는 '丸'으로 추정하고 있다. 또 뒤의 탈자는 석남필사본·동경제국대학연인본·속장경본·조선사학회본·최남선교주본·이병도역주본·이재호역주본·권상로역해본·三品彰英遺撰本에 '城'으로 되어 있다.

> **【사료56】『삼국유사』「흥법」'순도조려'**
>
> 살펴보면, 고구려 때의 도읍은 안시성(安市城), 일명 안정홀(安丁忽)로서 요수(遼水)의 북쪽에 위치해 있었고, 요수는 일명 압록(鴨淥)으로 지금은 안민강(安民江)이라고 한다. 송경(松京)의 흥국사의 이름이 어찌 [이곳에] 있을 수 있겠는가?

『삼국사기』상에 환도성으로 옮긴 것을 『삼국유사』는 안시성으로 옮긴 것으로 하고 있다. 이것은 환도성과 안시성이 같은 것이거나 인근

에 있는 것을 나타내고 있음이 틀림없다. 실제로 많은 중국사서가 이 것이 같은 것임을 기록하고 있다. 그리고 실제 위치상으로도 하북성 안시성 즉 안평현, 서안평현, 북안평 지역에 안시성이 있고 같은 곳 내지는 인근에 환도성이 있는 것으로 기록되어 있다. 이와 같은 사실에 대하여 주류 강단 사학계는 환도성은 국내성과 마찬가지로 집안시에 비정하고 있는 한편, 안시성은 요령성 요하 인근의 해성시로 비정하고 있다.

한편 같은 사서 다른 기록상으로는 안시성이 요수 북쪽에 있는 것으로 기록하였다. 그리고 요수를 비주류 강단 사학계인 인하대학교 고조선연구소의 주장대로 압록강으로 기록하고 있다. 이에 의하면 주류 강단 사학계의 모든 논리는 설 자리가 없어진다. 여기까지이다. 주류 강단 사학계의 주장과 비주류 강단 사학계의 주장은 길림성과 요령성을 벗어나지 못한다.

그러면 과연 『삼국사기』의 압록수 이북에 있다는 국내성과 환도성의 압록수가 주류 강단 사학계의 잘못된 주장인 한반도 압록강이고, 비주류 강단 사학계의 주장대로 지금의 요하일까. 이에 대하여는 지금까지 본 필자가 소요수, 대요수, 마자수인 압록수, 갈석산, 진장성 등의 위치와 관련하여 입증한 바와 같이 이곳은 하북성이다.

잘못된 주류 강단 사학계의 주장에 의한 압록수 이북도, 비주류 강단 사학계의 지금의 요하로는 맞지 않는 압록수 이북도 하북성의 요수와 압록수에는 맞게 된다. 고구려의 수당전쟁 시 수나라가 기록상 동으로 건넌 살수를 남으로 향할 수밖에 없는 한반도 청천강에 잘못 비정한 주류 강단 사학계의 오류가 여기에도 적용된다. 이는 수많은 오류를 바로잡는 제대로 된 비정의 한 일례일 뿐이다. 다음 기록을 보자.

【사료29】『요사』「지리지」

2. 동경도
1) 동경요양부(東京遼陽府)
철주 건무군

철주(鐵州) 건무군(建武軍)이 설치되었으며 자사를 두었다. 본래 한나라 안시현(安市縣)으로 고구려 때는 안시성(安市城)이었다. 당나라 태종이 공격하였으나 함락하지 못하였다. 설인귀가 흰 옷을 올려놓은 곳이 바로 이곳이다. 발해가 주를 설치하였는데, 옛 현은 위성(位城)·하단(河端)·창산(蒼山)·용진(龍珍) 등 넷이 있었는데 모두 폐지되었다. 호구수는 1,000이며 동경에서 서남쪽으로 60리 떨어져 있다. 관할 현은 하나이다.

물론 현재 주류 강단 사학계는 요나라 동경도 현재 요령성 요양으로 비정하고 있다. 왜냐하면 이러한 기록들 때문이다. 이러한 기록으로 자신들의 논리가 방해받기 때문이다. 이곳 철주 건무군이 바로 한나라 안시현으로 안시성이라고 기록되어 있다. 이곳 발해에서 설치한 철주는 기록과 같이 한나라 때 안시현으로써 고구려 때는 안시성이었다.

한나라 때 안시현은 요동군 소속 현으로 이른바 대요수, 소요수가 안평현(북안평, 서안평현) 즉 지금도 이름이 남아 있는 하북성 형수시 안평현에서 바다, 즉 지금의 하북성 호타하로 들어가는 곳 인근 즉 이 안평현의 북쪽 즉 호타하 북쪽에 있는 곳이다. 이 안시성을 공격하던 당나라 태종이 머물던 수산을 나중에 주필산으로 이름을 바꾼 사실이 있는데 이에 대하여는 앞에서 ■ [도표7] **마수산**(책) **비정**에 의하여 하북성 마수산 그리고 산동성 마읍산과 함께 확인하였다.

현재 주류 강단 사학계나 비주류 강단 사학계나 재야 민족 사학계 전체 사학계에서는 이 마수산, 주필산, 마읍산을 모두 같은 마수산으로 착각하는 한편, 주류 강단 사학계는 이 마수산을 앞에서 확인한 대로 백제 초기 말갈과의 관계에서는 경기도 포천, 백제 무령왕 시기 말갈과의 관계에 대해서는 비정을 못 하고, 고구려에 대한 당 태종의 공격에 대해서는 지금의 요령성 동쪽으로 비정하여 오류를 범하고 있다.

하지만 이들 마수산은 모두 『한서』 「지리지」 사서의 기록인 요서군 유성현에 **"마수산이 현의 서남쪽에 있다."** 는 마수산으로 이 요서군 유성현은 지금의 하북성 호타하 인근의 석가장시 정정현 인근이다. 이곳은 백제가 나중에 점령한 소위 요서군 지역으로 바로 요서 진평 지역으로써 당나라 시대에는 유성과 북평 사이 지역이자 나중에 금주, 영원, 광녕 일대이다.

이곳은 이전인 소위 삼국시대 초기의 『삼국사기』 기록상에 마수책과 더불어 소위 삼국이 북쪽에 있었던 말갈과 다툼을 벌였던 것으로 기록된 곳이다. 이곳은 한반도는 더욱 아니고 요령성도 아니고 바로 하북성이다.

한편 이 마수산과 같은 것으로 착각하는 마읍산은 이미 앞에서 확인한 대로 산동성 고구려 평양성인 졸본성을 당나라의 소정방이 패강과 마읍산을 거쳐 공격하고 신라의 김춘추가 군량미를 칠중성이 있는 칠중하를 건너 전달했던 산동성 위치에 있다.

그리고 안시성 바깥에 있다는 주필산은 바로 위의 기록과 같이 지금도 그 이름이 남아 있는 하북성 형수시 안평현을 흐르는 당시 압록수이자 마자수인 지금의 호타하 북쪽에 있었던 안시현 즉 안시성 인근에 있었다. 이곳에 안시성과 환도성이 있었다. 이곳은 현재 하북성 창주시 임구시 일대이다.

따라서 고구려의 천도지 환도성도 이곳이고 당나라와의 전쟁인 안시성 싸움도 요령성의 요수나 압록수가 아닌 하북성의 요수와 압록수에서 발생했다. 이곳은 당나라 침입 시 고구려 수도인 하북성 평양성이 있었던 하북성 보정시 만성구 지역에서 동남쪽인 것으로 이곳을 거쳐 수도인 평양성을 공격하고자 하였던 것이 확인된다. 그러므로 【사료56】『삼국유사』「흥법」'순도조려'상의 안시성이 요수의 북쪽에 있다고 한 기록은 실제 이 편찬자들이 어느 요수를 인식하고 기록하였는지를 떠나서 기록 자체는 북쪽이라고 할 요수는 동서 밖에는 없는 요령성 요하가 아니라 하북성 요수인 것이 명백하다.

더군다나 한나라 안시현은 이미 요수와 관련되어 본 필자가 수많은 중국 사서를 인용하여 그 위치를 입증하였다. 그중의 하나가 중국사서상의 마자수이자 압록수로 비정되는 호타하 동쪽의 중국사서 기록상의 요수와 만나서 바다로 들어가는 지점에 안평현이 지금도 그 이름 그대로 존재하고 있다. 이 안평현 서쪽이 서안평이고 이 안시현, 안평현, 서안평현이 같이 혼용되어 압록수와 요수와 같이 기록되고 있다. 이곳은 바로 갈석산과 진장성, 모용씨의 용성이 있는 현토군, 낙랑군, 요동군, 요서군이 같이 어우러져 있는 하북성 석가장시 호타하 인근이다. 이곳은 이대로의 역사로 끝나지 않는다. 이곳은 고구려의 영역이 되었다가 나당연합군에 의한 고구려 멸망 이후 앞서 소위 '서희의 강동 6주(8성)'에서 확인하였듯이 통일신라의 영역이 되었다가 그대로 고려에 물려줌으로써 고려가 여기에 소위 서희의 강동 6주(8성)를 설치하고 여기서부터 고려의 천리관성이 시작된다.

【사료193】『삼국사기(三國史記)』卷第七 新羅本紀 第七 문무왕(文武王) 十五年秋九月

안북하를 따라 관과 성을 설치하다 (675년 09월(음))

안북하(安北河)를 따라 관(關)과 성(城)을 설치하였고, 또한 철관성(鐵關城)을 쌓았다.

【사료309】『고려사』 권82 지 권제36 병2(兵 二) 성보

평장사 유소에게 명해 북쪽 국경 지역에 관방을 설치하게 하다

〈덕종(德宗)〉 2년(1033)에 평장사(平章事) 유소(柳韶)에게 명하여 북방 경계에 처음으로 관방(關防)을 설치하였다. 서해 바닷가의 옛 국내성(國內城)의 경계로서 압록강이 바다로 들어가는 곳에서부터 시작하여 동쪽으로는 위원(威遠)·흥화(興化)·정주(靜州)·영해(寧海)·영덕(寧德)·영삭(寧朔)·운주(雲州)·안수(安水)·청새(淸塞)·평로(平虜)·영원(寧遠)·정융(定戎)·맹주(孟州)·삭주(朔州) 등의 13개 성(城)을 거쳐 요덕(耀德)·정변(靜邊)·화주(和州) 등의 세 성(城)에 이르러 동쪽으로 바다에 이르니, 길이가 1,000여 리에 뻗었고, 돌로 성을 쌓았는데 높이와 두께가 각 25척(尺)이다.

【사료338】『고려사절요』 권4 덕종경강대왕(德宗敬康大王) 덕종(德宗) 2년 8월(1033)

○평장사(平章事) 유소(柳韶)에게 명하여 북쪽 경계에 관방(關防)을 새로 설치하도록 하였으니, 서해(西海) 연안 옛 국내성(國內城) 인근에 압록강(鴨綠江)이 바다로 들어가는 곳에서부터 시작하여 동쪽으로 위원진(威遠鎭)·흥화진(興化鎭)·정주(靜州)·영해진(寧海鎭)·영덕진(寧德鎭)·영삭진(寧朔鎭)·운주(雲州)·안수진(安水鎭)·청새진(淸塞鎭)·평로진(平虜鎭)·영원진(寧遠鎭)·정융진(定戎鎭)·맹주(孟州)·삭주(朔州) 등 13개의 성을 거쳐 요덕진(耀德鎭)·정변진(靜邊鎭)·화주(和州) 등 3개의 성을 지나, 동쪽으로 바다에 닿았다. 사방으로 뻗은 길이[延袤]가 천여 리나 되고, 돌로 성을 쌓았는데 높이와 두께는 각각 25척이었다.

【사료54】『고려사』 지 권제12 지리3 「북계」

안북대도호부
인주
인주(麟州)는 본래 고려의 영제현(靈蹄縣)이다. 현종 9년(1018)에 인주방어

사(麟州防禦使)라 불렀다. 〈현종〉 21년(1130)에 영평진(永平鎭)의 주민을 옮겨 이곳을 채웠다. 고종 8년(1211)에 반역(叛逆)이 일어나 사인(舍仁)으로 강등시켰다. 뒤에 지군사(知郡事)로 고쳤다. 옛날 장성(長城) 터가 있다【덕종 때에 평장사(平章事) 유소(柳韶)가 쌓은 것으로, 인주의 압록강이 바다로 들어가는 곳에서부터 동계(東界)의 화주(和州) 바닷가까지 이른다.】.

의주

의주(義州)는 본래 고려의 용만현(龍灣縣)으로, 또 화의(和義)라고도 부른다. 처음에 거란(契丹)이 압록강의 동쪽 언덕에 성(城)을 쌓고 보주(保州)라고 불렀는데, 문종대에 거란이 또 궁구문(弓口門)을 두면서 포주(抱州)라고 불렀다【파주(把州)라고도 한다.】. 예종 12년(1117)에 요(遼)나라 자사(刺史) 상효손(常孝孫)이 도통(都統) 야율녕(耶律寧) 등과 함께 금(金) 병사를 피해 바닷길로 들어오면서 우리의 영덕성(寧德城)에 문서를 보내어 내원성(來遠城)과 포주(抱州)를 우리에게 귀속시키니 우리 병사가 그 성(城)에 들어가서 병장기·재물과 곡물을 수습하였다. 왕이 기뻐하며 의주방어사(義州防禦使)로 고치고 남쪽 지방의 인호(人戶)를 데려다가 그곳을 채웠다. 이때에 다시 압록강(鴨綠江)을 경계로 관방(關防)을 설치하였다. 인종 4년(1126)에 금(金)도 역시 의주를 우리에게 귀속시켰다. 고종 8년(1221)에 반역(叛逆)이 일어났다 하여 함신(咸新)으로 강등시켰다가 얼마 후에 예전대로 복구하였다. 공민왕 15년(1366)에 목(牧)으로 승격시켰다. 〈공민왕〉 18년(1368)에 만호부(萬戶府)를 두었다. 별호(別號)는 용만(龍灣)이다. 압록강(鴨綠江)이 있다【마자수(馬訾水) 혹은 청하(靑河)라고도 한다.】.

여기가 바로 서희의 강동 6주(8성)가 설치되는 『고려사 지리지』상의 비류왕의 고도이자 고구려 고국원인 맹주(은주, 성주)로써 『요사 지리지』상의 녹주 압록군의 정주(비류왕의 고도)인 현재 하북성 창주시 임구시로 비정되는 곳으로 인근에 철주 즉 안시현, 안시성이 있다. 그리고 인근에 국내성이 있다.

결론적으로 한나라 때의 요동군 안시현의 위치로 기록된 안시성으로 비정되는 환도성은 안시현 즉 안평현으로 이곳은 지금도 그 지명이 남아 있는 하북성 형수시 안평현의 인근으로 북쪽에 위치한 하북성 창주시 임구시이다.

환도성을 고고학적으로 증명도 안 되는 길림성 집안시로 비정하거나 환도성이 안시성이라고 기록에 나와 있는데도 이를 무시하고 안시성을 "**해성시**(海城市) **동남 영성자**(英城子山城)**이다.**" 이곳으로 비정한 채 집안시 환도성의 위치와 다른 위치로 77년 이전의 일제 식민 사학자들의 논리를 따라 비정하는 주류 강단 사학계의 학문은 가히 오류를 넘어 아무런 연구를 하지 않고 조작을 방임하는 수준이다.

이들이 안시성을 이렇게 비정하는 이유는 자기들이 왜곡하여 잘못 비정한 곳에 당나라의 고구려 공격 때문이다. 고구려 수도를 한반도 평양, 요수를 요하, 압록강을 압록강에 비정한 관계로 이를 통하여 고구려 평양성을 공격할 때 방어한 성이 요하 인근에 있어야 하기 때문이다. 하지만 고구려 평양성도, 요수도, 압록강도 모두 비정이 틀린 것으로 다른 곳 하북성에 있으면 이 모든 위치가 달라진 채 제자리를 찾아 위의 환도성과 안시성이 같은 위치가 된다.

이에 대하여는 다음의 환도성에 대한 별도 설명에서 자세히 살펴보고자 한다.

> 환도성의 경우 안시성과 같은 위치로 보는 것이 합당하다.
> 그러나 주류 강단 사학계는 그들의 논리 때문에 달리 비정하고 있다.
> 원래의 맞는 위치에 비정하면 사서기록과 맞게 같은 곳이 된다.
> 그곳은 하북성이다. 이러한 사실은 뒷 시기인 신라 및 고려 기록에 의하여 입증된다.
> 고려의 소위 강동 6주(8성)와 천리관성이 여기에 설치되었다.

그리고 국내성의 경우에도 앞서 살펴본 대로 돼지가 달아날 것을 다시 잡을 정도로 졸본성에서 가까운 거리인 것으로 기록된 바와 같이 이를 근거로 주류 강단 사학계는 졸본인 환인에서 가까운 집안시로 비정하였다.

하지만 앞에서 살펴본 바와 같이 주류 강단 사학계는 주석상에 기록한 대로 **"그런데 현재 남아 있는 이른바 국내성에 대한 지금까지의 성벽 및 성 내부 발굴 조사 결과 3세기 후반 이상으로 올라가는 유적을 찾기 힘들다."**라고 하여 국내성으로 천도한 것으로 기록되어 있는 3년, 제2대 유리왕 22년 시대의 고고학적 뒷받침이 위의 환도성과 마찬가지로 이루어지지 않는 것이다. 더군다나 1세기 이전의 유적·유물도 발견되지 않았다.

단지 이곳에 비정한 이유는 (1) '낙랑군 평양설'에 의하여 낙랑군과 가까이 있는 것으로 기록되어 현토군에서 고구려가 세워졌다는 기록 때문에 낙랑군이 있는 평양 가까운 곳에 현토군을 비정하고 이곳에 고구려의 첫 도읍지인 졸본을 환인에 두었기 때문에 이곳에 가까운 국내성을 집안시에 둔 것. (2)집안시 인근에 고구려 적석총이 대거 포진해 있다는 점, (3)광개토대왕비가 여기에 있다는 점, (4)『삼국사기』상에 압록수 이북에 국내성 및 환도성이 있다고 한 점, (5)고구려를 세운 추모대왕이 탈출한 북부여나 동부여 기록상 압록강이 기록되어 있다는 점이다.

그러나 여기서 낙랑군과 현토군의 위치가 달라지거나 압록수(강)의 위치가 달라지면 이 모든 것이 달라져야 한다. 유적·유물인 고구려 적석총과 광개토대왕비는 부수적인 역사 비정 결정 요소이다. 그러면 여러 기록과 이에 대한 연구 결과에 의하여 낙랑군과 현토군의 위치, 압록수(강)의 위치가 달라졌으면 이에 따라 고구려 위치 및 활동 지역 그리고 고구려의 수도들이 수정되어야 함에도 주류 강단 사학계는 달라지지 않는다. 아무런 학문적 연구 성과도 소용없다. 우리나라 역사학계에는 더 이상 연구가 필요 없다.

> 주류 강단 사학계가 고구려 수도인 국내성과 환도성의 위치로 비정하는 길림성 집안시는 문헌학적, 고고학적 근거가 전혀 없다.
> 비정한 근거는 왜곡되었거나 상대적인 것들뿐이다.
> 하지만 원래의 위치대로 바로잡으면 모든 것이 맞게 된다.

그러면 앞서 살펴본 첫 도읍지 졸본성으로부터 천도한 곳인 국내성에 대하여 살펴보고 이후 계속하여 천도한 곳에 대하여 살펴보기로 한다.

– 다음 〈제9권〉에서 계속됩니다.

인용 사료 목록

【사료1】『조선왕조실록』세조실록 7권, 세조 3년 5월 26일 무자 3번째기사 1457년
【사료2】『조선왕조실록』예종실록 7권, 예종 1년 9월 18일 무술 3번째기사 1469년
【사료3】『관자』「제78 규도 13」
【사료4】『관자』「제80 경중갑 13,20,22」
【사료5】『산해경』「제11 해내서경」
【사료6】『산해경』「제12 해내북경」
【사료7】『산해경』「제18 해내경」
【사료8】『사기』「권69 소진열전 제9」
【사료9】『염철론』「권6 벌공」편
【사료10】『후한서(後漢書)』「군국지」1. 유주
【사료11】『사기』「조선열전」'고조선'
【사료12】『자치통감(資治通鑑)』「권181 수기오」
【사료13】『무경총요』10
【사료14】『흠정사고전서』「수도제강 권3」
【사료15】『무경총요』「전집 권22 연경주군 12」
【사료16】『진서』「지리지」'평주', '유주'
【사료17】『사기』「하본기」
【사료18】『회남자』「추형훈」고유의 주석
【사료19】『염철론』「험고」
【사료20】『산해경』「해내동경」
【사료21】『수경주』「대요수」, 「소요수」
【사료22】『한서』「지리지」1. 유주
【사료23】『삼국지(三國志)』〈위서〉「동이전」'고구려전'
【사료24】『후한서(後漢書)』「동이열전」'고구려전'
【사료25】『통전(通典)』「변방」'동이 하 고구려'
【사료26】『신당서(新唐書)』「동이열전 고구려」
【사료27】『고려사』「세가 권제15」인종(仁宗) 4년 12월 1126년 12월 12일(음) 계유(癸酉)
【사료28】『원사』「지리지」요양등처행중서성 동녕로
【사료29】『요사』「지리지」
【사료30】『신당서(新唐書)』「가탐도리기」
【사료31】『구당서(舊唐書)』「동이열전 고구려」
【사료32】『통전(通典)』「주군 안동부」
【사료33】『통감지리통석』권 10 요동
【사료34】『삼국사기(三國史記)』고구려본기 제10 보장왕(寶藏王) 二十七年秋九月

427

【사료35】『삼국사기(三國史記)』 고구려본기 제8 영양왕(嬰陽王) 二十三年秋七月
【사료36】『삼국사기(三國史記)』 고구려본기 제8 영양왕(嬰陽王) 二十三年夏六月
【사료37】『무경총요』 1044년 권22 압록수
【사료38】『삼국사기(三國史記)』 잡지 지리4 백제(百濟) 압록수 이북의 항복한 성
【사료39】『삼국지(三國志)』〈위서〉「동이전」東沃沮
【사료40】『삼국지(三國志)』〈위서〉「동이전」濊
【사료41】『삼국유사』卷 第一 제1 기이(紀異第一) 고구려(高句麗)
【사료42】『양서(梁書)』「동이열전」'고구려'
【사료43】『사기』「흉노열전」
【사료44】『사기』「몽염열전」
【사료45】『삼국사기(三國史記)』 고구려본기 제1 시조 동명성왕(東明聖王) 2년
【사료46】『송서(宋書)』 夷蠻列傳 高句驪
【사료47】『삼국사기(三國史記)』卷 第二十 高句麗本紀 第八 영양왕 二十三年春二月
【사료48】『서경』〈하서〉「우공」제11장
【사료49】『회남자』「인간훈」
【사료50】『회남자』「시칙훈」
【사료51】『삼국사기(三國史記)』「잡지 지리」'고구려' '고구려 초기 도읍 홀승골성과 졸본'
【사료52】『삼국사기(三國史記)』「잡지 지리」'고구려' '평양성과 장안성'
【사료53】『고려사』지 권 제12 지리3 「동계」
【사료54】『고려사』지 권 제12 지리3 「북계」
【사료55】『삼국사기(三國史記)』雜志 第六 지리四 백제 압록수 이북의 항복하지 않은 성
【사료56】『삼국유사』「흥법」'순도조려'
【사료57】『후한서(後漢書)』「원소유표열전」
【사료58】『수서』「지리지」
【사료59】『삼국지(三國志)』〈위서〉'공손도, 공손강, 공손공, 공손강의 아들 공손연 열전'
【사료60】『위서』「지형지, 남영주/영주」
【사료61】『삼국사기(三國史記)』卷第十七 高句麗本紀 第五 동천왕(東川王) 20년 10월
【사료62】『삼국사기(三國史記)』권 제16 고구려본기 제4 신대왕(新大王) 5년
【사료63】『광개토대왕비문』
【사료64】『삼국지(三國志)』〈위서〉「동이전」韓
【사료65】『통전(通典)』「주군」'평주'
【사료66】『사기』「화식열전」
【사료67】『후한서(後漢書)』「동이열전(東夷列傳) 부여(夫餘)
【사료68】『삼국지(三國志)』〈위서〉「동이전」 부여(夫餘)
【사료69】『진서(晉書)』卷九十七「列傳」 第六十七 東夷: 夫餘國
【사료70】『삼국유사』권 제1 기이(紀異第一) 위만(魏滿:衛滿)조선(朝鮮)
【사료71】『한서』「조선전」'고조선'
【사료72】『염철론』「주진편」
【사료73】『염철론』「비호편」

【사료74】『한서』 권94 上 「흉노전」
【사료75】『통전(通典)』「변방 북적 서략 흉노상」
【사료76】『신당서(新唐書)』「지리지」
【사료77】『삼국사기(三國史記)』 고구려본기 제3 태조대왕(太祖大王) 94년 8월
【사료78】『삼국사기(三國史記)』 고구려본기 제8 영양왕(嬰陽王) 九年夏六月
【사료79】『삼국사기(三國史記)』 백제본기 제4 동성왕(東城王) 二十二年/夏五月
【사료80】『양서(梁書)』「東夷列傳 百濟」
【사료81】『흠정만주원류고』 권9 강역2 신라 9주
【사료82】『삼국사기(三國史記)』 卷第二十一 高句麗本紀 第九 보장왕 645년 05월(음)
【사료83】『삼국사기(三國史記)』 백제본기 제1 다루왕(多婁王) 3년 10월
【사료84】『흠정만주원류고』 권10 강역3 발해국경
【사료85】『삼국사기(三國史記)』 권 제37 잡지 제6 지리四 백제삼국의 이름만 있고 그 위치가 ~
【사료86】『삼국사기(三國史記)』 百濟本紀 第四 무령왕(武寧王) 三年秋九月
【사료87】『남제서(南齊書)』「東南夷列傳 高[句]麗」
【사료88】『위서(魏書)』「列傳 高句麗」
【사료89】『주서(周書)』「異域列傳 高句麗」
【사료90】『남사(南史)』「東夷列傳 高句麗」
【사료91】『북사(北史)』「列傳 高句麗」
【사료92】『수서(隋書)』「東夷列傳 高句麗」
【사료93】『원사(元史)』「外夷列傳 高麗」
【사료94】『삼국유사』 卷第一 제1 기이(紀異第一) 말갈(靺鞨)과 발해(渤海)
【사료95】『삼국사기(三國史記)』 百濟本紀 第一 시조 온조왕(溫祚王) 2년 1월
【사료96】『삼국사기(三國史記)』 지리(地理)四 고구려 멸망과 이후 상황
【사료97】『삼국사기(三國史記)』 列傳 第六 최치원(崔致遠)
【사료98】『구당서(舊唐書)』「東夷列傳 百濟」
【사료99】『신당서(新唐書)』「東夷列傳 百濟」
【사료100】『삼국사기(三國史記)』 新羅本紀 第一 유리(儒理) 이사금(尼師今) 17년 9월
【사료101】『삼국사기(三國史記)』 新羅本紀 第一 시조 혁거세(赫居世) 30년
【사료102】『삼국사기(三國史記)』 百濟本紀 第一 시조 온조왕(溫祚王) 13년 5월
【사료103】『삼국사기(三國史記)』 신라본기 제1 유리(儒理) 이사금(尼師今) 14년
【사료104】『삼국사기(三國史記)』 新羅本紀 第一 시조 혁거세(赫居世) 53년
【사료105】『삼국사기(三國史記)』 백제본기 제1 시조 온조왕(溫祚王) 43년 10월
【사료106】『삼국사기(三國史記)』 新羅本紀 第二 아달라(阿達羅) 5년 3월
【사료107】『삼국사기(三國史記)』 百濟本紀 第一 溫祚王 二十七年夏四月
【사료108】『삼국사기(三國史記)』 新羅本紀 第一 시조 혁거세(赫居世) 十九年春一月
【사료109】『후한서(後漢書)』「東夷列傳 韓」
【사료110】『후한서(後漢書)』「東夷列傳 濊」
【사료111】『진서(晉書)』「東夷列傳 馬韓」
【사료112】『송서(宋書)』「夷蠻列傳 百濟」

429

【사료113】『남제서(南齊書)』「東南夷列傳 百濟」
【사료114】『위서(魏書)』「列傳 百濟」
【사료115】『주서(周書)』「異域列傳 百濟」
【사료116】『남사(南史)』「東夷列傳 百濟」
【사료117】『북사(北史)』「列傳 百濟」
【사료118】『수서(隋書)』「東夷列傳 百濟」
【사료119】『삼국사기(三國史記)』百濟本紀 第一 시조 온조왕(溫祚王) 13년 8월
【사료120】『삼국사기(三國史記)』고구려본기 제5 동천왕(東川王) 12년
【사료121】『삼국사기(三國史記)』고구려본기 제5 동천왕(東川王) 16년
【사료122】『삼국사기(三國史記)』고구려본기 제5 동천왕(東川王) 20년
【사료123】『삼국사기(三國史記)』백제본기 제2 사반왕(沙伴王)·고이왕(古尒王)
【사료124】『삼국사기(三國史記)』新羅本紀 第二 아달라(阿達羅) 이사금(尼師今) 5년
【사료125】『수경주』「유수」
【사료126】『구당서(舊唐書)』「지리지」
【사료127】『삼국사기(三國史記)』百濟本紀 第六 의자왕(義慈王) 665년(음)
【사료128】『삼국사기(三國史記)』신라본기 제6 문무왕(文武王) 4년 2월
【사료129】『삼국사기(三國史記)』신라본기 제6 문무왕(文武王) 5년 8월
【사료130】『흠정만주원류고』권5 부족5 말갈
【사료131】『삼국사기(三國史記)』신라본기 제7 문무왕(文武王) 十一年秋七月二十六日
【사료132】『통전(通典)』邊防 一 東夷 上 百濟
【사료133】『자치통감(資治通鑑)』卷一百三十六 齊紀二 世祖武皇帝上之下
【사료134】『자치통감(資治通鑑)』卷九十七 晉紀十九 孝宗穆皇帝上之上
【사료135】『선화봉사고려도경(宣化奉使高麗圖經)』「시봉편」
【사료136】『삼국사기(三國史記)』고구려본기 제6 고국양왕(故國壤王) 二年夏六月
【사료137】『삼국사기(三國史記)』고구려본기 제6 고국양왕(故國壤王) 二年冬十一月
【사료138】『삼국사기(三國史記)』고구려본기 제6 광개토왕(廣開土王) 十四年春一月
【사료139】『삼국사기(三國史記)』백제본기 제4 동성왕(東城王) 二十二年/夏五月
【사료140】『자치통감(資治通鑑)』卷一百三十六 齊紀二 世祖武皇帝上之下
【사료141】『양직공도』「백제국사」
【사료142】『한원(翰苑)』「번이부 백제(蕃夷部 百濟)」
【사료143】『흠정만주원류고』권3 부족3 백제
【사료144】『흠정만주원류고』권9 강역2 백제제성
【사료145】『수경주(水經注)』권11, '역수(易水)'
【사료146】『흠정만주원류고』권4 부족4 신라
【사료147】『삼국사기(三國史記)』卷第三十四 雜志 第三 지리(地理)— 신라(新羅)
【사료148】『흠정만주원류고』권9 강역2 신라
【사료149】『통전(通典)』「변방」'동이 상 신라'
【사료150】『삼국사기(三國史記)』百濟本紀 第一 시조 온조왕(溫祚王) 17년
【사료151】『삼국유사』권 제1 제1 기이(紀異第一) 낙랑국(樂浪國)

【사료152】『삼국사기(三國史記)』백제본기 제3 개로왕(蓋鹵王) 21년 9월
【사료153】『삼국사기(三國史記)』新羅本紀 第七 문무왕(文武王) 672년 01월(음)
【사료154】『흠정만주원류고』권3 부족3 백제
【사료155】『삼국사기(三國史記)』百濟本紀 第六 의자왕(義慈王) 二十年
【사료156】『삼국사기(三國史記)』新羅本紀 第一 시조 혁거세(赫居世) 1년 4월 15일
【사료157】『삼국사기(三國史記)』新羅本紀 第一 시조 혁거세(赫居世) 38년 봄 2월
【사료158】『삼국사기(三國史記)』新羅本紀 第一 시조 혁거세(赫居世) 30년
【사료159】『삼국사기(三國史記)』백제본기 제6 의자왕(義慈王) 논하여 말하다.
【사료160】『삼국유사』卷 第一 제1 기이(紀異第一) 진한(辰韓)
【사료161】『삼국사기(三國史記)』列傳 第一 김유신(金庾信) 상
【사료162】『진서(晉書)』「동이열전(東夷列傳) 辰韓」
【사료163】『양서(梁書)』「東夷列傳 新羅」
【사료164】『남사(南史)』「東夷列傳 新羅」
【사료165】『북사(北史)』「列傳 新羅」
【사료166】『수서(隋書)』「東夷列傳 新羅」
【사료167】『구당서(舊唐書)』「동이열전 신라」
【사료168】『신당서(新唐書)』「동이열전 신라」
【사료169】『후한서(後漢書)』「東夷列傳 東沃沮」
【사료170】『수경주(水經注)』권12 '거마하(巨馬河)'
【사료171】『삼국사기(三國史記)』新羅本紀 第一 시조 혁거세(赫居世) 8년
【사료172】『삼국사기(三國史記)』신라본기 제3 나물(奈勿) 이사금(尼師今) 38년 5월
【사료173】『삼국사기(三國史記)』백제본기 제1 시조 온조왕(溫祚王) 24년 7월
【사료174】『문헌통고』
【사료175】『삼국사기(三國史記)』백제본기 제4 무령왕(武寧王) 二十三年夏五月
【사료176】『고려사』지 권 제10 지리1「지리 서문」
【사료177】『고려사』세가 권제14 예종(睿宗) 12년(1117년) 3월 6일(음)
【사료178】『고려사』세가 권제42 공민왕(恭愍王) 19년 12월 1370년 12월 2일(음)
【사료179】『선화봉사고려도경』권3 성읍(城邑) 영토[封境]
【사료180】『삼국유사』제1 기이(紀異第一) 고조선(古朝鮮) 왕검조선(王儉朝鮮)
【사료181】『삼국유사』제2 기이(紀異第二) 남부여(南扶餘) 전백제(前百濟) 북부여(北扶餘)
【사료182】『삼국유사』卷 第一제1 기이(紀異第一) 태종춘추공(太宗春秋公)
【사료183】『삼국사기(三國史記)』新羅本紀 第七 문무왕(文武王) 十五年春一, 二月
【사료184】『삼국사기(三國史記)』雜志 第三지리(地理)一 신라(新羅) 원 신라
【사료185】『삼국사기(三國史記)』雜志 第三지리(地理)一 신라(新羅) 이전 백제
【사료186】『삼국사기(三國史記)』雜志 第三지리(地理)一 신라(新羅) 이전 고구려
【사료187】『삼국사기(三國史記)』新羅本紀 第八 신문왕(神文王) 五年
【사료188】『삼국사기(三國史記)』新羅本紀 第九 경덕왕(景德王) 십육년冬십이월
【사료189】『삼국사기(三國史記)』잡지 제4 지리(地理)二 신라(新羅)
【사료190】『삼국사기(三國史記)』신라본기 제7 문무왕(文武王) 십삼년秋九月

【사료191】『삼국사기(三國史記)』 신라본기 제12 경명왕(景明王) 五年春二月
【사료192】『고려사』 세가 권제1 태조(太祖) 4년 2월 921년 2월 15일(음) 임신(壬申)
【사료193】『삼국사기(三國史記)』 新羅本紀 第七 문무왕(文武王) 十五年秋九月
【사료194】『고려사』 권82 지 권제36 병2(兵 二) 성보 930년 미상(음)
【사료195】『한서』「지리지 연」
【사료196】『삼국사기(三國史記)』 高句麗本紀 第二 대무신왕(大武神王) 15년 04월
【사료197】『삼국사기(三國史記)』 高句麗本紀 第五 미천왕(美川王)
【사료198】『한서 』「열전」〈엄주오구주부서엄종종왕가전〉 '가연지편'
【사료199】『고려사절요』 권1 태조신성대왕(太祖神聖大王) 태조(太祖) 18년10월 935년 10월 미상
【사료200】『삼국사기(三國史記)』 고구려본기 제2 대무신왕(大武神王) 9년 10월
【사료201】『삼국사기(三國史記)』 고구려본기 제3 태조대왕(太祖大王) 4년 7월
【사료202】『삼국사기(三國史記)』 고구려본기 제2 모본왕(慕本王) 2년
【사료203】『삼국사기(三國史記)』 고구려본기 제1 시조 동명성왕(東明聖王) 10년 11월
【사료204】『삼국사기(三國史記)』 고구려본기 제2 대무신왕(大武神王) 13년 7월
【사료205】『삼국사기(三國史記)』 新羅本紀 第一 지마(祗摩) 이사금(尼師今) 14년 1월
【사료206】『삼국사기(三國史記)』 고구려본기 제5 동천왕(東川王) 19년 10월
【사료207】『삼국사기(三國史記)』 신라본기 제2 조분(助賁) 이사금(尼師今) 16년 10월
【사료208】『삼국사기(三國史記)』 卷第四十四 列傳 第四 거칠부(居柒夫)
【사료209】『삼국사기(三國史記)』 권 제45 열전 제5 온달(溫達)(AD590)
【사료210】『삼국사기(三國史記)』 新羅本紀 第五 선덕왕(善德王) 11년
【사료211】『삼국사기(三國史記)』 卷第四十一 列傳 第一 김유신(金庾信) 상
【사료212】『삼국사기(三國史記)』 卷第四十九 列傳 第九 개소문(蓋蘇文)
【사료213】『삼국사기(三國史記)』 신라본기 제5 태종(太宗) 무열왕(武烈王) 2년
【사료214】『삼국사기(三國史記)』 신라본기 제12 효공왕(孝恭王) 905년 08월(음)
【사료215】『삼국사기(三國史記)』 百濟本紀 第一 시조 온조왕(溫祚王)
【사료216】『삼국지(三國志)』「魏書 30 東夷傳 挹婁」
【사료217】『후한서(後漢書)』「東夷列傳 挹婁」
【사료218】『진서(晉書)』「동이열전(東夷列傳) 숙신(肅愼)」
【사료219】『위서(魏書)』「列傳 勿吉國」
【사료220】『북사(北史)』「列傳 勿吉」
【사료221】『수서(隋書)』「東夷列傳 靺鞨」
【사료222】『구당서(舊唐書)』「北狄列傳 靺鞨」
【사료223】『신당서(新唐書)』「北狄列傳 黑水靺鞨」
【사료224】『구당서(舊唐書)』「北狄列傳 渤海靺鞨」
【사료225】『신당서(新唐書)』「北狄列傳 渤海」
【사료226】『삼국사기(三國史記)』 新羅本紀 第一 남해 차차웅 원년 7월
【사료227】『삼국사기(三國史記)』 百濟本紀 第一 시조 온조왕 11년 4월
【사료228】『삼국사기(三國史記)』 권 제40 잡지 제9 무관(武官)
【사료229】『금사(金史)』「외국열전(外國列傳) 고려(高麗)」

【사료230】『금사(金史)』「卷1 本紀1 世紀」
【사료231】『고려사절요』 권8 예종(睿宗) 10년 1월(1115년 1월 미상(음))
【사료232】『고려사』 列傳 권 제7 제신(諸臣) 서희 서희가 거란의 소손녕과의 외교 담판~
【사료233】『고려사절요』 권2 성종(成宗) 13년 2월 소손녕이~
【사료234】『무경총요』「전집 권 22」 요방 북번지리
【사료235】『고려사』세가 권 제14 예종(睿宗)(1105-1122) 12년 3월 1117년 3월 3일(음)
【사료236】『금사(金史)』 권1 본기1 세기(世紀)
【사료237】『금사(金史)』 권1 본기1 세기(世紀)
【사료240】『고려사절요』 권8 예종(睿宗) 10년 1월(1115년 1월 미상(음))
【사료241】『송막기문(松漠記聞)』
【사료242】『동명해사록(東溟海槎錄)』
【사료243】『삼국사기(三國史記)』 권 제37 잡지 제6 지리(地理)四 고구려(高句麗)
【사료244】『삼국사기(三國史記)』 신라본기 제9 선덕왕(宣德王) 四年春一月
【사료245】『삼국사기(三國史記)』 백제본기 제1 시조 온조왕(溫祚王) 13년 7월
【사료246】『고려사』 지 권 제12 지리3(地理 三) 서해도 평주
【사료247】『삼국사기(三國史記)』 신라본기 제2 유례(儒禮) 이사금(尼師今) 9년 6월
【사료248】『삼국사기(三國史記)』 신라본기 제6 문무왕(文武王) 8년 6월 22일
【사료249】『삼국사기(三國史記)』 백제본기 제1 시조 온조왕(溫祚王) 37년 4월
【사료250】『삼국사기(三國史記)』 新羅本紀 第八 성덕왕(聖德王) 三十四年
【사료251】『진서(晉書)』卷十四 志 第四 地理上 惠帝卽位, 改扶風國爲秦國
【사료252】『고려사』 권별 보기 志 지 권제36 병2(兵 二) 성보 973년 미상
【사료253】『삼국사기(三國史記)』 신라본기 제8 성덕왕(聖德王) 三十二年秋七月
【사료254】『삼국사기(三國史記)』 신라본기 제10 헌덕왕(憲德王) 十八年秋七月
【사료255】『삼국사기(三國史記)』 新羅本紀 第三 나물(奈勿) 이사금(尼師今) 42년 7월
【사료256】『삼국사기(三國史記)』 新羅本紀 第三 눌지(訥祇) 마립간(麻立干) 34년 7월
【사료257】『삼국사기(三國史記)』 新羅本紀 第四 지증(智證) 마립간(麻立干) 13년 6월
【사료258】『삼국사기(三國史記)』 新羅本紀 第五 선덕왕(善德王) 8년 2월
【사료259】『삼국사기(三國史記)』 新羅本紀 第五 태종(太宗) 무열왕(武烈王) 5년 3월
【사료260】『삼국사기(三國史記)』 新羅本紀 第八 성덕왕(聖德王) 二十年秋七月
【사료261】『삼국사기(三國史記)』 新羅本紀 第三 자비(慈悲) 마립간(麻立干) 11년 9월
【사료262】『삼국사기(三國史記)』 新羅本紀 第一 지마(祗摩) 이사금(尼師今) 14년 7월
【사료263】『삼국사기(三國史記)』 新羅本紀 第三 소지(炤知) 마립간(麻立干)
【사료264】『삼국사기(三國史記)』 新羅本紀 第三 소지(炤知) 마립간(麻立干) 3년 3월
【사료265】『삼국사기(三國史記)』 高句麗本紀 第七 문자왕(文咨王) 六年秋八月
【사료266】『삼국사기(三國史記)』 高句麗本紀 第七 안원왕(安原王) 十年秋九月
【사료267】『후한서(後漢書)』「東夷列傳 倭」
【사료268】『삼국지(三國志)』 魏書 三十 烏丸鮮卑東夷傳 第三十 倭
【사료269】『진서(晉書)』 列傳 第六十七 東夷 倭
【사료270】『송서(宋書)』 列傳 第五十七 夷蠻 東夷 倭

【사료271】『남제서(南齊書)』 列傳 第三十九 東夷 倭國
【사료272】『양서(梁書)』 列傳 第四十八 諸夷 倭
【사료273】『북사(北史)』 列傳 第八十二 倭
【사료274】『수서(隋書)』 列傳 第四十六 東夷 倭國
【사료275】『구당서(舊唐書)』 列傳 第一百四十九上 東夷 倭國
【사료276】『신당서(新唐書)』 列傳 第一百四十五 東夷 倭
【사료277】『삼국사기(三國史記)』 百濟本紀 第一 시조 온조왕(溫祚王) 11년 7월
【사료278】『일본서기(日本書紀)』 譽田天皇 應神天皇
【사료279】『삼국사기(三國史記)』 고구려본기 제3 태조대왕(太祖大王) 59년
【사료280】『삼국사기(三國史記)』 고구려본기 제5 동천왕(東川王) 21년 2월
【사료281】『삼국사기(三國史記)』 고구려본기 제6 故國原王 343년 07월(음)
【사료282】『삼국사기(三國史記)』 고구려본기 제6 광개토왕(廣開土王) 四年秋八月
【사료283】『삼국사기(三國史記)』 백제본기 제3 아신왕(阿莘王) 4년 8월
【사료284】『삼국사기(三國史記)』 백제본기 제3 아신왕(阿莘王) 4년 11월
【사료285】『삼국사기(三國史記)』 백제본기 제1시조 온조왕(溫祚王)
【사료286】『삼국사기(三國史記)』 고구려본기 제8 영양왕(嬰陽王) 二十三年夏六月
【사료287】『수서(隋書)』 卷六十四 列傳 第二十九 (來護兒)
【사료288】『삼국사기(三國史記)』 高句麗本紀 第五 미천왕(美川王) 14년 10월
【사료289】『삼국사기(三國史記)』 高句麗本紀 第三 태조대왕(太祖大王) 66년 6월
【사료290】『삼국사기(三國史記)』 지리(地理)四 백제(百濟) 압록수 이북의 도망간 성
【사료291】『삼국사기(三國史記)』 高句麗本紀 第八 영류왕(榮留王) 十四年
【사료292】『삼국사기(三國史記)』 高句麗本紀 第八 영류왕(榮留王) 十四年 春二月
【사료293】『자치통감(資治通鑑)』 唐紀九 太宗文 (貞觀五年(631)) 秋, 八月)
【사료294】『삼국유사』 흥법제3(興法第三) 보장봉로 보덕이암(寶藏奉老 普德移庵)
【사료295】『삼국사기(三國史記)』 高句麗本紀 第八 영류왕(榮留王) 二十五年 春一月
【사료296】『삼국사기(三國史記)』 열전 제9 개소문(蓋蘇文) 대대로에 오르지 못하다
【사료297】『삼국사기(三國史記)』 고구려본기 제8 영류왕(榮留王) 十二年秋八月
【사료298】『삼국사기(三國史記)』 신라본기 제4 진평왕(眞平王) 51년 8월
【사료299】『삼국사기(三國史記)』 고구려본기 제8 영류왕(榮留王) 二十一年冬十月
【사료300】『삼국사기(三國史記)』 신라본기 제5 선덕왕(善德王) 7년 10월, 11월
【사료301】『삼국사기(三國史記)』 신라본기 제5 태종(太宗) 무열왕(武烈王)
【사료302】『삼국사기(三國史記)』 高句麗本紀 第十 보장왕(寶藏王) 4년 5월(음)
【사료303】『삼국사기(三國史記)』 新羅本紀 第七 문무왕(文武王) 十三年秋九月
【사료304】『구당서(舊唐書)』 列傳 第 33. 劉仁軌傳
【사료305】『삼국사기(三國史記)』 新羅本紀 第七 문무왕(文武王) 十五年春二月
【사료306】『삼국사기(三國史記)』 신라본기 제7 문무왕(文武王) 十五年秋月
【사료307】『삼국사기(三國史記)』 百濟本紀 第一 시조 온조왕(溫祚王) 18년 10월
【사료308】『구당서(舊唐書)』 卷三十八 志 第十八 地理 一
【사료309】『고려사』 권82 지 권제36 병2(兵 二) 성보

【사료310】『삼국사기(三國史記)』 고구려본기 제10 보장왕(寶藏王) 十四年春一月
【사료311】『삼국사기(三國史記)』 백제본기 제6 의자왕(義慈王) 十五年秋八月
【사료312】『삼국사기(三國史記)』 新羅本紀 第四 진흥왕(眞興王) 12년
【사료313】『삼국사기(三國史記)』 高句麗本紀 第七 양원왕(陽原王) 七年
【사료314】『삼국사기(三國史記)』 雜志 第六 지리(地理)四 백제(百濟)
【사료315】『삼국유사』 기이제2(紀異第二) 남부여(南扶餘) 전백제(前百濟) 북부
【사료316】『일본서기(日本書紀)』 권 19 天國排開廣庭天皇 欽明天皇 12년(0551년 (음))
【사료317】『삼국사기(三國史記)』 백제본기 제4 성왕(聖王) 31년 가을 7월
【사료318】『삼국사기(三國史記)』 신라본기 제4 진흥왕(眞興王) 14년 7월
【사료319】『삼국사기(三國史記)』 高句麗本紀 第十 보장왕(寶藏王) 二十七年
【사료320】『삼국사기(三國史記)』 열전 제5 온달(溫達)
【사료321】『삼국사기(三國史記)』 백제본기 제2 책계왕(責稽王) 원년
【사료322】『삼국사기(三國史記)』 新羅本紀 第六 문무왕(文武王) 10년 3월
【사료323】『삼국사기(三國史記)』 新羅本紀 第七 문무왕(文武王) 十二年秋八月
【사료324】『삼국사기(三國史記)』 高句麗本紀 第十 보장왕(寶藏王)(677년 02월(음))
【사료325】『삼국사기(三國史記)』 高句麗本紀 第九 보장왕(寶藏王) 四年
【사료326】『삼국사기(三國史記)』 고구려본기 제10 보장왕(寶藏王) 七年秋九月
【사료327】『삼국사기(三國史記)』 고구려본기 제10 보장왕(寶藏王) 二十年秋八月
【사료328】『고려사』 권127 열전 권제40 반역(叛逆)
【사료329】『자치통감(資治通鑑)』 卷四十九 漢紀四十一 孝安皇帝
【사료330】『삼국사기(三國史記)』 고구려본기 제1 유리왕(琉璃王) 33년 8월
【사료331】『삼국사기(三國史記)』 고구려본기 제3 태조대왕(太祖大王) 3년
【사료332】『삼국사기(三國史記)』 고구려본기 제3 태조대왕(太祖大王) 53년 1월
【사료333】『후한서(後漢書)』 卷一下 光武帝紀 第一下
【사료334】『위서(魏書)』 거란전
【사료335】『삼국사기(三國史記)』 고구려본기 제7 양원왕(陽原王) 七年秋九月
【사료336】『삼국사기(三國史記)』 고구려본기 제8 영양왕(嬰陽王) 十八年
【사료337】『고려사』 세가 권제5 덕종(德宗) 2년(1033) 8월(1033년 8월 25일(음) 무오
【사료338】『고려사절요』 권4 덕종경강대왕(德宗敬康大王) 덕종(德宗) 2년 8월(1033)
【사료339】『고려사』 세가 권제5 덕종(德宗) 3년 3월(1034년 3월 27일(음) 정해(丁亥)
【사료340】『고려사절요』 권4 덕종경강대왕(德宗敬康大王) 덕종(德宗) 3년(1034) 3월
【사료341】『고려사』 정종10년 11월 1044년 11월 18일(음) 을해(乙亥)
【사료342】『고려사절요』 권4 정종용혜대왕(靖宗容惠大王) 정종(靖宗) 10년 11월
【사료343】『고려사절요』 권8 예종2(睿宗二) 예종(睿宗) 12년 3월
【사료344】『고려사』 권82 지 권제36 병2(兵 二) 성보 1029년 미상(음)
【사료345】『고려사』 권137 열전 권제50 우왕(禑王) 14년 2월
【사료346】『요사』 二國外記 高麗 開泰 원년(A.D.1012; 高麗 顯…
【사료347】『고려사』 세가 권제4 현종(顯宗) 6년 1월
【사료348】『고려사절요』 권3 현종원문대왕(顯宗元文大王) 현종(顯宗) 6년 1월

435

【사료349】『고려사』 세가 권제4 현종(顯宗) 6년
【사료350】『고려사절요』 권3 현종원문대왕(顯宗元文大王) 현종(顯宗) 6년 미상
【사료351】『삼국사기(三國史記)』 卷第十五 高句麗本紀 第三 태조대왕(太祖大王) 46년 3월
【사료352】『고려사』 권82 지 권제36 병2(兵 二) 성보
【사료353】『조선왕조실록』 태종실록 31권, 태종 16년 3월 25일 정사 4번째기사 1416년
【사료354】『삼국사기(三國史記)』 신라본기 제6 문무왕(文武王) 2년 1월 23일
【사료355】『삼국사기(三國史記)』 백제본기 제6 의자왕(義慈王)
【사료356】『삼국사기(三國史記)』 신라본기 제9 선덕왕(宣德王) 三年春二月
【사료357】『삼국사기(三國史記)』 신라본기 제10 헌덕왕(憲德王) 十四年春三月
【사료358】『삼국사기(三國史記)』 신라본기 제5 태종(太宗) 무열왕(武烈王) 7년 6월 18일
【사료359】『삼국사기(三國史記)』 열전 제2 김유신(金庾信) 중(中)
【사료360】『삼국사기(三國史記)』 신라본기 제10 헌덕왕(憲德王) 八年春一月
【사료361】『삼국사기(三國史記)』 열전 제10 궁예(弓裔)
【사료362】『삼국사기(三國史記)』 신라본기 제12 효공왕(孝恭王) 二年秋七月
【사료363】『삼국사기(三國史記)』 열전 제10 궁예(弓裔) 송악군을 도읍으로 삼다
【사료364】『삼국사기(三國史記)』 신라본기 제12 효공왕(孝恭王) 七年
【사료365】『삼국사기(三國史記)』 신라본기 제10 헌덕왕(憲德王) 十一年秋七月
【사료366】『고려사절요』 현종(顯宗) 9년 12월 1018년 12월 10일
【사료367】『한원(翰苑)』「번이부 고려(蕃夷部 高麗)」
【사료368】『삼국사기(三國史記)』 고구려본기 제1 시조 동명성왕(東明聖王) 一年
【사료369】『고려사』 지 권제36 병2성보 의주·화주·철관에 성을 쌓다 1222년 미상(음)
【사료370】『조선왕조실록』 태조실록 1권, 총서 44번째 기사
【사료371】『고려사절요』 권3 현종(顯宗) 5년 10월 미상
【사료372】『고려사절요』 권3 현종(顯宗) 1년 11월 1010년 11월 16일
【사료373】『삼국사기(三國史記)』 권 제16 고구려본기 제4 산상왕(山上王) 21년 8월
【사료374】『사불허북국거상표(謝不許北國居上表)』
【사료375】『오대회요(五代會要)』 五代會要 卷三十 渤海
【사료376】『유취국사』
【사료377】『신오대사(新五代史)』 사이부록(四夷附錄) 발해 [渤海] 貴族의 姓은 大氏이다.
【사료378】『속일본기(續日本記)』 卷32, 寶龜 3년 2월(己卯)
【사료379】『삼국사기(三國史記)』 열전 제10 궁예(弓裔) (0901년 (음))
【사료380】『삼국사기(三國史記)』 신라본기 제12 효공왕(孝恭王) 五年
【사료381】『삼국사기(三國史記)』 열전 제10 궁예(弓裔) 궁예가 죽다.
【사료382】『삼국사기(三國史記)』 열전 제10 궁예(弓裔) 공포정치를 펴다.
【사료383】『삼국유사』 권 제1 왕력(王曆)
【사료384】『고려사』 지 권제12 지리3 「교주도」
【사료385】『고려사』 지 권제12 지리3 「서해도」
【사료386】『삼국사기(三國史記)』 열전 제10 궁예(弓裔) 양길에게
【사료387】『태평어람(太平御覽)』 목록 권 제4 주군부(제160권 주군부6 하남도하)

【사료388】『자치통감(資治通鑑)』卷二百一十三 唐紀二十九 玄宗
【사료389】『신당서(新唐書)』卷一百三十六 列傳 第六十一 오승자전(烏承玼(比))
【사료390】『삼국사기(三國史記)』고구려본기 제9 보장왕(寶藏王) 三年冬十一月
【사료391】『삼국사기(三國史記)』신라본기 제11 진성왕(眞聖王) 八年冬十月
【사료392】『삼국사기(三國史記)』신라본기 제12 경애왕(景哀王) 三年夏四月
【사료393】『삼국사기(三國史記)』권 제50 열전 제10 견훤(甄萱)
【사료394】『삼국사기(三國史記)』권 제50 열전 제10 견훤(甄萱)
【사료395】『삼국유사』권 제2 기이(紀異第二) 후백제(後百濟) 견훤(甄萱)
【사료396】『고려사』세가 권 제1 태조(太祖) 11년 8월 928년 8월 미상(음)
【사료397】『삼국사기(三國史記)』권 제50 열전 제10 견훤(甄萱)
【사료398】『삼국유사』권 제2 기이(紀異第二) 후백제(後百濟) 견훤(甄萱)
【사료399】『고려사』권2 태조(太祖) 19년 12월(936년 미상(음))
【사료400】『삼국사기(三國史記)』권 제28 백제본기 제6 의자왕(義慈王) 二十年
【사료401】『삼국사기(三國史記)』신라본기 제11 진성왕(眞聖王) 十一年冬十二月四日
【사료402】『송사(宋史)』「外國列傳 定安國」
【사료403】『고려사』권5 세가 권제5 현종(顯宗) 17년 윤5월 1026년 윤5월 19일(음) 갑자(甲子)
【사료404】『고려사』권3 세가 권제3 성종(成宗) 14년 9월 10도를 획정하다 995년 9월 7일(음)
【사료405】『고려사절요』권2 성종(成宗) 14년 7월
【사료406】『고려사』권12 세가 권제12 예종(睿宗) 3년 2월 1108년 2월 27일(음) 무신(戊申)
【사료407】『고려사절요』권7 예종(睿宗) 3년 2월 1108년 2월 미상(음)
【사료408】『고려사절요』권7 예종(睿宗) 3년 3월 1108년 3월 미상(음)
【사료409】『고려사』권82 지 권제36 병2(兵 二) 성보 1108년 미상(음)
【사료410】『고려사』예종 4년 2월 1109년 2월 28일(음) 계묘(癸卯), 1109년 3월 31일(양)
【사료411】『고려사』예종 4년 7월 1109년 7월 3일(음) 병오(丙午), 1109년 8월 1일(양)
【사료412】『조선왕조실록』세종실록84권, 세종21년 3월 6일 갑인 2번째기사 1439년
【사료413】『조선왕조실록』세종실록86권, 세종21년 8월 6일 임오 2번째기사 1439년
【사료414】『조선왕조실록』세종실록155권, 地理志 咸吉道 吉州牧 慶源都護府
【사료415】『고려사』권82 지 권제36 병2(兵 二) 성보 994년 미상(음)
【사료416】『고려사절요』권2 성종(成宗) 13년 미상 994년 미상(음)
【사료417】『고려사』권82 지 권제36 병2(兵 二) 성보 995년 미상(음)
【사료418】『고려사절요』권2 성종(成宗)14년 7월 995년 7월 미상(음)
【사료419】『고려사』권82 지 권제36 병2(兵 二) 성보 995년 미상(음) 영주에 ~성을 쌓다.
【사료420】『고려사』권82 지 권제36 병2(兵 二) 성보 995년 미상(음) 맹주에 ~성을 쌓다.
【사료421】『고려사』권82 지 권제36 병2(兵 二) 성보 996년 미상(음) 선주에 ~성을 쌓다.
【사료422】『고려사절요』권2 성종(成宗) 15년 미상(음)
【사료423】『송사전(宋史筌)』「요열전(遼列傳)」
【사료424】『송사(宋史)』卷487 列傳246 外國3 高麗 宋 眞宗 大中祥符 2年 1009년 미상(음)
【사료425】『속 자치통감』卷第三十 宋紀三十
【사료426】『고려사』卷九十四 列傳 卷第七 諸臣 서희,

【사료427】『동사강목』 제6하
【사료428】『고려사』 권82 지 권제36 병2(兵 二) 성보 습홀과 송성에 성을 쌓다 960년 미상(음)
【사료429】『삼국유사』 제1 기이(紀異第一) 북부여(北扶餘)
【사료430】『동사강목』 「안시성고(安市城考)」
【사료431】『주례(周礼)』 「오좌진산(五座镇山)」
【사료432】『사기』 「제태공세가」
【사료433】『태평환우기(太平寰宇記)』 卷70 「河北道 十九 平州」
【사료434】『명사(明史)』 「지리지(地理志) 영평부(永平府)」
【사료435】『대명일통지』 「영평부」
【사료436】『독사방여기요(讀史方輿紀要)』 卷十七 北直八/卷十八 北直九
【사료437】『삼국사기(三國史記)』 고구려본기 제6 고국원왕(故國原王) 십이년동십월
【사료438】『진서』 권124 載記 第二十四
【사료439】『수서』 권61 열전26 「우문술전」
【사료440】『대명일통지』 권25 「요동도지휘사사」 고적 살수
【사료441】『조선왕조실록』 세종실록154권, 지리지 평안도 안주목
【사료442】『동사강목』 「살수고(薩水考)」
【사료443】『삼국사기(三國史記)』 고구려본기 제2 대무신왕(大武神王) 27년 9월
【사료444】『후한서(後漢書)』 卷七十六 순리열전(循吏列傳) 第六十六 「왕경(王景)」
【사료445】『삼국사기(三國史記)』 고구려본기 제7 문자왕(文咨王) 삼년추칠월
【사료446】『삼국사기(三國史記)』 백제본기 제4 동성왕(東城王) 십육년추칠월
【사료447】『삼국사기(三國史記)』 신라본기 제3 소지(炤知) 마립간(麻立干) 16년 7월
【사료448】『조선왕조실록』 세종실록154권, 지리지 평안도
【사료449】『고려사』 권16 세가 권제16 인종(仁宗) 12년 2월 1134년 2월 29일(음) 기유(己酉)
【사료450】『고려사』 권3 세가 권제3 성종(成宗) 9년 9월 990년 9월 7일(음) 기묘(己卯)
【사료451】『고려사절요』 권3 현종(顯宗) 10년 2월 1019년 2월 1일
【사료452】『고려사』 권82 지 권제36 병2(兵 二) 성보 1050년 미상(음)
【사료453】『고려사』 권24 세가 권제24 고종(高宗) 45년 12월 1258년 12월 14일(음) 기축(己丑)
【사료454】『조선왕조실록』 세종실록 세종 지리지 함길도
【사료455】『고려사』 세가 권제26 원종(元宗) 11년 2월 1270년 2월 7일(음)
【사료456】『조선왕조실록』 성종실록 134권, 성종 12년 10월 17일 무오 1번째기사 1481년
【사료457】『명사(明史)』 志 第十七 地理 二 철령위(鐵嶺衛)
【사료458】『삼국사기(三國史記)』 권 제34 잡지 제3 지리(地理)一 신라(新羅)
【사료459】『수경주』 「하수3」
【사료460】『후한서』 권3 「장제기 제3」
【사료461】『무경총요』 권16 상 「변방 정주로」
【사료462】『서경』 〈하서〉 「우공」 제10장
【사료463】『東國輿地勝覽(동국여지승람)』 「序文(서문)」
【사료464】『한서』 〈엄주오구주부서엄종왕가전〉 「가연지열전」
【사료465】『독사방여기요』 「직예8 영평부」

【사료466】『수경』「패수」
【사료467】『수경주』「패수」
【사료468】『설문해자』
【사료469】『독사방여기요』 1678 「요동행도사」
【사료470】『삼국사기(三國史記)』 백제본기 제2 근초고왕(近肖古王) 26년
【사료471】『삼국사기(三國史記)』 백제본기 제1 시조 온조왕(溫祚王) 38년
【사료472】『후한서』「광무제 본기」
【사료473】『후한서』「배인열전」
【사료474】『상서대전』「은전 홍범조」
【사료475】『사기』「송미자세가」
【사료476】『고려사』 권63 지 권제17 예5(禮 五) 길례소사 잡사 1102년 10월 1일(음) 임자(壬子)
【사료477】『고려사』 권63 지 권제17 예5(禮 五) 길례소사 잡사 1325년 10월 미상(음)
【사료478】『고려사』 권63 지 권제17 예5(禮 五) 길례소사 잡사 1356년 6월 미상(음)
【사료479】『고려사』 권63 지 권제17 예5(禮 五) 길례소사 잡사 1371년 12월 미상(음)
【사료480】『조선왕조실록』 태조실록 1권, 태조 1년 8월 11일 경신 2번째기사 1392년 (임신)
【사료481】『조선왕조실록』 태종실록 14권, 태종 7년 10월 9일 기축 1번째기사 1407년 (정해)
【사료482】『조선왕조실록』 태종실록 23권, 태종 12년 6월 6일 기미 2번째기사 1412년 (임진)
【사료483】『조선왕조실록』 세종실록 29권, 세종 7년 9월 25일 신유 4번째기사 1425년 (을사)
【사료484】『조선왕조실록』 세종실록 35권, 세종 9년 3월 13일 신축 1번째기사 1427년
【사료485】『조선왕조실록』 세종실록 37권, 세종 9년 8월 21일 병자 3번째기사 1427년
【사료486】『조선왕조실록』 세종실록 40권, 세종 10년 6월 14일 을미 5번째기사 1428년
【사료487】『조선왕조실록』 세종실록 44권, 세종 11년 5월 7일 임자 4번째기사 1429년
【사료488】『조선왕조실록』 세종실록 45권, 세종 11년 7월 4일 무신 6번째기사 1429년
【사료489】『조선왕조실록』 세종실록 51권, 세종 13년 1월 10일 을해 5번째기사 1431년
【사료490】『조선왕조실록』 세종실록 75권, 세종 18년 12월 26일 정해 4번째기사 1436년
【사료491】『고려사』 세가 권제1 태조(太祖) 원년 9월 918년 9월 26일(음) 병신(丙申)
【사료492】『삼국사기(三國史記)』 신라본기 제12 경명왕(景明王) 三年
【사료493】『고려사』 세가 권제1 태조(太祖) 2년 1월 919년 1월 미상(음)
【사료494】『고려사』 세가 권제1 태조(太祖) 10년 12월 927년 12월 미상(음)
【사료495】『고려사』 세가 권제2 태조(太祖) 16년 3월 933년 3월 5일(음) 신사(辛巳)
【사료496】『고려사』 권71 지 권제25 악2(樂 二) 속악 서경
【사료497】『삼국사기(三國史記)』 백제본기 제2 근초고왕(近肖古王) 26년
【사료498】『고려사』 지 권제10지리1(地理 一) 양광도 남경유수관 양주
【사료499】『삼국사기(三國史記)』 잡지 제6 지리(地理)四 고구려(高句麗) '국내성'
【사료500】『조선왕조실록』 세종실록152권, 지리지 황해도 해주목
【사료501】『한서(漢書)』 卷28下 地理志 第8下
【사료502】『자치통감』 "건흥 원년(建興元年)(AD313년)"조의 4월 기사
【사료503】『삼국사기(三國史記)』 고구려본기 제5 미천왕(美川王) 15년 9월
【사료504】『삼국사기(三國史記)』 고구려본기 제10 寶藏王 668년 02월(음)

【사료505】『삼국사기(三國史記)』 신라본기 제6 문무왕(文武王) 10년 7월
【사료506】『동사강목』 부록 하권 「마자수고(馬訾水考)」 [안정복(安鼎福)]
【사료507】『자치통감(資治通鑑)』 卷一百八十一 隋紀五 煬皇帝 (大業八年(612)) 五月 壬午)
【사료508】『삼국사기(三國史記)』 고구려본기 제1 유리왕(琉璃王) 22년 10월
【사료509】『삼국사기(三國史記)』 고구려본기 제4 산상왕(山上王) 13년 10월
【사료510】『삼국사기(三國史記)』 고구려본기 제1 유리왕(琉璃王) 21년 3월
【사료511】『삼국사기(三國史記)』 고구려본기 제6 고국원왕(故國原王) 十二年春二月
【사료512】『삼국사기(三國史記)』 고구려본기 제6 고국원왕(故國原王) 十三年秋七月
【사료513】『삼국유사』 권 제1 왕력(王曆)
【사료514】『삼국사기(三國史記)』 고구려본기 제6 고국원왕(故國原王) 十二年秋八月
【사료515】『삼국사기(三國史記)』 고구려본기 제6 문자왕(文咨王) 三年春二月
【사료516】『삼국지(三國志)』 魏書 三十 「오환선비동이(烏丸鮮卑東夷)」 鮮卑
【사료517】『자치통감』 卷九十六 晉紀十八 顯宗成皇
【사료518】『상서대전(尙書大典)』
【사료519】『산해경(山海經)』 「대황북경(大荒北經)」
【사료520】『삼국유사』 卷 第一 제1 기이(紀異第一) 동부여(東扶餘)
【사료521】『위서(魏書)』 卷七下 高祖紀 第七下 (太和十有三年(489)) 冬十月甲申
【사료522】『삼국사기(三國史記)』 고구려본기 제6 長壽王 489년 10월(음)
【사료523】『삼국사기(三國史記)』 고구려본기 제6 장수왕(長壽王) 七十二年冬十月
【사료524】『서경(書經)(상서)』 하서(夏書) 제1편 우공(禹貢)
【사료525】『산해경』 「해내서경」
【사료526】『삼국사기(三國史記)』 고구려본기 제6 고국원왕(故國原王) 三十九年秋九月
【사료527】『삼국사기(三國史記)』 백제본기 제2 근초고왕(近肖古王) 24년 9월
【사료528】『삼국사기(三國史記)』 신라본기 제3 소지(炤知) 마립간(麻立干) 17년 8월
【사료529】『삼국사기(三國史記)』 신라본기 제3 나물(奈勿) 이사금(尼師今) 42년 7월
【사료530】『삼국사기(三國史記)』 신라본기 제3 나물(奈勿) 이사금(尼師今) 45년 08월/10월
【사료531】『삼국사기(三國史記)』 백제본기 제2 근초고왕(近肖古王) 24년 11월
【사료532】『삼국사기(三國史記)』 고구려본기 제6 광개토왕(廣開土王)
【사료533】『삼국사기(三國史記)』 백제본기 제3 진사왕(辰斯王) 8년 10월
【사료534】『삼국사기(三國史記)』 백제본기 제3 아신왕(阿莘王) 2년 8월
【사료535】『삼국사기(三國史記)』 백제본기 제3 진사왕(辰斯王) 3년 9월
【사료536】『삼국사기(三國史記)』 신라본기 제3 나물(奈勿) 이사금(尼師今) 40년 8월
【사료537】『삼국사기(三國史記)』 백제본기 제1 시조 온조왕(溫祚王) 원년
【사료538】『삼국사기(三國史記)』 백제본기 제1 시조 온조왕(溫祚王) 13년 9월
【사료539】『삼국사기(三國史記)』 백제본기 제1 시조 온조왕(溫祚王) 14년 1월
【사료540】『삼국사기(三國史記)』 백제본기 제1 시조 온조왕(溫祚王) 14년 7월
【사료541】『삼국사기(三國史記)』 백제본기 제1 시조 온조왕(溫祚王) 15년 1월
【사료542】『삼국사기(三國史記)』 백제본기 제2 근초고왕(近肖古王) 26년
【사료543】『삼국사기(三國史記)』 백제본기 제2 근구수왕(近仇首王) 3년 10월

【사료544】『삼국사기(三國史記)』백제본기 제4 문주왕(文周王) 一年冬十月
【사료545】『삼국유사』卷 第一 王曆
【사료546】『삼국사기(三國史記)』백제본기 제4 동성왕(東城王) 十三年夏六月
【사료547】『삼국사기(三國史記)』잡지 제6 지리(地理)四 백제(百濟)
【사료548】『삼국사기(三國史記)』신라본기 제8 신문왕(神文王) 686년 2월(음)
【사료549】『삼국사기(三國史記)』신라본기 제7 문무왕(文武王) 十一年春一月
【사료550】『삼국사기(三國史記)』잡지 제5 지리(地理)三 신라(新羅)
【사료551】『삼국사기(三國史記)』백제본기 제4 성왕(聖王) 四年冬十月
【사료552】『삼국사기(三國史記)』백제본기 제5 위덕왕(威德王) 一年冬十月
【사료553】『삼국사기(三國史記)』신라본기 제4 진흥왕(眞興王) 15년 7월
【사료554】『삼국사기(三國史記)』백제본기 제4 성왕(聖王) 三十二年秋七月
【사료555】『삼국사기(三國史記)』열전 제3 김유신(金庾信) 하
【사료556】『일본서기(日本書紀)』권 19 天國排開廣庭天皇 欽明天皇
【사료557】『삼국유사』기이제1(紀異第一) 진흥왕(眞興王)
【사료558】『조선왕조실록』세종실록 149권, 지리지 충청도 청주목 옥천군
【사료559】『일본서기(日本書紀)』권 19 天國排開廣庭天皇 欽明天皇 13년(0552년 (음))
【사료560】『삼국사기(三國史記)』백제본기 제6 의자왕(義慈王) 二十年
【사료561】『자치통감(資治通鑑)』卷二百 唐紀十六 高宗天皇大聖
【사료562】『책부원구(册府元龜)』卷九百八十六 外臣部 三十一
【사료563】『구당서(舊唐書)』列傳 第三十三 「소정방 열전」
【사료564】『신당서(新唐書)』卷一百一十一 列傳 第三十六「소정방 열전」
【사료565】『삼국사기(三國史記)』고구려본기 제10 보장왕(寶藏王) 七年春一月
【사료566】『삼국사기(三國史記)』고구려본기 제10 보장왕(寶藏王) 七年夏四月
【사료567】『삼국사기(三國史記)』고구려본기 제10 보장왕(寶藏王) 七年秋九月
【사료568】『산해경(山海經)』「남산경 남차이경(南次二經)」
【사료569】『삼국사기(三國史記)』백제본기 제6 의자왕(義慈王) 十六年春三月
【사료570】『삼국사기(三國史記)』신라본기 제3 실성(實聖) 이사금(尼師今) 4년 4월
【사료571】『삼국사기(三國史記)』신라본기 제3 눌지(訥祇) 마립간(麻立干) 28년 4월
【사료572】『삼국사기(三國史記)』신라본기 제2 나해(奈解) 이사금(尼師今) 14년 7월
【사료573】『삼국사기(三國史記)』신라본기 제1 파사(婆娑) 이사금(尼師今) 8년 7월
【사료574】『삼국사기(三國史記)』신라본기 제2 조분(助賁) 이사금(尼師今) 4년 7월
【사료575】『삼국사기(三國史記)』신라본기 제2 첨해(沾解) 이사금(尼師今) 3년 4월
【사료576】『삼국사기(三國史記)』열전 제5 석우로(昔于老)
【사료577】『삼국유사』권 제1 왕력(王曆)

참고 자료 목록

[단행본]

『욕망 너머의 고대사』, 2018, 서해문집, 젊은 역사학자 모임
『처음 읽는 부여사 : 한국 고대국가의 원류 부여사 700년』, 2015, 사계절, 송호정
『총균쇠』, 2005, 문학사상, 재레드 다이아몬드 저 ; 역자 김진준
『부여기마족과 왜』, 2006, 글을 읽다, 존 카터 코벨 저 ; 역자 : 김유경
『이야기로 떠나는 가야 역사여행』, 2009, 지식산업사, 이영식
『새 천년의 가락국사 : 한 권으로 읽는 가야사』, 2009, 김해향토문화연구소, 이영식
『가야 제국사 연구』, 2016, 생각과 종이, 이영식
『초기 고구려역사 연구 : 2007년 한중 고구려역사 학술회의』, 2007, 동북아역사재단, 동북아역사재단 중국사회과학원 편
『광개토왕비의 재조명』, 2013, 동북아역사재단, 연민수·서영수외
『역주 일본서기 1.2.3』, 2013, 동북아역사재단, 연민수 등 지음
『(譯註) 翰苑』, 2018, 동북아역사재단, 동북아역사재단 한국고중세사연구소 엮음
『고대 한일 관계사』, 1988, 한마당, 김석형
『일본에서 조선 소국의 형성과 발전』, 1990, 평양 백과사전출판사, 조희승
『초기 조일 관계사 1-3』, 2010, 사회과학출판사, 조희승·김석형
『(북한학자 조희승의) 임나일본부 해부』, 2019, 말, 이덕일
『古代韓日關係와 日本書紀』, 2001, 일지사, 최재석
『고대한일관계사 연구 비판』, 2010, 경인문화사, 최재석
『고조선은 대륙의 지배자였다』, 2006, 역사의 아침, 이덕일·김병기
『(이덕일의) 한국 통사』, 2019, 다산초당, 이덕일
『조선사편수회 식민사관 비판1-한사군은 요동에 있었다』, 2020, 한가람역사문화연구소, 이덕일
『압록과 고려의 북계』, 2017, 인하대 고조선연구소 연구총서, 주류성·윤한택·복기대·남의현 외
『고구려의 평양과 그 여운』, 2018, 인하대 고조선연구소 연구총서, 주류성, 복기대 외
『동북아 대륙에서 펼쳐진 우리 고대사』, 2012, 지식산업사, 황순종
『임나일본부는 없었다』, 2016, 만권당, 황순종
『가야와 임나』, 1995, 동방미디어, 이희진
『백제사 미로찾기』, 2009, 소나무, 이희진
『임나신론(역설의 한일 고대사)』, 1995, 고려원, 김인배·김문배 공저

『새로쓰는 한일 고대사)』, 2010, 동아일보사, 김운회
『우리가 배운 백제는 가짜다 : 부여사로 읽는 한일고대사』, 2017, 역사의 아침, 김운회
『한사군은 중국에 있었다』, 2018, 우리역사연구재단, 문성재
『한국고대사와 한중일의 역사왜곡』, 2018, 우리역사연구재단, 문성재
『임나의 인명』, 2019, 유페이퍼, 최규성
『임나의 지명』, 2019 유페이퍼, 최규성
『한단고기』, 1986, 정신세계사, 임승국
『일본의 역사는 없다』, 2000, 아세아문화사, 최성규
『거꾸로 보는 고대사』, 2010, 한겨레출판, 박노자
『고구려가 왜 북경에 있을까』, 2012, 글누림, 김호림
『고조선으로 가는 길』, 2015, 마고문화, 김봉렬
『세종실록 지리지와 고려사 지리지의 역사지리 인식』, 2006, 조선시대사학회, 조성을
『백제와 다무로였던 왜나라들 : 이제까지 감춰진 한·일 고대사의 비밀』, 2013, 글로벌콘텐츠, 김영덕
『고려사와 고려사절요의 사료적 특성』, 2019, 지식산업사, 노명호
『밝혀진 고려역사 : 통일신라의 실체』, 2019, 홍익기획출판, 한창건
『동명왕편 : 신화로 읽는 고구려의 건국 서사시』, 2019, 아카넷, 이규보 저·조현설 역해
『廣開土王碑文의 世界』, 2007, 제이앤씨, 권오엽
『桓檀古記 역주본』, 2012, 상생출판, 桂延壽 編著·안경전 역주
『흠정만주원류고』, 2018, 글모아, 남주성 역주
『광개토대왕릉비 : 동북아 시대를 맞아 우리의 광개토대왕릉비를 말한다』, 2014, 새녘, 이형구·박노희
『낙랑고고학개론』, 2014, 진인진, 중앙문화재연구원
『유라시아 역사 기행 : 한반도에서 시베리아까지, 5천 년 초원 문명을 걷다』, 2015, 민음사, 강인욱
『(고구려 평양성에서 바라보는) 초주와 해주』, 2012, 어드북스, 김진경
『고구려-발해인 칭기스 칸 1·2』, 2015, 비봉출판사, 전원철
『(한반도에) 백제는 없었다』, 2021, 시간의 물레, 오운홍
『삼국사기 바로알기』, 2022, 키메이커, 김기홍

[논문 외]

「고조선사 연구 방법론의 새로운 모색」, 2017, 인문학연구 제14호, 송호정
「집안고구려비의 성격과 고구려의 수묘제 개편」, 2014, 한국고대사학회연구 제76집, 기경량
「사이비 역사학과 역사 파시즘」, 2016, 역사비평 통권114호, 기경량

「"학문은 '닫힌 결과' 강요해선 안 돼": '역사파시즘' 용어 제시한 기경량 강사, 대중 선동하는 사이비역사학 작심 비판 〈인터뷰〉」, 2016, 주간경향 통권1168호, 기경량
「한국 유사 역사학의 특성과 역사 왜곡의 방식」, 2018, 강원사학 제30집, 기경량
「낙랑군은 평양에 있었다」, 2017, 한올문학 통권 제161호, 기경량
「낙랑군은 평양에 있었다 : 사료 몰이해로 엉뚱한 주장하는 사이비역사가들 : 올바른 역사 연구에 전문적 훈련·지식 뒤따라야」, 2017, 한겨레21 통권1174호, 기경량
「가짜가 내세우는 '가짜' 프레임 : 2600기 무덤, 1만5천여 점 유물 등 낙랑군이 평양에 있었다는 물증을 무조건 가짜이고 조작이라 말하는 사이비역사가들의 망상」, 2017, 한겨레21 통권1175호, 기경량
「정치적인, 너무나 정치적인 광개토왕비 : 19세기 제국주의 일본이 속았다… 광개토왕비에 숨은 5세기 고구려인의 진짜 속내」, 2017, 한겨레21 통권1173호, 안정준
「광개토왕비 연구의 어제와 오늘 : 신묘년조 문제를 중심으로」, 2017, (내일을 여는)역사 제68호, 강진원
「광개토왕비문의 '安羅人戍兵'에 대한 재해석」, 2017, 동방학지 제178집, 신가영
「고조선의 이동과 강역의 변동」, 1988, 한국사시민강좌 2, 서영수
「위만조선의 형성과정과 국가적 성격」, 1996, 한국고대사연구 9, 한국고대사학회, 서영수
「관산성-새로운 동아시아 국제질서의 시작, 한강유역과 관산성」, 2019, 충청남도 역사문화연구원, 주보돈·노중국외
「임나일본부설의 허상과 가야제국」, 2016, 한국고대사학회 고대사 시민강좌 2016 하반기, 이영식
「이영식교수의 이야기 가야사 여행」, 2007, 국제신문사, 이영식
「고구려 평양의 진실」, 2016, 역사인문학강연, 복기대
「조선시대 실학자들의 역사 인식과 조선총독부 편수회의(조선사)」, 2018, 인하대학교 고조선연구소 학술회의, 윤한택
「한국사에서 단군인식- 나말 여초~조선 중기 단군인식의 전개와 우리 역사체계」, 2018, 인하대학교 고조선연구소 학술회의, 조성을
「광개토왕릉비문 '신묘년 조' 연구 고찰」, 2017, 석사학위몬문, 전희재
「廣開土好太王碑 硏究 100年. 上, 中, 下」, 1996, 高句麗硏究會
「廣開土大王 碑文 硏究」, 1987, 경남대학교 석사학위논문, 박병태
「고조선 말기 패수의 위치에 관한 제학설과 문제점」, 2017, 이찬구
「2016년 제2회 상고사 토론회」 고조선과 한의 경계, 패수는 어디인가?, 2016, 동북아역사재단, 김종서·이후석·박준형·심백강
「2016년 제3회 상고사 토론회」한국 상고사의 쟁점, 고조선과 연의 경계 만번한은 어디인가?, 2016, 동북아역사재단, 심백강·박준형·이후석·김종서
「서희 6주와 고려-거란전쟁지역 재고찰」, 2017, 남주성
「고구려 동성 연구의 현황과 과제」, 2014, 고구려발해학회, 양시은

지도 목록

[그림1] 삼수(습수, 열수, 산수)회지 위치도
[그림2] 요동, 요수 세 가지 개념
[그림3] 고대사 평양 여섯 가지
  ①하북성 위만조선 평양성
  ②산동성 고구려 졸본성인 나중의 남평양인 평양성
  ③고구려 천도지 하북성 평양성(=①위만조선 평양성)
  ④왜곡시킨 하북성 진황도시 노룡현
  ⑤왜곡시킨 위만조선 평양성 위치인 고려 서경 평양성인 요령성 요양,
  ⑥왜곡시킨 위만조선 평양성이자 고구려 및 고려 서경 평양성인 지금의 한반도 평양
[그림4] 일본교과서 중국 조조 위나라 한반도 점령도(공손씨 대방군)
[그림5] 중국 및 주류 강단 사학계 왜곡 비정 압록수, 대요수, 소요수, (서)안평현
[그림6] 압록수, 대요수, 소요수, 갈석산, 태백산, 흑수하, (서)안평현
[그림7] 공손씨 양평(요동성군), 대방군, 대방고지
[그림8] 중국 및 주류 강단 사학계 연나라 위치 비정
[그림9] 연나라와 고조선 위치도
[그림10] 일본 교과서 중국 진나라 한반도 점령도(진장성)
[그림11] 일본 교과서 중국 한나라 한반도 점령도(한사군)
[그림12] 요동외요, 좌갈석/요동고새, 우갈석
[그림13] 연5군, 한2군 위치 비정도
[그림14] 임유관. 마수산, 용성, (우)갈석산 비정도
[그림15] 주류 강단 사학계 왜곡 비정(압록수, 대수, 패수, 한수, 살수)
[그림16] 압록수, 대수, 패수, 한수, 살수, 평양성 위치 비정도
[그림17] 주류 강단 사학계 고구려 최대 영토 및 사국 비정도
[그림18] 고구려, 백제, 신라 영역도
[그림19] 백제 위치 강역도(동서남북 경계)
[그림20] 백제 하남 위례성 위치도
[그림21] 낙랑 이동과 예족(신라) 이동도
[그림22] 중국의 [위치 이동, 명칭 이동] 조작(탁록, 탁수, 거용관, 갈석산, 압록수, 요수,
    노룡현, 용성, 등주, 서안평)
[그림23] 주류 강단 사학계 왜곡 비정(삼국지/후한서 동이 한전)
[그림24] 삼국지/후한서 동이 한전 비정도

[그림25] 주류 강단 사학계 통일신라 9주 5소경
[그림26] 한주, 삭주, 명주 비정 비교도
[그림27] 남옥저, 죽령 비정 비교도
[그림28] 중국/주류 강단 사학계의 거란 및 선비 위치 비정도
[그림29] 거란, 선비 위치 비정도
[그림30] 독산 비정 비교도
[그림31] 구천 비정 비교도
[그림32] 고구려 천리장성 위치 비교도
[그림33] 아차(단)성 비정 비교도
[그림34] 안동도호부 이동 비교도
[그림35] 고려 천리장(관)성 비정 비교도
[그림36] 주류 강단 사학계와 비주류 강단 사학계(재야) 고려 국경 및 동북 9성 비교도
[그림37] 통일신라 국경선 비정 비교도
[그림38] 신당서 가탐도리기 기록에 의한 위치 비정도
[그림39] 요사 지리지상 신라 및 옛 평양성(고구려 졸본성) 비정도
[그림40] 송악 철원 비정 비교도
[그림41] 주류 강단 사학계 발해 당나라 등주, 마도산 공격 비정도
[그림42] 발해 당나라 등주, 마도산 공격 비정도
[그림43] 산서(기주, 병주, 유주/산동(청주, 영주)
[그림44] 유주와 평주
[그림45] 주류 강단 사학계 고려, 거란(요) 여진 왜곡 비정도
[그림46] 고려 영역도
[그림47] 요택 위치 비정 비교도
[그림48] 주류 강단 사학계 발해5경 위치 비정도
[그림49] 발해5경 위치 비정도
[그림50] 동북9성 위치설
[그림51] 주류 강단 사학계 서희 강동 6주 위치 비정도
[그림52] 서희 8성 위치 비정도
[그림53] 『삼국사기』상의 졸본성의 위치 및 이에 대한 주류 강단 사학계의 왜곡과 교과서 비정
[그림54] 고죽국 왜곡 이동
[그림55] 살수(청천강), 환도성, 안시성 비정도
[그림56] 주류 강단 사학계 쌍성총관부, 동녕부 조작 비정
[그림57] 쌍성총관부, 동녕부 위치 비정도
[그림58] 주류 강단 사학계 고려 5도 양계
[그림59] 고려 북계, 동계 위치도
[그림60] 후한서 동이열전 왜전 "낙랑에서 왜로 가는 길"

[그림61] 삼국지 위서 오환선비동이전 왜전 "대방에서 왜로 가는 길"
[그림62] 고구려 수도 천도(주류 강단 사학계)
[그림63] 고구려 수도 천도
[그림64] 삼연(전연, 후연, 북연) 위치 비정도
[그림65] 중국/주류 강단 사학계의 북위 위치 비정도
[그림66] 북위 위치 비정도
[그림67] 광개토대왕비문 신묘년조 비교도
[그림68] 주류 강단 사학계 고구려 백제 한성 함락 공격 경로
[그림69] 고구려 백제 한성 함락 공격 경로
[그림70] 주류 강단 사학계 나당연합군 백제 공격 경로
[그림71] 나당연합군 백제 공격 경로

도표 목록

[도표1] 본 필자의 비판 대상인 이 논문의 비판 사료 이용
[도표2] 연 5군 및 현토 · 낙랑군 거리 적용 (『후한서』「군국지」)
[도표3] 중국사서 지리지상 소속현 규모 변화
[도표4] 연표
[도표5] 고조선 이동설 사서기록 분석표
[도표6] 임유관(현, 궁, 임삭궁) 비정
[도표7] 마수산(책) 비정
[도표8] 고구려, 백제, 신라, 왜의 거리 수치
[도표9] 백제 온조왕 활동 사항
[도표10] 죽령, 남옥저 비정
[도표11] 안동도호부 위치 비정
[도표12] 하(아)슬라 비정
[도표13] 니하, 우산성 비정
[도표14] 독산(禿山, 獨山)『삼국사기』기록 정리표
[도표15] 구천책(狗川柵), 구천(狗川), 구원(狗原) 비정
[도표16] 남옥저, 죽령 지방 영유권 변천 과정
[도표17] 아차(단)성 비정
[도표18] 나당전쟁 관련 중국사서『신당서』순서 조작
[도표19] 나당전쟁 관련『삼국사기』명칭 조작
[도표20] 부양(부현, 대부현) 비정
[도표21] 발해 5경 비정표
[도표22] 서희의 강동 6주(8주) 비정
[도표23] 서희의 강동 6주(8주) 위치 비정
[도표24] 패수에 대한 학설
[도표25] 고구려 천도 사실
[도표26] 치양, 주양, 패수, 패하, 패강 위치 비교표
[도표27] 신라 실성이사금 활동 사항
[도표28] 수나라 고구려 공격루트 비정(AD612년 6월, 고구려 영양왕 23년)
[도표29] 백제 천도 사실
[도표30] 백제 말기 산동성 활동 기록
[도표31] 나당연합군 백제 침략 경로 위치 비정표
[도표32] 백제 항복 주체 논란 및 예씨 선조 유래
[도표33] 이영식 교수 가야 비정 비교표
[도표34] 가야와 포상8국 비교표